노·장철학시리즈

# 장자 外篇

李基東 譯解

동인서원

# 장 자 (外篇)

초판인쇄 2009년 10월 17일
역해자   이기동
펴낸이   김응학
펴낸곳   동인서원
출판등록 2002년 7월 9일
발행처   110-340 서울 종로구 익선동 30-6 운현신화타워 402호
전 화    02·762·4034
팩 스    02·762·4036
홈페이지 http://www.donginuni.com
ISBN:978-89-877-6821-2 95150

값 20,000원   잘못된 책은 바꾸어 드립니다.

# 장자
### 외편

# 머리말

　외편과 잡편은 여러 가지 면에서 내편과 다르다. 우선 제목 붙이는 방법에서 그 차이가 드러난다. 내편에서는 그 편의 내용을 상징적으로 드러내어 제목을 붙였으나 외편과 잡편에서는 각 편의 첫 번째 문자를 제목으로 붙였다. 내편에서는 철학적인 분석을 치밀하게 하고 있지만, 외편과 잡편에서는 내편의 내용을 부연한 것이 많다. 또 내용의 수준과 진지성에 있어서도 내편보다 떨어진다. 외편과 잡편의 내용은 내편의 내용보다도 극단적인 것이 많다. 특히 다른 사상에 대한 배타적인 태도가 많은 것을 보면 외편과 잡편은 아마도 장자의 후계자가 장자의 사상을 근거로 부연한 것으로 짐작된다. 그러나 외편과 잡편의 내용은 단순성과 해학성이 뛰어나기 때문에 오히려 장자를 처음 대하는 독자들에게 더 많은 흥미를 불러일으킬 수도 있을 것이다.

무자년 가을
건업정사에서 이 기 동 씀

# 목차

머리말

외편

8. 변무駢拇 • 9
9. 마제馬蹄 • 31
10. 거협胠篋 • 43
11. 재유在宥 • 71
12. 천지天地 • 127
13. 천도天道 • 199
14. 천운天運 • 235
15. 각의刻意 • 275
16. 선성繕性 • 287
17. 추수秋水 • 303
18. 지락至樂 • 347
19. 달생達生 • 371
20. 산목山木 • 409
21. 전자방田子方 • 445
22. 지북유知北遊 • 483

外　篇

# 8. 駢拇

이 편에서는 유가에서 가르치는 인의예지가 인간의 본성을 해치는 군더더기가 되고 족쇄가 된다는 것을 경각 시키고 있다.

駢拇枝指 出乎性哉 而侈於德 附贅縣疣 出乎形哉 而侈於性 多方乎仁義 而用之者 列於五藏哉 而非道德之正也 是故駢於足者 連無用之肉也 枝於手者 樹無用之指也 多方駢枝於五藏之情者 淫僻於仁義之行 而多方於聰明之用也

[국역]
　엄지발가락과 둘째 발가락이 붙은 것이나 손가락이 하나 더 붙은 것은 태어날 때부터 그러한 것이지만, 적당한 역할을 하는 것에서 보면 지나치다. 달라붙어 있는 군살이나 달려 있는 혹은 몸에서 생긴 것이지만, 원래 타고 난 것에 비하면 군더더기이다. 인의를 다방면으로 활용하여 쓰는 자는 오장에 배열하지만 그것은 도덕의 바른 것이 아니다. 이 때문에 발가락이 붙어있는 것은 쓸모없는 군살이 붙어있는 것이고, 손에 별개의 손가락이 붙어있는 것은 쓸모없는 손가락을 붙여놓은 것이다. 오장의 원래 상태에서 (군더더기를) 다방면으로 자꾸 붙이거나 갈라놓는 자는 인의의 행에 지나치고 치우쳐서, 눈과 귀의 밝은 작용에 다방면으로 군더더기를 덧붙인다.

[난자풀이]
　駢(변) : 나란히 붙어있는 것.　拇(무) : 엄지손가락. 또는 엄지

발가락. 枝(기) : '가지'라는 뜻일 때는 음이 '지'이지만, '육손이'라는 뜻일 때는 음이 '기' 性(성) : 타고난 것. 德(덕) : 정상적으로 자연의 모습을 실천하며 사는 모습. 仁義(인의) : 仁義禮智信의 준말. 五藏(오장) : 심장, 간장, 비장, 폐장, 신장의 다섯 장기. 多方於聰明之用(다방어총명지용) : 多方 다음에 騈枝가 있어야 할 것이지만 앞에 나왔으므로 생략된 것이다.

[해설]
 발가락이 붙어 있거나 손가락에 곁가지가 난 것은 필요 없는 것이 생긴 경우이고, 군살이 붙고 혹이 달린 것도 필요 없는 것이 붙은 경우이다. 사람들은 자연에서 나서 자연으로 살아간다. 오장이 있고 육부가 있어서 자연의 삶을 유지한다. 그런데 사람들은 인의예지신을 오장에다 배열하여, 오장의 역할에 군더더기를 갖다 붙인다. 예컨대 仁을 간장, 義를 폐장, 禮를 심장, 知를 신장, 信을 비장에 배당하여, 간장을 보호하려면 仁을 실천해야 하다고 하고, 폐장을 보호하려면 義를 실천해야 한다고 하고, 심장을 보호하려면 禮를 실천해야 한다고 하고, 신장을 보호하려면 知를 실천해야 한다고 하고, 비장을 보호하려면 信을 실천해야 한다고 한다.
 오장은 각각 자연의 모습으로 역할을 하기 마련이다. 그런데 이를 위하여 인의예지신의 인위적인 도덕을 강요하면, 인의예지신의 도덕이 지나치게 강조되어 오히려 오장 본래의 작용을 해칠 수 있다는 것이 장자의 사상이다. 오장에 갖다 붙이는 것은 인의예지신뿐만이 아니다. 오색, 오음, 오방, 오미 등 다방면으로 갖다 붙인다. 이러한 이론은 주로 한나라 때 발달한 이론으로서 한의학의 이론적 근거가 된다. 이 이론이 한나라 때 발달한 이론이므로 이 외편은 한나라 때 쓰인 것으로 추정하는 근거가 된다.

여기서 말하는 도덕은 타고난 능력을 말한다. 사람들은 원래 자연의 모습으로 살았고, 자연의 능력으로 최선의 삶을 유지한다. 그러나 자연의 능력을 상실하고, 억지로 인의예지신을 오장에 갖다 붙여 오장을 튼튼하게 하는 방법을 추구하면, 오히려 그것 때문에 원래 가지고 있었던 자연의 능력을 상실한다. 따라서 여러 이론을 만들지 않는 것이 좋다. 이런 것을 장자는 엄지발가락과 둘째 발가락을 붙이는 것이나, 엄지손가락에 갈래 손이 생기는 것에 비유했다.

눈과 귀는 원래 총명한 작용이 있다. 먹을 것과 먹지 못할 것을 알 수 있고, 위험한 소리와 위험하지 않은 소리를 알 수 있다. 그러나 사람은 눈과 귀의 총명함에 온갖 군더더기를 갖다 붙임으로써 원래의 총명함을 상실했다. 그래서 방부제가 들어있는 음식물도 먹는다. 이는 눈과 귀의 작용에 군더더기를 붙임으로써 원래의 총명함을 상실한 결과이다.


是故騈於明者 亂五色 淫文章 靑黃黼黻之煌煌 非乎
而離朱是已 多於聰者 亂五聲 淫六律 金石絲竹黃鐘

大呂之聲 非乎 而師曠是已 枝於仁者 擢德塞性 以收名
聲 使天下簧鼓以奉不及之法 非乎 而曾史是已 駢於辯
者 纍瓦結繩 竄句遊心於堅白同異之閒 而敝跬譽無用之
言 非乎 而楊墨是已 故此皆多駢旁枝之道 非天下之至
正也


[국역]
　이 때문에 밝은 눈에 군더더기를 덧붙인 자는, 오색을 어지럽히고 무늬를 혼란시켜, 청색과 황색, 도끼무늬와 亞자무늬를 찬란하게 만들어 내었으니 잘못된 것이다. 이주가 그러한 사람이다. 밝은 귀에 군더더기를 덧붙인 자는, 오성을 어지럽히고 육률을 혼란시켜, 금·석·사·죽·황종·대려의 소리를 구별했으니 잘못된 것이다. 사광이 그러한 사람이다. 仁에 군더더기를 갖다 붙인 자는, 德을 뽑아버리고 본성을 막으며 명성을 거두어, 천하의 사람으로 하여금 피리 불고 북 치면서 따를 수 없는 법을 받들게 하니 잘못된 것이다. 증자와 사추가 그러한 사람이다. 말에 군더더기를 덧붙이는 자는, 기왓장을 포개 쌓고 밧줄에 매듭을 만들 듯이, (쓸데없이) 글귀를 고치며 견백이니 동이(同異)니 하는 궤변에 마음을 쓰며, 너절하게 조그만 명예를 구하는 말이나 쓸데없는 말을 늘어놓고 있으니 잘못된 것이다. 양주와 묵적이 그러한 사람이다. 그러므로 이러한 것은 다 군더더기를 붙이고 쓸데없는 것을 덧붙이는 짓이니, 천하의 가장 바른 도라고 할 수

없다.

[난자풀이]

五色(오색): 靑·黃·赤·白·黑의 다섯 가지 색.　煌(황): 빛나다.　離朱(리주): 황제 때 사람. 백 걸음 떨어진 곳에서도 털끝을 볼 수 있을 정도로 눈이 밝았다는 전설적인 인물.　五聲(오성): 宮·商·角·徵(치)·羽의 다섯 음계.　六律(육률): 12律 중의 陽聲에 속하는 여섯 가지 음. 즉 黃鐘·大簇(대주)·姑洗(고선)·蕤賓(유빈)·夷則(이칙)·無射(무역).　金(금): 쇠로 만든 악기의 소리.　石(석): 돌로 만든 악기의 소리.　絲(사): 실로 만든 악기의 소리.　竹(죽): 대로 만든 악기의 소리.　黃鐘(황종): 12律 중의 陽聲에 속하는 六律 중의 하나.　大呂(대려): 12律 중의 陰聲에 속하는 六律 중의 하나.　師曠(사광): 춘추시대 晉나라의 대부로 있었던 음악의 달인.　簧(황): 피리.　不及之法(불급지법): 사람이 따를 수 없는 예절 등을 말함.　曾史(증사): 曾參과 史鰌. 曾參은 공자의 제자이고, 史鰌는 위나라 靈公의 家臣이었음.　累瓦結繩(루와결승): 기와를 포개서 쌓고 밧줄에 매듭을 맴. 즉 쓸데없는 일을 하는 것을 말함.　竄句(찬구): 글귀를 고치다.　堅白(견백): 견고하고 흰 돌은 견고한 돌과 흰 돌의 두 개의 돌이라고 하는 궤변.　同異(동이): 같은 것을 떼어놓고 다르다고 하고 다른 것을 붙여놓고 같다고 하는 궤변.　敝(폐): '해지다' '떨어지다'는 뜻이므로 '너절하다' '너절하게 늘어놓는다.'는 뜻이 됨.　跖

(규) : '반걸음'이라는 뜻이므로, '일시적인' '작은' 등의 뜻이 됨.
楊墨(양묵) : 楊朱와 墨翟. 양주는 춘추시대의 말기에서 전국시대 초기에 걸쳐서 활약했던 사상가. 楊朱는 극단적 이기주의자이고, 墨翟은 극단적 이타주의자이었다.    多騈(다변) : 군더더기를 많이 붙인 것.    旁枝(방기) : 필요 없는 것을 사방으로 붙인 것.

[해설]
　대자연에는 무한히 많은 수의 색이 있다. 한 나무에 있는 나뭇잎조차도 그 색이 약간씩 다르다. 무한히 많은 색이 있기 때문에 색과 색이 뚜렷이 구별되지 않는다. 마치 일 년이라는 시간이 무수히 많은 변화를 하기 때문에 사계절로 뚜렷이 구분되지 않는 것과 같다. 봄과 여름 사이, 여름과 가을 사이가 구별되지 않는 것처럼, 붉은 색과 주홍색, 주홍색과 주황색 등이 뚜렷이 구별되지 않는다. 색과 색의 경계가 뚜렷한 것은 자연색이 아니다. 그런데 사람이 이 무한히 많은 색을 다섯 가지로 분류하고 나면, 사람들은 의식 속에 입력해 놓은 다섯 가지 색의 틀을 가지고 본다. 이것이 밝은 눈에 군더더기를 갖다 붙이는 것이다. 그렇기 때문에 사람들은 자연의 색을 바로 인식하지 못하고, 오직 다섯 가지로만 인식한다. 그래서 사람들은 이 다섯 가지의 색을 어지럽게 사용하여 온갖 화려한 무늬를 만들어낸다. 경쟁은 나누기하는 것이다. 그러므로 사람들이 경쟁의 방향으로 나아가면,

모든 것을 나누기한다. 나누기를 하면 할수록 더 뚜렷해지고 분명해진다. 그래서 사람들은 분명하고 뚜렷한 색을 만들어 내곤 한다. 이렇게 한 사람의 대표적인 사람이 이주이다. 그러므로 이주는 자연색을 잃게 한 장본인이다.

그러나 그런 찬란한 색으로 만들어낸 무늬는 자연의 색이 아니다. 자연의 색은 그렇게 뚜렷하게 구별되는 것이 아니고, 그렇게 찬란한 것이 아니다. 그러나 그러한 색은 곧 싫증이 난다. 인간의 의식은 변하는 것이기 때문에 인간의 의식 속에 들어있는 색으로 만든 것은 의식이 변하고 나면 싫증이 나는 것이다. 그러므로 자연을 추구하는 예술가는 화려한 색을 쓰지 않는다. 그는 자연의 색을 추구한다.

소리에 대해서도 이와 마찬가지다. 사람들이 음의 종류를 오성이나 육률 등으로 분류하고 나면, 사람들은 대자연의 다양한 소리를 듣지 못하고 인간의 의식 속에 입력해 놓은 오성이나 육률로만 인식한다. 그래서 사람들은 자연의 소리를 들을 수 있는 본래의 모습을 상실하게 되었다.

인의예지의 도덕도 이와 마찬가지다. 인간은 누구나 바람직한 삶을 영위할 수 있는 능력이 있다. 이것이 도덕이다. 그러나 이런 자연의 힘을 놓아두고 仁義라는 것을 억지로 만들어 실천하도록 강요하면 사람들은 본래 가지고 있었던 원래의 능력을 잃어버린다. 仁義란 인간의 능력에 갖다 붙이는 군더더기인 셈이다.

여기서 말하는 仁義는 물론 공자나 맹자가 말하는 仁義

그 자체는 아니다. 仁義는 남과 나의 간격을 넘는 것이고, 인간의 굴레를 벗는 것이었다.

仁義는 원래 인간이 본래 가지고 있었던 능력을 말하는 것이었다. 그런 의미에서는 장자가 말하는 도덕과 같은 개념이었다. 그러나 전국시대 말기와 한나라 때 仁義가 지나치게 강조됨으로써 그것이 마치 인간이 만들어 낸 인위적인 윤리처럼 굳어져 버렸다. 그렇게 되는 仁義는 사람들의 삶을 구속하는 요소가 된다. 그러므로 仁義를 군더더기로 생각하고 있는 『장자』의 외편의 내용은 장자 시대에 저술된 것이 아니라, 仁義가 강조됨으로써 부작용이 나타난 후대에 저술된 것으로 보아야 할 것이다.


彼正正者 不失其性命之情 故合者不爲騈 而枝者不爲跂 長者不爲有餘 短者不爲不足 是故鳧脛雖短 續之則憂 鶴脛雖長 斷之則悲 故性長非所斷 性短非所續 無所去憂也 意仁義其非人情乎 彼仁人何其多憂也

[국역]
저 바르고 바른 길을 가는 사람은 타고난 본래의 모습을 잃지 않는다. 그래서 발가락이 붙어 있어도 네 발가락이라 생각지 않고, 손가락이 하나 더 있어도 육손이라고 여기지

않는다. 긴 것에 대해서도 필요 없는 여분으로 여기지 않고, 짧은 것에 대해서도 모자라는 것으로 여기지 않는다. 그러므로 물오리의 다리는 비록 짧지만 길게 이어주면 괴로워하고, 학의 다리는 비록 길지만 잘라주면 슬퍼한다. 따라서 본래부터 긴 것은 자르면 안 되고 본래부터 짧은 것은 이으면 안 된다. 걱정거리를 제거할 것이 없다. 생각건대 인의는 사람의 본래모습이 아니다. 저 어진 사람이란 어찌 얼마나 마음고생이 많은가!

[난자풀이]
鳧(부) : 물오리.   脛(경) : 다리.

[해설]
　사람은 어떻게 해서 태어나는가? 그들의 부모가 그들을 만들었을까? 그러나 엄밀히 생각해 보면 그들의 부모가 그들을 만들 수 없다. 손가락과 발가락을 다섯 개로 만들고 코와 눈과 귀와 입을 만들 능력이 그들의 부모에게는 없다. 부모가 의지대로 자기의 자녀를 만든다면 남자로 만들고 싶으면 남자로 만들 수 있어야 하고, 여자로 만들고 싶으면 여자로 만들 수 있어야 할 것이다. 또 자녀의 키와 얼굴 모양도 마음대로 만들 수 있어야 할 것이다. 그러나 실제로는 어느 하나 마음대로 되는 것이 없다. 그렇다면 부모가 자녀를 낳는 것은 하나의 자연현상으로 볼 수 있다. 발가락이 하나 붙

어서 태어나거나 손가락이 하나 더 많은 육손이로 태어나는 것도 부모가 그렇게 한 것이 아니라 자연이다. 그러므로 자연의 삶을 사는 사람은 자기의 몸도 타고난 모습 그대로를 보존한다. 성형수술을 하거나 고치지 않는다. 자신의 타고난 몸매가 자연인 것은 마치 물오리의 다리가 짧고, 학의 다리가 긴 것과도 같다. 물오리의 다리가 짧다고 길게 늘여주면 오히려 고통스럽고 학의 다리가 길다고 잘라주면 역시 고통스럽다. 원래 타고난 그 모습이 바로 자연이다.

 仁義를 의식 속에 그려 넣고는 그것을 이상으로 생각하고 있는 사람들은 자기가 생각하는 仁義의 모습대로 이 세상을 만들기 위해 노심초사한다. 그러나 그러한 사람들은 진리를 모르는 사람들이다. 그들은 자기가 만든 의식에 지배되어 있는 노예들이다.


且夫騈於拇者 決之則泣 枝於手者 齕之則啼 二者或有餘於數 或不足於數 其於憂一也 今世之仁人 蒿目而憂世之患 不仁之人 決性命之情而饕貴富 故意仁義其非人情乎 自三代以下者 天下何其囂囂也


[국역]
 또한 엄지발가락이 붙어있는 사람은 그것을 갈라놓으면 울고,

손에 여분의 손가락이 나 있는 사람은 그것을 물어뜯으면 아파서 소리친다. 이 두 경우는 어떤 것은 그 수가 남고 어떤 것은 그 수가 모자란다. 그러나 그 걱정되는 것은 같다. 지금 세상의 어진 사람들은 멍청한 눈으로 세상의 환난을 근심하고, 어질지 못한 사람들은 타고난 본래모습을 떨쳐버리고 부귀를 탐한다. 그러므로 생각건대 인의는 아마도 사람의 본래 모습이 아니다. 삼대 (하·은·주) 이래로부터 천하가 어찌 이렇게 시끄러운가?

[난자풀이]
蒿(호) : 쑥. 쑥은 더부룩하고 흐리멍텅하기 때문에 분명하지 않은 것을 의미한다. 饕(도) : 탐하다. 意(의) : 생각건대. 생각한다. 囂(효) : 시끄럽다.


且夫待鉤繩規矩而正者　是削其性也　待繩約膠漆而固者　是侵其德也　屈折禮樂　呴兪仁義　以慰天下之心者　此失其常然也　天下有常然　常然者　曲者不以鉤　直者不以繩　圓者不以規　方者不以矩　附離不以膠漆　約束不以纆索　故天下誘然皆生　而不知其所以生　同焉皆得　而不知其所以得　故古今不二　不可虧也　則仁義又奚連連如膠漆纆索　而遊乎道德之間爲哉　使天下惑也

[국역]

　또한 그림쇠나 먹줄, 곱자와 컴퍼스를 빌어서 바르게 되는 것은 그 본래모습을 깎아내는 것이다. 밧줄, 아교, 옻칠 등을 빌어서 견고하게 되는 것은 그 본래의 성질을 없애는 것이다. 예악을 가지고 몸을 굽히고 인의를 가지고 부드러워져서 천하 사람들의 마음을 위로하는 것은 언제나 그러한 자연의 본성을 상실하는 것이다. 천하에는 언제나 그러한 자연의 모습이 있다. 언제나 그러한 자연의 모습은 굽은 것을 그림쇠로 만든 것이 아니고, 곧은 것을 먹줄로 만든 것이 아니며, 둥근 것을 컴퍼스로 만든 것이 아니고, 네모난 것을 곱자로 만든 것이 아니다. 또 달라붙어 있는 것도 아교나 칠로 붙인 것이 아니고, 묶여있는 것도 노끈과 밧줄로 묶은 것이 아니다. 그러므로 천하의 모든 존재들이 순조롭게 다 살아가지만, 그 살아가는 이유를 알지 못한다. 한결같이 다 제 모습을 하고 있지만 제 모습을 하고 있는 이유를 알지 못한다. 그러므로 고금이 나누어지지 않으니, 없어진다는 것이 있을 수 없다. 그런즉 인의가 또 아교나 칠, 또는 노끈이나 밧줄처럼 늘어놓고 도덕 사이에서 노니는 것을 해서 무엇 하겠는가? 세상 사람들을 현혹시킬 뿐이다.

[난자풀이]

鉤(구) : 곱자. 곡선을 만드는 기구.　繩(승) : 먹줄. 음은 '승'
規(규) : 원을 그리는 기구. 컴퍼스.　矩(구) : 곡자. 직각을 그리는 자. **約**(약) : 실. 줄. **膠**(교) : 아교. 붙이는 것. **漆**(칠) : 옻. 옻칠. **屈折禮樂**(굴절예악) : 屈折以禮樂의 준말. 예악을 가지고 사람을 굽히게 만든다. **呴兪**(구유) : 부드럽게 되다. **常然**(상연) : 항상 그러한 자연의 본성. **附離**(부리) : 달라붙다. **纆**(묵) : 노끈. **索**(색) : 동아줄. **誘然**(유연) : 순조롭다. **奚連連如膠漆纆索而遊乎道德之間爲**(해련련여교칠묵색이유호도덕지간위) : 奚 다음에 以가 생략된 문장이다. 원래 以連連如膠漆纆索而遊乎道德之間爲奚로 된 문장이지만, 奚가 의문사이므로 앞으로 나온 것이다. **連連**(련련) : 늘어놓다. 이어 놓다.

[해설]

　완전한 네모, 완전한 원, 완전한 직선 등은 의식 속에서만 존재한다. 자연에는 그러한 것이 없다. 인간이 의식 속에서 원이나 네모, 직선이나 곡선 등의 틀을 입력시켜 놓고 그것을 기준으로 자연물을 바라보면 자연물은 제대로 된 것이 하나도 없다. 인간도 마찬가지다. 인의라는 틀을 의식 속에 입력시켜 놓고 그것을 기준으로 인간을 보면 제대로 된 인간이 없다.

　자연은 언제나 변하지 않는 자연의 모습이 있다. 봄·여름·가을·겨울의 순환이 있고 밤과 낮의 교차가 있다. 초목에는 또한 싹이 트고 자라고 열매 맺는 과정이 있다. 그러나 이런 자연 현상은 한 번도 동일하게 반복되는 것이 없다. 인간이 그것을 인간이 만든 틀을 가지고 그것을 파악하면 그 실상은 숨어버린다. 봄과 여름 사이에는 그것이 구별되는 선이 없다. 여름과 가을 사이도 마찬가지다. 그 구별은 오직 사람이 만든 것이다. 사람이 선을 그어놓고 선 이쪽을 봄이라 하고 선 저쪽을 여름이라 한다. 그리고 달력이 그 선을 넘어가면 봄이 갔다고 생각한다. 사람이 만든 틀은 원래의 것이 아니다. 사람이 만든 가짜이다. 그것을 벗어버릴 때 자연은 그 진실을 드러낸다. 사람이 의식의 틀을 벗어버리면 자연의 모습으로 살 수 있다. 그러나 그러한 삶에 있어서는 사는 것이 무엇인지 그 이유를 따지지 않는다. 사람이 의식을 벗어버리면 봄과 여름의 구별이 없어지고, 봄이 가고 여름이 온다는 현상이 없어진다. 따라서 과거와 현재의 구별도 없어지고, 과거의 것이 없어진다는 현상도 없어진다.

 도덕도 그것이 의식 속에서 존재하는 것이라면 인간의 굴레가 된다. 벗어버려야 할 대상이 된다.


夫小惑易方 大惑易性 何以知其然邪 自虞氏招仁義以撓天下也 天下莫不奔命於仁義 是非以仁義易其性與 故嘗試論之 自三代以下者 天下莫不以物易其性矣 小人則以身殉利 士則以身殉名 大夫則以身殉家 聖人則以身殉天下 故此數子者 事業不同 名聲異號 其於傷性以身爲殉 一也

[국역]

　대저 조금 혹하면 방법을 바꾸지만, 크게 혹하면 본성을 바꾼다. 어떻게 그런 줄 알 수 있는가? 순임금이 인의로 속박하여 세상을 어지럽힌 뒤로부터 천하에 인의를 향해 목숨 걸고 달리지 않는 사람이 없다. 이것은 인의를 가지고 그 본성을 바꾼 것이 아니겠는가? 그러므로 시험삼아 논해본다면 삼대 이래로부터 천하에 물욕 때문에 자기의 본성을 바꾸지 않은 사람이 없다. 소인들은 몸을 바쳐 이익을 따르고, 선비들은 몸을 바쳐 명예를 좇으며, 대부들은 몸을 바쳐 집을 위하고, 성인은 몸을 바쳐 천하를 위한다. 그러므로 이 몇 사람들은 일의 내용이 다르고 명성이 다르지만, 그 본성을 잃고 몸을 희생시키는 점에 있어서는 같다.

[난자풀이]

招仁義(초인의) : 인의로 속박하다. 招는 '부르다' '속박하다' 등의 뜻이 있다. 원래는 招以仁義로 되어야 할 것인데 以가 생략되었다. 撓(뇨) : 어지럽다. 奔命(분명) : 목숨 걸고 달려가다. 物(물) : 물욕. 자기 내면에서 나오는 본래모습이 아니라 외부의 것을 탐하는 것을 말한다. 남을 위하는 것도 모두 물욕에 속한다. 殉(순) : 따라죽다. 목숨을 바치다. 異號(이호) : 부르기를 달리 한다.

[해설]

 세상엔 인의를 위해서 목숨 걸고 달려가는 사람이 많은 것은 아니지만, 인의에 사로잡힌 사람들의 잘못을 지적하기 위해서 극단적인 표현을 쓴 것이다.


臧與穀二人相與牧羊 而俱亡其羊 問臧奚事 則挾筴讀書 問穀奚事 則博塞以遊 二人者 事業不同 其於亡羊均也 伯夷死名於首陽之下 盜跖死利於東陵之上 二人者 所死不同 其於殘生傷性均也 奚必伯夷之是 而盜跖之非乎 天下盡殉也 彼其所殉仁義也 則俗謂之君子 其所殉貨財也 則俗謂之小人 其殉一也 則有君子焉 有小人焉 若其殘生損性 則盜跖亦伯夷已 又惡取君子小人於其間哉

[국역]

 장과 곡 두 사람이 다 같이 양을 쳤는데, 똑같이 자기들의 양을 잃어버렸다. 장에게 무슨 일을 하고 있었느냐고 물었더니, 책을 끼고 글을 읽고 있었다고 했다. 또 곡에게 무엇을 하고 있었느냐고 물었더니 노름하고 놀고 있었다고 했다. 두 사람은 한 일이 같지 않았지만, 양을 잃어버렸다는 점에 있어서는 똑 같다. 백이는 수양산 아래에서 명예를 지키며 죽었고, 도척은 동릉 위에서 이익을 좇다가 죽었다. 두 사람은 죽은 까닭은 같지 않지만, 그 삶을 해치고 본성을 상하게 한 것에 있어서는 똑같다. 어찌 반드시 백이를 옳다 하고 도척을 그르다 하겠는가? 천하 사람들은 모두 자기 목숨을 바친다. 그런데 그가 목숨을 바친 것이 인의를 위해서였다면 세속에서는 군자라 하고, 목숨을 바친 것이 재물 때문이라면 세속에서는 소인이라 한다. 목숨을 바친 것은 마찬가지인데 군자가 있고 소인이 있다. 삶을 해치고 본성을 손상시킨 것과 같은 것에서 본다면 도척이 또한 백이다. 또 어찌 그 사이에 군자와 소인을 따지겠는가?

[난자풀이]
臧(장) : 인명. 장. 장을 일반적으로 사내종을 일컫는다는 설이 있다. 穀(곡) : 인명. 곡. 계집종을 일컫는 칭호였다는 설이 있다.(이상 赤塚忠) 博(박) : 노름. 바둑돌이나 주사위 등을 써서 노는 노름. 塞(색) : 노름. 주사위나 기구를 쓰지 않고 노는 노름. 伯夷之是(백이지시) : 是伯夷의 도치된 문장이다. 백이를 옳게 여기다. 백이를 옳다고 하다.


且夫屬其性乎仁義者 雖通如曾史 非吾所謂臧也 屬其性於五味 雖通如兪兒 非吾所謂臧也 屬其性乎五聲 雖通如師曠 非吾所謂聰也 屬其性乎五色 雖通如離朱 非吾所謂明也 吾所謂臧者 非仁義之謂也 臧於其德而已矣

吾所謂臧者　非所謂仁義之謂也　任其性命之情而已矣
吾所謂聰者　非謂其聞彼也　自聞而已矣　吾所謂明者　非
謂其見彼也　自見而已矣

[국역]
　또한 자연의 모습을 인의에 갖다 붙이는 자는 비록 증참이나 사추처럼 통달한다 해도 내가 말하는 좋은 것이 아니다. 자연의 맛을 오미(五味)에 갖다 붙이는 자는 비록 유아처럼 통달한다 해도 내가 말하는 좋은 것이 아니다. 자연의 모습을 오성(五聲)에 갖다 붙이는 자는 비록 사광처럼 통달한다 해도 내가 말하는 귀 밝은 자가 아니다. 자연의 색을 오색에 갖다 붙이는 자는 비록 이주처럼 통달한다 해도 내가 말하는 눈 밝은 자가 아니다. 내가 말하는 좋은 것이란 인의를 말하는 것이 아니다. 그 자연의 성질에 잘 적응하는 것일 뿐이다. 내가 말하는 좋은 것이란 이른바 인의를 말하는 것이 아니다. 자연의 움직임에 있는 그대로 맡기는 것일 뿐이다. 내가 말하는 귀 밝음이란 인간이 만든 저 소리를 듣는 것을 말하는 것이 아니다. 자기가 가지고 있었던 본래 소리를 듣는 것이다. 내가 말하는 눈 밝음이란 인간이 만든 저 색깔을 보는 것을 말하는 것이 아니다. 자기가 가지고 있었던 본래의 색깔을 보는 것이다.

[난자풀이]

屬(촉) : '가져다 붙인다'는 뜻이다. 이때는 음이 '촉'이 된다.
臧(장) : 착하다. 좋다.　兪兒(유아) : 인명. 요리의 달인이라고
전한다. 황제 때의 사람이라고도 하고 제나라 사람이라고도
하나 확실치 않다.　德(덕) : 자연의 모습을 따르는 능력.　彼
(피) : 사람들이 만들어 놓은 색깔이나 음악 등을 말한다.　自
(자) : 자기가 가지고 있었던 자연의 본래 모습. 의식에 의해서
변질되기 이전의 자기 고유의 것.


**夫不自見而見彼　不自得而得彼者　是得人之得　而不自得
其得者也　適人之適　而不自適其適者也　夫適人之適　而
不自適其適　雖盜跖與伯夷　是同爲淫僻也　余愧乎道德
是以上不敢爲仁義之操　而下不敢爲淫僻之行也**

[국역]

　자기의 본래모습을 보지 않고 사람이 만들어 놓은 허상을 보거나, 자기의 모습을 얻지 못하고 사람이 만들어 놓은 가짜를 얻는 것은, 남들이 얻은 것을 얻는 것이지, 스스로 자기가 얻어야 할 것을 얻는 것이 아니고, 남들이 만족하는 것을 만족하는 것이지, 스스로 자기가 만족해야 할 것을 만족하는 것이 아니다. 남이 만족하는 것을 만족하고 자기가 만

족해야 할 것을 만족하지 않는다면 비록 도척과 백이라 하더라도 똑같이 지나치고 치우친 것이다. 나는 본래의 모습을 잃을까 부끄러워한다. 이 때문에 위로는 감히 인의와 같은 절조를 행하지 않고, 아래로는 감히 지나치고 치우친 행동을 하지 못한다.

[난자풀이]
**余愧乎道德**(여괴호도덕) : 道德은 자연의 모습대로 사는 것이므로, 이 문장은 '나는 자연의 모습으로 사는 것에 대해서만 부끄러워한다.'는 뜻이다. 자연의 모습에 대해서 부끄러워한다는 말은 자연의 모습에 대해서만 신경 쓴다는 말이고 자연의 모습대로 살지 못할까 부끄러워한다는 말이다. 操(조) : 행동. 행위. 절조.

[해설]
　명예를 좇는 것은 남을 위한 것이지 자기를 위하는 것이 아니다. 일류 학교에 가고 싶은 것은 남들이 좋아하는 학교이니까 덩달아 좋아하는 것이지 진정 내가 좋아하는 것이 아니다. 돈은 남들이 좋아하니까 나도 좋은 것처럼 보일 뿐이지 실지로 좋은 것이 아니다. 배고플 때는 밥 한 그릇이면 족하고, 피곤할 때는 쉴 공간이 있기만 하면 족하다. 그 이상의 것을 바라는 것은 모두 남들이 좋아하는 것을 따르기 위해서 자기의 자연성을 혹사하는 것이다.

## 9. 馬蹄

자연의 모습을 인간이 인위적인 목적으로 바꾸어 놓을 때 생기는 비극적인 현상에 대해서 설명하고 있다.

馬　蹄可以踐霜雪　毛可以禦風寒　齕草飮水　翹足而陸　此馬之眞性也　雖有義臺路寢　無所用之　及至伯樂曰我善治馬　燒之剔之　刻之雒之　連之以羈馽　編之以皁棧　馬之死者　十二三矣　飢之渴之　馳之驟之　整之齊之　前有橛飾之患　而後有鞭筴之威　而馬之死者　已過半矣　陶者曰　我善治埴　圓者中規　方者中矩　匠人曰　我善治木　曲者中鉤　直者應繩　夫埴木之性　豈欲中規矩鉤繩哉　然且世世稱之曰伯樂善治馬　而陶匠善治埴木　此亦治天下者之過也

[국역]

　말은 발굽으로 서리나 눈을 밟을 수 있고, 털로 바람과 추위를 막을 수 있다. 풀을 뜯고 물을 마시며 앞발을 쳐들고 폴짝폴짝 뛴다. 이것이 말의 본래모습이다. 비록 의대나 정침이 있어도 쓸데가 없다. 그러나 백락에 이르면, '나는 말을 잘 다스린다.'고 하며, 털을 태우고 깎으며, 발굽을 깎아내고 지지며, 굴레와 줄로 얽어놓고 구유와 막대기로 묶어놓으니 말 중에 죽는 것이 열에 두셋이었다. 굶주리게 만들고 목마르게 만들며, 달리게 하고 뛰게 하며, 질서를 지키고 나란히 가게 만드니 앞에는 재갈에 얽매이는 걱정이 있고 뒤에는 채찍의 위엄이 있게 되어 말 중에 죽는 것이 이미 반을 넘어섰다. 도공은 "나는 진흙을 잘 다룬다. 둥글게 만들면 컴퍼스의 원에 꼭 들어맞고, 네모난 것을 만들면 곱자가 그린 네모에 꼭 들어맞는다."고 하고, 목수는 "나는 나무를 잘 다듬는다. 구부러진 것을 만들면 그림쇠에 꼭 들어맞고 곧게 만들면 먹줄에 꼭 맞는다."고 한다. 그러나 진흙과 나무의 본성이 어찌 컴퍼스·곱자·그림쇠·먹줄에 꼭 들어맞기를 바라겠는가? 그런데도 대대로 칭송하여 말하기를, "백락은 말을 잘 다스리고 도공과 목수는 진흙과 나무를 잘 다스린다."고 하니, 이는 또한 천하를 다스리는 자의 잘못이다.

[난자풀이]
翹(교) : 들다. 陸(육) : 踛과 통용. '뛴다'는 뜻이다. 義(의) : 儀와 통용. 義臺는 의식을 거행하던 대. 의대를 높은 건물로 해석하는 경우도 있다.(奚侗) 路(로) : 正의 오자. 路寢은 정침이다. 주로 잠자는 데 쓰는 집의 중심 건물. 伯樂(백락) : 성은 孫, 이름은 陽, 伯樂은 자. 秦나라 穆公의 말을 관리했던 말에 대한 달인.(赤塚忠) 雒(락) : 烙과 통용. 지지다. 羈(기) : 말의 머리에 묶는 가죽 끈. 馽(칩) : 縶과 통용. 말을 가지 못하게 앞발을 묶는 줄. 皁(조) : 말의 구유. 棧(잔) : 말을 연결시켜 묶어 놓는 막대기. 驟(취) : 갑자기 뛰다. 整(정) : 말이 함부로 달리지 않고 정돈된 상태로 달리게 하는 것. 齊(제) : 가지런하게 달리게 한다. 橛(궐) : 재갈. 飾(식) : 장식처럼 달고 다니는 재갈. 橛飾은 재갈을 말함. 埴(식) : 진흙. '치'로 발음되기도 한다..

吾意善治天下者不然 彼民有常性 織而衣 耕而食 是謂
同德 一而不黨 命曰天放 故至德之世 其行塡塡 其視顚顚
當是時也 山無蹊隧 澤無舟梁 萬物羣生 連屬其鄕 禽獸
成羣 草木遂長 是故禽獸可係羈而遊 鳥鵲之巢可攀援
而闚

[국역]

 나는 천하를 잘 다스리는 것은 그렇지 않다고 생각한다. 저 백성들은 언제나 일정한 자연의 모습이 있다. 베를 짜서 옷 입고 밭을 갈아 밥 먹는다. 이를 모든 사람이 다 같은 모습으로 살아간다고 해서 동덕(同德)이라 한다. 한결같은 모습으로 살아가지만, 작당을 하지 않는다. 이를 이름하여 '자연의 모습으로 해방된 것' 이라 한다. 그러므로 덕이 지극한 세상에서는 사람들의 거동이 유유자적하고 눈매가 맑고 또렷하다. 그때는 산에는 길이 없고 못에는 배나 다리가 없으며 만물이 무리로 생겨나 그 사는 곳에 경계를 두지 않았다. 새와 짐승이 떼를 이루고 초목이 울창했다. 그래서 새와 짐승은 끈으로 묶어서 노닐 수 있었고, 까치둥지에도 올라가 그 속을 들여다 볼 수 있었다

[난자풀이]
塡塡(전전) : 느긋하고 여유 있는 모양.   蹊(혜) : 지름길. 좁은

길. 길. 隧(수) : 길. 굴. 梁(량) : 다리. 連續(연속) : 구획이 정해지지 않고 이어지는 것. 遂長(수장) : 자라기를 완수하는 것. 마음껏 자라는 것.

[해설]

　나와 남의 구별이 없이 한데 어울려 산다면 동물과도 함께 산다. 내가 사는 곳과 남이 사는 곳에 칸막이가 있을 수 없다.

　동물들의 세계가 오히려 자연의 모습에 가까운 경우가 있다. 사자와 들소가 초원에서 어우러져 함께 노닌다. 그러다가 사자가 배가 고프면 들소를 사냥한다. 그때만 들소들은 달아난다. 그리고 들소 한 마리가 잡히면 더 이상 사냥을 하지 않으며 들소들도 더 이상 달아나지 않는다. 다시 한데 어우러져 노닌다.

　자연으로 사는 사람은 멀리 돌아다니지 않는다. 그럴 일이 없다. 산을 넘어갈 일도 없고 물을 건너갈 일도 없다. 그래서 산에 길이 없고 강에 배가 없다.


夫至德之世　同與禽獸居　族與萬物竝　惡乎知君子小人哉　同乎無知　其德不離　同乎無欲　是謂素樸　素樸而民性得矣　及至聖人　蹩躠爲仁　踶跂爲義　而天下始疑矣　澶漫爲樂　摘僻爲禮　而天下始分矣　故純樸不殘　孰爲犧樽　白玉不毀　孰爲珪璋　道德不廢　安取仁義　性情不離　安用

禮樂 五色不亂 孰爲文采 五聲不亂 孰應六律 夫殘樸以
爲器 工匠之罪也 毁道德以爲仁義 聖人之過也


[국역]

　지극한 덕이 이루어진 세상에서는 새나 짐승들과 함께 거처하고 떼를 지어 만물과 더불어 살았다. 그때는 어찌 군자와 소인을 구별했겠는가! 모두가 분별지(分別智)를 가지지 않았고 본래의 모습을 잃지 않았으며 욕심 없는 차원에서 함께 있었으니. 그것을 소박함이라 한다. 소박했기 때문에 백성들의 본성이 실현되었다. 성인이 출현함에 이르러 진리에서 벗어나 인을 행하고 애써 의를 행하여, 천하가 비로소 의혹을 품게 되었다. 함부로 음악을 만들고 편벽되게 예를 만들어, 천하가 비로소 나누어지게 되었다. 그러므로 원목이 손상되지 않았다면 누가 술잔을 만들겠으며, 백옥이 훼손되지 않았다면 누가 홀이나 반쪽 홀을 만들겠는가? 자연의 삶이 훼손되지 않았다면 어떻게 인의를 취하겠으며, 본래모습이 떠나지 않았다면 어떻게 예악을 쓰겠는가? 오색이 어지럽지 않았다면 누가 무늬를 만들겠으며, 오음이 어지럽지 않았다면 누가 육률에 맞추겠는가? 원목을 해쳐서 그릇을 만든 것은 목수의 죄이고, 자연의 삶을 해쳐서 인의를 만든 것은 성인의 허물이다.

[난자풀이]

同與禽獸居(동여금수거) : 與禽獸同居와 같다.　族與萬物竝(족여만물병) : 與萬物族竝과 같다.　族(족) : 모인다.　蹩躠(별설) : 빙 돌아가고 비켜 가는 것. 진리의 길에서 벗어나 돌아가는 것.　踶跂(제기) : 힘쓰고 애쓰는 것.　澶漫(단만) : 방종하고 함부로 하는 것.　摘僻(적벽) : 따고 치우치는 것. 과일을 따는 것은 자연의 모습을 가만두지 않는 것이고, 치우치는 것은 진리에서 벗어나는 것이다.　犧樽(희준) : 술통. 술 단지. 술잔.　白玉(백옥) : 세공하지 않은 자연 그대로의 원옥.　珪璋(규장) : 옥으로 만든 홀과 반쪽 홀.

[해설]

　의사가 약을 만들어 사람을 치료하면 사람은 그 약에 의존하게 되어 자연치유력이 없어진다. 그러므로 나쁜 의사는 사람들이 자연치유력이 없어지도록 사람들에게 자꾸 약을 먹인다. 좋은 상품이 없을 때는 사람들이 자연의 모습으로 살아갈 수 있었다. 그러나 좋은 상품을 만들어 놓으면 사람들은 그 상품이 있어야만 살아갈 수 있도록 길들여진다. 한 번 길들여진 사람들은 그 상품을 구입하기 위해 돈을 벌어야 하기 때문에 사람들은 돈을 버는 기계처럼 전락하고 만다. 따라서 사람들을 돈의 노예로 전락시킨 것은 상품을 개발한 사람의 죄다.

　정치가는 정치적 야욕을 달성하기 위해 사람을 나쁜 방향으로 인도하는 경우가 많다. 돈을 만들고 권력을 만들지 않으면 사람들을 지배할 수 없기 때문에 자꾸 그러한 것을 만든다. 그것이 사람들을 돈과 권력의 노예로 만드는 비결이다. 장자가 말하는 성인이란 이처럼 사람들을 노예로 만들기 위해서 인위적인 것을 만들어내는 사람들이다.

聖人의 개념에는 두 가지가 있다. 하나는 성선설적 개념이고, 다른 하나는 성악설적 개념이다. 성선설적 사고방식에서는 사람이나 자연현상을 원래 착하고 좋은 것으로 파악한다. 원래 세계는 혼돈이고, 현상 세계에서의 근원자는 하늘이다. 혼돈이나 하늘에는 일체의 구별이 없으므로 생사가 따로 없다. 삶도 하나의 자연현상이고, 죽음도 하나의 자연현상이다. 자연현상이라는 측면에서는 차이가 없다. 그러나 현상세계에서 '나'라는 것을 만들어, '나'의 삶을 살아가는 사람들은 남과 경쟁해야 하고, 늙고 병들어 죽어야 한다. 이러한 비극적 삶에서 해방되는 방법은 하늘과 하나가 되거나 혼돈으로 돌아가는 것뿐이다. 그런데 이러한 일을 이루어낸 사람이 바로 성선설적 개념에서의 성인이다. 이러한 성인은 먼저 자기를 완성하고 이어서 남들을 다 완성시켜 구세주의 모습이다. 이러한 성인의 삶의 방식을 구체적으로 표현하면 다음과 같다.

① 고요히 마음의 평정을 유지하는 자,
② 사사로운 정에 속박되지 않는 자유인,
③ 천지자연의 변화와 일체가 되는 자,
④ 만인을 진리로 인도하여 지상 낙원을 건설하는 자.

그러나 성악설적 개념의 성인은 이와 다르다. 성악설적 사고방식에서는 근본적으로 인간을 육체적 존재로 본다. 인간이 육체적 존재라면 자연상태에서의 인간은 육체적 삶을 영위하기 위해 서로 다투지 않을 수 없다. 그래서 인간은 본래 악하다고 하는 성악설이 성립된 것이다. 성악설적 사고방식에서는 해결해야 하는 일이 많다. 먼저 육체적 존재로서의 삶을 영위하는 조건을 갖추는 것이고, 다음으로 서로 다투지 않는 윤리를 확립하는 것이다. 이러한 시급한 문제들을 해결하는 사람들이 이른바 성악설적 개념의 성인이다. 이러한 의미의 성인은

① 의식주를 해결해서 육체적 삶을 가능하게 하는 자,
② 공업, 상업 등을 발달시켜 삶을 풍부하게 하는 자,
③ 의약을 만들어 인간의 건강한 삶을 유지하는 자,
④ 예절을 만들어 질서 있는 사회를 만드는 자,
⑤ 예술을 만들어 음울한 감정을 순화시키는 자,
⑥ 형벌을 제정하여 포악한 자를 제어하게 하는 자,
⑦ 부절, 도장, 말, 저울 등의 도량형을 만들어 속이는 것을 막는 자,
⑧ 성곽과 갑병을 만들어 적을 막을 수 있게 하는 자,
⑨ 정치를 행하여 태만과 권태를 다스리는 자

등을 말한다. 이러한 의미의 성인이란 오늘날의 기준으로 보면 대통령, 각부 장관, 국회의원, 법조인, 기업인, 엔지니어 등이 이에 해당하지만, 주로 포괄적인 의미의 정치인들이 가

장 유사하다.

　장자의 외편과 잡편이 쓰인 시기를 전국시대 말기와 한나라 초기로 본다면 그때는 주로 순자의 사상이 주도하던 시대이다. 그러므로 장자 외편에서 말하는 성인은 공자와 맹자가 말하는 성인이 아니라 순자가 말하는 성악설적 개념의 성인이다.

　순자적 의미의 성인이 맹자적 의미의 성인을 도외시하고 한가지 방면으로만 추구한다면 모든 것이 실질이 없이 형식에만 치우치게 되어 많은 폐해가 생겨날 것이다. 장자가 지적하는 성인의 폐해는 주로 이러한 경우이다.


夫馬　陸居則食草飮水　喜則交頸相靡　怒則分背相踶　馬知已此矣　夫加之以衡扼　齊之以月題　而馬知介倪　闉扼鷙曼　詭銜　竊轡　故馬之知而能至盜者　伯樂之罪也　夫赫胥氏之時　民居不知所爲　行不知所之　含哺而熙　鼓腹而遊　民能以此矣　及至聖人　屈折禮樂　以匡天下之形　縣跂仁義　以慰天下之心　而民乃始踶跂好知　爭歸於利　不可止也　此亦聖人之過也


[국역]
　말이 평원에 있을 때는 풀을 먹고 물을 마시며, 기쁘면 목

을 붙인 채 서로 비비고, 화가 나면 등을 돌리고 서로 발길질을 한다. 말의 지혜는 이것뿐이었다. 그런데 끌채의 나무를 달고 멍에를 얹고, 월제를 가지고 길들이려고 하면, 말은 지혜롭게 되어 끌채 끝을 찢고 멍에를 거부하며, 느릿느릿 가기도 하고 거짓으로 재갈을 물고 있기도 하며, 고삐를 훔쳐가기도 한다. 그러므로 말이 지혜로워져서 방자하게 된 것은 백락의 죄이다. 혁서씨 때에는 백성들이 해야 할 것이 무엇인지 모르는 상태로 살았고, 갈 곳을 모르는 채 다녔다. 먹을 것을 입에 넣으면 기뻐하며 배를 두드리고 놀았다. 백성들은 능히 이러했다. 성인의 시대에 이르러서 예악을 가지고 몸을 굽혀 그것으로 천하의 겉모습을 바로잡으려 하고, 인의를 내걸어 천하의 사람들을 위로하려 했다. 그러자 백성들은 비로소 힘써 지혜를 좋아하고 다투어 이익을 추구하여 그칠 줄을 몰랐다. 이 또한 성인의 잘못이다.

[난자풀이]
陸(륙) : 야생마가 뛰놀던 평원.　踶(제) : 발길질을 하다.　衡(형) : 마차의 채 끝에 가로로 댄 나무.　扼(액) : 軛과 통용. 말의 목에 거는 멍에.　月題(월제) : 말 이마에 대는 달 모양의 기구.(崔譔, 司馬彪)　介(개) : '끼워 넣는다'는 뜻. 칼을 판자 사이에 끼워 넣어 쪼개는 것이므로 '쪼개다' '부수다'의 뜻이 됨.　倪(예) : 輗와 통용. 수레의 끌채 끝.　闉(인) : 성곽의 문. 구부리다. 막다. 여기서는 '멍에를 거절한다.'는 뜻.　鷙(지) :

鶩와 통용. 말이 느리게 걷는 것.　曼(만) : 길게 끌다. 느리다. 鶩曼은 느릿느릿 가는 것.　詭(궤) : 속임수.　竊(절) : 훔치다. 뺏어가다.　盜(도) : 慆와 통용. '방자하다'는 뜻.　赫胥氏(혁서씨) : 상고시대의 제왕. 전설적인 인물.　숨哺(함포) : 머금거나 먹는 것.

# 10. 胠篋

인간의 지혜로 하는 일은 한계가 있으므로, 인간의 지혜를 버리고 자연으로 돌아가는 것이 제일이란 것을 깨우치고 있다.

將爲胠篋探囊發匱之盜　而爲守備　則必攝緘縢　固扃鐍
此世俗之所謂知也　然而巨盜至　則負匱揭篋擔囊而趨
唯恐緘縢扃鐍之不固也　然則鄕之所謂知者　不乃爲大盜
積者也　故嘗試論之　世俗之所謂知者　有不爲大盜積者乎
所謂聖者　有不爲大盜守者乎

[국역]

　장차 상자를 열고 자루를 뒤지며 궤짝을 뜯는 도둑 때문에 수비를 하려면 반드시 줄이나 노끈으로 꽁꽁 묶고 빗장이나 걸쇠로 단단히 잠글 것이다. 이렇게 하는 것은 세속에서 말하는 바의 지혜롭다는 것이다. 그러나 큰 도둑이 오면 궤짝을 지고 상자를 들고 자루를 메고 쫓아가며 오직 줄이나 노끈 또는 빗장이나 걸쇠가 견고하지 못할까 두려워할 것이다. 그렇다면 좀 전에 말한 바의 지혜롭다는 것은 큰 도둑을 위해서 저축해 준 것이 아니겠는가! 그러므로 시험삼아 논해본다면, 세속에서 말하는 바의 지혜로움 중에 큰 도둑을 위해 저축해 주지 않는 것이 있겠는가? 이른바 성스러움 중에 큰 도둑을 위해 지켜주지 않는 것이 있겠는가?

[난자풀이]
胠(거) : 열다.　篋(협) : 상자.　攝(섭) : 당기다. 잡아매다.　緘
(함) : 새끼. 노끈. 줄.　縢(등) : 노끈. 띠.　攝緘縢(섭감등) : 攝以

緘縢에서 以가 생략된 것으로 보아야 한다. '줄이나 노끈으로 잡아맨다.'는 뜻이다.　扃(경): 빗장. 문빗장.　鐍(휼): 걸쇠. 문을 잠그기 위해서 거는 쇠.　鄕(향): 아까. 접때.　積(적): 쌓다. 저축하다.

[해설]

　인간의 지혜로 어떤 일을 꾸미면 아무리 치밀하게 꾸미더라도 완벽할 수 없기 때문에 거기에는 반드시 빈틈이 있다. 그러므로 그 빈틈을 이용하여 그것을 가로채는 사람이 나오기 마련이다. 따라서 이를 방지하는 방법은 인간의 지혜로 꾸미지 않는 것뿐이다.


何以知其然邪　昔者　齊國鄰邑相望　鷄狗之音相聞　罔罟之所布　耒耨之所刺　方二千餘里　闔四竟之內　所以立宗廟社稷　治邑屋州閭鄕曲者　曷嘗不法聖人哉　然而田成子一旦殺齊君而盜其國　所盜者豈獨其國邪　幷與其聖知之法而盜之　故田成子有乎盜賊之名　而身處堯舜之安　小國不敢非　大國不敢誅　十二世有齊國　則是不乃竊齊國　幷與其聖知之法　以守其盜賊之身乎

[국역]

　무슨 까닭으로 그러한 줄 알겠는가? 옛날에 제나라는 이웃 고을이 서로 바라보였고, 닭이나 개소리가 서로 들렸다. 그물을 치는 곳과 쟁기나 괭이로 일구는 곳이 사방 2천여 리나 되었다. 사방의 국경 안을 통틀어 종묘와 사직을 세우고 읍·옥·주·여·향·곡 등의 행정 구역을 다스리는 방법이 어찌 일찍이 성인의 방법을 본받지 않았겠는가? 그런데도 전성자가 하루아침에 제나라의 임금을 죽이고 그 나라를 훔쳤으니 훔친 것이 어찌 단지 그 나라 만이었겠는가? 그 성스럽고 지혜로운 법을 아울러서 훔친 것이다. 그러므로 전성자는 도적이란 이름을 가졌지만, 몸은 요순의 편안함에 처했다. 작은 나라는 감히 비난하지 못했고, 큰 나라는 감히 벌주지 못했다. 12대를 이어 제나라를 소유했으니 이는 제나라와 그 성스럽고 지혜로운 법을 아울러 훔쳐서 그 도적의 몸을 지킨 것이 아니겠는가?

[난자풀이]

齊(제): 周나라 무왕 때 태공망 여상을 봉해 세운 나라. 지금의 산동성 동부와 하북성 일부에 해당함. 罔(망): 그물. 罟(고): 그물. 耒(뢰): 쟁기. 耨(누): 괭이. 刺(자): 찌르다. 일구다. 闔(합): 닫다. 사방의 국경 안을 닫는다는 것은 '사방의 국경 안을 통틀어'라는 뜻이다. 竟(경): 境과 통용. 국경. 田成子(전성자): 성은 田, 이름은 恒. 成子는 시호. 제나라 임금

간공(기원전 484~481 재위)을 죽이고 임금이 되었다. 十二世(12세) : 전성자에서 제나라가 망할 때까지의 임금은 10명인데 여기서 12세라고 한 것은 어림수로 말한 것이지만, 아마도 12진법에 익숙한 탓일 것이다.

[해설]
　물고기들은 낚싯줄에 매달린 지렁이를 먹기 위해 열심히 달려가지만, 그리고 그 미끼를 먹는 즐거움을 추구하지만, 다음에는 목숨을 버려야 하는 위험이 있다는 사실을 알지 못한다. 이는 사람에게 있어서도 마찬가지다. 어떤 사람에게 좋아하는 것이 있으면 그 좋아하는 것을 미끼로 그를 유인할 수 있다.
　자본가들이 야생의 사람들을 노동자로 만들기 위해서는 그들로 하여금 돈의 귀함을 알도록 유도해야 한다. 가게를 만들어 좋은 물품을 팔고, 술집을 만들어 맛난 술을 팔아, 야생의 사람들로 하여금 그 즐거움을 알게 만들면, 그들은 그 즐거움을 얻기 위해서 돈의 필요성을 알게 될 것이고, 돈을 벌기 위해서 열심히 일할 것이다. 노동자들이 열심히 일하는 것은 돈을 버는 길이기 때문에 그 자체가 기쁘다. 그들은 기쁜 마음으로 열심히 일하지만, 사실 그것은 자본가의 획책에 넘어간 것이다. 그것은 그들이 기쁜 마음을 가지고 스스로 돈과 자본가의 지배하에 들어가는 것이기 때문에 그 지배에서 벗어나기 어렵다.

어떤 사람에게 좋아하는 것이 있다면 그것을 미끼로 그를 지배할 수 있듯이, 한 나라의 사람들이 공통적으로 좋아하는 것이 있다면 그것을 미끼로 그 나라를 통치할 수 있다. 그러므로 나라를 통치하기 위한 전제 조건은 온 국민들이 공통적으로 좋아하는 그 무엇을 만들어내는 일이다. 그 기능으로 가장 적합한 것은 교육이다. 교육을 통해서 나라를 사랑하고 임금에게 충성하도록 가르쳐, 모든 사람들이 그러한 것을 좋은 것으로 인식한다면 나라를 통솔하는 것은 간단하다. 애국하고 충성하는 사람들을 상주고 그렇지 못한 사람들을 처벌하기만 하면 모든 사람들이 정부의 명령을 들을 것이기 때문이다. 사람들을 지배하기 위해서 만들어놓은 지배자들의 미끼, 그것이 이른바 '지배이데올로기'이다. 장자는 이 '지배이데올로기'를 성인이 만들어 놓은 예악문물에서 비롯되었다고 본 것이다.

대한민국의 입장에서 보면 대한민국을 지배하려는 사람들은 여러 계층이 있다. 경제적으로 지배하려는 사람들도 있고, 정치적으로 지배하려는 사람들도 있다. 그러한 사람들은 국내에도 있고 국외에도 있다. 지금은 세계가 하나로 연결되기 때문에 대한민국을 지배하려는 사람들은 그들의 목적을 얻기 위해서 의식적이든 무의식적이든 서로 결탁한다. 자본가와 정치가가 결탁하고 국내 자본가와 국외 자본가가 결탁한다. 국내 정치가와 국외 정치가가 결탁한다.

지금 대한민국 국민들이 공통적으로 가치를 부여하는 것

은 '민주주의'이다. 그것은 조선시대 때의 정치적 모순과 군사 독재의 폐단을 한꺼번에 제거하는 방법이기 때문이기도 하다. 그리고 그것은 발전의 모델로 삼고 있는 구미 열강들의 정치형태이기 때문이기도 하다. 그래서 진보적 정치가들에서부터 서민에 이르기까지의 많은 사람들이 '민주주의'를 이루기 위해 노력해 왔다. 이제 '민주주의'는 대한민국 국민의 공통의 목표가 되었다. 그러므로 이제 '민주주의'의 기치를 얼마나 설득력 있게 내거는가가 정치가의 성패를 좌우하는 열쇠가 되었다.

미국을 위시한 서구 열강들도 또한 대한민국의 민주화를 위해 전폭적인 지지를 해 왔다. 그 이유는 무엇이었을까? 독재에 시달리는 대한민국 국민을 사랑해서일까? 그들은 인류애를 실현하는 화신들일까? 미국인들은 과거 아메리카 원주민 일억 명을 죽였다고 한다. 그렇다면 그들을 인류애의 화신으로 보기는 어렵다. 그렇다면 그들이 한국의 민주화를 지지하는 목적은 어디에 있을까?

한국이 민주주의가 되면 '자유'를 바탕으로 하는 자본주의 경제체제를 시행해야 하고, 시장경제를 채택해야 한다. 시장경제의 핵심 중의 하나는 주식시장이다. 대한민국은 민주화되었고, 주식시장을 개방했다. 1999년 한 해 동안 대한민국 국민이 수출해서 남긴 흑자는 200억불정도이었는데 외국인들이 한국의 주식시장에서 벌어들인 돈은 400억불 정도이었다. 외국인들은 외화를 들여왔기 때문에 한국인들에게 환영을 받고 감사를 받았다. 그리고서 그 많은 돈을 챙겨갔다. 이것이 자본주의의 속성이다. 그들이 한국의 민주화를 염원했던 속뜻은 여기에 있다.


嘗試論之 世俗之所謂至知者 有不爲大盜積者乎 所謂至聖者 有不爲大盜守者乎 何以知其然邪 昔者龍逢斬 比干剖 萇弘胣 子胥靡 故四子之賢 而身不免乎戮


[국역]

　시험삼아 논해보자. 세속에서 말하는 바 지극히 지혜로운 자 중에 큰 도적을 위해서 저축해 주지 않는 자가 있겠는가? 이른바 지극히 성스러운 자 중에 큰 도적을 위해서 지켜주지 않는 자가 있겠는가? 무엇으로 그러한 줄 알겠는가? 옛날 용봉은 참수되었고, 비간은 해부 당했으며, 장홍은 창자가 갈라졌고, 자서는 썩어문드러졌다. 그러므로 네 사람은 현명함으로 대처했으나 몸은 사형(死刑)을 면치 못했다.


[난자풀이]

龍逢(용봉) : 성은 關, 이름은 龍逢. 夏나라 桀왕 때의 賢臣. 걸왕의 비행을 간하다 참수되었다. 　比干(비간) : 殷나라 紂왕의 숙부. "신하된 사람은 죽음을 무릅쓰고 간해야 하는 것이니, 그렇지 않으면 인민은 구제되지 아니한다."고 말하고 간하기를 그치지 않자, 紂는 화가 나서 "성인의 심장에는 일곱 개의 구멍이 있다고 들었다."하고서 비간을 죽여 심장을 꺼내 확인했다고 한다.  萇弘(장홍) : 周나라 敬王 때의 賢臣. 晉나라 范仲行의 반란에 연루되어 죽었다.  胣(이) : 창자를 가르다.  子胥(자서) : 춘추시대 吳나라 임금 夫差의 신하인 伍員의 자. 부차에게 월나라를 공격하는 일에 대해서 진언한 것이 채택되지 않고 오히려 오해를 받아 죽임을 당했다. 시신을 부대에 넣어 양자강에 띄웠으므로 시신이 썩어문드러졌다고 한다.  四子之賢(사자지현) : 以四子之賢處之이어야 할 것이나 생략되었다.

[해설]

　세상 사람들이 충성을 중시하고 충신을 존경하게 되면 어떠한 결과가 생길 수 있을까? 하나라의 桀은 독재를 했다. 이 때 용봉이 독재를 간하다가 죽임을 당하자, 백성들은 용봉을 아끼기 때문에 용봉을 죽인 걸을 더욱 미워하게 되었고, 이로 이해 탕이 걸을 치고 하나라를 정복할 수 있었다. 이를 보면 용봉은 목숨 걸고 충성을 했지만, 결과는 나라를 남에게 넘겨주는 꼴이 되었다. 하나라의 입장에서 보면 하나라를 점령한 탕이 큰 도둑인 셈이다.

　나라를 점령한 사람이 점령국 사람들을 지배하기 위해서는 역시 그 나라의 사람들 중에서 충신을 칭양하여 사람들의 모범으로 삼아야 한다. 고려를 멸망시키고 건국한 조선이 고려를 위해서 충성을 바친 포은 정몽주를 선양한 이유도 거기에 있다.

故跖之徒問於跖 曰盜亦有道乎 跖曰 何適而無有道邪 夫妄意室中之藏 聖也 入先 勇也 出後 義也 知可否 知也 分均 仁也 五者不備而能成大盜者 天下未之有也 由是觀之 善人不得聖人之道不立 跖不得聖人之道不行 天下之善人少 而不善人多 則聖人之利天下也少 而害天下也多

[국역]

　그러므로 도척의 부하가 도척에게 물었다. "도둑에게도 또한 도가 있습니까?" 도척이 말했다. "어디를 가나 도가 없겠는가? 집안의 감추어진 물건을 대충 맞추는 것은 성스러운 것이고, (훔치러 갈 때) 먼저 들어가는 것은 용기이고, (훔친 뒤) 나중에 나오는 것은 의로움이다. 성공 여부를 아는 것은 지혜로움이고, 나누는 것을 균등하게 하는 것은 어진 것이다. 이 다섯 가지가 갖추어지지 않고 능히 큰 도적질을 이루어내는 자는 천하에 있지 않다." 이로써 본다면 착한 사람도 성인의 도를 얻지 못하면 되지 않고, 도척도 성인의 도를 얻지 못하면 통하지 않는다. 천하에 착한 사람은 적고 착하지 않은 사람은 많다. 그러므로 성인이 천하를 이롭게 한 것은 적고, 천하를 해롭게 한 것은 많다.

[난자풀이]

跖(척) : 盜跖. 춘추시대에 있었던 대표적인 도둑의 이름. 현인 柳下惠의 동생이라고도 한다. 妄(망) : 대충. 함부로. 대강. 意(의) : 생각해 내다.

[해설]

　여기서 말하는 성인지도란 사람의 삶의 형식 즉, 삶의 '틀'을 말한다. 사람들이 무리를 이루어 살기 위해서는 먼저 사람들의 관계를 유지할 수 있는 '틀'이 있어야 한다. 사람들에게 통용되는 틀이 있고, 사람들이 그 틀을 함께 지킬 때 인간관계가 유지된다. 그러므로 착한 사람들이든 악한 사람들이든 그 사람들이 관계를 유지하기 위해서는 이 틀을 만들어 지키지 않으면 안 된다. 언어나 문자도 하나의 틀에 속한다. 언어라는 틀을 만들게 되면 사람들은 이 언어라는 틀을 바탕으로 관계가 유지되고 문자라는 틀을 만들어 놓으면 또 이 문자를 근거로 해서 관계가 유지된다. 착한 사람은 언어와 문자를 통해서 착한 마음을 전하기도 하고 훌륭한 사상을 펴기도 하지만, 나쁜 사람은 이 언어와 문자를 통해서 사기를 치는 등 온갖 나쁜 일을 저지른다.

　인간이 인간을 평가하기 위해 만드는 모든 제도나 법이 모두 이 틀에 속한다. 학생들의 봉사정신을 평가하기 위해 봉사점수라는 것을 만들어 놓으면, 그것은 참으로 봉사를 잘하는 사람을 평가하는 척도가 되기도 하지만, 약은 학생들에게 점수를 따는 방법으로 이용당하기도 한다. 사람들이 나쁜 짓을 하지 못하도록 법을 만들어 놓으면, 그 법은 사기꾼들이 사기를 치기 위한 방법으로 악용하기도 한다. 그러므로 법을 세밀하게 만들면 만들수록 사기꾼들의 수법이 다양해지고, 그에 따라 큰 사기꾼들이 큰 사기를 치는 일이 빈번해진다.

도덕이라는 것에도 이러한 측면이 있다. 도덕이 '틀'이 되어 버리면 그 도덕은 많은 부작용을 동반한다. 공자는 이 점을 매우 염려했다. 그래서 그는 모든 도덕이 정형화 된 '틀'이 되지 않아야 한다고 강조했다. 그 중에서도 가장 '틀'이 되기 쉬운 것이 禮이므로 예에 대해서는 더욱 세심하게 주의를 환기시켰다. 그가 예의 형식보다 예의 정신을 강조한 것이 바로 이러한 이유에서이었다. 그러나 장자 때에 이르러 도덕의 정신이 없어지고 형식만 남아 그 부작용이 노출되었기 때문에 장자는 그 '틀'이 되어 버린 도덕을 비판한 것이다.


故曰　脣竭則齒寒　魯酒薄而邯鄲圍　聖人生而大盜起
掊擊聖人　縱舍盜賊　而天下始治矣　夫川竭而谷虛　丘夷
而淵實　聖人已死　則大盜不起　天下平而無故矣　聖人不死
大盜不止　雖重聖人而治天下　則是重利盜跖也

[국역]

　그러므로 말하기를, "입술이 없어지면 이가 시리고, 노나라의 술이 박해지면 한단이 포위된다."고 했다. 성인이 생겨나면 큰 도둑이 일어난다. 성인을 쳐 없애고 도적을 놓아두면 천하가 비로소 다스려질 것이다. 대저 냇물이 마르면 골짜기가 비고, 언덕이 깎여지면 못이 메워진다. 성인이 이미 죽으면 큰 도둑이 생겨나지 않아서, 천하가 화평해지고 사고가 없어질 것이다. 성인이 죽지 않으면 큰 도둑이 그치지 않을 것이니, 비록 성인을 존중하여 천하를 다스린다 하더라도 이는 도척을 거듭 이롭게 만드는 꼴이 될 것이다.

[난자풀이]

脣竭則齒寒(순갈즉치한) : '입술이 없어지면 이가 시리다'는 뜻으로 춘추전국시대의 서적인『춘추좌전』『묵자』『전국책』등에 같은 내용이 보이는 것으로 봐서 그 당시 보편적으로 통용되던 말인 듯하다. 脣亡齒寒이라고도 한다. 魯酒薄而邯鄲圍(노주박이한단위) :『經典釋文』에 초나라에 바친 노나라의 술이 맛이 없었기 때문에 초왕이 노해서 노나라를 공격하자, 이 기회를 틈타 위나라가 조나라를 쳐들어가 도읍인 한단을 포위했다는 설명이 있다.　掊(부) : 치다.　擊(격) : 때리다.　縱(종) : 용서하다. 놓아주다.　舍(사) : 捨와 통용되어, '놓아둔다'는 뜻이 된다.　夷(이) : 痍와 통용되어, '깎이다' '평평해지다' 등의 뜻이 된다.

[해설]

　여기서 말하는 성인은 인간의 삶의 '틀'을 만들어내는 자를 말한다. 대부분의 사람들이 좋아하는 '틀'을 만들면 그것을 악용해서 나쁜 짓을 하는 사람이 반드시 나타나기 마련이다. 그러므로 나쁜 사람의 입장에서 보면 그 '틀'을 만들어내는 사람이 은인이 되는 셈이다.

　입술이 없어지면 이가 시린 법이다. 그러므로 이는 입술의 덕을 입고 산다. 초나라가 강대국인 까닭에 위나라는 조나라를 공격하고 싶어도 초나라가 두려워서 공격하지 못한다. 그런데 노나라가 술을 잘못 헌상하여 초나라의 공격을 받게 되면 위나라는 그것을 틈타서 조나라를 공격할 수 있다. 따라서 조나라는 술을 잘 빚는 노나라의 덕을 입고 산다. 이처럼 성인이 좋은 것을 자꾸 만들어 내면 그것을 악용해서 사는 도적들은 그 덕으로 사는 셈이다. 훌륭한 도예가가 고려자기 같은 좋은 자기를 만들면 도둑들은 그것을 훔쳐서 팔아먹고 산다. 따라서 도둑들은 그 훌륭한 도예가들 덕에 살아간다고 할 수 있다.


爲之斗斛以量之　則幷與斗斛而竊之　爲之權衡以稱之　則幷與權衡而竊之　爲之符璽以信之　則幷與符璽而竊之　爲之仁義以矯之　則幷與仁義而竊之　何以知其然邪　彼竊鉤者誅　竊國者爲諸侯　諸侯之門　而仁義存焉　則是非竊

仁義聖知邪 故逐於大盜 揭諸侯 竊仁義幷斗斛權衡符璽
之利者 雖有軒冕之賞弗能勸 斧鉞之威弗能禁 此重利盜
跖而使不可禁者 是乃聖人過也

[국역]

  사람들에게 말이나 섬을 만들어 주고 그것으로 양을 달게 하면 그 말이나 섬까지 아울러서 훔쳐 가고, 저울추와 저울대를 만들어 주고 그것으로 무게를 달게 하면 저울추와 저울대까지 아울러서 훔쳐 가며, 부절(符節)이나 도장을 만들어 주고 그것으로 신용을 지키게 하면 부절이나 도장까지 아울러서 훔쳐 간다. 인과 의를 만들어 주고 그것으로 사람들의 행동을 교정하려 하면 그 인과 의를 아울러서 훔쳐간다. 무엇으로 그러한 줄 아는가? 저 그림쇠 하나 훔치는 자는 벌을 받지만, 나라를 훔치는 자는 제후가 된다. 제후의 나라 안에 인의가 보존되어 있으니, 이것은 인의와 성지(聖知)를 아울러 훔친 것이 아니겠는가? 그러므로 큰 도둑에게 쫓겨 (그 도둑을) 제후로 높인다면, 인의와 말·섬·저울추·저울대·부절·도장의 이로움을 훔치는 자들은 비록 (그들에게) 높은 벼슬자리를 상으로 주더라도 착해지지 않고, 도끼로 위협하더라도 나쁜 일을 금지시킬 수 없다. 이는 도척을 거듭 이롭게 해서 (훔치는 일을) 그만 둘 수 없게 만드는 것이니, 이는 바로 성인의 잘못이다.

[난자풀이]

斛(곡): 휘. 섬. 양의 단위. 열 말. 權(권): 저울추. 衡(형): 저울대. 符(부): 부절. 신표. 신분을 확인하기 위해 가지고 다니는 신표. 璽(새): 도장. 鉤(구): 그림쇠. 곡선을 그릴 때 쓰는 기구. 逐於大盜揭諸侯(축어대도게제후): 큰 도둑에게 쫓겨서 제후로 받드는 것. 큰 도둑이 나라를 훔친 뒤 사람들에게 자기를 따르라고 강요하면, 사람들은 그에게 쫓기고 강요당해서 할 수 없이 그를 제후로 받들게 된다. 軒冕(헌면): 대부 이상의 사람들이 타는 수레와 모자.

[해설]

　도량형을 만들어 사람들에게 사용하게 하면 나쁜 상인들은 그 도량형을 변조해서 양을 속인다. 이것은 속이지 못하도록 만든 것이 도량형인데 그 도량형이 바로 속이는 도구가 된 것이다. 이것이 바로 도량형을 아울러 훔치는 것이 된다.

　임금이 백성들을 다스리기 위해 백성들에게 충성을 하도록 교육시켜 놓으면, 그 임금을 몰아내고 대신 임금 자리에 오른 사람이 백성들의 충성심을 이용할 것이므로 임금노릇하기가 쉬워진다. 이것은 나라와 백성들의 충성심까지 함께 훔친 꼴이다. 뿐만 아니라 그 충성심이 나라를 훔쳐 다스리는 도구가 된 셈이다.

　나라를 훔친 도둑이 백성들에게 충성을 강요하면 백성들은 어쩔 수 없이 그를 왕으로 받들 수밖에 없다. 이러한 상황에서는 나라를 훔치는 큰 도둑이 계속 생겨나기 마련이다. 그러한 도둑들은 대부 정도의 고위직으로는 만족하지 않는다. 그들은 왕이 되기 위해 죽음도 불사한다. 그래서 쿠데타는 계속 일어날 것이고 나라는 그 때문에 자꾸 혼란해질 것이다. 그러나 이렇게 되는 근본 원인은 백성들을 다스릴 수 있는 통치수단을 이미 만들어 놓았기 때문이다. 통치수단을 만들어 놓으면 그것을 훔치는 사람이 왕이 된다. 나쁜 사람을 방어하기 위해 칼을 만들어 놓으면 그 칼은 나쁜 사람의 손에 들어가 착한 사람을 죽이는 도구로 쓰이는 경우가 더 많다. 정치수단도 이와 마찬가지다. 쿠데타가 계속 일어나 나라가 혼란스러운 까닭은 통치수단을 만들어 놓았기 때문이다. 장자는 통치수단을 만든 사람을 성인이라고 하고 있지만, 이때의 성인은 오늘날의 정치가에 해당하는, 순자 사상에서 말하는 성인이다.

통치수단을 만들지 않고 자연 상태로 살았을 때는 통치자와 피통치자의 구별이 없었고, 통치자의 핍박에 의한 피통치자의 고통이 없었다. 그러던 것이 백성을 위해 정부를 만들고 통치수단을 만든 것이 오히려 백성들을 고통받게 만든 결과가 된 것이다.


故曰　魚不可脫於淵　國之利器不可以示人　彼聖人者天下之利器也　非所以明天下也　故絶聖棄知　大盜乃止

摘玉毁珠 小盜不起 焚符破璽 而民朴鄙 掊斗折衡
而民不爭 殫殘天下之聖法 而民始可與論議 擢亂六律
鑠絶竽瑟 塞瞽曠之耳 而天下始人含其聰矣 滅文章 散
五采 膠離朱之目 而天下始人含其明矣 毁絶鉤繩 而棄
規矩 攦工倕之指 而天下始人含其巧矣 故曰 大巧若拙
削曾史之行 鉗楊墨之口 攘棄仁義 天下之德始玄同矣
彼人含其明 則天下不鑠矣 人含其聰 則天下不累矣 人
含其知 則天下不惑矣 人含其德 則天下不僻矣 彼曾‧
史‧楊‧墨‧師曠‧工倕‧離朱 皆外立其德 而以爚亂天
下者也 法之所無用也

[국역]
　그러므로 "물고기는 못에서 벗어나면 안 되고, 나라의 이로운 도구는 사람들에게 보여주면 안 된다."고 했다. 저 성인이란 자는 천하의 이로운 도구이니 천하에 밝게 드러나면 안 되는 것이다. 그러므로 성스러움을 버리고 지혜로움을 버리면 큰 도둑이 그치고, 옥을 던져버리고 구슬을 부셔버리면 작은 도둑이 일어나지 않는다. 부절을 태우고 도장을 파기하면 백성들은 소박해진다. 말을 부수고 저울대를 분질러버리면 백성들은 다투지 않을 것이고, 천하의 좋은 법을 깡그리 없애버리면, 백성들은 비로소 더불어 논의를 할 수 있게 된다. 육률을 뽑아서 흩어버리고 피리와 비파를 녹여 없애버리

고 장님인 사광의 귀를 막아버리면 천하에 비로소 사람들이 그 귀 밝음을 간직하게 될 것이다. 무늬를 없애고 오채를 흩어버리고 이주의 눈을 붙여버리면 천하에 비로소 사람들이 그 눈 밝음을 간직하게 될 것이다. 그림쇠나 먹줄을 부수고 컴퍼스나 곡자를 파기하고 공수의 손가락을 부러뜨리면 천하에 비로소 사람들이 그 재주를 간직하게 될 것이다. 그러므로 "큰 재주는 서툰 것처럼 보인다."고 했다. 증참과 사추의 행실을 떼어 내고 양주와 묵적의 입을 집어서 막으며 인의를 물리쳐 파기하면 천하의 덕이 비로소 현묘하게 하나가 된다. 사람들이 그 눈 밝음을 간직하고 있으면 천하가 볶이지 않을 것이며, 사람들이 귀 밝음을 간직하고 있으면 천하가 속박되지 않을 것이며, 사람들이 그 지혜를 간직하고 있으면 천하가 현혹되지 않을 것이며, 사람들이 그 덕을 간직하고 있으면 천하가 치우치지 않을 것이다. 저 증참·사추·양주·묵적·사광·공수·이주는 모두 그 덕을 바깥에 내세워 천하를 혼란하게 한 자들이다. 그들을 본받는 것은 무용한 것이다.

[난자풀이]
不可明天下(불가명천하) : 不可明於天下에서 於가 생략된 것으로 보인다. 摘(적) : 던지다. 鄙(비) : 어리석다. 천하다. 순박하다. 捂(부) : 헤치다. 부수다. 殫(탄) : 다하다. 없애다. 殘(잔) : 손상하다. 없애다. 瞽曠(고광) : 瞽는 장님, 曠은 사광이

므로, 瞽曠은 '장님인 사광'이란 뜻이다.　　五采(오채)：靑·黃·赤·白·黑의 다섯 가지 색.　鉤繩(구승)：곡선을 그리는 그림쇠와 직선을 그리는 먹줄.　攦(려)：꺾다. 꺾어서 부러뜨리다.　鉗(겸)：죄인의 목에 씌우는 칼. 집게 등으로 집다.　玄同(현동)：일체의 구별이 없이 가물가물한 상태. 모두 하나가 되는 진리의 세계. 혼돈.　鑠(삭)：달구어지다. 볶이다.　累(루)：묶이다. 속박되다.　爚(약)：불사르다.

[해설]

　　魚不可脫於淵으로 시작되는 인용문은 『노자』 36장에 들어 있는 말이다. 그 내용이 한비자의 사상과 유사하기 때문에 아마도 노자의 원래 문장이 아니라 전국시대 말기에 끼어 들어간 것으로 생각되는 문장이다. 한비자의 사상에서 보면 임금은 군림은 하되 자기의 감정이나 의견을 외부에 드러내지 않고 감추어야 한다. 그래야만 자기의 약점을 노출하지 않고 끝까지 자리를 지킬 수 있다는 뜻이다. 그런데 장자는 여기서 이를 인용해서 성인의 역할이 밖으로 드러나지 않도록 해야 한다는 뜻으로 풀이했다. 그것은 통치수단을 제출하지 않는 것을 뜻한다.

　　絶聖棄智 또한 『노자』 19장에 나오는 말이다. 성스러운 자들과 지혜로운 자들이 통치수단을 만들어 놓으면 그것이 도둑들의 손에 들어가 악용되기 때문에 아예 성스러운 자와 지혜로운 자들이 아무 역할을 하지 않는 것이 좋다.

눈 밝은 사람들이 나와서 색을 구별하였기 때문에 사람들은 자연의 색을 잃어버렸고, 귀 밝은 사람이 나와서 소리를 구별하였기 때문에 사람들은 자연의 소리를 잃어버렸다. 이처럼 도덕군자가 나와서 사람들을 구속했기 때문에 사람들은 자연의 모습을 잃었다. 만약 사람들이 자연의 색과 소리, 자연의 삶의 모습을 잃지 않고 있으면, 천하는 혼란하지 않고 자연의 질서를 간직하고 있었을 것이다.

눈 밝고 귀 밝은 사람들과 손재주가 있거나 도덕을 만들어내는 사람들이 만들어낸 세계는 가공의 세계이고 꿈의 세계이다. 그들은 의식 속에서 하나의 '틀'을 만든 자들이다. 그것은 인간의 마음속에서 원래 간직하고 있었던 것이 아니므로 장자는 '덕을 바깥에 세웠다'고 표현했다.


子獨不知至德之世乎 昔者容成氏 大庭氏 伯皇氏 中央氏 栗陸氏 驪畜氏 軒轅氏 赫胥氏 尊盧氏 祝融氏 伏戲氏 神農氏 當是時也 民結繩而用之 甘其食 美其服 樂其俗 安其居 鄰國相望 鷄狗之音相聞 民至老死而不相往來 若此之時 則至治已 今遂至使民延頸擧踵 曰某所有賢者 嬴糧而趣之 則內棄其親 而外去其主之事 足跡接乎諸侯之境 車軌結乎千里之外 則是上好知之過也 上誠好知而無道 則天下大亂矣

[국역]

　그대는 다만 지극히 본래의 모습을 간직한 세상을 보지 않았는가? 옛날 용성씨·대정씨·백황씨·중앙씨·율륙씨·려축씨·헌원씨·혁서씨·존로씨·축융씨·복희씨·신농씨의 시대가 그것이다. 당시에는 백성들이 결승문자를 만들어 썼다. 그 밥을 맛있게 먹었고, 그 옷을 아름답게 여겼으며, 그 풍속을 즐겼고, 그 거처를 편안케 생각했다. 이웃 나라들이 서로 바라볼 수 있었고, 닭이나 개의 소리가 서로 들렸다. 백성들은 늙어 죽을 때까지 서로 왕래하지 않았다. 이러한 때가 바로 지극히 잘 다스려진 때이다. 지금 드디어 백성들로 하여금 목을 늘이고 발꿈치를 들며, "모처에 현명한 자가 있다."고 말하고서 양식을 지고 좇아가도록 만드는 지경에 이르렀으니, 안으로는 그 부모를 버리고 밖으로는 그 임금을 버리는 것을 일삼아 발자취가 제후 나라의 국경을 잇고 수레의 바퀴자국이 천리 밖에까지 이어지게 만들었으니 이는 임금이 지혜로움을 좋아한 잘못이다. 임금이 진실로 지혜로움을 좋아하고 도를 무시한다면 천하가 크게 어지러워질 것이다.

[난자풀이]

容成氏(용성씨)·大庭氏(대정씨)·伯皇氏(백황씨)·中央氏(중앙씨)·栗陸氏(율륙씨)·驪畜氏(려축씨)·軒轅氏(헌원씨)·赫胥氏(혁서씨)·尊盧氏(존로씨)·祝融氏(축융씨)·伏戱氏(복희씨)·神農氏(신농씨) : 모두 옛날의 전설적인 제왕들이다. 結繩(결승) : 밧줄을 묶다. 밧줄을 묶는다는 것은 밧줄을 묶어서 만든 문자인 결승문자를 만든다는 뜻이다. 延頸擧踵(연경거종) : 사람이 무엇인가를 몹시 기다릴 때의 모습. 贏(영) : 擓(영)과 통용. 메다. 內棄其親而外去其主之事(내기기친이외거기주지사) : 事內棄其親而外去其主의 도치된 문장이다.

[해설]
 진리를 실천하는 사람은 자연의 상태에서 음식을 가려서 먹고, 쉴 만한 장소를 찾아서 쉬지만, 그것은 무위자연으로 하기 때문에, 그것은 의식으로 구별하는 것이 아니다. 그러므로 그들은 호기심을 가지고 있지 않고 따로 이익을 추구하지도 않는다. 그러므로 그들은 바깥세상으로 나갈 일이 없다. 그러나 사람들이 의식세계를 구축하고 시비를 가리고 호오(好惡)를 구별하며 이해를 따지게 되면, 사람들은 좋은 것과 옳은 것, 그리고 이익이 되는 것을 구하기 위해 먼 곳에까지 찾아다닌다.


何以知其然邪　夫弓弩畢弋　機變之知多　則鳥亂於上矣　鉤餌罔罟　罾笱之知多　則魚亂於水矣　削格羅落　罝罘之知多　則獸亂於澤矣　知詐漸毒　頡滑堅白解垢同異之變多　則俗惑於辯矣　故天下每每大亂　罪在於好知

[국역]

　무엇으로 그러한 줄을 알겠는가? 대저 활·쇠뇌·새그물·주살·방아쇠·그물 등을 만드는 지혜가 많아지면 새들이 위에서 어지러워지고, 낚시바늘·미끼·그물·반두·어망·통발 등을 만드는 지혜가 많아지면 물고기가 물에서 어지러워지며, 울타리·올가미·토끼그물·덮치기 따위를 만드는 지혜가 많아지면 짐승들이 늪에서 어지러워진다. 지혜로움·사기·차츰 세뇌시키는 말·독설·추어주는 말·익살스런 말·견백론·창피를 주는 말·꾸짖는 말·궤변으로 같다 다르다 따위를 따지는 등의 변덕스러움이 많아지면 세상 사람들은 말 때문에 헷갈리게 된다. 그러므로 천하는 깜깜해져서 큰 혼란에 빠진다. 죄는 지혜를 좋아한 것에 있다.

[난자풀이]

弩(노) : 쇠뇌. 여러 개의 화살을 동시에 쏠 수 있는 장치. 畢(필) : 그물. 弋(익) : 줄을 매어 쏘는 화살. 주살. 機(기) : 화살을 퉁겨 보내는 장치. 방아쇠. 變(변) : 그물의 일종. 鉤(구) : 낚시 바늘. 餌(이) : 미끼. 網(망) : 그물. 罟(고) : 그물. 반두. 罾(증) : 어망. 笱(구) : 통발. 削格(삭격) : 깎은 긴 나뭇가지. 짐승을 몰아넣는 장치. 羅落(라락) : 그물과 올가미. 落은 絡과 통용. 罝(저) : 토끼를 잡는 그물. 罘(부) : 토끼, 사슴 등을 잡는 그물. 漸(점) : 차츰 차츰 세뇌시키는 말. 광고 등이 이에 해당한다. 毒(독) : 독설. 頡(힐) : 높이 올라간다. 여기서는 높이 추어세우는 말. 비행기 태우는 말. 滑(골) : 익살스런 말.
解(해) : 謑와 통용. 창피를 주는 말. 垢(구) : 詬와 통용. 꾸짖는 말. 每每(매매) : 昧昧와 통용. 깜깜한 모양.

[해설]

사람이 삶의 틀을 만들어내고 삶의 기준을 만들어낼수록, 삶은 점점 더 복잡해진다. 그 틀을 다 이해해야 하고 또 그 틀을 기준으로 잘잘못을 가려야 하기 때문에 사람들의 투쟁은 끝날 날이 없어진다.


故天下皆知求其所不知 而莫知求其所已知者 皆知非其所不善 而莫知非其所已善者 是以大亂 故上悖日月之明 下爍山川之精 中墮四時之施 惴耎之蟲 肖翹之物 莫不失其性 甚矣 夫好知之亂天下也 自三代以下者是已 舍夫種種之民 而悅夫役役之佞 釋夫恬淡無爲 而悅夫啍啍之意 啍啍已亂天下矣

[국역]

그러므로 천하 사람들은 다 그들이 알지 못하는 것의 문제점을 추구할 줄 알지만, 이미 알고 있는 것의 문제점을 추구할 줄을 모르고, 모두 좋지 않은 것을 비난할 줄 알지만,

이미 좋게 여기는 것에 대해서 비난할 줄 모른다. 이 때문에 크게 혼란해진다. 그러므로 위로는 해와 달의 밝음을 어그러뜨리고 아래로는 산천의 정기를 태워 없애며, 가운데로는 사시의 베풀어짐을 어긋나게 하며, 꿈틀거리는 가냘픈 벌레와 소요하며 날갯짓하는 새들이 그 본성을 잃지 않은 것이 없다. 심하도다! 지혜를 좋아함이 천하를 어지럽게 하는 것이여. 삼대 이래로부터 그러하다. 순박한 백성들을 놓아두고 욕심을 좇아 아첨하는 무리를 좋아하며, 저 편안하고 담박하게 무위자연으로 살아가는 삶의 방식을 놓아두고, 수다스럽게 마음 쓰는 것을 좋아하니, 수다스러움이 이미 천하를 어지럽혔다.

[난자풀이]
求其所不知(구기소부지) : 모르는 것에 대한 문제점을 추구한다. 求其所已知(구기소이지) : 이미 알고 있는 것의 문제점을 추구한다. 爍(삭) : 태우다. 꺼지다. 끄다. 惴(췌) : 두려워서 떨다. 耎(연) : 가냘프다. 肖(초) : 逍와 통용. 소요한다. 翹(교) : 깃털. 날개. 種種(종종) : 순박한 모양. 役役(역역) : 끙끙거리며 애쓰는 모양. 恬淡(염담) : 편안하고 담박함. 啍(순, 또는 톤) : 수다스런 모양.

[해설]
혼돈의 세계에는 일체의 구별이 없지만, 인간이 의식을 가

지고 살아가는 현실세계는 여러 가지로 구분된다. 크게 구분하면 그것은 선과 악의 세계이고 지(知)와 부지(不知)의 세계이며, 음과 양의 세계이다.

그런데 사람들은 경쟁력을 갖추기 위해서 끊임없이 지식을 넓혀가려고 하고, 질서를 유지하기 위해서 선을 확장하려 한다.

안다는 것은 인간이 의식으로 구분할 수 있다는 것이고 모른다는 것은 의식으로 구분하지 못한다는 것이다. 구분할 수 있건 할 수 없건 둘 다 의식세계에서 이루어지는 것에는 차이가 없다. 둘 다 혼돈의 본질에서 벗어난 것임에는 차이가 없다. 그러므로 진리를 추구하는 사람은 자기가 알고 있는 것이 참된 앎이 아니라는 것을 깨달아야 한다. 산으로 알고 있는 것이 참된 산이 아니고, 물로 알고 있는 것이 참된 물이 아니라는 것을 알아야 한다.

선과 악도 마찬가지다. 혼돈에서 벗어나고 진리에서 벗어난다는 것에서는 차이가 없다. 선한 자나 악한 자나 늙음이 슬프고 죽음이 괴로운 것에는 차이가 없다. 참으로 착한 것은 착하다는 의식을 하지 않은 상태에 있을 때, 즉 혼돈의 상태에 머물러 있을 때뿐이다. 그러므로 진리를 추구하는 사람은 선도 의식하지 않아야 하고 악도 의식하지 않아야 한다. 그런데도 사람들은 선악을 나누어 놓고 선을 칭송하고 악을 비난한다. 그것은 잘못이다. 선을 강하게 의식하면 악이 강하게 의식되지만, 선이 강하게 의식되지 않으면 악도 강하게 의식되지 않는다. 선과 악은 의식에서 분리해내는 것에 지나지 않는다. 선에 대한 의식이 사라지면, 악에 대한 의식이 사라진다. 그러므로 악을 비난하기보다는 자신이 선으로 생각하고 있는 것에서 벗어나는 것이 더 급선무다.

사람들이 아는 것과 모르는 것, 선함과 악함 등으로 구분하고 세상을 바라보면 세상은 제 모습을 드러내지 않는다. 세상의 이제 의식에 의해 비쳐지는 허상으로 바뀐다. 해와 달의 빛이 허상이 되고 산천의 모습과 사계절의 바뀜이 모두 진면목을 상실한다. 사람의 꾀가 발달할수록 산천초목은 제 모습을 상실한다.

눈이 쌓인 산에서도 산토끼는 겨울 동안 살아남을 수 있었다. 그러던 것이 사람들이 겨울에 먹이를 주기 시작한 뒤로는 겨울에 살아남을 능력을 상실하고 만다. 강화도의 갈매기는 추운 겨울에 살아남을 수 있었지만, 사람들에게 먹이를 얻어먹기 시작한 뒤로는 겨울을 살아남을 능력을 상실하고 만다. 이와 반대로 온갖 그물이나 덫을 설치하더라도 새들이나 짐승들이 자연의 능력을 상실한다. 사람이 손을 대기만 하면, 그것이 선의이든 악의이든 반드시 본성을 해치고 만다. 가만히 놓아두는 것보다 더 좋은 것은 없다.

# 11. 在 宥

재유편에서는 사물에 대해서 인간의 의식으로
건드리지 말고 가만히 놓아두라고 훈계한다.

聞在宥天下 不聞治天下也 在之也者 恐天下之淫其性也
宥之也者 恐天下之遷其德也 天下不淫其性 不遷其德
有治天下者哉 昔堯之治天下也 使天下欣欣焉 人樂其性
是不恬也 桀之治天下也 使天下瘁瘁焉 人苦其性 是不
愉也 夫不恬不愉 非德也 非德也而可長久者 天下無之

[국역]

  천하를 있는 그대로 가만히 놓아둔다는 말은 들었어도 천하를 다스린다는 말은 듣지 못했다. 있는 그대로 둔다는 것은 천하가 그 본래모습을 망가뜨릴까 염려해서이고, 가만히 놓아둔다는 것은 천하가 변질될까 염려해서이다. 천하는 그 본래모습이 망가뜨려지지 않아야 하고 그 본래의 능력이 변질되지 않아야 하는 것이니, 천하를 다스리는 자가 있어야 하겠는가! 옛날 요가 천하를 다스릴 때 천하의 사람들로 하여금 싱글벙글하게 만들었으므로 사람들은 타고난 삶 그 자체를 즐거워했다. 그러나 그것은 고요한 마음의 상태를 유지한 것은 아니었다. 걸이 천하를 다스릴 때는 천하의 사람들로 하여금 초췌하게 만들었으므로 사람들은 타고난 삶 그 자체를 고통스러워했다. 그러므로 그것 또한 느긋한 마음을 유지한 것이 아니었다. 고요한 마음을 유지하지 못하고 느긋한 마음을 유지하지 못하는 것은 타고난 본래의 모습이 아니다. 타고난 본래의 능력이 아니면서 오래 지속할 수 있는 것은 없는 법이다.

[난자풀이]

宥(유) : 죄를 용서하다. 놓아두다.  淫(음) : 지나치다. 넘치다. 망가뜨리다.  性(성) : 타고난 본래의 것. 본래의 모습.  德(덕) : 타고난 본래의 능력. 사람이 태어나 젖을 빨 줄 알고, 배고프면 울 줄 알며, 피곤하면 잘 줄 알고, 자고 나면 깰 줄 아는 것 등이 다 德에 해당한다.  性(성) : 타고난 본성. 타고난 삶.  恬(념) : 편안하다. 고요하다.  愉(유) : 즐겁다. 누그러지다. 느긋하다.

[해설]

사람이 기쁨을 의식하면 자연에서 벗어나고 슬픔을 의식해도 자연에서 벗어난다. 기뻐하는 것과 슬퍼하는 것은 자연에서 벗어났다는 의미에서 보면 같은 것이다. 타고난 삶 그 자체는 즐거운 것도 아니고 슬픈 것도 아닌 자연 그 자체다. 그런데 사람이 즐거울 때는 삶 그 자체도 즐거운 것으로 생각하고, 슬플 때는 삶 그 자체도 슬픈 것으로 착각함으로써 자연에서 벗어나기 쉽다. 자연에서 벗어나면 자연의 능력을 상실한다. 자연의 능력을 상실한 것은 오래 지속되지 않는다. 의식을 하지 않고 자연으로 숨을 쉴 때는 지치지 않지만, 의식을 하면서 숨을 쉬면 지쳐서 계속할 수 없는 것과 같다.

자연은 영원하므로 자연의 상태로 사는 것은 영원하게 사는 것이지만, 자연의 능력을 상실하고 사는 것은 영원하지 못하다. 생로병사의 굴레에서 벗어날 수 없다.


人大喜邪　毗於陽　大怒邪　毗於陰　陰陽幷毗　四時不至　寒暑之和不成　其反傷人之形乎　使人喜怒失位　居處無常　思慮不自得　中道不成章　於是乎天下始喬詰卓鷙　而後有盜跖曾史之行　故擧天下以賞其善者不足　擧天下以罰其惡者不給　故天下之大　不足以賞罰　自三代以下者　匈匈焉終以賞罰爲事　彼何暇安其性命之情哉


[국역]

　사람이 크게 기뻐하면 마음이 고조될 때 지나치게 되고, 사람이 크게 화를 내면 마음이 침체할 때 지나치게 된다. 마음이 고조될 때와 침체할 때 모두 지나치면 사계절이 제대로 이르지 않고 춥고 더움의 조화가 이루어지지 않아 도리어 사람의 몸을 상하게 한다. 그렇게 되면 사람들의 기쁨과 노여움의 감정이 제대로 발휘되지 못하고, 삶의 모습이 일정한 리듬을 타지 못하며, 제대로 생각을 할 수 없고, 리듬에 타려고 해도 쾌적한 상태를 만들지 못한다. 그럼으로써 세상이 비로소 원래의 모습을 잃고 혼란하게 되었으며 그로 말미암아 도척과 같은 도적의 악행이 생겨나고 증참이나 사추 같은 사람의 선행이 생겨났다. 그렇게 된 뒤로는 온 세상에 착한 자와 악한 자가 수없이 생겨나므로 천하를 통틀어 착한 자를 상 주려 해도 부족하고, 천하를 통틀어 악한 자를 처벌하려 해도 넉넉하지 못하게 되었다. 그러므로 세상이 아무리 넓고 풍족하다 하더라도 상을 주고 벌을 주기에 부족했다. 그런데도 하·은·주 삼대 이래의 위정자는 떠들썩하게 상벌을 일삼고 있으니 사람들은 어느 겨를에 자기의 본래의 마음에 안주할 수 있겠는가!

[난자풀이]
毗(비) : 지나치다.　中道(중도) : 길을 따라서 알맞게 가는 것. 章(장) : 彰과 통용. 빛나다. 무늬가 드러나다.　喬(교) : 높다. 위로 솟다.　詰(힐) : 힐문하다. 묻다. 굽히다.　卓(탁) : 높다.　鷙(지) : 蟄과 통용. 숨다.　匈匈(흉흉) : 떠들썩한 모습. 흉흉하다.

[해설]
　사람의 감정에는 바이오리듬이라는 것이 있다. 파도처럼 일정한 사이클을 가지고 진전된다. 사이클의 정상부분은 사람을 고조시켜 맑고 기분 좋고 유쾌하게 만들지만, 사이클의 골짜기는 사람을 어둡고 침체하고 가라앉게 만든다. 이러한 바이오리듬은 감정의 자연상태이다. 이 중에서 정상에 해당하는 부분을 陽이라 하고 골짜기에 해당하는 부분을 陰이라

在宥 75

한다. 이렇게 이해하면 인간의 감정은 음양이 번갈아 가며 진전하는 파도와 같은 모습으로 이해할 수 있다. 그리고 정상을 향해 가는 부분을 봄에 비유한다면 정상은 여름으로 비유할 수 있고, 골짜기로 향하는 부분을 가을에 비유할 수 있으며, 골짜기는 겨울에 비유할 수 있으므로 인간의 감정변화를 봄, 여름, 가을, 겨울의 사계절에 비유할 수도 있다.

그렇다면 인간의 감정은 사시가 순환하듯 순조로운 진행을 해야 원만하게 유지되고 그로 말미암아 인간의 몸도 조화롭게 유지된다. 그런데 인간이 욕심을 가지면 집착이 생기기 때문에 기쁠 때 지나치게 기쁘게 되고 슬플 때 지나치게 슬퍼지는 경우가 생긴다. 예컨대 돈에 대한 집착이 있는 사람은 돈을 얻게 되면 지나치게 기뻐하고 돈을 잃으면 지나치게 슬퍼한다. 또 명예욕에 집착하는 사람은 명예를 얻으면 지나치게 기뻐하고 명예를 잃으면 지나치게 슬퍼한다. 그래서 지나치게 기쁜 감정이 생길 때는 감정의 정상부분에서 감정이 원만하게 골짜기로 향하지 못하고 위로 향하여 솟아오른다. 그런 뒤 한참 있다가 다시 감정의 바이오리듬에 합류한다. 이 경우 아래의 그림에서 보면 바이오리듬의 흐름에서 벗어난 빗금 부분이 생기기 마련이다. 이 부분이 바로 스트레스를 만들어내는 부분이다. 이 부분에서는 인간을 자연상태로 유지하지 못하고 흥분상태를 만든다. 사람이 흥분상태가 되면 밤에 제대로 잠을 이루지 못하고 낮에 제대로 활동하지 못한다. 또 지나치게 슬플 때는 감정의 골짜기 부근에서 위로 향하지 못하고 더욱 아래로 가라앉기 때문에 역시 흥분상태를 유발하는 빗금 부분이 형성된다. 또 너무나 기쁘거나 너무나 슬픈 상태가 되면 바이오리듬 전체를 초월한 기쁨과 슬픔의 영역을 형성하게 되어 엄청난 흥분상태를 유발하기도 한다.

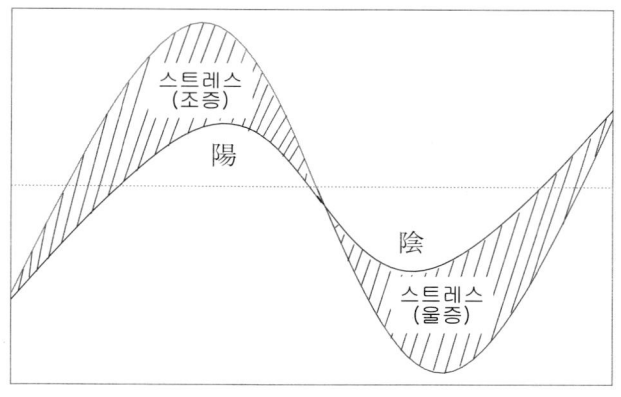

< 바이오리듬 >

흥분상태가 되면 밥 먹고 잠자는 등의 삶의 일상적인 기능에 장애가 생긴다. 이는 본래성을 상실한 것이다.

그러므로 가장 이상적인 것은 지나치게 기뻐하거나 지나치게 화를 내지 않아서 흥분하는 상태를 일으키지 않는 것이다. 남을 기쁘게 할 때에도 남을 흥분시키지 않는 범위에서 그쳐야 하고, 꾸중을 할 때에도 흥분시키지 않는 범위에서 그쳐야 한다.

사람이 흥분상태가 되면 자연의 리듬에 맞추지 못하기 때문에 자기의 몸을 자연의 모습으로 끌고 가지 못한다. 여름에는 여름으로 끌고 가는 대자연의 기운과 자기의 몸을 움직이는 기운이 일치하여 자기 몸도 알맞게 더워야 하지만, 자연의 모습으로 끌고 가지 못하면 지나치게 덥거나 덥지 않을 수 도 있다. 또 겨울에도 지나치게 춥거나 춥지 않을 수도 있다. 그래서 사계절이 제대로 이르지 않는다고 했다. 사계절이 이르지 않는다는 말은 실지로 사계절이 없어진다는 것이 아니다. 사계절과 자신의 몸이 일치되지 않으므로 사계절을 사계절로 만날 수 없기 때문에 자신에 있어서는 사계절이 이르지 않는 것이 된다.

기쁨과 성냄이 자연의 상태를 벗어나지 않는다면, 그래서 먹어야 할 때 먹고, 쉬어야 할 때 쉬고, 자야할 때 자고, 일어나야 할 때 일어난다면, 사람은 쾌적한 상태를 유지할 수 있다. 이 쾌적한 상태에 있는 사람은 몸에서 좋은 빛을 발산한다. 이것이 성장(成章)이다. 사람이 성장을 하지 못하고 흥분할 경우는 기쁨과 성냄이 지나쳐서 정도를 벗어나 삶이 일정한 궤도를 유지하지 못한다. 기쁠 때는 너무 기쁘고 슬플 때는 너무 슬퍼진다. 이러한 상태를 장자는 교힐탁지(喬詰卓鷙)의 상태라 했다. 즉, 인간의 감정이 바이오리듬의 흐름대로 흐르지 못하고 리듬에 벗어나 위로 튀어 오르거나 아래로 가라앉거나 하여 혼란해지는 것을 말한다.

사람들이 혼돈의 자연상태에서 벗어나면 자연의 모습을 상실하고 착한 일을 하거나 악한 일을 하는 자로 변모된다.

한 개인이 착한 일을 하거나 악한 일을 할 경우도 있지만, 아예 착한 자와 악한 자로 분류되고 마는 경우도 있다. 사람들을 선악으로 분류한다면 세상 사람들 중의 반은 착한 사람으로 분류되고 반은 악한 사람으로 분류될 것이다. 그렇게 되면 사람들은 다음의 그림에서 보는 것처럼 중앙의 혼돈에서 머물지 못하고, 선으로 규정된 위쪽에 머물거나 악으로 규정된 아래쪽에 머물러 크게 양분될 것이므로 착한 사람에게 다 상을 줄 수 없고 악한 사람을 다 벌줄 수 없다. 그런데도 상벌을 시행한다면 상벌에 현혹되어 더욱 본성을 상실하고 혼돈에서 멀어지고 말 것이다.


而且說明邪 是淫於色也 說聰邪 是淫於聲也 說仁邪 是亂於德也 說義邪 是悖於理也 說禮邪 是相於技也 說樂邪 是相於淫也 說聖邪 是相於禮也 說知邪 是相於疵也 天下將安其性命之情 之八者 存可也 亡可也 天下將不安其性命之情 之八者 乃始臠卷獊囊而亂天下也 而天下乃始尊之惜之 甚矣 天下之惑也 豈直過也而去之邪 乃齊戒以言之 跪坐以進之 鼓歌以儛之 吾若是何哉

[국역]
　또한 눈 밝은 것을 좋아하는가? 그러면 본래의 색을 보는

데서 멀어진다. 귀 밝은 것을 좋아하는가? 그러면 본래의 소리를 듣는데서 멀어진다. 인(仁)을 좋아하는가? 그러면 본래의 삶에서 혼란이 일어난다. 의로움을 좋아하는가? 그러면 본래의 모습에서 어긋남이 생긴다. 예를 좋아하는가? 그러면 자잘한 동작에 얽매인다. 음악을 좋아하는가? 그러면 음란한 마음이 조장된다. 성스러움을 좋아하는가? 그러면 재주부리는 마음에 끌려 다닌다. 지혜로움을 좋아하는가? 그러면 투쟁심에 끌려 다닌다. 세상 사람들이 자기들의 본래 마음에 안주할 것 같으면 이 여덟 가지는 있어도 괜찮고 없어도 괜찮다. 세상 사람들이 자기들의 본래 마음에 안주하지 못하자, 이 여덟 가지가 비로소 사람들의 마음을 난도질하고 속박하며 짓밟고 뒤집어씌워 천하를 어지럽게 만들었다. 그런데도 세상 사람들은 이것을 높이고 아끼게 되었으니 심하도다. 세상 사람들의 미혹됨이여! 어찌 이를 못 본 채 그냥 지나쳐 떠나갈 수 있겠는가! 그러나 사람들은 마음을 가다듬어 이를 말하고, 꿇어앉아 이를 내세우며, 북 치고 노래하며 이를 고무시키고 있으니, 내가 이와 같은 것을 어쩔 수 있겠는가!

[난자풀이]
說(열) : 悅과 통용. '기뻐한다'는 뜻.   邪(야) : 의문 조사. 의문 조사로 쓰일 때는 음이 '야'가 된다.   淫(음) : 정도가 지나치는 것. 본래의 모습에서 멀어지는 것.   理(리) : 조화와 질서를 가지고 있었던 원래의 모습.   相(상) : '돕는다' '조장한다' '조장된

다'  등의  뜻.  본래모습을  유지하지  못하고  어떤  것에  의해서
조장되는  것은  그것에  얽매이게  되는  것이다.    技(기) : 자잘한
기술이나  동작.    藝(예) : 본래모습을  담아내는  재주를  일컫는
다.    疵(자) : 흠.  병.  지혜를  좋아하는  마음의  병은  투쟁심이므
로  여기서는  '투쟁심'으로  번역했다.    性命之情(성명지정) : 타
고난  본모습의  실상.  타고난  본마음.    臠(련) : 저민  고기.  난도
질하다.    卷(권) : 두루말이.  말다.    傖(창) : 천하다.  비루하다.
천하게  여기다.  짓밟다.    囊(낭) : 주머니.  주머니에  넣다.  뒤집
어씌우다.

[해설]
  눈이  밝은  사람은  색을  잘  구별한다.  그는  좋은  색을  잘
기억한다.  그래서  그는  그  좋은  색을  잘  만들어낸다.  그는
훌륭한  화가가  되기도  하고,  염색가가  되기도  한다.  그러나
그들이  만들어  낸  색은  자연의  색이  아니고,  원래의  색이  아
니다.  그럴수록  그들은  자연의  색을  보는  눈을  상실한다.  인
간이  만든  색에  얽매이지  않고  자연의  색으로  돌아갈  때  사
람은  본래의  색을  보는  눈을  회복할  수  있다.  소리에  대해서
도  이와  마찬가지다.
  여기서  말하는  인(仁)은  공자나  맹자가  말하는  인(仁)이
아니라,  인간이  만들어낸  도덕관념을  말한다.  인간이,  인간이
만들어낸  도덕관념에  사로잡히면  본래의  모습을  상실하고
경직된다.  여기서  말하는  義,  禮,  知,  樂,  聖이  모두  인간이

만들어낸 도덕관념을 의미한다.

예술 중에서 미술은 자연의 모습을 담아내는 재주이고, 음악은 자연의 소리를 담아내는 재주이다. 성스러움이란 것도 말하자면, 자연의 본모습을 담아내는 재주를 말한다. 그런데 예술품이나 성스러움을 지나치게 추구하다가 자연의 아름다움에 소홀하고 말았다면 가공의 아름다움에 얽매어 본래의 아름다움을 상실한 것이다.

여덟 가지란 明, 聰, 仁, 義, 禮, 樂, 聖, 知의 여덟 가지를 말한다. 인간이 혼돈에 머물러 있을 때는 이 여덟 가지는 있어도 그만이고 없어도 그만이다. 이 여덟 가지가 사람에게 아무런 영향을 끼치지 못한다.

사람이 혼돈에서 벗어나 남과 구별하는 삶을 살면 약간의 혼란이 일어난다. 그러나 약간의 혼란이 일어난다 하더라도 가만히 놓아두면 사람들은 도로 혼돈의 상태로 돌아갈 것이므로 별 문제가 없을 것이다. 그러나 약간의 혼란을 보다 못해서 그것을 바로잡는 방법이랍시고 여러 가지 규정이나 도덕원리를 만들어내면 그것들이 사람의 행동을 온갖 형태로 규제하여 그것이 도리어 세상을 크게 혼란하게 만든다.

세상이 혼란할수록 사람들은 더욱 그 규정이나 도덕원리를 존중하고 아끼게 되었고, 그로 인해 세상 사람들이 완전히 거기에 얽매이고 말았으니, 너무나 안타까워 그냥 지나칠 수 없다. 그러나 사람들은 몸과 마음을 가다듬고 자신을 얽어매는 이 규정과 도덕관념들을 주장하고 꿇어앉아 받들 듯이 존중하며, 북 치고 노래하고 고무하고 있는 지경이 되었으니 이제 어쩔 수 없는 지경이 되고 말았다.

　새들이 숲 속에 살고 있을 때는 그것이 그대로 자연이었다. 그러다가 새장에 갇히게 되면 갇히지 않기 위해 발버둥친다. 그것은 자연의 모습이 아니기 때문이고 자유를 상실하는 것이기 때문이다. 그러나 막상 새장에 갇히고 보면 거기에는 독수리나 뱀으로부터의 위협도 없고, 먹이를 구해야 하는 걱정도 없다. 그러다가 보면 새장이 가장 안락한 안식처로 생각되기도 한다. 그래서 오래도록 새장에 갇힌 새는 놓아 보내더라도 다시 새장으로 돌아온다. 그 새들은 그 새장이야말로 자신들을 보호해주는 보금자리로 생각한다. 이 새장과 같은 것이 바로 인간 세상의 질서를 유지하는 규정들이고 도덕원리들이다. 그리고 그 규정이나 도덕원리에 안주하여 편안히 여기는 사람들은 새장에 갇힌 새들이다. 그들은 그 새장을 존중하고 아낀다. 그 새장을 지키기 위해 몸과 마음을 가다듬고, 신주를 모시듯 그 앞에 꿇어앉는다. 그리고 그 새장이 안전하게 있는 것을 보면 고무되고 흥겨워한다. 이러한 지경이 되면 본래의 모습을 회복하기란 참으로 어렵다.


故君子不得已而臨涖天下　莫若無爲　無爲也而後安其性命之情　故貴以身於爲天下　則可以託天下　愛以身於爲天下　則可以寄天下　故君子苟能無解其五藏　無擢其聰明

尸居而龍見　淵默而雷聲　神動而天隨　從容無爲　而萬物炊累焉　吾又何暇治天下哉

[국역]
　그러므로 군자가 부득이해서 천하에 임할 때는 무위로 하는 것만 같은 것이 없다. 무위로 한 뒤에야 그 본래의 마음에 안주할 수 있다. 그러므로 천하를 다스리는 것보다 자기의 몸을 더 귀하게 여기는 자에게는 천하를 맡길 수 있고, 천하를 다스리는 것보다 자기의 몸을 더 아끼는 자에게는 천하를 부탁할 수 있다. 그러므로 군자는 진실로 그 오장을 해치지 않고, 그 총명함을 기르지 않으며, 시동처럼 가만히 있어도 용처럼 드러나고, 심연처럼 침묵해도 우레처럼 소리가 나며, 정신이 움직이면 하늘이 따른다. 가만히 무위의 상태로 있어도 만물들이 스스로의 속박을 태워 없앤다. 내가 어느 겨를에 세상을 다스리겠는가!

[난자풀이]
莅(리) : 다다르다. 임하다.　解(해) : 해치다. 해체하다.　尸居(시거) : 시동처럼 가만히 있는 것. 尸는 제사 때의 제상 위에 가만히 앉아 있는 시동이다.　龍見(용현) : 見은 나타난다는 뜻. 하늘을 날아다니는 용은 모두에게 보이므로 용처럼 나타난다는 말은 모두에게 드러난다는 말이다.　炊(취) : 불을 땐다. 밥을 짓다.　累(루) : 묶다. 묶이다.

[해설]

　혼돈의 상태로 존재하는 사람에게는 남과 나의 구별이 없다. 그는 무위자연으로 존재할 뿐이다. 그는 임금이 되고 싶지도 않지만, 남들이 억지로 임금으로 추대하면 하지 않을 이유도 없다. 그래서 부득이해서 천하에 임한다고 했다. 혼돈으로 존재하는 사람은 남과 나를 구별하지 않기 때문에 남들이 그를 보면 긴장이 풀린다. 그래서 남들은 그를 좋아한다. 그러한 사람은 천하를 다스리는 것에 관심이 없다.
　천하를 다스리고 싶은 사람은 다른 사람 위에 군림하고 싶은 사람이다. 그러한 사람이 위에 군림하면 다른 사람들은 그에게 지배를 받아야 하기 때문에 그를 싫어한다. 그러므로 천하를 다스리고 싶은 욕구가 강한 사람일수록 천하의 일을 어지럽게 만든다. 오직 천하를 다스릴 생각이 없는 사람만이 천하를 있는 그대로 놓아둘 수 있다.
　배고플 때 밥 먹는 것은 자연이다. 그러므로 혼돈의 상태에 머물러 있는 자연인은 천하를 다스리는 것보다 배고플 때 밥 먹는 것을 더 챙긴다. 그러한 사람만이 천하를 그대로 놓아둘 수 있다. 그래서 '천하를 다스리는 것보다 자기의 몸을 더 귀하게 여기는 자에게는 천하를 맡길 수 있다'고 했다. 이 말은 『노자』 제 13장에 나오는 말이다.
　그런 사람이 정치를 하면 자기의 몸을 상하지 않고, 자연의 색을 보고 자연의 소리를 듣는다. 그는 무위자연으로 가만히 존재하고 있어도 사람들이 그를 좋아하기 때문에 드러나고, 침묵하고 있어도 우레 소리보다 더 큰소리로 백성들을 지휘하는 결과가 된다. 그는 천지와 하나이기 때문에 그가 하는 일은 하늘이 하는 일이다. 그래서 그의 마음이 움직이면 하늘이 따른다고 했다. 그는 가만히 있기만 해도 남들이 그를 통해 속박에서 벗어난다. 속박에 얽매어 있는 사람들끼리 있을 때는 그것이 정상인 것처럼 보이기 때문에 그 속박에서 벗어날 수 없지만, 속박에서 벗어난 사람을 보면 그를 통해서 속박에서 벗어날 수 있다.

　그러므로 무위자연을 실천하는 군자가 천하를 다스린다면 다른 사람들은 세상을 다스릴 틈이 없다. 가만히 그를 따르기만 해야 한다. 세상을 다스린다는 엉뚱한 생각을 할 틈이 없다.


崔瞿問於老聃 曰不治天下 安臧人心 老聃曰 汝愼 無攖人心 人心排下而進上 上下囚殺 淖約柔乎 剛彊 廉劌彫琢 其熱焦火 其寒凝冰 其疾俛仰之閒 而再撫四海之外 其居也淵而靜 其動也縣而天 僨驕而不可係者 其唯人心乎


[국역]
　최구가 노담에게 물었다. "천하를 다스리지 않는다면 어떻게 사람의 마음을 착하게 만들겠습니까?" 이에 노담이 말했

다. "자네는 신중히 하라. 사람의 마음을 뒤흔들지 말아라. 사람의 마음은 누르면 아래로 가라앉고 추켜세우면 위로 떠오른다. 그래서 오르락내리락하면서 본모습을 잃고 쇠잔해진다. 야들야들하여 부드럽다가도 굳세고 뻣뻣할 때는 날카롭게 찌르기도 하고, 상처내기도 하며, 깎아내기도 하고, 쪼아대기도 한다. 뜨거울 때는 타오르는 불 같다가도 차가울 때는 얼어붙은 얼음장 같다. 그 빠르기는 고개를 숙였다 드는 사이에 두 번이나 사해 밖을 어루만진다. 가만히 있을 때는 깊이 가라앉아 고요하지만, 움직일 때는 매달려 올라가 하늘까지 간다. 넘어져 일어서지 못하다가도 교만하여 날뛰기도 하여 붙들어 맬 수 없는 것이 오직 사람의 마음이로다.

[난자풀이]
崔瞿(최구) : 구체적으로 어떤 인물인지 알 수 없다. 囚殺(수쇄) : 마음이 구애되어 본래모습이 없어져 가는 것을 말한다. 殺이 '감쇄한다'는 뜻일 때는 음이 '쇄'로 된다. 廉(렴) : '날카롭다' '모서리' 등의 뜻으로 여기서는 '날카롭게 찌른다.'로 번역했다. 劌(귀) : '상처 입히다' '쪼개다' 등의 뜻. 彫(조) : '새기다' '깎아내다' 등의 뜻. 琢(탁) : 쪼다. 僨(분) : 넘어지다.

[해설]
　사람의 마음은 치켜 주면 상기되어 흥분하고 억누르면 침체하여 가라앉는다. 그래서 거기에 얽매어 본래의 모습을 잃

어버린다.


昔者黃帝始以仁義攖人之心 堯舜於是乎 股無胈 脛無毛
以養天下之形 愁其五藏 以爲仁義 矜其血氣 以規法度
然猶有不勝也 堯於是放讙兜於崇山 投三苗於三峗 流共
工於幽都 此不勝天下也 夫施及三王 而天下大駭矣 下
有桀跖 上有曾史 而儒墨畢起 於是乎喜怒相疑 愚知相
欺 善否相非 誕信相譏 而天下衰矣 大德不同 而性命爛
漫矣 天下好知 而百姓求竭矣 於是乎 釿鋸制焉 繩墨殺
焉 椎鑿決焉 天下脊脊大亂 罪在攖人心 故賢者伏處大
山嵁巖之下 而萬乘之君憂慄乎廟堂之上


[국역]
　옛날 황제가 처음으로 인의를 가지고 사람의 마음을 잡아매자, 요순이 그 때문에 넓적다리에 흰 살이 없어지고, 정강이에 털이 없어지도록 돌아다니며 세상 사람들의 몸을 돌보았고, 오장을 해치면서 인의를 일삼았으며, 혈기를 괴롭히며 법도를 바로잡았으나 그렇게 했어도 다 감당하지 못했다. 요가 그 때문에 환도를 숭산으로 추방하고, 삼묘를 삼위로 몰아내고, 공공을 유도로 유배시켰으니, 이는 천하를 감당하지 못했기 때문이다. 삼왕 때에 이르러 천하 사람들이 더욱 떠

들썩하게 되었다. 아래로 걸과 도척이 생겨나고, 위로는 증참이나 사추 같은 인물이 생겨났으며, 유가 묵가 등의 이론가들이 모두 들고일어났다. 이리하여 기쁜 일과 화나는 일이 서로 의심하고, 어리석은 자와 지혜로운 자가 서로 속이며, 좋은 것과 나쁜 것이 서로 비난하고, 거짓말과 미더운 말이 서로 헐뜯어 세상이 쇠잔해졌다. 그래서 사람들의 본래마음이 하나로 모아지지 못하고, 타고난 성품이 문드러져 흩어졌다. 온 천하가 꾀를 좋아하자 백성들에게 필요한 것이 고갈되었다. 그래서 자귀나 톱 같은 형구로 사람을 제압하고, 오랏줄이나 묵형을 만들어 사람을 죽이며, 몽치나 끌 같은 도구로 사람을 찢어 죽이게 되었다. 이리하여 세상이 어수선하여 크게 혼란해졌으니, 그 죄는 사람의 마음을 흔들어놓은 것에서 비롯된 것이다. 그래서 현명한 자들은 큰 산의 험한 바위 아래에 숨어 살게 되었고, 큰 나라의 임금은 궁궐 마루 위에서 걱정하며 떨게 되었다.

[난자풀이]
黃帝(황제) : 고대 동북아의 한 나라를 통치했다는 전설상의 임금.　攖(영) : 잡아매다. 얽어매다.　股(고) : 넓적다리.　胈(발) : 흰 살. 솜털.　矜(긍) : 불쌍히 여기다. 괴로워하다. 괴롭히다.　驩兜(환두) : 帝鴻(제홍)의 아들. 요임금의 말을 듣지 않아 남쪽에 있는 崇山으로 추방되었다.　三苗(삼묘) : 삼묘라는 지역에 책봉된 요임금 때의 제후. 요임금의 뜻을 따르지 않았기

때문에 서쪽 끝에 있는 三峗(삼위)로 추방되었다. 共工(공공)
: 요임금 당시 물을 관장하던 벼슬 이름. 共工이 요임금의 말
을 듣지 않아 북쪽 끝에 있는 幽都(유도)로 추방되었다. 施
(이) : 이르다. 미치다. 桀(걸) : 하나라의 마지막 임금. 폭군으
로 소문이 났다. 은나라의 탕임금에게 정복당했다. 跖(척) :
춘추시대 때 가장 악독했던 도적의 괴수인 盜跖을 말함. 曾
史(증사) : 증참과 사추. 행실이 훌륭한 사람으로 소문난 대표
적 인물. 儒墨(유묵) : 유가와 묵가. 大德(대덕) : 사람들의 본
래마음. 조금도 왜곡되지 않은 순수한 마음. 性命(성명) : 본
성의 모습. 好知(호지) : 꾀를 좋아한다. 사람들이 욕심을 가
지고 남과 경쟁하면 남에게 이기기 위한 꾀가 발달한다. 꾀가
발달하여 전쟁을 일으키면 백성들의 필수품을 조달할 수 없게
된다. 求(구) : 백성들이 구하는 필수품. 여기서는 기초적인
의식주를 말한다. 釿(근) : 자귀. 墨(묵) : 墨刑. 죄인에게 죄명
을 이마 등에 먹줄로 문신하는 형벌. 椎(추) : 몽치. 망치. 鑿
(착) : 끌. 嵁(감) : 험준하다.

[해설]

　일반적으로 문명을 처음으로 크게 발달시킨 인물로 알려
진 임금이 黃帝인데, 문명의 발달이 자연성의 상실이라는 측
면에서 본다면 黃帝를 자연성을 상실케 한 첫 번째 인물로
꼽을 수 있다.
　사람들의 삶의 방향이 일단 자연성을 상실하는 방향으로

향하게 되면 아무리 노력해도 결국 불행의 방향으로 가고 만다. 때문에 인간사회에 깔려 있는 근본적인 문제를 해결하는 방법은 잃어버린 자연성을 되찾는 방향으로 나아가는 것뿐이다.


**今世殊死者相枕也 桁楊者相推也 刑戮者相望也 而儒墨乃始離跂攘臂乎桎梏之閒 噫 甚矣哉 其無愧而不知恥也 甚矣 吾未知聖知之不爲桁楊接槢也 仁義之不爲桎梏鑿枘也 焉知曾史之不爲桀跖嚆矢也 故曰 絶聖棄知 而天下大治**


[국역]
　지금 세상에는 죽임을 당한 자들이 서로 베고 누워있을 정도이고, 차꼬나 큰칼을 차고 있는 자들이 서로 밀칠 정도로 많으며, 형벌 받은 자들이 서로 바라보고 있을 정도로 많게 되었다. 그러자 유가와 묵가는 비로소 기세를 올리며 죄인들 사이를 헤집고 다니면서 팔을 걷어붙이고 뽐내고 있으니, 아아! 심하구나. 부끄러움이 없고 수치스러움을 모르는 짓이여! 심하구나! 나는 아직 성스러움과 지혜로움이 차꼬나 큰칼을 옥죄는 쐐기가 되지 않으며, 인의가 형틀을 묶는 자물쇠가 되지 않는다는 사실을 알 수 없다. 증참이나 사추가

걸이나 도척의 효시가 되지 않는다는 사실을 어떻게 알겠는가! 그러므로 말하기를 '성스러움을 끊고 지혜로움을 버리면 천하가 크게 다스려진다.'고 했다.

[난자풀이]

殊(수): 죽이다. 사형에 처하다. 桁(항): 차꼬. 다리에 채우는 차꼬. 楊(양): 버드나무. 여기서는 목에 채우는 '큰칼'을 의미한다. 桁楊者는 '형벌 받은 자'란 뜻으로 쓰였다. 離(리): 떼 놓다. 가르다. 跂(기): 가다. 발돋움하다. 離跂(리기)는 사람들 틈새를 가르고 다니는 것이므로 '헤집고 다닌다.'는 뜻이다. 噫(희): 탄식하다. 아아. 意로 되어 있는 판본도 있다. 接槢(접습): 쐐기. 接은 접속하는 것이고, 槢은 쐐기인데, 합해서 '쐐기'라는 뜻의 관용구로 쓰인 듯하다. 鑿枘(착예): 자물쇠. 鑿은 '뚫는다'는 뜻이고, 枘는 구멍 속으로 집어넣는 촉꽂이 등의 물건이므로, 鑿枘는 '구멍을 뚫어 물건을 넣어 잠그는 자물쇠'란 뜻이 된다. 嚆矢(효시): 효시. 嚆는 '울리다' 또는 '소리가 나다'는 뜻이므로 嚆矢는 '소리를 내는 화살'이란 뜻이다. 옛날 전쟁을 시작할 때 먼저 소리를 내는 화살을 쏘았으므로 사물의 시작을 뜻하는 말이 되었다.

[해설]

『노자』 제 19장에는 '성스러움을 없애고 지혜로움을 버리면 백성들의 이로움이 백배로 된다.'고 했다.

버스를 타고 꼬불꼬불한 길을 가면, 대부분의 사람들은 차멀미를 한다. 그 까닭은 차가 오른쪽 왼쪽으로 변화무쌍하게 움직이는데, 사람의 몸이 그 변화에 따르지 못하고 좌우로 흔들리기 때문에 생겨나는 현상이다. 하지만, 오직 차멀미를 하지 않는 두 종류의 사람이 있다. 깊이 잠든 사람과 운전기사다. 운전기사는 꼬불꼬불한 길의 변화를 미리 알고 대처하기 때문에 차멀미를 하지 않는다. 그러나 깊이 잠든 사람은 버스의 움직임과 혼연일체가 되어 있기 때문에 변화에 적응하지 못하는 일이 없고, 따라서 차멀미를 하지 않는다.

  인생길을 가는 경우에도 이와 같은 현상이 있다. 인생길은 복잡하다. 그 복잡한 인생길의 변화에 제대로 대처하지 못하면 차멀미하는 인생이 되지만, 완벽하게 대처하면 아무 문제가 없다. 그런데 완벽하게 대처하는 상태가 바로 무위자연의 삶이다. 무위자연의 삶을 사는 사람은 자연의 변화와 혼연일체가 된 사람이다. 그는 깊이 잠든 상태에서 버스를 타고 가는 사람과 같다.

  잠을 자던 사람이 어렴풋이 잠이 깨면 약간 차멀미를 하기도 한다. 그러나 개의치 않고 가만 놓아두면 그는 도로 잠이 들어 차멀미의 고통에서 벗어날 것이다. 그러나 어렴풋이 잠이 깬 그에게 운전기사가 차멀미하지 않는 법을 가르쳐주다가 보면 그는 그것을 배우느라 잠에게 완전히 깨어나고 만다. 그렇게 되면 그는 차멀미하지 않는 법을 완전히 배우지도 못하고 도로 잠들지도 못하므로 차멀미에서 벗어날 수 없다. 그러므로 그에게 차멸미하지 않는 법을 가르쳐주지 않고 가만히 내버려두는 것이 제일 좋다.

이러한 예에서 보면 세상 사람들에게 차멸미하지 않는 법을 가르쳐주느라 돌아다니는 사람들이 유가, 묵가 등의 사상가들이다. 그들의 가르침이 사람들이 도로 잠들지 못하도록 하는 원인이 된다면, 그들을 괴롭히는 수단이 된다. 이른바 형틀을 옥죄는 쐐기나 자물쇠가 되는 것이다.

장자의 이러한 언설은 세상이 어지럽게 된 원인에 대한 날카로운 지적이기도 하고, 여러 사상들의 문제점에 대한 예리한 비판이기도 하다. 이를 이해한다면 고통에 빠져 있는 세상 사람들을 구제하는 길은 무위자연으로 인도하는 방식으로 귀결되어야 할 것이다.


黃帝立爲天子十九年　令行天下　聞廣成子在於空同之上　故往見之　曰我聞吾子達於至道　敢問至道之精　吾欲取天地之精　以佐五穀　以養民人　吾又欲官陰陽　以遂羣生　爲之奈何

[국역]
　황제(黃帝)가 천자의 자리에 오른 지 19년이 지나자 그의 명령이 천하에 행해졌다. 그때 광성자(廣成子)가 공동산(空

同山) 위에 있다는 말을 들었다. 그래서 찾아가 뵙고 말했다. "저는 당신이 지극한 道의 경지에 이르렀다고 들었습니다. 감히 지극한 道의 정수에 대해서 묻겠습니다. 저는 천지의 정기를 취하여 오곡의 자람을 돕고 백성을 기르고 싶습니다. 저는 또 음양을 다스려 모든 생명들의 삶을 온전케 하고 싶습니다. 어떻게 하면 될까요?"

[난자풀이]
廣成子(광성자) : 인명. 구체적으로 누구인지 알 수 없다. 노자를 지칭한다는 설도 있고(經典釋文), 작자가 만들어낸 인물이라는 설도 있다(池田知久). 그러나 당시의 정황으로 본다면 아무도 모르는 말을 지어내는 것보다는 당시의 사람들에게 전설적으로 전해오는 인물을 이야기하는 것이 더 권위를 가질 수 있을 것이다. 이러한 관점에서 본다면 작자가 지어낸 인물이기보다는 전해져 오는 전설적인 인물로 보는 것이 타당할 것이다. 도가 계통의 말에 廣成子는 東夷人이었다는 말이 있는데, 이는 문헌적인 고증을 거친 뒤에 확정하도록 하겠다. 空同之上(공동지상) : 공동산 위. 空同은 崆峒, 또는 空橦으로 된 판본도 있고, 上이 山으로 된 판본도 있다. 『爾雅』에는 "북쪽으로 북두성을 이고 있는 것이 공동산이다."라고 했고, 『經典釋文』에는 "양나라 우성 동쪽 30리에 있다"고 되어 있다. 북두칠성 아래나 양나라 동쪽 30리는 모두 옛 동이인 들이 살던 곳이다. 空同이란 용어 자체가 '욕

심을 비우는 것'과 '하나가 되는 것'을 중시하는 동이인 들의 사상을 반영하는 용어들인 점에서 본다면 장자의 사상은 옛 동이인 들에게 비롯되고 있음을 알 수 있다. 官(관) : '벼슬' '다스리다' 등의 뜻.


廣成子曰 而所欲問者 物之質也 而所欲官者 物之殘也 自而治天下 雲氣不待族而雨 草木不待黃而落 日月之光 益以荒矣 而佞人之心翦翦者 又奚足以語至道


[국역]
　이에 광성자가 대답했다. "그대가 묻고 싶어하는 것은 사물의 본질에 관한 것이지만, 그대가 다스리고 싶어하는 것은 사물을 해치는 것이군. 그대가 천하를 다스리고 난 뒤부터 구름이 채 모이기도 전에 비가 내리고, 초목은 잎이 누렇게 되기도 전에 떨어지며, 해와 달의 빛도 더욱 거칠어지고 말았지. 그대는 아첨이나 하는 사람의 마음으로 자꾸 지극한 도를 잘라내는 자이니 어떻게 그것을 말해줄 가치가 있겠나?"


[난자풀이]
而(이) : 爾와 통용. '너' '그대' 등의 뜻.　族(족) : 겨레. 무리. 동류. 簇(족)과 통용되어 '모인다'는 뜻이 된다. 族 자체가 같

은 무리들끼리 모인 것을 말하므로, 그 자체에 '모인다'는 뜻이 내포되어 있다.　翦翦(전전): 자르고 자른다. 대부분의 주석가들은 '천박한 모양'으로 해석했다. 진리를 자르고 자르면 천박해지기 때문에, 역시 뜻이 통한다.　足(족): 일반적으로 '~하기에 족하다'로 풀이하는데, '~할 가치가 있다'로 번역하는 것이 가장 정확하다.

[해설]
　노자는 『노자』 제 29장에서 "세상은 신성한 기계, 다스려선 안돼"라고 했다. 세상은 최선의 상태로 굴러가는 자동기계와 같은 것이다. 그렇기 때문에 가만히 놓아두는 것이 제일이다. 특히 황제가 살던 상고시대 때는 더욱 그렇다. 사람이 손을 댈수록 자동기계는 손상을 입는다. 자동기계가 손상을 입으면 이상을 일으킨다.
　시원찮은 인간은 남도 시원찮은 줄 알고, 세상도 잘못되고 있는 것으로 안다. 그래서 자꾸 손을 댄다. 그러나 자기의 본래모습을 간직하고 있는 사람은 남도 본래모습을 가지고 있다는 사실을 알고, 이 세상도 제대로 되어 있다는 것을 안다. 그래서 손을 대지 않고 가만히 놓아둘 수 있다.


黃帝退　捐天下　築特室　席白茅　閒居三月　復往邀之　廣成子南首而臥　黃帝順下風　膝行而進　再拜稽首而問

曰聞吾子達於至道 敢問治身奈何 而可以長久

[국역]

　이 말을 듣고 황제는 물러났다. 천하의 일을 잊어버리고 독방을 만들어 흰 띠 풀로 자리를 깔고 석 달 동안 조용한 생활을 보냈다. 그런 뒤에 다시 찾아가 맞이하니 광성자는 남쪽으로 머리를 두고 누워 있었다. 황제는 그의 발아래로부터 무릎으로 기어 그의 앞에 나아가 재배하고 머리를 조아리며 말했다. "당신은 지극한 道의 경지에 이르렀다고 들었습니다. 감히 묻겠습니다. 몸을 어떻게 다스려야 장생할 수 있겠습니까?"

[난자풀이]

席白茅(석백모) : 하얗게 마른 띠 풀을 자리에 깔다. 부귀영화를 누리는 사람들은 비단을 깔겠지만, 부귀영화의 허망함을 깨달은 사람은 부귀영화를 추구하지 않고 진리를 추구한다. 그래서 몸치장을 할 때도 지극히 소박하다. 하얀 띠 풀을 까는 것은 도를 닦을 때의 방식으로 보인다. 　南首而臥(남수이와) : 머리를 남쪽으로 향하고 눕다. 머리를 북쪽으로 두면 지구의 자기장 때문에 피가 머리로 쏠려 건강을 잃는다. 도가 높은 사람의 일거수일투족은 저절로 건강에 맞게 움직이도록 된다. 그것은 느낌을 통해서 가능하다. 　下風(하풍) : 다른 사람의 아래 쪽.

[해설]

　광성자의 말을 들은 황제는 부끄러워졌다. 찰나를 살고 사라지고 마는 불쌍한 자기 자신의 운명도 되돌아보지 못하면서, 멋모르고 천하를 다스리겠다고 날뛰었던 자신이 부끄럽기 한량없었다. 그래서 천하를 다스리는 일을 접고 조용히 지내면서 자신을 돌아보았다. 그리고는 자신의 슬픈 운명에서 벗어나지 못해 헤매고 있었다. 그러던 중 문득 지난번에 만났던 광성자가 떠올랐다. 그는 생사를 초탈해 있는 사람처럼 보였다. 그는 영원을 살아가는 사람처럼 생각되었다. 그는 천하를 다스린다고 설치고 다니는 사람에 비교되지 않을 정도로 우뚝한 사람으로 보였다. 그를 찾아가 물어보지 않고는 견딜 수가 없었다. 초라한 모습이 된 자신은 광성자의 앞으로 당당하게 걸어가지 못하고 그의 발 아래쪽에서 무릎으로 기어 그에게 나아갔다. 그리고는 조심스레 물었다. "자신을 어떻게 다스려야 영생을 얻을 수 있겠습니까?"


廣成子蹶然而起 曰善哉問乎 來 吾語汝至道 至道之精 窈窈冥冥 至道之極 昏昏默默 無視無聽 抱神以靜 形將自正 必靜必淸 無勞女形 無搖女精 乃可以長生 目無所見 耳無所聞 心無所知 女神將守形 形乃長生 愼女內

閉女外 多知爲敗 我爲女遂於大明之上矣 至彼至陽之原
也 爲女入於窈冥之門矣 至彼至陰之原也 天地有官 陰
陽有藏 愼守汝身 物將自壯 我守其一 以處其和 故我脩
身千二百歲矣 吾形未常衰

[국역]

  이 말을 들은 광성자는 벌떡 일어나며 말했다. "좋구나, 그 질문은. 이리 와. 내 그대에게 지극한 도에 대해서 말하리. 지극한 道의 정수는 고요하고 그윽하며, 지극한 道의 극치는 어둑어둑하고 조용하지. 그러므로 보려하지 말고 들으려 하지 말고 고요한 마음으로 정신을 간직하면 몸이 저절로 바르게 되지. 반드시 마음을 고요하고 맑게 하여 그대의 몸을 지치지 않게 하고 그대의 정신을 혼란하게 하지 않으면 장생할 수 있지. 눈으로 보는 것이 없고 귀로 듣는 것이 없으며 의식으로 분별하여 아는 것이 없으면 그대의 정신은 그대의 몸을 지킬 수 있으므로 그대의 몸은 장생할 수 있을 것이야. 그대의 마음속을 삼가고 밖에 대한 관심의 문을 닫아야 돼. 지식이 많으면 일을 망치는 법이지. 나는 그대를 위해 가장 밝고 높은 세계에 올라가 저 지극히 밝은 언덕에 이를 것이고, 나는 그대를 위해 가장 어둡고 그윽한 세계에 내려가 저 지극히 어두운 언덕에 이를 것이야. 천지에도 조절기능이 있고 음양에도 이치가 깃들여 있으니, 삼가 그대의 몸을 지키고만 있으면 모든 것은 저절로 왕성하게 되지. 나는 그 도를 지켜서 모든 것이 조화되도록 처신하고 있기 때문에, 나는 몸을 다스려 온 지 1200년이 되었지만 항상 이렇게 노쇠하지 않는다네."

[난자풀이]

至陽之原(지양지원) : 지극히 밝은 언덕. 혼돈의 세계는 지극히 밝은 곳과 지극히 어두운 곳이 구별되지 않은 상태로 함께 존재한다. 밝은 것도 자연이고 어두운 것도 자연이다. 자연의 차원에서는 차이가 없다. 그러므로 자연의 상태에서는 밝은 곳에 머무는 것이나 어두운 곳에 머무는 것이나 차이가 없다. 마치 더울 때도 자연의 모습으로 존재하고 추울 때도 자연의 모습으로 존재하기 때문에 존재하는 모습에서 차이가 없는 것과 같다. 一(일) : 한결같은 세계. 도. 진리의 세계. 和(화) : 조화를 이룬다. 혼돈의 상태에 있으면 모든 것이 남으로 여겨지지 않는다. 남으로 여기지 않는 자는 언제나 남에게 맞추어 준다. 그것이 조화다. 물은 자기의 모양을 가지고 있지 않다. 네모 통에 들어가면 자기가 네모가 됨으로써 네모 통에 맞추어준다. 세모 통에 들어가도 그렇고, 원통에 들어가도 그렇다. 이렇게 되는 것이 조화다. 常(상) : 항상 이렇게. 쁕으로 되어 있는 판본도 있다.

[해설]

　수신이 되지 않은 사람이 다스리는 일을 운운한다면 그것은 들을 가치가 없다. 사람의 모든 일은 수신에서 비롯된다. 사람의 마땅한 삶은 자신을 돌아보는 데서 시작된다. 찰나를 살아가는 자신의 슬픈 운명에서 헤어나려는 노력을 할 때 비로소 인생의 의미가 찾아지는 것이다.

황제는 이제 천하 다스리는 일을 잊고, 자신의 일에 침잠하고 있었다. 황제의 질문을 통해 그것을 알아차린 광성자는 벌떡 일어났다. 비로소 황제는 도를 들을 수 있는 자격을 갖춘 것이다. 도는 의식을 갖기 이전의 마음 상태로 돌아갈 때 찾아지는 것이다. 고요한 상태에서 감각기관의 문을 닫고 의식이 형성되기 이전의 상태로 침잠할 때 느낌을 통해서 다가온다.

의식의 너머에 있는 도의 세계로 들어가면 혼돈의 상태가 되어 모든 구별이 없어진다. 생사도 없고, 변화도 없다. 시간도 없고, 공간도 없다. 그렇다고 해서 의식의 너머에는 아무 것도 없는 것이 아니다. 거기야말로 우주적 생명력이 충만한 참된 세계다. 그러한 세계에 머무는 것이 이른바 영생이다. 그러한 세계에 머물고 있는 자신은 태고부터 존재하는 자신이고, 앞으로도 영원토록 존재하는 자신임을 발견하게 된다. 그래서 광성자는 "몸을 닦은 지 1200년이 되었어도 변함없이 그대로 존재하고 있다"고 했다.

黃帝再拜稽首 曰廣成子之謂天矣 廣成子曰 來 余語女

彼其物無窮　而人皆以爲終　彼其物無測　而人皆以爲極
得吾道者　上爲皇而下爲王　失吾道者　上見光而下爲土
今夫百昌皆生於土而反於土　故余將去女　入無窮之門
以遊無極之野　吾與日月參光　吾與天地爲常　當我緡乎
遠我昏乎　人其盡死　而我獨存乎

[국역]
　　황제는 두 번 절하고 머리를 조아리며 말했다. "이제부터 그대 광성자를 하늘이라 해야겠군요?" 이에 광성자가 대답했다. "자. 이리 와. 내 그대에게 말하리라. 모든 것은 사실 무궁한 것인데, 사람들은 끝이 있는 것이라 생각하고, 모든 것은 헤아릴 수 없는 것인데 사람들은 모두 한계가 있다고 생각하지. 나의 道를 얻은 자는 크게는 皇이 되고 작게는 王이 되지만, 나의 道를 잃은 자는 크게는 영광스럽게 되었다고 의기양양하고 작게는 한 줌의 흙일뿐이라고 슬퍼하지. 사람들은 모두 흙에서 나와 흙으로 돌아가지. 그러므로 나는 곧 그대의 차원을 떠나 무궁의 문으로 들어가 끝이 없는 들판에서 노닐겠네. 나는 해와 달과 함께 빛나고 나는 하늘과 땅과 더불어 영원할 걸세. 누가 나에게 다가와도 나는 나무토막처럼 무심할 것이고, 누가 나에게서 떠나가도 역시 무심할 뿐이네. 사람들은 모두 죽지만 나만은 홀로 영원하다네."

[난자풀이]

見光(견광) : 빛을 본다. 영광을 누린다.  百昌(백창) : '모든 사람' 또는 '만물'을 의미한다. 百은 '모든'이란 뜻이고, 昌은 '생명이 왕성한 존재'를 의미한다.  當我(당아) : 나에게 다가오는 것.  遠我(원아) : 나에게서 멀어져 가는 것.  緡(민) : 낚싯줄. 돈꿰미. 돈꿰미는 하나로 죽 연결되어 있는 것이어서 하나하나 구별할 수 있는 것이 아니다. 이러한 뜻이 파생되어 여기서는 '구별하지 않는 모양'이란 뜻으로 쓰였다.  昏(혼) : 어둡다. 어두운 곳에서는 사물이 구별되지 않는다. 이러한 뜻이 파생되어 여기서는 '사물을 구별하지 않고 멍하니 있는 모양'이란 뜻으로 쓰였다.

[해설]

만물은 본질적으로 혼돈이다. 혼돈의 상태로 존재하는 만물은 무궁하고 무한하다. 그런데 그 혼돈의 본래모습을 상실하고 눈에 보이는 모양만을 존재의 전부로 보는 사람들은 모든 것이 유한하다고 생각한다. 혼돈의 진리를 얻은 자는 언제나 주인공이다. 그들은 하늘이기도 하고, 우주이기도 하며, 태양이기도 하다. 그들은 언제나 주인공이면서 남들을 진리로 인도하는 역할을 한다. 그래서 광성자는 그들을 황제로 표현하기도 하고 왕으로 표현하기도 했다. 황제나 왕은 사람들을 진리로 인도하는 구세주이다.

그러나 혼돈의 상태를 상실한 사람들은 눈에 보이는 모양을 기준으로 모든 것을 평가한다. 몸을 기준으로 자기와 남을 구별한다. 그리고 언제나 남과의 경쟁에 몰두한다. 남과의 경쟁에 몰두하는 차원에 있는 사람 중에는 경쟁에 이겨 영광을 누리며 살아가는 사람도 있고, 흙으로 돌아가는 자기의 운명에서 벗어나지 못한 채 슬프게 살아가는 사람도 있다.


**雲將東遊 過扶搖之枝 而適遭鴻蒙 鴻蒙方將拊脾雀躍而遊 雲將見之 倘然止 贄然立 曰叟何人邪 叟何爲此 鴻蒙拊脾雀躍不輟 對雲將 曰遊 雲將曰 朕願有問也 鴻蒙仰而視雲將 曰吁 雲將曰 天氣不和 地氣鬱結 六氣不調 四時不節 今我願合六氣之精 以育羣生 爲之奈何 鴻蒙拊脾雀躍掉頭 曰吾弗知 吾弗知 雲將不得問**


[국역]

　운장이 동쪽으로 놀러가면서 부요라는 회오리바람의 언저리로 지나가다가 마침 홍몽을 만났다. 홍몽은 그때 넓적다리를 두드리면서 폴짝폴짝 뛰며 놀고 있었다. 운장이 그것을 보고 놀라서 멍하니 발을 멈추고 한참을 서 있다가 이윽고 물었다. "노인장은 누구십니까? 노인장은 어째서 이러고 있습니까?" 홍몽은 넓적다리를 두드리고 껑충껑충 뛰기를 멈추지 않으면서 운장에게 말했다. "놀고 있다오." 운장이 말했다. "저는 질문을 좀 할까 합니다." 홍몽은 고개를 들어 운장에게 "응?"하고 대답했다. 이에 운장은 말했다. "하늘 기운이 조화를 잃었고, 땅의 기운이 막혀서 엉기어 있으며, 육기가 고르지 못하고, 사시가 순조롭지 않습니다. 지금 제가 원하는 것은 육기의 정수를 모아 모든 생명을 기르고 싶습니다. 어떻게 하면 좋을까요?" 홍몽은 넓적다리를 두드리고 껑충 껑충 뛰며 고개를 내저으며 말했다. "나는 몰라. 나는 몰라." 운장은 더 물을 수가 없었다.

[난자풀이]
雲將(운장) : 인명. 구름은 입신출세를 뜻하기도 하고, 뜬구름처럼 세상을 초월하여 은거하는 것을 뜻하기도 한다. 그러므로 雲將은 '세상에 출세하여 살다가 은거하기 위해 떠나는 사람'이란 뉘앙스를 띠고 있다. 扶搖(부요) : 회오리바람. 음은 '부요'. 일설에 나무이름이란 설도 있다. 枝(지) : 가지. 언저리. 鴻蒙(홍몽) : 인명. 鴻은 '크다'는 뜻이고, 蒙은 '덮어쓰다' '어리다' '분별하지 못한다.' 등의 뜻이 있으므로 鴻蒙은 혼돈의 상태로 살아가는 사람이란 뉘앙스를 띠고 있다. 脾(비) : 髀와 통용. 넓적다리. 雀躍(작약) : 참새처럼 폴짝폴짝 뛰는 모양. 倘(당) : 갑자기 멈추는 모양. 林希逸의 『莊子口義』에는 倘이 儻으로 되어 있다. 贄(지) : 움직이지 않는 모양. 吁(우) : 우. 의아하게 답하는 말. 掉(도) : 흔들다.

[해설]

　혼돈은 뚜렷한 모습으로 드러나는 것이 아니다. 그래서 여기서는 회오리바람에 비유했다. 회오리바람의 언저리에서 자연의 모습으로 존재하는 홍몽이란 인물이 바로 혼돈이다. 홍몽이 넓적다리를 두드리며 깡충깡충 뛰는 것은 자연의 모습 그 자체다. 그것은 최고의 무용이다. 그러나 홍몽의 무용은 일회성이다. 그는 무위자연으로 움직이므로 자기의 동작이 머릿속에 의식되어 있는 것이 아니다. 그냥 그때그때의 느낌에 따라 무심코 움직이는 것일 뿐이다. 홍몽의 움직임은 인간의 움직임이 아니다. 그것은 자연 그 자체다. 그런 의미에서 홍몽의 움직임은 구름이 흘러가는 것이기도 하고, 바람이 부는 것이기도 하며, 물결이 치는 것이기도 하다. 자연은 싫증이 나지 않는다. 마찬가지로 홍몽의 움직임은 아무리 보아도 싫증이 나지 않는다. 그것을 본 사람이 아름다운 그 동작을 머릿속에 기억한 뒤에 따라한 것이 무용이란 장르일 것이다. 그러나 홍몽의 동작을 따라 무용을 하는 사람은 머릿속에 기억한 동작을 외워서 하는 것이기 때문에 자연스럽지 못하고, 따라서 싫증도 날 것이다. 이를 극복하는 방법은 한편으로 자신의 인위적인 차원의 삶을 초월하여 혼돈의 상태로 진입한 뒤에 다시 그 동작을 재현하는 것이다.

　어쨌든 홍몽의 동작에 홀린 듯이 바라보고 있던 운장이 물었다. "당신은 누구이며, 무엇 때문에 이러한 동작을 하고 있는가?" 하고. 홍몽의 삶의 경지는 혼돈이므로 언어로 표현하는 세계를 초월하는 경지이다. 그러므로 애당초 차원이 다른 운장과는 대화가 되지 않는다. 말하자면 그것은 소와 사람이 대화가 되지 않는 것과 같다. 그러나 동화에서 사람이 소와 대화하는 장면을 가정하여 이야기를 꾸미듯이 장자 또한 홍몽과 운장과의 대화를 동화적으로 가정하여 꾸몄다.

  홍몽은 어떤 목적이 있어 그런 동작을 하는 것이 아니다. 그냥 자연일 뿐이다. 그래서 홍몽은 그냥 "놀고 있다"고만 대답했다. 그러나 엄밀히 말하면 놀고 있는 것도 아니다. 그저 무위자연일 뿐이지만, 운장의 차원에서, 목적이 없이 하는 동작이란 뜻으로, "놀고 있을 뿐이다"라고 한 것이다. 그런데 그것을 알아듣지 못한 운장은 또 다른 질문을 하려 했다. 그러자 홍몽은 "응?" 하고 의아한 표정을 지었다. 그러나 운장은 그 의미를 알지 못하고 자기의 차원에서 자연을 조화시켜 뭇 생명들을 잘 기를 방법을 물었다. 운장의 세계와 홍몽의 세계가 다르기 때문에 운장에게 중요한 것이 홍몽에게는 전혀 중요하지 않을 수도 있다. 운장은 '산'이라는 의식을 가지고 '산'을 바라보는 차원이라면, 홍몽은 '산'을 바라보면서 혼돈으로 받아들이는 차원이었다. 운장은 의식을 가지고 살아간다면, 홍몽은 느낌으로 살아간다. 그래서 홍몽은 의식으로 따지면서 묻고 있는 운장의 질문에 대해 "모른다"고만 대답한 것이다. 그래서 운장은 더 물을 수가 없었다.

又三年東遊　過有宋之野　而適遭鴻蒙　雲將大喜　行趨而進　曰天忘朕邪　天忘朕邪　再拜稽首　願聞於鴻蒙　鴻蒙曰　浮遊　不知所求　猖狂　不知所往　遊者鞅掌　以觀無妄　朕又何知　雲將曰　朕也自以爲猖狂　而民隨予所往　朕也不得已於民　今則民之放也　願聞一言　鴻蒙曰　亂天之經　逆物之情　玄天弗成　解獸之羣　而鳥皆夜鳴　災及草木　禍及止蟲　意　治人之過也

[국역]

　또 삼 년이 흐른 뒤에 운장이 다시 동쪽으로 가서 송나라의 들판을 지나다가 마침 홍몽을 만났다. 운장은 크게 기뻐하며 종종걸음으로 달려 나아가 말했다. "하늘이시여! 저를 잊었나이까? 하늘이시여! 저를 잊었나이까?" 그리고는 두 번 절하고 머리를 조아리며 홍몽에게 질문을 했다. 그러자 홍몽은 말했다. "둥둥 떠다니며 놀고 있어 추구해야 할 것을 알지 못하고, 미치광이처럼 떠돌고 있어 갈 곳도 알지 못한다. 떠도는 것이 혼란스럽지만 오직 망령되지 않은 본래세계를 본다네. 그러니 나는 또 무엇을 알겠는가?" 운장이 말했다. "저는 스스로 미치광이처럼 떠돌아다니며 사는 존재로 생각했으나 백성들이 내가 가는 곳을 따라왔기 때문입니다. (그래서 제가 부득이 백성들에게 군림했었습니다.) 그러나 이제는 백성들을 버렸습니다. 원컨대 한 말씀만 들려주십시오."

그러자 홍몽이 말했다. "자연의 이치를 어지럽히고, 만물의 실상을 거스르면 오묘한 자연의 힘이 제대로 작용하지 못하지. 그래서 짐승의 무리가 흩어지고, 새들이 모두 밤에 울부짖으며, 재앙이 초목에까지 미치고, 화가 곤충에까지 이르니, 아아! 이는 사람들을 다스리려고 한 데서 비롯된 잘못이로다."

[난자풀이]
猖狂(창광) : 미쳐 날뛰는 모양.   鞅掌(앙장) : 앙장. 어지러운 모양. 혼란스러운 모양.   意(희) : '아아!' 하고 감탄하는 말. 噫로 되어 있는 판본도 있다.

[해설]
　혼돈은 인식할 수 없고, 하나님은 알 수 없다. 의식으로 구별되는 세계에서 벗어날 때 하나로 동화될 수는 있어도 그것을 인식의 대상으로 삼을 수는 없다. 그래서 홍몽은 "망령되지 않은 본래세계를 보지만, 알 수는 없다"고 말한 것이다.
　혼돈은 해야 할 것을 의식한 뒤에 하는 것이 아니고, 가야 할 목적지를 의식한 뒤에 가는 것이 아니다. 그저 무위자연으로 움직일 뿐이다. 홍몽의 삶의 방식을 어렴풋이 짐작한 운장은 자기도 그러한 방식으로 살고 있다고 우겼다. 그리고 다만 운장 자신이 정치를 한 것은 의식하고 한 것이 아니라 백성들이 자기를 따라왔기 때문에 부득이해서 군림한 것이라는 변명을 늘어놓았다. 그러자 대답하기 귀찮아진 홍몽은 운장이 반성하며 돌아갈 수 있도록, 인위적인 정치방식에 따른 폐해를 설명했다.

雲將曰 然則吾奈何 鴻蒙曰 意 毒哉 僊僊乎歸矣 雲將曰 吾遇天難 願聞一言 鴻蒙曰 意 心養 汝徒處無爲 而物自化 墮爾形體 吐爾聰明 倫與物忘 大同乎涬溟 解心釋神 莫然無魂 萬物云云 各復其根 各復其根而不知 渾渾沌沌 終身不離 若彼知之 乃是離之 無問其名 無闚其情 物固自生 雲將曰 天降朕以德 示朕以黙 躬身求之 乃今也得 再拜稽首 起辭而行

[국역]

　운장이 말했다. "그렇다면 저는 어찌해야 합니까?" 홍몽이 말했다. "아아! 지독하구나. 미련부리지 말고 돌아가라." 운장이 말했다. "제가 하늘을 만나기란 어렵습니다. 원컨대 한 말씀만 듣고자 합니다." 그러자 홍몽이 말했다. "아아! 본래의 마음을 길러라. 그리하여 너는 오직 무위로 처하라. 그러면 만물은 스스로 바뀔 것이다. 너의 형체를 떨어내고, 너의 총명함을 토해내어, 사람과 사물을 다 잊어버리고 일체의 구별이 없이 가물가물한 그곳에서 크게 하나가 되어라. 마음을 해체하고 정신을 풀어버리면 멍하니 넋이 없어질 것이다. 그렇게 되면 비로소 만물이 무성해져 각각 그 근본으로 돌아가 서로 구별하는 일이 없어질 것이다. 그래야만 혼돈의 상태가 되어 종신토록 거기에서 벗어나지 않을 것이다. 그와 같은 것을 알려고 한다면, 곧 거기에서 벗어나고 말 것이다. 그 이름을 묻지도 말고, 그 실상을 엿보지도 말라. 만물은 본래 저절로 생겨나는 것이라네." 운장이 말했다. "하늘께서 저에게 덕을 내려주시고, 저에게 침묵의 의미를 깨우쳐 주시니, 저는 몸소 진리를 추구했습니다만, 지금에 이르러서야 얻었습니다." 하고는 두 번 절하고 머리를 조아린 뒤 일어나 작별을 고하고 떠나갔다.

[난자풀이]
僊僊(선선) : 시원시원한 모양. 미련 부리지 않는 모양. 仙仙으로 된 판본도 있다. 倫(륜) : 인륜. 무리. 인류. 여기서는 사람을 뜻함. 涬溟(행명) : 涬은 자연의 기운이고, 溟은 어두운 모양이다. 합해서 혼돈의 기운을 표현한 말.

[해설]
　내가 남을 바꾸려 하면 나는 바른 사람이고 남은 바르지 않은 사람이 된다. 그러므로 내가 남을 바꾸려 하는 그 자체가 이미 오만한 것이고, 남을 무시하는 것이다. 그리고 내가 남을 바꾸려고 하는 생각 그 자체가 이미 '나'와 '남'을 구별

하는 차원에서 나온 생각이므로 이미 진리가 아니다. 오만한 마음으로 틀린 것을 가지고 남을 무시하면서 남을 교화할 수 있는 것은 없다. 거의가 실패하고 만다.

  오직 내가 바뀌어 내가 남과 하나가 되면, 그리하여 남과 나를 조금도 구별하지 않으면, 그때 남들이 스스로 바뀐다. 내가 남과 하나가 되면 오만한 생각이 없어지고, 남을 무시하는 태도도 없어질 뿐만 아니라, 그것이 진리이기 때문이다.

  남과 하나가 되는 세계는 머리로 알 수 있는 세계가 아니다. 안다는 것은 구별되는 세계에서만 성립된다. 혼돈의 모습은 일체가 구별되는 것이 아니기 때문에 인식의 대상이 되지 않는다. 인식하려고 하면 혼돈에서 벗어나고 만다. 혼돈은 인식의 대상이 아니라 느낌으로 도달하는 세계다.


世俗之人 皆喜人之同乎己 而惡人之異於己也 同於己而欲之 異於己而不欲者 以出乎衆爲心也 夫以出乎衆爲心者 曷常出乎衆哉 因衆以寧 所聞不如衆技衆矣 而欲爲人之國者 此攬乎三王之利 而不見其患者也 此以人之國僥倖也 幾何僥倖而不喪人之國乎 其存人之國也 無萬分之一 而喪人之國也 一不成而萬有餘喪矣 悲夫 有土者之不知也

[국역]

    세속의 사람들은 모두 남들이 자기에게 동조하는 것을 기뻐하고, 남들이 자기에게 이의를 제기하는 것을 싫어한다. 자기에게 동조하는 것을 좋아하고 자기에게 이의를 다는 것을 싫어하는 것은 대중들보다 앞서기를 추구하기 때문이다. 그러나 대중들보다 앞서기를 추구하는 자들이 어찌 늘 대중들보다 앞설 수 있겠는가. 그러므로 대중들과 어울려 사는 것을 편안케 생각해야 할 것이다. 자기가 들어서 아는 것이 대중들의 재주가 다양한 것만 같지 못하기 때문이다. 그런데도 남의 나라를 다스리려고 하는 자는 곧 삼왕의 이로운 점만을 보고 그 걱정거리는 보지 않는 자이다. 이는 나라를 다스리는 것으로 요행을 구하는 자이다. 그 얼마나 되는가! 요행을 추구하다가 남의 나라를 잃지 않는 경우란. 남의 나라를 보존하는 경우는 만 분의 일도 되지 못한다. 그런데 남의 나라를 잃는 경우를 보면 한 가지도 성공하는 일을 하지 못하면서 망하고도 남을 일은 만 가지나 한다. 슬프다. 영토를 가진 자들이 그것을 알지 못하다니!

[난자풀이]

曷常(갈상) : 어찌 늘. 문맥상으로 보면 曷嘗이 더 매끄럽다. 曷嘗은 '어찌 일찍이'가 된다.    攬(람) : 잡다. 쥐다. 취하다.
有土者(유토자) : 국토를 가진 자. 임금.

[해설]

  경쟁을 하면 할수록 사람들은 남보다 앞서고 싶어 한다. 남보다 앞서고 싶어 하는 사람은 보통 사람들처럼 살아가는 것을 싫어한다. 남이 먹지 못하는 음식을 먹어야 하고, 남이 타지 못하는 고급 차를 타야하며, 남이 살지 못하는 고급 집에 살아야 한다. 그런 사람들은 대중들과 어울리는 것을 싫어한다. 그런 사람들은 대중들 위에 군림하기를 좋아한다. 그런 사람들은 대중들이 자기를 추종하는 자기의 종속물이 되기를 바란다. 그런 사람들은 대중들이 자기를 비난하는 것을 견디지 못한다.

  그런데 물이 없으면 배가 뜰 수 없는 것처럼, 대중들이 없으면 대중 위에 올라갈 수가 없다. 그러므로 대중들과 어울리기 싫어하면서 대중들 위에 올라가려고 하는 것은 자기모순이다. 대중들의 지지가 없이 대중 위에 올라갈 수는 결코 없는 것이다. 오직 대중들과 하나가 될 때 비로소 대중들 위에 올라갈 수 있는 것이다. 그러나 대중들 위에 올라가기 위해서 대중들과 하나가 되려는 것은 또한 잘못이다. 대중들 위에 올라가는 것은 대중들과 하나가 된 결과물일 뿐이다. 그러므로 아무 조건 없이 대중들과 하나가 되는 것이 제일 중요하다.

  사람들이 대중들보다 앞서려고 하는 것은 욕심이다. 자기의 견문이나 지식이 다양한 대중들의 재주를 당할 수 없는데도 욕심을 가지고 대중들을 무시하는 것은 위험하다. 남의 나라를 맡아 정치를 하는 사람들은 항상 우임금이나 탕임금, 또는 문왕 무왕으로 대표되는 삼왕의 정치를 흉내 내려 하지만, 그것은 요행을 바라는 위험한 일이다. 삼왕은 남들과 하나가 되지 못한 사람들이다. 그들은 혁명을 일으켜 요행히 성공한 사람들이다. 그런 요행을 추구한다면 성공할 확률은 만 분의 일도 되지 않는다. 그러므로 왕의 입장에서 볼 때 대중들에게 앞서려는 사람을 뽑아 정치를 맡기는 것은 매우 위험한 일임을 알 수 있다.


**夫有土者 有大物也 有大物者 不可以物 物而不物 故能物物 明乎物物者之非物也 豈獨治天下百姓而已哉 出入六合 遊乎九州 獨往獨來 是謂獨有 獨有之人 是之謂至貴**

[국역]

　대저 영토를 가진 자는 큰 것을 가진 자이다. 큰 것을 가진 자는 하나의 개체적 존재이어서는 안 된다. 하나의 개체적 존재가 되어서는 다른 개체를 다스리지 못한다. 그러므로 (개체적 존재가 되지 않는 사람이라야) 다른 개체를 개체로서 다스릴 수 있다. 다른 개체를 개체로 다스리는 자는 개체적 존재가 아니어야 된다는 사실에 밝은 사람은 어찌 유독 천하 백성만을 다스릴 뿐이겠는가? 육합에 출입하고 구주에서 노닐며 홀로 가고 홀로 오니 이를 홀로 있음이라 한다.

홀로 존재하는 사람, 그를 일컬어 지극히 귀한 자라 한다.

[난자풀이]
物(물): 하나의 개체. 다른 것과 구별되는 한 개체로서의 존재.

[해설]
　앞부분에서는 왕의 아래에서 정치를 담당하는 자에 관해 서술한 것이라면, 여기서는 왕에 관해서 서술한 것이다.
　영토를 가진 임금은 '나'란 의식을 가진 자가 아니어야 한다. '나'란 의식을 가진 자는 남과 경쟁하는 자이다. 그런 사람들은 남과 경쟁하기 때문에 남을 다스릴 수 없다. '나'란 의식이 없는 사람은 언제나 남과 하나가 될 수 있다. 그렇기 때문에 남을 다스릴 수 있다. 그런 사람은 남을 다스릴 수 있을 뿐만 아니라, 우주와 하나가 되고 자연과 하나가 되기도 한다.


大人之敎　若形之於影　聲之於響　有問而應之　盡其所懷
爲天下配　處乎無嚮　行乎無方　挈汝適復之撓撓　以遊無
端　出入無旁　與日無始　頌論形軀　合乎大同　大同而無己
無己　惡乎得有有　覩有者　昔之君子　覩無者　天地之友

[국역]

　대인의 가르침은 그림자에 대한 물체와 같고 메아리에 대한 소리와 같다. 물으면 바로 응답하여 그가 품고 있는 것을 다 말해서 천하 만물의 짝이 된다. 메아리 없는 곳에 머물고 목적 없는 곳을 다닌다. 어지러이 오락가락 하는 너희들을 이끌고 끝이 없는 경지에서 노닌다. 출입하는 데 기대는 것이 없으며, 해와 함께 하므로 시작이 없다. 말하는 것이나 몸놀림이 모두가 하나 되는 큰 세계에 합치되었다. 크게 하나 되면 자기가 없다. 자기가 없으니 어떻게 만물이 있을 수 있겠는가? 있다고 보는 것은 옛날의 군자이고 없다고 보는 것은 천지의 벗이다.

[난자풀이]

嚮(향) : 響과 통용되어 '메아리'란 뜻이 된다. 響으로 되어 있는 판본도 있다.　挈(설) : 거느리다. 이끌다.　汝(여) : 너. 여기서는 適復之撓撓와 동격으로 쓰였다. '너희 適復之撓撓하는 자들'이란 뜻이다. 또 適復之撓撓는 '갔다 왔다 어지러운 자'란 뜻이다. 문맥을 부드럽게 하기 위해서 '어지러이 오락가락 하는 너희들'로 번역했다. 撓撓는 어지러운 모양이다.

[해설]

　대인은 자기의 계산이나 생각이나 욕심이 없다. 그래서 언제나 남과 하나가 된다. 남의 마음이 되고, 남의 입장이 되어 말하고 생각한다. 그것은 남의 가려운 곳을 헤아려 긁어주는 것과 같다. 그래서 그러한 대인의 가르침을 접하는 사람은 언제나 그림자처럼 따르고 메아리처럼 반응한다.

그렇다면 대인은 스스로 알고 있는 것이 아무 것도 없는 것일까? 그렇지 않다. 그는 자기 개인의 계산이나 생각이나 사상을 가지고 있지 않는 것이 아무 것도 없는 것이 아니다. 그의 마음에는 하늘의 마음이 들어 있고, 우주의 마음이 들어있다. 그러므로 질문을 하면 바로 우주의 진리를 말해주고 하늘의 뜻을 전해준다. 그러나 알아듣기 어렵도록 심오하게 말하는 것이 아니라, 상대의 입장에서 상대가 알아듣기 쉽게 말을 한다. 그래서 대인의 가르침에는 비유가 많다. 비유는 심오한 진리를 쉽게 이해하는 데 매우 효과가 있기 때문이다.

대인은 어떠한 질문에도 정확한 해답이 바로 나온다. 그렇다면 대인은 무한하게 많은 지식을 가지고 있는 것일까? 그렇지 않다. 가지고 있는 것은 아무 것도 없다. 가만히 있을 때는 아무 생각이나 잡념이 없다. 그저 나무토막처럼 혼돈의 모습으로 우두커니 앉아 있다. 그는 소리가 있고 메아리가 있는 상대세계의 한 부분으로 있는 것이 아니다. 그의 말을 들은 사람이 메아리처럼 반응하는 것은 상대세계에 멈추어 있는 사람이 외형적인 것만을 의식해서 하는 말이다. 혼돈의 차원에서 보면 그는 말을 해도 말을 하는 것이 아니다. 그저 자연일 뿐이다. 그가 말을 하는 것이나 바람이 부는 것이나 다른 것이 아니다. 그는 어떤 목적의식을 가지고 어떤 곳으로 가는 것이 아니다. 그가 오고 가는 것은 자연일 뿐이다. 그러한 그는 상대세계에서 허덕이는 중생들을 인도할 수 있다.


賤而不可不任者　物也　卑而不可不因者　民也　匿而不可不爲者　事也　麤而不可不陳者　法也　遠而不可不居者　義也　親而不可不廣者　仁也　節而不可不積者　禮也　中而不可不高者　德也　一而不可不易者　道也　神而不可不爲者　天也


[국역]

　천하더라도 내맡기지 않을 수 없는 것이 만물이다. 비루하더라도 따르지 않을 수 없는 것이 백성이다. 생색나지 않더라도 하지 않을 수 없는 것이 일이다. 엉성하더라도 펴지 않을 수 없는 것이 법이다. 먼 것이더라도 지키지 않을 수 없는 것이 의로움이고, 가까운 것이더라도 넓혀가지 않을 수 없는 것이 인(仁)이다. 절제하는 것이더라도 쌓아가지 않을 수 없는 것이 예이다. 남과 하나가 되는 것이더라도 높이지 않을 수 없는 것이 덕이다. 한결같더라도 바꾸지 않을 수 없는 것이 도이다. 신비하더라도 추구하지 않을 수 없는 것이 하늘이다.

[난자풀이]

因(인) : 따르다. 말미암다.　匿(익) : 숨다. 숨기다. 숨은 것은 드러나지 않은 것이고 드러나지 않는 것은 '생색나지 않는 것' 이다.

[해설]

　物은 나를 제외한 모든 것이다. 사람들은 자기가 똑똑하고 자기가 고귀하다고 생각하기 때문에, 자기를 제외한 모든 것을 자기의 중심으로 바꾸어놓으려고 하지만, 사실 그렇게 되는 것이 없다. '나'라는 것 자체가 허상이고 착각 덩어리이기 때문이다. 그러므로 자기가 남에게 맞추고 자기가 주위의 모든 것에 맞출 수밖에 없다.
　아무리 주위의 것들이 천해 보여도 천한 것이 아니다. '나'란 것이 착각 덩어리란 것을 알고 보면 주위의 모든 것은 자연상태에서 자연으로 움직여가고 있는 고귀한 것임을 깨닫게 된다. 따라서 이를 이해한다면 아무리 천해 보이는 것이라 하더라도 그들은 나 중심으로 바꾸지 않고 오히려 그들의 방식으로 유지하도록 내맡겨야 한다. 백성들의 지위가 아무리 낮게 느껴지더라도 그들의 뜻을 따를 수밖에 없다. 그들의 뜻을 무시하고 일을 추진해서 되는 일은 없다.
　사람들이 욕심을 가지게 되면 모든 일을 욕심을 채우는 방향으로 진행한다. 욕심을 채우는 것은 자기를 드러내는 것이다. 어떤 일을 할 때도 그 일이 자기를 드러낼 수 있는 것이면 열심히 하고 그렇지 않으면 하려고 하지 않는다. 그러나 욕심이 없는 사람은 그냥 일을 한다. 누가 알아주면 하고 그렇지 않으면 하지 않는 것이 아니다. 그래서 일을 하더라도 생색을 내지 않는다. 匿은 '숨는다'는 뜻이고, '알려지지 않는다.'는 뜻이다. 알려지지 않는 것은 생색이 나지 않는 것이기 때문에 여기서는 '생색나다'로 번역했다.

자연의 이치에서 보면 인간이 만든 법은 엉성하기 짝이 없다. 그렇다고 해서 법을 펴지 않을 수는 없다. 사람이 진리를 얻어 자연인으로 돌아가기 전에는 여러 가지 부작용이 있는 줄 알면서도 만들 수밖에 없다.

인(仁)은 가깝고 의(義)는 멀다. 인은 사랑하는 마음이고, 의는 미워하는 마음이다. 가까운 사람끼리는 사랑하기 쉽고 먼 사람끼리는 미워하기 쉽다. 한국 선수와 외국 선수가 시합을 할 때, 한국 선수가 이기면 좋아하고 외국 선수가 이기면 미워하기 쉽다. 그래서 사람들은 사랑하는 사람들끼리 모여 있으면 남을 끼워주지 않고 자기들끼리만 어울리고, 관계가 먼 사람들과 함께 있으면 경쟁을 하여 서로 따돌리려고 한다. 그러나 욕심이 없이 하늘마음으로 사는 사람은 그렇지 않다. 가까운 사람들에게 나타나는 사랑을 먼 사람들에게 확산시켜 모두를 사랑하게 되고, 먼 사람들끼리 경쟁을 하더라도 술수를 부리거나 편법을 쓰지 않고 마땅하게 처리한다.

예(禮)는 삶을 구속하는 요소가 있지만, 남과 더불어 사는 사회에서는 예를 만들지 않을 수 없다. 덕은 남과 하나 됨을 실천하는 마음이다. 그러므로 덕 있는 사람이 나를 대할 때는 나를 자기처럼 생각하고 아낀다. 그래서 사람들은 그런 사람들에게 존경심을 표하지 않기 쉽다. 일반적으로 나를 대하는 사람 중에 가장 덕이 있는 사람은 어머니다. 그래서 많은 사람들은 어머니에 대해서 존댓말을 쓰지도 않고 어렵게 생각하지도 않는다. 그러나 그것은 잘못이다. 나를 자기처럼 사랑하는 그 사랑이 얼마나 숭고한 하늘마음인가를 안다면 이 세상에서 가장 존경해야 할 것이다. 도(道)는 사람이 살아가는 길이고, 만물이 존재해 가는 길이다. 길은 하나뿐이다. 그러나 길을 지킨다고 해서 하나만 고집하면 안 된다. 길은 하나지만 그 길은 매우 복잡하다. 마치 물줄기는 하나로만 흐르지만, 그 물의 길은 상황에 따라서 무한히 변화를 하는 것처럼 도를 따르는 사람도 상황에 따라서 삶의 방식을 무한히 바꿀 수 있어야 한다. 하늘은 신비하다. 그러나 하늘이 아무리 신비하다 하더라도 인간과 떨어져 따로 존재하는 것이 아니다. 이를 모르고 인간이 하늘의 세계를 아예 포기하고 추구하지 않는 것은 올바르지 않다. 하늘로 통하는 사다리는 마음속에 놓여 있다. 누구나 마음먹고 노력하면 올라갈 수 있는 곳이다.


故聖人觀於天而不助　成於德而不累　出於道而不謀　會於
仁而不恃　薄於義而不積　應於禮而不諱　接於事而不辭

齊於法而不亂 恃於民而不輕 因於物而不去 物者莫足爲也 而不可不爲 不明於天者 不純於德 不通於道者 無自而可 不明於道者 悲夫 何謂道 有天道 有人道 無爲而尊者 天道也 有爲而累者 人道也 主者天道也 臣者人道也 天道之與人道也 相去遠矣 不可不察也

[국역]

　그러므로 성인은 하늘에서 살펴 남을 도와주지 않고, 덕에서 이루어 얽매이지 않는다. 도에서 나와 꾀부리지 않고, 인에 합치되어 남에게 의지하지 않는다. 의로운 일에 나아가 해야 할 일을 쌓아두지 않고, 예에 맞게 응하여 어려움을 피하지 않는다. 일에 접하여 사절하지 않고, 법에 일치되게 행동하여 어지럽지 않다. 백성들이 의지해도 백성들을 가볍게 여기지 않고, 만물들이 그를 따르더라도 만물을 버리지 않는다. 만물은 다스릴 가치가 없어 보여도 다스리지 않을 수 없는 것이다. 하늘에 대해 밝지 못한 자는 덕에 순수해지지 않고, 도에 통하지 않은 자는 어떠한 것부터 손을 대도 되는 것이 없다. 그러므로 도에 밝지 못한 것이 슬픈 일이다. 무엇을 일컬어 도라 하는가? 천도(天道)가 있고 인도(人道)가 있다. 하지 않고도 높은 것이 천도이고, 일을 꾸며서 번거로워지는 것이 인도다. 임금은 천도이고 신하는 인도이다. 천도와 인도는 서로의 거리가 멀다. 살피지 않을 수 없다.

[해설]

　성인은 인간의 욕심으로 바라보지 않고 하늘의 마음으로 바라본다. 인간의 마음으로 보면 자기에게 가까운 사람과 먼 사람을 차별하여 가까운 사람을 도와준다. 그러나 가까운 사람을 도와주는 것은 과보호다. 과보호는 자생력을 떨어뜨려 오히려 해롭게 된다. 그래서 하늘은 일일이 도와주지 않고 가만히 놓아둔다. 마찬가지로 성인도 하늘의 마음이기 때문에 남을 도와주지 않고 내버려둔다. 욕심을 가진 사람은 욕심에 얽매어서 헤어나지 못하지만, 덕을 이룬 사람은 무위자연의 삶을 산다. 욕심을 가진 사람은 욕심을 채우기 위해 잔꾀를 부리지만, 삶이 도에서 나오는 사람은 잔꾀를 부리지 않는다. 인은 남과 하나 되는 마음이고 하늘마음이다. 그러므로 인에 합치되는 사람은 하늘 같은 사람이고 우주 같은 사람이다. 그는 남에게 의지하는 삶을 살지 않는다.

　욕심을 가진 사람은 이익을 챙기기 위해 의로운 일을 하기 싫어한다. 이토히로부미를 죽인 안중근 의사는 자기도 사형을 받았다. 그러므로 욕심을 가진 사람은 하기 어렵다. 그러나 성인은 해야 할 일은 하는 사람이다.

　욕심으로 사는 사람은 어떤 일을 해도 금방 지겨워지고 싫증이 난다. 예를 들어 사람이 월급을 받기 위해 일을 한다면, 일을 하는 순간에 이미 마음은 한 달 뒤에 받게 될 월급에 가 있다. 그래서 마음에 없는 일을 하는 것이기 때문에 지겨워지고 싫증이 나는 것이다. 그러나 욕심이 없는 사람은 마음이 다른 곳으로 가지 않기 때문에 일이 지겹지 않다. 예를 하더라도 그것이 다른 것을 위한 수단으로 하는 것이 아니면 지겹지 않다. 욕심이 많은 사람은 참아야 할 것이 많다. 섣불리 욕심을 채우다가는 법에 걸려 잡혀갈 일이 생긴다. 그러나 욕심이 없는 사람은 참을 것도 없다. 그는 무심코 일을 하더라도 법에 걸릴 일이 없다.

욕심이 많은 사람은 욕심 채우는 데 도움이 되지 않는 것은 무시한다. 그러나 욕심이 없는 사람은 자기에게 도움이 되지 않는 백성들, 오히려 자기에게 의지하는 백성들을 자녀처럼 생각하기 때문에 가볍게 여기지 않는다. 그를 필요로 하는 만물들을, 그에게 아무런 도움이 되지 않는다 하더라도 하나도 버리지 않는다.

천도(天道)는 혼돈의 길이고 무위자연으로 사는 길이다. 그러나 인도(人道)는 사람이 사람의 마음으로 사는 길이다. 사람의 길로 가는 사람은 고통이 따른다. 그러므로 천도를 알고 천도를 따르는 것이 사람들이 마땅히 추구해야 할 일이다. 모든 사람이 천도를 따르기 위해서는 먼저 천도를 알고 천도를 따르는 사람이 앞에서 인도하는 것이 좋다. 그러한 사람이 임금이다.

# 12. 天 地

이 편에서는 천하만물의 이치와 천하만물을 다스리는 방식 등을 설명하고 있다.

天地雖大 其化均也 萬物雖多 其治一也 人卒雖衆 其主君也 君原於德而成於天 故曰 玄古之君天下 無爲也 天德而已矣

[국역]
  천지가 비록 크지만 그 화육이 골고루 이루어지고, 만물이 비록 많지만 그 조화로움이 한결같다. 사람이 비록 많지만 그 주인 되는 사람은 하나의 임금이다. 임금은 타고난 본래 모습의 차원에서 살피고 자연의 차원에서 이룬다. 그러므로 말하기를 "아득한 옛날에 세상을 다스리던 방식은 무위였으니, 그것은 오직 타고난 본래모습을 따르는 것일 뿐이었다."

[난자풀이]
治(치) : 亂의 반대말로 '조화를 이룬 상태' '안정된 상태' 등을 의미한다. 衆(중) : '많다'는 뜻이다. 天(천) : 자연. 원래의 상태. 天德(천덕) : 타고난 본래의 상태와 능력. 자연 상태.

[해설]
  하늘과 땅은 크지만 만물을 살리는 작용은 세밀하기 그지없다. 태양은 아무리 작은 것이라도 빠뜨리지 않고 다 비추고, 바람은 아무리 작은 것이라도 빼놓지 않고 불어주며, 물은 어느 하나 남기지 않고 골고루 다 적셔준다. 이러한 하늘과 땅의 작용은 만물을 다 살린다 하더라도 만물 하나 하나

에 별개로 주어지는 개별적 작용이 아니다. 그것은 분리되지 않는 하나의 작용이다. 이는 마치 여러 자녀를 다 사랑하는 부모의 사랑이 여러 개로 나누어지지 않는 것과 같다.

만물은 잡다하게 존재한다. 하늘을 나는 새도 있고, 바다를 헤엄치는 물고기도 있다. 봄에 피는 장미도 있고, 가을에 피는 국화도 있다. 모두가 다 다른 모습으로 살아가는 것처럼 보이지만, 자연의 차원에서 보면 다 자연이다. 자연의 입장에서 보면 다른 것이 아니고 모두 하나이다. 그 하나의 세계를 천지의 작용이라 해도 될 것이고, 우주의 기운이라 해도 될 것이다.

사람들은 각각 다른 모습으로 살아가지만, 근본적으로는 모두가 다 자연의 모습을 바탕으로 하고 있다. 그러므로 자연의 모습을 온전히 갖춘 사람은 모든 사람들의 본보기가 될 수 있다. 그렇기 때문에 사람들은 그 본보기를 따르기만 하면 된다. 그 본보기가 바로 임금이다.

임금은 대단한 실력을 쌓은 사람이 아니다. 임금은 많은 지혜를 터득한 사람이 아니다. 타고난 본래의 모습을 간직하고 있는 사람이고, 그것을 실천하는 사람일 뿐이다. 그 본래 모습은 자연의 모습이다. 그것은 인위적인 것이 아니다. 장자는 이를 天德이라 했다.


以道觀言 而天下之君正 以道觀分 而君臣之義明 以道

觀能 而天下之官治 以道汎觀 而萬物之應備

[국역]

  道의 차원에서 말을 살펴야 천하의 임금이 바른 모습을 갖게 되고, 道의 차원에서 개개의 사물을 살펴야 군신의 도리가 분명해진다. 道의 차원에서 능력을 살펴야 천하의 관직이 제대로 되고, 道의 차원에서 두루 살펴야 만물의 대응이 완전해진다.

[난자풀이]

道(도) : 여기서는 自然으로 이해하면 된다.   備(비) : 다 갖추어지는 것은 완전해지는 것을 말하므로 여기서는 '완전해진다'로 번역했다.

[해설]

  말은 마음에서 나오고 마음은 자연에 뿌리박고 있다. 그러므로 말을 귀로만 들으면 그 마음을 이해하지 못하고, 말을 마음으로만 들으면 그것이 자연의 차원에서 비롯된 것임을 알지 못한다. 오직 자연의 차원으로 들어야 그 말을 온전히 이해할 수 있다. 남의 말을 귀로만 듣고 파악하는 사람은 그 사람의 마음을 이해할 수 없기 때문에 그를 포용할 수 없다. 또 마음으로만 듣는 사람은 그 사람의 마음의 뿌리를 모르기 때문에 역시 그를 포용할 수 없다. 그러한 사람은 임금이 되어도 임금노릇을 제대로 할 수 없다. 오직 자연의 차원에서 다른 사람의 말을 관찰할 수 있어야 모든 사람을 다 포용할 수 있고, 그래서 바른 임금노릇을 할 수 있다.

현실적으로 다른 것으로 보이는 것들도 자연의 차원에서 보면 다르지 않다. 죽는 것과 사는 것은 정반대의 것으로 보이지만, 자연의 차원에서 보면 다 같은 자연현상일 뿐이다. 그것은 아무 차이가 없다. 차이가 없음을 알아야 살 때 제대로 살 수 있고, 죽을 때 제대로 죽을 있다. 그렇지 않으면 삶이 괴로울 때는 죽고 싶어서 제대로 살 수 없고, 죽음이 임박할 때는 살고 싶어서 제대로 죽을 수 없다.

임금과 신하의 관계는 정반대의 관계처럼 보인다. 임금은 위에서 다스리는 자이고, 신하는 아래에서 다스림을 받는 자이다. 그러므로 그것이 서로 다르다는 사실만 알면, 임금의 입장에서는 아랫사람이 말을 듣지 않을 때 화가 나서 견디기 어렵고, 신하의 입장에서는 임금의 지배를 받아야 된다는 것 때문에 자존심이 상해서 견디기 어렵다. 그래서 그 사이를 원만하게 유지하기 어렵다. 그러나 자연의 차원에서 보면 본질적으로 다른 것이 아니다. 다른 것은 인간이 편의상 정해놓은 원칙에 지나지 않는다. 이를 안다면, 그래서 자연의 차원에서 살필 수 있다면 임금은 임금노릇을 제대로 할 수 있고, 신하는 신하노릇을 제대로 할 수 있다. 그것이 바로 군신간의 義가 지켜지는 경우이다. 군신간의 義란 임금이 임금노릇하고 신하가 신하노릇 할 수 있는 윤리의식이다.

욕심의 눈으로 사람의 능력을 살피면, 자기의 욕심을 채워 줄 수 있는 사람은 유능한 사람으로 보이고, 그렇지 못한 사람은 무능한 사람으로 보인다. 그래서 사람의 능력을 제대로 판별하지 못하고 사람을 적재적소에 배치하지 못한다. 그러나 욕심을 떠나 자연의 차원에서 사람을 관찰하면 사람을 제대로 관찰할 수 있어서 사람들을 배치할 때 적재적소에 배치할 수 있다.

욕심의 눈으로 만물을 바라보면 나의 욕심을 채워줄 수 있는 것은 가치 있는 것으로 보이지만, 그렇지 못한 것은 가치 없는 것으로 보인다. 그래서 만물은 나에게 그 본래의 모습을 보여주지 못한다. 그러나 자연의 차원에서 관찰하면 만물은 모두 제 모습을 드러내어 나에게 다가온다. 잡초 한 포기에도 우주의 기운이 흐르고, 작은 풀벌레 한 마리도 하늘의 얼굴을 드러낸다.

故通於天地者 德也 行於萬物者 道也 上治人者 事也 能有所藝者 技也 技兼於事 事兼於義 義兼於德 德兼於道 道兼於天

[국역]

그러므로 천지에 통하는 것은 德이고, 만물에 통용되는 것은 道이다. 위에서 사람을 다스리는 것은 일이고, 능히 심고 가꾸는 바가 있는 것은 기술이다. 기술은 일에 포괄되고, 일은 의에 포괄되며, 의는 덕에 포괄되고 덕은 도에 포괄되며 도는 하늘에 포괄된다.

[난자풀이]
兼(겸) : '겸한다'는 뜻이다. 甲이 乙의 일을 겸한다고 한다면, 甲의 일이 乙의 일보다 더 근본이 되는 것이다. 그러므로 여기서는 兼을 근본이 되는 것이 그렇지 않은 것을 포괄하는 의미로 해석했다.

[해설]
  자연의 모습을 간직하고 있는 사람은 천지와 하나로 통한다. 그러한 사람이 德이 있는 사람이다. 그러므로 德을 가진 사람은 만물과 '나'를 구별하지 않는다. 그러한 사람은 만물과 통용된다. 만물과 하나가 되어 살아간다. 그러한 삶의 방식이 道이다.
  道의 차원에서 벗어난 사람은 만물과 하나가 되지 못하고 남과도 하나가 되지 못한다. 그러한 사람은 남과 경쟁하게 되고 그 때문에 세상은 혼란해진다. 그래서 이를 해결하기 위해서 윗자리에 올라서서 아랫사람들을 다스리기도 하는데, 그것이 일거리다. 일거리가 생기면 그 일거리를 완수하기 위해서 기술을 개발한다. 남보다 많은 수확을 하기 위해 농기구를 개발하기도 하고, 남보다 빨리 이동하기 위해 자동차를 개발하기도 한다. 이런 것을 이른바 기술이라 한다.

그러므로 기술은 일거리에 포괄되는 개념이다. 기술자가 사업을 하는 것이 아니라 사업가가 기술자를 포괄하는 것이 순리다.

일은 목적의식이 있을 때 순조롭지만, 그 목적의식이 욕심을 채우는 것일 경우는 문제가 생긴다. 오직 진리로 향할 때만 문제가 생기지 않기 때문에 일은 의로움에 포괄되는 개념이다. 그러므로 일을 하는 사람이 의로운 것이 아니라 의로운 사람이 일을 하는 것이 순리다.

또 진리를 향하는 의로운 일이란 자연의 모습이 바탕이 될 때 성립한다. 또 자연의 모습을 유지하는 것은 천도를 따를 때 가능하므로 德은 道에 포괄된다. 天道는 天의 작용이기 때문에 天道는 天에 포괄된다.

德을 가진 사람의 삶의 방식이 道다. 그러므로 道와 德의 관계에서 보면 德이 道보다 상위의 개념이다. 그러나 하늘과 사람의 관계에서 보면, 하늘이 또 사람보다 상위의 개념이다. 그러므로 天德 다음에 天道가 있고, 天道 다음에 人德이 있으며 人德 다음에 人道가 있다.

德이 道에 포괄된다고 했을 때의 德은 人德이고 道는 天道이다.


故曰 古之畜天下者 無欲而天下足 無爲而萬物化 淵靜

而百姓定 記曰 通於一而萬事畢 無心得而鬼神服

[국역]

그러므로 말하기를, "옛날, 천하를 기르는 사람은 아무 욕심이 없었어도 천하가 충족했고, 작위함이 없었어도 만물이 다 화육되었으며, 깊은 차원에서 가만히 있기만 했었어도 백성들이 안정되었다"고 했다. 또 기록에는 "하나에 통하여 만사가 다 해결되었고, 마음에서 이해하는 것이 없었는데 귀신이 감복했다"고도 했다.

[난자풀이]
鬼神(귀신) : 음양으로 순환하는 氣의 작용을 말한다. 『중용』 16장에 귀신에 대한 설명이 있으므로 참고하기 바란다.

[해설]

하나란 도의 차원에서 모두가 하나로 되는 세계이다. 그 하나란 우주의 기운이요 천지의 작용이다. 분열의 차원에서 이 세상을 바라보면 이 세상은 분열된 모습으로 보이지만, 하나의 차원에서 이 세상을 보면 이 세상은 자연의 모습으로 보인다. 이 세상은 자연이므로 이미 모든 문제가 다 해결되어 있는 상태다.

夫子曰 夫道覆載萬物者也 洋洋乎大哉 君子不可以不刳心焉 無爲爲之之謂天 無爲言之之謂德 愛人利物之謂仁 不同同之之謂大 行不崖異之謂寬 有萬不同之謂富 故執德之謂紀 德成之謂立 循於道之謂備 不以物挫志之謂完 君子明於此十者 則韜乎其事心之大也 沛乎其爲萬物逝也 若然者 藏金於山 藏珠於淵 不利貨財 不近貴富 不樂壽 不哀夭 不樂通 不醜窮 不拘一世之利 以爲己私分 不以王天下 爲己處顯 顯則明 萬物一府 死生同狀

[국역]

　선생님께서 말씀하셨다. "도란 만물을 덮어서 감싸고 실어서 기르는 자연의 작용을 말한다. 그것은 우주 전체에 퍼져 있는 넓고도 큰 것이다. 그러므로 군자는 마음을 닦지 않을 수 없다. 무심의 상태에서 행하는 것을 자연 상태라 하고, 무심의 상태에서 말하는 것을 德이 있는 것이라 한다. 사람을 사랑하고 만물을 이롭게 하는 것을 仁한 것이라 하고, 제각각 다른 상태로 있는 만물의 존재를 자연의 차원에서 모두를 하나로 여기는 것을 크고 높은 차원이라고 한다. 행동을 해도 모나거나 남과 다르지 않는 것을 너그러움이라 하고, 서로 다른 만물의 차별상을 획일적으로 만들지 않고 각각의 차별상을 그대로 인정하는 것을 넉넉함이라 한다. 그러므로 순수한 본래의 모습을 지키는 것을 기강이 있는 것이라 하고, 본래의 모습이 이루어지는 것을 자립하는 것이라 한다. 자연의 작용대로 따르는 것을 완비됨이라 하고, 외물에 의해 자기의 뜻을 꺾지 않는 것을 완전함이라 한다. 군자가 이 열 가지 일에 밝으면 도도한 물결처럼 흐를 것이니 그 마음가짐이 넉넉하고 클 것이며, 거센 파도처럼 출렁거리며 만물과 하나가 되어 나아갈 것이다. 그와 같은 사람은 금을 산에 그대로 묻어두고 구슬을 연못에 그대로 담가둔다. 재화를 이롭게 생각하지 않고 부귀를 추구하지 않으며 장수함을 좋아하지 않고 요절함을 슬퍼하지 않으며 영달을 영예롭게 생각하지 않고 곤궁을 수치로 생각지 않는다. 세상을 이롭게 했다 해서 그것을 자기 개인의 공이라고 생각하지 않고 천하의 왕이 되었다 해서 스스로 높은 지위에 있다고 여기지 않지만, 높은 지위에 있으면 세상을 밝게 다스려, 만물이 하나로 통하고 죽음과 삶이 같은 현상이 된다.”

[난자풀이]

洋洋(양양) : 넓은 모양.  劀(고) : 깎다. 도려내다. 눈을 비비다. 닦다.  天(천) : 자연 상태.  崖(애) : 벼랑. 모. 모나다.  韜(도) : 滔와 통용되어 ‘큰 물결이 도도하게 흐르는 모양’이란 뜻이 된다.  沛(패) : 성대한 모양.

[해설]

　자연이란 무엇인가? 흔히 자연이라 하면 인간을 둘러싸고 있는 산천을 말하기도 하지만 장자가 말하는 자연은 이와 다르다. 장자는 진리를 혼돈으로 표현하기도 하고 神으로 표현하기도 하며 道로 표현하기도 하였지만, 그것만으로는 진리를 다 표현할 수 없었으므로 다시 自然이라 표현하였다. 산이나 강이나 초목은 이미 인간에 의해 규정된 것이므로 장자의 입장에서 보면 자연이 아니다. 자연이란 자기의 의식을 떠나 무심으로 돌아갈 때 그 모습을 드러낸다.

우리가 유리컵을 보고 유리컵이라 인식했다 하자. 이때 우리가 인식한 것은 유리컵 그 자체가 아니다. 그것이 그렇게 인식되기 까지는 우리의 인식범주 안에, 이미 유리라는 것, 그리고 마시는 데 쓰는 물건을 컵이라고 한다는 것 등에 대한 관념이 있어서, 우리는 그 인식범주에 포착된 것을 인식한 것이다. 만일 다른 인식범주를 가지고 있는 사람이라면 그 유리컵을 다른 것으로 인식할 수도 있다. 예컨대, 나뭇가지에 앉아 있는 '새'를 보았을 때, 사냥꾼은 그것을 사냥의 대상으로, 사진작가는 작품의 피사체로, 예술가는 예술품으로 인식할 것이고, 벌레들은 자기들을 잡아먹는 공포의 대상으로 인식할 것이다. 그러므로 아무도 '새' 그 자체의 본래면목은 인식하지 못하는 것이다. 생각건대, 갓 태어나 아무런 인식범주도 갖고 있지 않은 아기의 눈에 비쳤을 경우에만 그 새 자체가 인식될 수 있을 것이다. 물론 그 때는 '새'로서 인식되지 않을 것이다. 이 경우 인식의 범주에 들어오지 않은 '새' 그 자체가 바로 자연이다. 따라서 산이라고 의식하고 바라본다면 이미 산은 산 그 자체가 아니며, 강이라고 의식하고 바라본다면 이미 강 그 자체가 아니다. 이미 자연이 아니기 때문이다. 산을 산으로 의식하고 강을 강으로 의식했을 때 비로소 '아름다운 산' '좋은 강' 등과 같은 가치판단이 일어나고 이어서 거기에 희로애락의 감정이 개입한다. 그러므로 자연의 입장에 서 있으면 일체의 희로애락에서 벗어날 수 있다. 이렇게 되는 것이 바로 불교에서 말하는 해탈의 경지이다.

이 세상에 일어나는 모든 현상은 원초적으로 자연이다. 태어나고 늙고 병들고 죽는 현상까지도 모두 자연이다. 따라서 자연의 상태에 머물러 있는 사람은 삶과 죽음을 자연으로 받아들인다. 거기에 기쁨과 슬픔의 감정이 개입되지 않는다.


夫子曰 夫道淵乎其居也 漻乎其淸也 金石不得 無以鳴 故金石有聲 不考不鳴 萬物孰能定之 夫王德之人 素逝而恥通於事 立之本原而知通於神 故其德廣 其心之出 有物採之 故形非道不生 生非德不明 存形窮生 立德明道 非王德者邪 蕩蕩乎 忽然出 勃然動 而萬物從之乎 此謂王德之人 視乎冥冥 聽乎無聲 冥冥之中 獨見曉焉 無聲之中 獨聞和焉 故深之又深 而能物焉 神之又神 而能精焉 故其與萬物接也 至無而供其求 時騁而要其宿

## 大小 長短 脩遠

[국역]

　선생님께서 말씀하셨다. "대체로 자연의 이치는 한없이 깊이 있으면서도 맑아서 깨끗하다. 금석으로 만든 악기도 이 이치를 얻지 못하면 소리를 낼 수 없다. 그러므로 금석으로 만든 악기는 소리를 감추고 있으면서도 두드리지 않으면 소리가 나지 않는다. 이 자연의 이치가 아니면 누가 만물을 유지하겠는가? 대저 덕이 왕성한 사람은 소박하게 행동하면서 세상사에 통달하는 것을 부끄럽게 생각한다. 그는 본래의 세계에 서 있으면서 그의 지혜는 천지신명과 통한다. 그러므로 그의 타고난 능력은 한없이 크다. 그의 마음이 밖으로 나오는 것은, 외물이 나타날 때 대응하기만 하는 것일 뿐이다. 그러므로 만물의 형체는 자연의 이치가 아니면 생겨날 수 없고, 삶은 자연의 이치를 따르는 능력이 없으면 제대로 유지되지 않는다. 몸을 보존하고 삶을 최선으로 유지하며 본래적인 능력을 가지고 자연의 이치를 밝힌다면 왕성한 덕을 가진 사람이 아니겠는가! 넓고도 크도다! 홀연히 나타나고 문득 움직이지만 만물이 그것을 따른다. 이를 덕이 왕성한 사람이라 한다. 빛이 없는 어두운 데서 보고 소리 없는 것에서 듣는다. 빛이 없는 어두운 곳에서 홀로 환한 진리를 보고, 소리 없는 곳에서 들려오는 진리의 소리를 홀로 듣는다. 그러므로 깊고 또 깊어서 만물과 하나가 될 수 있고, 신비하

고 또 신비하여 지극히 정밀하다. 그러므로 만물과 접할 때
에는 대접하는 것이 하나도 없으면서도 만물의 요구를 다
들어주고, 때때로 내키는 대로 하면서도 만물이 편안하도록
인도한다. 그러면서도 큰 것, 작은 것, 긴 것, 짧은 것, 가까
운 것, 먼 것 등이 모두 각기 제 나름대로의 모습을 갖추도
록 한다."

[난자풀이]
淵(연) : 깊다.　漻(류) : 맑다.　考(고) : 치다. 두드리다.　王(왕)
: 旺과 통용되어 '왕성하다'는 뜻이 된다.　採(채) : 캐다. 따다.
여기서는 '대응한다'는 뜻으로 쓰였다.　和(화) : 맞추다. 대응
하다. 화답하다. 여기서는 '들려온다'는 뜻으로 쓰였다.
騁(빙) : 말을 달리다. 내키는 대로 하다.　要其宿(요기숙) : 편
안하게 쉬는 것을 목적으로 한다.

[해설]
　사람, 짐승, 동물, 식물 등을 포함하는 모든 생물은 외형적
으로 각각 다른 모습을 갖고 살아가고 있지만 그러나 공
통적으로 모두 자연의 이치를 토대로 하여 살아간다. 따라서
모든 존재는 각기 다른 모습을 하고 있는 외형적 존재와 그
외형에 내재되어 있는 자연의 이치를 공통적으로 가지고 있
는 이중적인 존재이다. 숨을 쉬고 밥을 먹고 잠을 자는 현상
도 외형적으로 보면 내 몸이 숨을 쉬고 내 몸이 밥을 먹고

내 몸이 잠을 자는 것처럼 보이지만, 사실은 만물이 모두 숨을 쉬고 밥을 먹고 잠을 잔다. 그것은 모두가 공통적으로 내재하고 있는 자연의 이치를 따르는 것이다. 따라서 외형적으로 각각의 삶이 각각에 의해 개별적으로 영위되는 것 같지만 자연의 이치에서 본다면 그러한 삶의 현상은 모두 하나이다.

만물은 모두 자연의 이치를 바탕으로 삶이 영위되고 있으므로 모두 자연의 이치 안에서 살고 있는 것이며 조금도 그리고 잠시도 자연의 이치에서 벗어날 수 없다. 만물은 자연의 이치 안에 있지만 자연의 이치는 의식의 범주 안에 들어오지 않기 때문에 그것을 인식할 수 없다. 자연의 이치에 대해서 그 소리를 들을 수 없고 그 냄새를 맡을 수 없으며 그 빛을 볼 수 없다. 다만 외형적으로 구별할 수 있는 모든 요소를 잠재울 때 자연의 이치 그 자체에 들어갈 수 있다. 이를 장자는 소리 없는 소리를 듣고 빛이 없는 빛을 보며 냄새 없는 냄새를 맡는 것이라고 표현한다.

자연의 이치를 바탕으로 모두가 하나임을 아는 사람은 '나'라는 주체의식이 없어지며, '내 것'이라는 소유개념이 없어진다. 남과 내가 하나이며 모두가 자연이다. 이러한 사실을 알지 못하는 사람은 외형적인 존재, 육체적인 존재로 사는 사람이다. 사람이 외형적인 존재로 살게 되면 이 세상에 공평한 것이 하나도 없다. 내가 옛날에 태어나지 못한 것, 내가 여자로 태어나지 못한 것, 내가 약한 자로 태어난 것,

내가 다른 나라에 태어나지 못한 것, 내가 부잣집에 태어나지 못한 것 등등이 모두 불만일 수 있다. 그렇게 되면 각기 다른 모습을 하고 있는 만물은 조화를 상실한다. 장미는 가을에 피지 못하는 것이 불만이고 국화는 봄에 피지 못하는 것이 불만이다. 이 세상은 불만의 도가니이다. 그러나 만물이 근본적으로 각각 다른 존재가 아니라 자연의 이치대로 살고 있다는 점에서 모두 하나라는 사실을 인식한다면 만물이 각각 다른 모습과 다른 양상으로 살아간다 하더라도 그것이 모두 같은 것임을 알게 되어 일체의 불만이 사라질 것이다. 그리하여 만족스럽게 각각의 모습을 유지할 것이다.

남과 접할 때 잘 대접하려고 노력하는 것은 남을 남으로 의식하는 것이다. 그렇게 되면 남들도 자기를 의식한다. 의식한다는 것은 자연의 모습을 상실하는 것이다. 그것은 피곤한 일이다. 그러므로 가장 잘 접하는 것은 남을 남으로 의식하지 않는 것이다. 남으로 의식하지 않을 때 남들은 가장 편안함을 느낀다.


黃帝遊乎赤水之北 登乎崑崙之丘 而南望 還歸 遺其玄珠 使知索之而不得 使離朱索之而不得 使喫詬索之而不得也 乃使象罔 象罔得之 黃帝曰 異哉 象罔乃可以得之乎

[국역]

　황제(黃帝)가 적수 북녘을 여행하여 곤륜산에 올라갔다가 남쪽의 경치를 감상하고 돌아왔는데 그때 진리의 구슬을 잃어버렸다. 그리하여 아는 것이 많은 知라는 사람으로 하여금 찾게 하였으나 얻지 못했다. 다시 눈이 밝은 이주(離朱)라는 사람을 시켜 찾게 했으나 역시 찾지 못했다. 다음에는 말솜씨가 좋은 끽후(喫詬)를 보내 찾게 했지만 그도 역시 찾지 못했다. 그래서 멍청한 상망(象罔)을 시켜 찾게 했더니 상망은 그 진리의 구슬을 찾았다. 이를 본 황제는 말했다. "이상한 일이로다. 상망이 그것을 찾아내다니!"

[난자풀이]

赤水(적수) : 곤륜산 근처를 흐르는 물로 보아야 할 것이다. 玄珠(현주) : 진리의 구슬. 여기서는 '보물로 여겨야 할 본질 또는 진리'라는 뜻이다.　離朱(리주) : 인명. 시력이 뛰어났던 것으로 전해지는 인물.　喫詬(끽구) : 인명. 말솜씨가 뛰어났던 사람으로 알려져 있다.　象罔(상망) : 인명. '형상이 없다'는 뜻을 내포한다. 의식을 가지고 있지 않은 사람은 고정관념이 없다. 그런 사람이 象罔이다.

[해설]

　진리란 만물의 생명의 근원인 자연의 이치를 말한다. 자연의 이치 그 자체는 파악할 수 있는 것이 아니다. 그러므로 만물의 구별상을 파악할 수 있는 지식으로는 파악할 수 없다. 오히려 이 모든 지식을 모두 잠재울 때 비로소 그 자연의 이치와 합일될 수 있다. 감각기관이 작용하고 의식으로 만물을 파악하고 있을 낮에는 자연의 이치를 파악할 수 없지만, 감각기관이 문을 닫고 의식이 잠이 드는 밤이 되어야 자연의 이치와 하나가 되는 것과 같다. 그러므로 잠이 깨어 있으면서 잠자는 때와 같은 마음 상태를 유지할 수 있다면 그는 진리를 터득했다고 말할 수 있다. 그런 사람을 여기서는 象罔으로 제시하고 있다.


堯之師曰許由 許由之師曰齧缺 齧缺之師曰王倪 王倪之師曰被衣 堯問於許由 曰齧缺可以配天乎 吾藉王倪以要之 許由曰 殆哉圾乎天下 齧缺之爲人也 聰明叡知 給數以敏 其性過人 而又乃以人受天 彼審乎禁過 而不知過之所由生 與之配天乎 彼且乘人而無天 方且本身而異形 方且尊知而火馳 方且爲緒使 方且爲物絯 方且四顧而物應 方且應衆宜 方且與物化 而未始有恒 夫何足以配天乎 雖然 有族 有祖 可以爲衆父 而不可以爲衆父父 治亂之率也 北面之禍也 南面之賊也

[국역]

　요의 스승을 허유라 하고, 허유의 스승을 설결이라 하며, 설결의 스승을 왕예라 하고, 왕예의 스승을 피의라 한다. 요가 허유에게 물었다. "설결은 하늘과 짝이 된다고 할 수 있습니까? 내가 왕예의 힘을 빌어 그를 맞이할까 합니다." 그러자 허유가 말했다. "위험하도다. 천하를 위태롭게 하겠구나!" 설결의 사람됨은 총명하고 슬기롭고 지혜롭다. 그는 계산이 빠르고 민첩하다. 그의 성품은 남들보다 뛰어나고 또 사람의 계산으로 자연을 파악한다. 그는 허물을 금지시키는 것에 대해서는 자세하지만, 허물이 어디에서부터 생겨나는지는 알지 못한다. 그를 하늘과 짝이 된다고 인정하겠는가? 그러면 그는 또한 사람을 몰고 와서 자연을 파괴할 것이다. 자기의 몸을 본질로 파악하고, 몸의 차원에서 모든 것을 각각 다른 것으로 파악한다. 그래서 남에게 이길 수 있는 지혜를 얻기 위해 불처럼 타오른다. 그래서 찌꺼기나 심부름꾼처럼 되어, 다른 것에 얽매여서 살아간다. 그리고 사방으로 돌아보며 다른 것에 일일이 간섭하고, 모든 사람들이 편의상 만들어 놓은 예법 등에 일일이 대응한다. 다른 것에 끌려 다니기 때문에 애당초 자기 정체성을 가지지 못한다. 그러니 어찌 하늘과 짝이 될 수 있겠는가! 비록 그러하지만 사람들이 그에게 모여듦이 있고 그를 으뜸으로 받들기도 하니 백성들의 아버지 정도는 될 수 있겠으나 백성들의 아버지의 아버지는 될 수 없다. 안정이란 늘 어지러움을 끌고 다닌다.

그러므로 신하 노릇하는 사람에게도 화가 되고, 임금 노릇하는 사람에게도 해로운 일이 생겨난다.

[난자풀이]
要(요) : '맞이한다'는 뜻이다.  與(여) : 허여한다. 인정한다.  乘人(승인) : '사람을 탄다'는 말은 '다른 사람을 활용한다'는 말이다.  緖(서) : 실마리. 찌꺼기. 나머지.  絯(해) : '얽어매다' '묶다' 등의 뜻.  衆父父(중부부) : 뭇 사람들의 아버지의 아버지. 즉, 자연의 질서, 진리. 뭇 사람들은 자기들을 다스리는 사람을 아버지로 여기지만, 뭇 사람들의 아버지는 자연의 질서를 아버지로 삼는 사람들이다.


堯觀乎華 華封人曰 嘻 聖人 請祝聖人 使聖人壽 堯曰 辭 使聖人富 堯曰 辭 使聖人多男子 堯曰 辭 封人曰 壽 富 多男子 人之所欲也 女獨不欲 何邪 堯曰 多男子則多懼 富則多事 壽則多辱 是三者 非所以養德也 故辭 封人曰 始也我以女爲聖人邪 今然君子也 天生萬民 必授之職 多男子而授之職 則何懼之有 富而使人分之 則何事之有 夫聖人 鶉居而鷇食 鳥行而無彰 天下有道 則與物皆昌 天下無道 則脩德就閒 千歲厭世 去而上僊 乘彼白雲 至于帝鄕 三患莫至 身常無殃 則何辱之有 封人

去之 堯隨之 曰請問 封人曰 退已

[국역]

　요임금이 화(華)라는 땅에 여행을 갔었는데 그곳 국경지기가 요임금을 보고 말했다. "아아! 성인이시군요! 성인을 위해 축원을 하겠습니다. 성인이시여! 부디 장수하시기를!" 그러자 요임금은 말했다. "사양하노라." 국경지기는 다시 말했다. "성인이시여! 부자가 되시기를!" 요임금은 역시 다음과 같이 말했다. "사양하노라." 국경지기는 또 말을 했다. "아들을 많이 두시기를!" 요임금은 같은 말을 되풀이했다. "사양하노라." 의아해진 국경지기는 다시 말했다. "장수하는 것과 부자가 되는 것, 그리고 아들을 많이 두는 것은 사람들이 모두 바라는 바인데 오직 당신은 원하지 않으니 무슨 까닭입니까?" 그러자 요임금이 말했다. "아들이 많으면 걱정이 많아지고, 부자가 되면 일이 많아지며, 오래 살면 욕된 일이 많아진다. 이 세 가지는 본래의 모습을 간직하는 것이 아니다. 그러므로 사양하노라." 국경지기가 말했다. "처음에 나는 당신을 성인으로 생각했습니다. 그러나 지금 보니 당신은 군자 정도밖에 되지 않습니다. 하늘이 만민을 낳을 때는 반드시 그들에게 알맞은 직책을 부여하는 법입니다. 아들을 많이 두더라도 각각에게 알맞은 직책을 부여한다면 무슨 걱정이 있겠습니까? 부자가 되어서 사람들에게 나누어준다면 무슨 일이 있겠습니까? 성인이란 메추리처럼 섞여서 살지만 새 새끼

같아서 주는 대로 먹으며, 새처럼 아무 걸림 없이 자유로이 다녀서 흔적이 드러나지 않습니다. 진리가 통하는 세상에서는 만물과 함께 번성하고 진리가 통하지 않는 세상에서는 본래의 모습을 지키며 혼자서 조용히 살아갑니다. 천 년을 살다가 세상이 싫어지면 속세를 떠나 선경(仙境)으로 올라가서, 저 흰 구름을 타고 본래세계에 도달합니다. 그렇게 되면 세 가지 걱정거리가 이르지 않아 몸에 재앙이 일어나지 않을 것이니 항상 평안할 것입니다. 그러하오니 무슨 욕된 일이 있을 수 있겠습니까?"

말을 마친 국경지기는 그 자리를 떠났다. 그러자 요임금이 따라가면서 말했다. "물어보고 싶은 것이 좀 있습니다." 국경지기는 말했다. "물러가시오."

[난자풀이]
觀(관) : 관람. 시찰. 임금이 관광을 하는 것은 민정을 살펴 부족한 것을 도와주기 위해서이다.　華(화) : 지명.

[해설]
　자식 걱정을 하는 사람들은 흔히 '무자식이 상팔자'라는 말을 하곤 한다. 또 재산이 많은 사람은 온갖 근심걱정이 많다고 불평을 하기도 한다. 오래 살면 못 볼 것을 많이 보게 된다고 하면서 불평하는 사람들이 있다. 그러나 자식이 없어서 외로워하는 사람이나 자식 때문에 걱정을 하게 된다고

불평하는 사람, 재산이 없어서 고통 받는 사람이나 재산이 많아서 근심거리가 많다고 불평하는 사람, 오래 살면 욕된 일이 많다고 불평하는 사람이나 오래 살지 못할까 걱정하는 사람은 모두 같은 수준의 사람들이다. 모두가 재산이나 목숨, 자녀의 유무 등과 같은 외적 조건들에 얽매여 있는 사람들이다.

본래의 모습을 간직함으로써 외형적 삶에서 나타나는 일체의 차별상을 초월한 사람들에 있어서는 자녀가 있는 것과 없는 것이 차이가 없고, 재산이 있는 것과 없는 것이 차이가 없으며, 오래 사는 것과 요절하는 것이 차이가 없다.


堯治天下 伯成子高立爲諸侯 堯授舜 舜授禹 伯成子高辭爲諸侯而耕 禹往見之 則耕在野 禹趨就下風 立而問焉 曰昔堯治天下 吾子立爲諸侯 堯授舜 舜授予 而吾子辭爲諸侯而耕 敢問 其故何也 子高曰 昔堯治天下 不賞而民勸 不罰而民畏 今子賞罰而民且不仁 德自此衰 刑自此立 後世之亂 自此始矣 夫子闔行邪 無落吾事 俋俋乎耕而不顧

[국역]

요임금이 천하를 다스렸을 때 백성자고라는 사람이 제후

의 자리에 있었다. 요임금이 순에게 왕위를 물려주고 순임금이 우임금에게 왕위를 물려주자 백성자고는 제후의 자리를 사퇴하고 물러나 농사를 지었다. 우임금이 그를 만나러 가니 마침 들에서 밭을 갈고 있었다. 우임금이 총총걸음으로 발치에 나아가 경의를 표하고 물었다.

"옛날 요임금이 천하를 다스렸을 때 당신은 제후의 자리에 있었으나 요가 순에게 왕위를 전하고 순이 우에게 왕위를 전하자 당신은 제후의 자리를 사퇴하고 물러나 밭을 갈고 있으니 그 까닭이 무엇입니까?" 자고가 말했다.

"옛날 요임금이 천하를 다스렸을 때는 상을 주지 않아도 백성들은 열심히 따랐고 벌을 주지 않아도 두려워했다. 그런데 당신이 지금 상과 벌을 내렸기 때문에 백성들은 본질을 상실하여 순수성이 없어지고 형벌이 이로 말미암아 생겨났다. 후세의 어지러움은 여기에서 비롯된 것이다. 그대는 돌아가시오. 더 이상 나의 일을 방해하지 마시오."

그리고는 묵묵히 밭을 갈 뿐 뒤를 돌아보지도 않았다.

[난자풀이]

伯成子高(백성자고) : 인명. 구체적으로 어떤 사람인지 알 수 없다. 闔(합) : 盍과 통용. 어찌 ~하지 아니하느냐? 俋俋(읍읍) : 열심히 밭 가는 모양.

[해설]

　사람은 본래 자연의 이치대로 살았다. 그러므로 정치하는 사람이 자연의 이치에 따라서 정치를 하면 모두가 순박한 상태에서 한마음이 되어 따른다. 사람들이 따르는 것은 정치하는 지도자를 따르는 것이 아니라 자연의 이치를 따르는 것이다. 그리고 정치하는 사람이 원하지 않는 것에 대해서는 모두가 두려워하고 싫어한다. 그것은 정치하는 사람이 두려워서 싫어하는 것이 아니라 자연의 이치를 벗어나는 것이 두렵기 때문이다.

　그러나 정치하는 사람이 자연의 이치에서 벗어나 인위적으로 사람을 인도하면 사람은 따르지 않는다. 그러므로 그들은 상을 주어 억지로 따르게 하기도 하고 벌을 주어 억지로 제지하기도 한다. 그렇게 되면 사람들은 인간이 인위적으로 만든 상을 받기 위하여 열심히 일하게 되고 벌이 두려워 나쁜 일을 피하려 하기 때문에 순수한 본래성을 상실한다. 사람들이 순수한 본래성을 유지하고 있으면 대자연의 조화가 이루어지지만, 그것을 상실하고 욕심에 눈이 어두워지면 이익을 차지하고 욕심을 채우기 위하여 투쟁을 벌이게 되므로 혼란이 야기된다.


**泰初有無無　有無名　一之所起　有一而未形　物得以生　謂之德**

[국역]

　태초에 없다는 것도 없는 세계가 있었고, 이름이 없는 세계가 있었으니, 바로 '하나'가 생겨나는 곳이었다. '하나'가 있으면서 아직 드러나지 않지만, 만물들은 그것을 얻어서 살아간다. 그러한 모습을 德이라 한다.

[난자풀이]

無無(무무) : '없다'는 개념도 없는 세계.

[해설]

　대부분의 주석서에는 泰初有無, 無有無名으로 읽었으나 우리나라의 박세당은 泰初有無無, 有無名으로 읽었다.


未形者有分　且然無閒　謂之命

[국역]

　드러나지 않는 그 하나의 작용에 나누어짐이 있다. 또한 그러하지만 틈이 없으니 그것을 命이라 한다.

[난자풀이]

未形者(미형자) : 드러나지 않는 상태로 존재하는 본질의 세계.

[해설]

　태극은 음양으로 나누어지고, 하루는 밤낮으로 나누어진다. 일 년은 또 봄·여름·가을·겨울로 나누어진다. 나누어지지만 여전히 하나다. 理一分殊인 것이다.


留動而生物　物成生理　謂之形　形體保神　各有儀則謂之性

[국역]

　머물렀다가 움직였다가 하면서 만물을 낳는다. 만물이 삶의 이치를 갖춘 상태를 일컬어 몸이라 한다. 몸은 정신을 보존하여 각각 나름대로의 삶의 방식이 있으니 그것을 性이라 한다.

[난자풀이]
留動(류동) : 음양의 작용. 만물을 낳고 기르는 하늘의 기운은 음양의 작용을 한다.

[해설]

　『주역』「계사전」에서 一陰一陽之謂道라 했다. 도의 움직임은 음이 되었다가 양이 되었다가 하는 움직임으로 지속된다.

性脩反德　德至同於初　同乃虛　虛乃大　合喙鳴　喙鳴合
與天地爲合　其合緡緡　若愚若昏　是謂玄德　同乎大順

[국역]

　性이 닦이면 德으로 돌아가고 德이 지극해지면 처음의 모습과 같아진다. 같아지면 텅 비고, 텅 비면 무한히 큰 상태가 되어 새들이 부리로 꾹꾹거리며 원초적인 소리를 내는 상태와도 합치된다. 새들이 부리로 꾹꾹거리며 원초적인 소리를 내는 상태와 합치되면 천지와 하나가 된다. 그 하나 됨이 완벽하여 '나'라는 것이 없어지니, 어리석은 듯하기도 하고 흐릿한 듯하기도 하다. 이러한 상태를 일컬어 심오한 본래모습이라 한다. 그리하여 크게 흐르는 우주의 기운과 하나가 된다.

[난자풀이]

喙(훼) : 부리. 주둥이.　緡緡(민민) : 낚싯줄. 낚싯줄처럼 있는 듯, 없는 듯한 모양. 천지와 하나가 되면 '나'라는 개념이 있는 듯, 없는 듯한 상태가 된다.

[해설]

　性을 찾아 회복하면 본래모습을 실천하게 되고 본래모습을 실천하면 하늘과 하나가 되고 만물과 일체가 된다. 그렇게 되면 몸은 물이 흐르는 것처럼 움직인다.


夫子問於老聃 曰有人 治道若相放 可不可 然不然 辯者
有言 曰離堅白若縣寓 若是則可謂聖人乎 老聃曰 是胥
易技係 勞形怵心者也 執狸之狗成思 猿狙之便 自山林
來 丘 予告若 而所不能聞 與而所不能言 凡有首有趾無
心無耳者衆 有形者與無形無狀而皆存者盡無 其動止也
其死生也 其廢起也 此又非其所以也 有治在人 忘乎物
忘乎天 其名爲忘己 忘己之人 是之謂入於天


[국역]

　공자가 노담에게 물었다. "어떤 사람들이 도를 다스려 서로 물리치며 상대가 不可하다는 것을 可하다 하고, 상대가 그렇다고 하는 것을 그렇지 않다고 하는데, 변론하는 자들이 이를 보고 말하기를, '견고한 것과 흰색을 분리하기를 마치 공중에 매달 듯 분명하게 한다.'고 한다. 이와 같다면 그를 聖人이라 할 만합니까?" 노담이 대답했다. "이들은 서로 입장만 바꾼 것이고 기교에 얽매인 것이니, 몸을 수고롭게 하고 마음을 태우는 자이다. 너구리를 잡는 개는 잔꾀를 부리게 되고, 원숭이의 편리한 재주로 인하여 산의 숲에서 끌려나온다. 丘야! 나는 자네에게 자네가 듣지 못했던 것과 말하지 못했던 것을 알려주겠다. 무릇 머리가 있고 발이 있으면서 마음이 없고 귀가 없는 자는 많지만, 몸이 있는 자가 형체도 없고 모양도 없는 道와 더불어서 함께 존재하는 경우는 전혀 없다. 그 움직임과 그침, 삶과 죽음, 무너지는 것과 일어나는 것, 이런 것들은 또한 다른 이유 때문에 그렇게 되는 것이 아니다. 이 이치를 다스려 아는 것은 사람에게 달려 있다. 모든 객관 사물을 잊고, 하늘을 잊어라. 그렇게 된 상태를 이름하여 자기를 잊어버린 것이라 하니, 자기를 잊어버린 사람은 하늘에 들어간 사람이라 한다."

[난자풀이]

放(방) : 추방하다. 물리치다.　寓(우) : 宇와 통용되는 글자. 집. 우주. 공중.　胥易(서역) : 서로 입장만 바꾼 것.　技係(기계) : 자기의 재주에 얽매어 있는 것.　成思(성사) : 너구리 잡는 개가 너구리를 잡기 위해 잔꾀를 만들어내듯, 사람들은 상대를 이기기 위해 자꾸 잔꾀를 만들어 낸다.　無形無狀(무형무상) : 형체가 없고 모양이 없는 것. 여기서는 道를 말한다.

[해설]

　당시 전국시대 말기에는 공자학파와 묵자학파들이 양분되어 서로를 공격하며 시비를 가리고 있었다. 한쪽에서 불가하다는 것을 다른 쪽에서 가하다고 하고, 한쪽에서 그렇지 않다는 것을 다른 쪽에서 그렇다고 하는 서로 반대되는 주장을 하고 있었다. 장자는 공자의 입을 빌려 이러한 상황을 설정하여 비하하고, 또 노자의 입을 빌려 상대성을 초월하는 진리의 세계를 설명한다.

堅白論이란 궤변론자들이 견고하고 흰 돌멩이를 두 개의 돌멩이라고 주장하는 궤변의 대표적인 것이다. 공자학파와 묵자학파들을 하나의 돌을 견고한 돌과 흰 돌이라고 서로 다른 주장을 하는 궤변론자들과 같은 것으로 치부한다. 그런 뒤에 장자는 서로 상반되는 것으로 파악되는 일체의 구별되는 현상이 자연의 입장에서 보면 서로 구별되지 않는 하나의 세계임을 깨우친다.

장자에 의하면, 공자학파와 묵자학파의 주장들은 서로 입장만 바꾸어놓은 것이지 차원이 다른 것은 아니다. 그리고 그들은 자기가 만들어 놓은 틀을 가지고 그 틀에 얽매어 있다. 마치 너구리 잡는 개나 재주 있는 원숭이들이 자기의 꾀나 재주에 얽매어 자연의 모습을 유지하지 못하는 것과 같다.

머리가 있고 발이 있다고 해서 다 같은 사람이 아니다. 귀가 있어도 말귀를 알아듣지 못하는 사람이 있고, 마음이 있어도 진리를 헤아리지 못하는 사람이 있다. 몸과 진리의 마음이 함께 있어야 진정한 사람이다.

여기서 말하는 공자학파는 공자의 진리를 바로 계승하고 있는 사람들이 아니다. 그들은 전국시대 말기에 답답한 궤변을 늘어놓던 공자학파의 말류에 해당한다.

蔣閭葂見季徹 曰魯君謂葂也 曰請受敎 辭不獲命 旣已告矣 未知中否 請嘗薦之 吾謂魯君 曰必服恭儉 拔出公忠之屬 而無阿私 民孰敢不輯 季徹局局然笑 曰若夫子之言 於帝王之德 猶螳蜋之怒臂以當車轍 則必不勝任矣 且若是 則其自爲處危 其觀臺 多物將往 投迹者衆 蔣閭葂覤覤然驚 曰葂也茫若於夫子之所言矣 雖然 願先生之言其風也

[국역]

　장려면이 계철을 보고 말했다. "노나라 임금이 나 장려면을 보고 말하기를, '가르침을 받고자 청합니다.' 하므로, 사양하였으나 허락을 얻지 못하여 이윽고 말해주었습니다. 그러나 그것이 맞는 것인지 아닌지 아직 모르겠습니다. 청컨대 시험삼아 그 내용을 말씀드리겠습니다. 제가 노나라 임금에게 말한 것은 다음과 같습니다. '반드시 공손하고 검소함을 실천하여 공평하고 진실한 무리를 발탁하고 아첨하거나 사사로운 것을 추구하는 자를 물리치면 백성들 중에 누가 감히 모여들지 않겠습니까?'" 그러자 계철은 쿡쿡 웃으면서 말했다. "그대의 말과 같은 것은 제왕의 덕에 비추어보면 사마귀가 성낸 듯이 팔뚝을 벌리고 수레바퀴 앞에 막아서는 것과 같다네. 그러니 반드시 자기의 일을 감당하지 못할 것일세. 또한 이와 같은 상황에서는 자기가 높은 곳에 처해 있어서, 그의 관대에 많은 인물들이 몰려가서 발자취를 남기려고 아우성을 치는 사람들이 많아질 것일세." 장려면은 깜짝 놀라며 말하기를, "저는 선생의 말씀에 어리둥절할 뿐입니다. 비록 그러하나 원컨대 선생께서는 그 언저리라도 말씀해 주십시오."

[난자풀이]
**將閭葂**(장려면) : 인명. 將閭가 성이라는 설도 있고 將이 성이라는 설도 있다. **季徹**(계철) : 인명. 구체적으로 누구인지 알 수 없다. **處**(처) : 다른 本에 遽로 되어 있는 곳도 있다. **危**(위) : 원래 '위험하다'는 뜻이지만, 여기서는 '높다'는 뜻으로 쓰였다. 높은 곳은 위험한 곳이기 때문이다. **觀臺**(관대) : 권력자가 앉아있는 자리. **多物**(다물) : 많은 물건. 여기서는 주로 사람들을 지칭하므로 '많은 인물'로 번역했다. **投**(투) : 모험을 무릅쓰고 던져 넣는 것. 投機는 정상적인 방식이 아니라 모험을 무릅쓰고 이익을 추구하는 것이므로 投迹은 모험을 무릅쓰고 발자취를 남기기 위해 아우성치는 것을 말한다.

[해설]
  장려면이 말한 정치방법은 백성들을, 공평한 사람과 사사로운 사람, 진실한 사람과 아첨하는 사람 등으로 분리시키는 것이었다. 사람들을 분리시키면 백성들은 진리에서 멀어지기 시작한다. 선과 악, 귀와 천을 분리시켜 선하고 귀한 것에

높은 지위를 부여해놓으면 사람들은 선과 귀를 추구하기 위해 순수성을 잃고 경쟁에 몰입할 것이다. 그렇게 되면 세상은 욕심을 채우기 위해 선과 귀함을 위장하는 사람들의 손에 넘어갈 것이다. 그래서 세상은 타락하고 사람들은 고통을 받게 될 것이다. 이러한 현상은 애초에 좋은 것과 나쁜 것을 구별하기 시작한 데서 비롯된 것이다.


季徹曰 大聖之治天下也 搖蕩民心 使之成教易俗 擧滅其賊心 而皆進其獨志 若性之自爲 而民不知其所由然 若然者 豈兄堯舜之敎民 溟涬然弟之哉 欲同乎德 而心居矣

[국역]

　계철이 말했다. "대성인이 천하를 다스릴 때는 백성들의 마음을 뒤흔들어, 그들로 하여금 가르침을 받아들여 습속을 바꾸게 했다. 그리고 남을 해치려는 경쟁심을 다 없애고 모두 자기 혼자의 뜻으로 살아가게 되었다. 그러한 삶은 본성에서 우러나온 자연스런 행위처럼 보였다. 백성들은 그렇게 되는 까닭을 알지 못했다. 그와 같은 사람들은 요순이 백성들로 하여금 멍청하게 세속적인 도덕을 받들도록 한 것을 어찌 높이 평가할 수 있겠는가? 자연의 모습과 하나가 되어 마음이 한가롭게 되기를 바랄 뿐이다."

[난자풀이]

搖蕩(요탕): 흔들어 흐릿하게 한다.　擧(거): 다. 모든.　賊心(적심): 남을 해치려는 이기심.　獨志(독지): 자기의 혼자만의 뜻.　兄(형): 兄은 높이 받드는 존재이므로 여기서는 '존중하다' '귀하게 여기다' 등의 뜻으로 풀이할 수 있다.　敎(교): 使와 같은 역할로 쓰인다. '하여금 ~하게 한다'　溟涬(명행): 어둡고 멍청한 모양.　弟(제): 悌와 통용. 弟는 형을 공경하므로 '공경한다'는 뜻이 된다.　德(덕): 자연의 모습.　居(거): 편안히 있는 것.

[해설]

　장려면은 이른바 요순이 제창한 도덕으로 세상을 다스리는 것이 가장 바람직하다고 생각했다. 여기서 말하는 요순의 道는 선악을 분리하여 선을 선양하고 악을 억제하도록 하는 상대적 가치관에 속하는 道를 말한다.

　상대적 가치관은 인간의 의식이 만들어낸 가공의 세계에만 존재한다. 절대 세계에는 존재하지 않는다. 그러므로 대성인은 상대적 가치관에 얽매어 있는 사람들의 마음을 뒤흔들어 그들의 가치관을 바꾸고, 그들의 삶의 방식을 바꾸어 상대적인 차원의 삶에서 절대적인 차원으로 삶으로 인도한다.

　상대적인 차원에 있는 사람들은 '남'과 '나'의 구별을 하며 경쟁적으로 살아간다. 경쟁심은 남에게 이기려는 마음이고 남을 해치려는 마음이다. 그래서 장자는 그것을 賊心이라 했다. 또 경쟁심으로 사는 사람들은 늘 남을 의식한다. 남들에게 비난받지 않기 위해 조심하고, 남들에게 존경받기 위해 노력한다. 그들은 자신만의 뜻으로 살지 못한다. 남들이 좋은 직업이라고 하는 것을 자신의 직업으로 택하기 위해 노력하고, 남들이 좋은 집이라고 하는 것을 자신의 집으로 만들기 위해 노력한다. 말하자면 남들이 좋은 것이라고 규정해 놓은 것을 성취하기 위해 살기 때문에 자신의 생각과 뜻으로 사는 것이 아니다.

그러나 경쟁심이 없어지고 자연의 상태로 돌아가면, 남들을 의식하지 않기 때문에, 남들이 규정해놓은 것을 성취하기 위해 노력하지 않는다. 오직 자신의 뜻으로 살 뿐이다. 배고프면 먹고, 피곤하면 쉬며, 졸리면 잔다. 그러한 삶은 지극히 자연스럽다. 그러한 삶은 그냥 자연일 뿐, 따로 이유가 있는 것이 아니다. 세속적인 사람들은 목적의식을 가지고 살기 때문에 그들의 행동에는 이유가 있다. 그러나 자연으로 사는 사람은 목적의식이 없기 때문에 그들의 행동에 아무런 이유가 없다.


子貢南遊於楚 反於晉 過漢陰 見一丈人方將爲圃畦 鑿隧而入井 抱甕而出灌 搰搰然用力甚多 而見功寡 子貢曰 有械於此 一日浸百畦 用力甚寡 而見功多 夫子不欲乎 爲圃者卬而視之 曰奈何 曰鑿木爲機 後重前輕

挈水若抽 數如洩湯 其名爲槹 爲圃者忿然作色而笑 曰
吾聞之吾師 有機械者必有機事 有機事者必有機心 機心
存於胸中 則純白不備 純白不備 則神生不定 神生不定
者 道之所不載也 吾非不知 羞而不爲也 子貢瞞然慙 俯
而不對

[국역]
  자공이 남쪽의 초나라를 여행하고 진나라로 돌아가는 길에 한수(漢水) 남쪽을 지나다가 마침 한 사나이가 밭일을 하고 있는 것을 보았다. 그는 굴을 뚫고 물이 있는 곳까지 들어가 항아리에 물을 담아 들고 나와서 밭에 물을 주고 있었다. 끙끙거리며 매우 많은 힘을 들이고 있었지만 효과가 별로 없었다. 이를 본 자공은 그에게 말을 건넸다. "여기에 기계를 설치한다면 하루에 백 이랑도 물을 줄 수가 있습니다. 그렇게 하면 힘을 조금 들이고도 매우 큰 효과를 볼 수 있으니 그대는 그렇게 한번 해보시지요." 밭일을 하던 사나이는 그를 올려다보고 말했다. "어떻게 한다는 말인가요?" 자공이 자세하게 설명을 하기 시작했다. "나무에 구멍을 뚫어 기계를 만드는데, 뒤쪽은 무겁게 하고 앞쪽은 가볍게 하면, 물을 끌어올리는 것을 밀어내듯 하는데, 자주 자주 길어서 끓는 물이 끓어오르듯이 할 수 있습니다. 그 이름을 두레박이라 합니다." 그러자 밭일하던 사나이는 분노 띤 얼굴을 하고 일어나더니 곧 웃으면서 다음과 같이 말했다. "나는 나의

스승에게 들었소. 기계가 있으면 반드시 기계를 사용해야 할 일이 생기고 그렇게 되면 기계를 사용하려는 마음이 생깁니다. 가슴속에 기계를 사용하려는 마음을 품고 있으면 순수한 본래성이 사라집니다. 순수한 본래성이 사라지면 정신이 안정되지 않습니다. 정신이 안정되지 않으면 자연의 이치가 거기에 깃들지 못하게 됩니다. 나는 모르는 것은 아니지만 부끄러워서 그러한 것을 하지 않을 뿐입니다." 자공은 부끄러워 어쩔 줄 몰라 고개를 숙인 채 잠자코 있었다.

[난자풀이]
漢陰(한음) : 한수의 남쪽. 강의 북쪽과 산의 남쪽이 陽이고 그 반대가 陰이다.　畦(휴) : 밭두둑.　搰搰然(골골연) : 힘쓰는 모양. 힘들어하는 모양.　卬(앙) : 오르다. 올려보다.　挈(설) : 이끌다. 끌다.　數(삭) : 자주. '자주'라는 뜻일 때는 음이 '삭'이다.　泆(일) : 끓다. 끓어오르다.

[해설]
　사람이 자연에서 멀어지는 시발점은 기계를 사용하면서부터이다. 옛날 원시인이 석기를 사용하면서 문명이 시작되었으나 그로 말미암아 자연성은 상실되기 시작했다. 문명이 발달하고 기계가 발달하면 그로 말미암아 사람의 몸은 한없이 편리한 삶을 영위할 수 있게 된다. 그러나 그 반면에 상실하는 부분이 있다.

기계를 사용할수록 이익이 증대되기 때문에 기계의 제작과 함께 인간은 이익을 추구하는 마음이 많아진다. 기계를 이익추구의 수단으로 개발하면 할수록 이기심이 증대된다. 이기심이 증대되면 남을 이기기 위한 무기의 개발이 진행되고 또 환경파괴가 동반한다. 무기가 개발될수록 전쟁이 발발할 가능성이 높아지고, 환경이 파괴될수록 인류가 절멸하게 될 가능성이 높아진다. 만약 인류가 절멸하는 지경이 되고 나면 기계의 발달과정으로 이해되었던 그 이전의 역사가 파괴의 과정으로 이해될 것이다. 그렇게 되면 과거 인류의 역사에서 위대한 인물로 존경받았던 에디슨이나 라이트 형제 같은 발명가들은 결국 파괴를 재촉한 파괴자로 평가될 수도 있을 것이다. 장자의 철학은 이미 이러한 결말을 예견하고 있다. 그러므로 그 싹이 되는 기계를 좋아하는 마음을 아예 막을 것을 권유한 것이다.


有閒 爲圃者曰 子奚爲者邪 曰孔丘之徒也 爲圃者曰 子非夫博學以擬聖 於于以蓋衆 獨弦哀歌 以賣名聲於天下者乎 汝方將忘汝神氣 墮汝形骸 而庶幾乎 而身之不能治 而何暇治天下乎 子往矣 無乏吾事

[국역]

　얼마 있다가 밭일 하는 사나이가 말했다. "그대는 어떤 사람인가?" "공구의 제자입니다." 밭일 하는 사나이가 말했다. "그 자는 널리 배워 성인으로 행세하면서, 웅얼웅얼 헛소리로 대중들을 사로잡고, 홀로 거문고를 타고 슬피 노래하며 천하에 이름을 팔고 다니는 자가 아닌가. 그대는 지금이라도 그대의 정신과 끼를 놓아버리고 그대의 몸에서 벗어나야 근사해질 것이다. 그대의 몸도 다스릴 수 없으면서 어느 겨를에 천하를 다스리겠는가. 그대는 가게나. 나의 일을 고달프게 하지 말고."

[난자풀이]

爲(위) : 하다. 다스리다.　圃(포) : 밭.　邪(야) : 어조사로 쓰일 때는 주로 의문조사로 많이 쓰인다. 이때 발음은 '야'이다. 徒(도) : 제자. 무리.　子(자) : 일반적으로 '자네' '그대' 등의 뜻이지만, 여기서는 문맥으로 공자를 지칭하는 말로 보아야 한다. 그래서 '그 선생'이란 뜻으로 해석해야 할 것이다.　擬(의) : 비기다. 흉내 내다. 본뜨다.　於于(어우) : 웅얼거리는 소리를 표현한 의성어. 무엇인지 알 수 없는 소리로 웅얼거리는 것을 말한다.　蓋(개) : 덮다. 대중들을 덮는다는 말은 대중들의 눈과 귀를 사로잡는다는 말이다.　神氣(신기) : 정신과 끼.　墮(타) : 떨어지다. 무너지다. 부서지다. 여기서는 타동사로 쓰였으므로 '떨어뜨리다' '무너뜨리다' '부수다' 등의 뜻이 된다. 墮

形骸는 몸에 끌려 다니는 사람들이 몸에서 해방되는 것을 말한다. 而身(이신): 그대의 몸. 乏(핍): 버리다. 고달프다.

[해설]

  자공이 공자의 제자임을 확인한 사나이는 공자를 비판함으로써 자공에게 충고했다. 공자를 따르려는 마음과 세상살이에 잘도 적응하는 자공의 재주, 그리고 자공의 끼를 다 버려야 본래의 마음으로 돌아갈 수 있다는 것과, 몸에서 벗어나 몸에 끌려 다니지 않아야 진리의 세계에 들어갈 수 있음을 깨우친 것이다. 물론 이 대화는 가공의 이야기다. 공자와 자공이라는 인물을 등장시켜 장자의 사상을 우화적으로 설명한 것이다.


子貢卑陬失色 頊頊然不自得 行三十里而後愈 其弟子曰 向之人何爲者邪 夫子何故見之變容失色 終日不自反邪 曰始吾以爲天下一人耳 不知復有夫人也 吾聞之夫子 事求可 功求成 用力少 見功多者 聖人之道 今徒不然 執道者德全 德全者形全 形全者神全 神全者 聖人之道也 託生 與民竝行而不知其所之 汒乎淳備哉 功利機巧 必忘夫人之心 若夫人者 非其志不之 非其心不爲 雖以天下譽之 得其所謂 謷然不顧 以天下非之 失其所謂 儻然

不受 天下之非譽 無益損焉 是謂全德之人哉 我之謂風波之民

[국역]

　자공은 초라해지고 창백해졌다. 멍한 상태로 정신을 차리지 못하다가 삼십 리나 간 뒤에야 좀 나아졌다. 자공의 제자가 물었다. "아까 그 사람은 어떤 사람입니까? 선생님께서는 무슨 까닭으로 그를 만나고서 얼굴빛을 바꾸고 창백해져 종일토록 스스로 돌이키지 못하십니까?" "처음에 나는 천하에 우리 선생님 한 분뿐이라고 생각했기 때문에 다시 그런 분이 있다는 것을 알지 못했다. 내가 선생님에게 들으니, '일은 잘되기를 추구하고, 공은 이루어지기를 추구하며 힘쓰는 일은 적고 효과 봄이 많은 것이 성인의 도'라고 하셨다. 그런데 이제 보니 그렇지 않다. 도를 실천하고 있는 자는 덕이 온전하고, 덕이 온전한 자는 몸이 온전하며, 몸이 온전한 자는 정신이 온전하다. 정신이 온전하게 유지되는 것이 성인의 길이다. 자신의 삶을 자연에 내맡기고 백성들과 하나가 되어 함께 걸어가지만 가는 곳을 알지 못한다. 멍한 모습으로 순박함을 갖추고 있는지라 효과와 이익을 기대하거나 기계를 쓰는 재주 따위는 반드시 그의 마음에 존재하지 않을 것이다. 그 같은 사람은 자기의 뜻이 아니면 어디에도 가지 않고, 자기의 마음이 아니면 어떤 일도 하지 않아서, 비록 온 천하 사람들이 칭찬하여 그의 말이 통하더라도 귀찮은 듯이 여겨 거기에 휘말리지 않고, 온 천하 사람들이 그를 비난하여 그의 말이 무시당하더라도 남의 일인 듯이 여겨 끄떡도 하지 않는다. 온 천하 사람들이 비난하거나 칭찬해도 거기에 영향 받는 일이 없으니 이런 사람을 일컬어 덕을 온전히 갖춘 사람이라 할 것이다. 나 같은 사람은 바람 부는 대로 휩쓸리고 물결치는 대로 떠다니는 사람이라 일컬을 것이다."

[난자풀이]
卑陬(비추) : 낮은 곳과 모퉁이. 낮은 곳이나 모퉁이는 중심에서 벗어난 곳이다. 낮은 곳이나 모퉁이가 되었다는 말은 초라해졌다는 말이다. 頊頊然(욱욱연) : 정신을 잃고 멍해진 모양. 向(향) : 아까. 접때. 執道(집도) : 도를 집행하다. 도를 실천하다. 託生(탁생) : 삶을 자기의 계산이나 생각대로 이끌어가지 않고 놓아버리는 것을 말한다. 원래 사람은 자연의 모습으로 살았다. 그렇기 때문에 자기의 생각대로 살지 않고 놓아버리면 원래의 자연 상태로 돌아간다. 贅然(췌연) : 군더더기 같은 것을 귀찮게 여기는 듯한 모양. 儻然(당연) : 남의 일처럼 여겨 태연한 모양. 不受(불수) : 충격을 받거나 영향을 받지 않는다. 여기서는 '끄떡도 하지 않는다.'로 해석했다. 益損(익손) : 기분이 좋아져 달뜨거나 기분이 나빠져 가라앉는 것.

[해설]
　자연인의 마음은 자연이고, 자연인의 뜻 또한 자연이다.

그러므로 자연인은 인간의 계산이나 인간의 욕심에 따라 움직이지 않는다. 남의 비난이나 칭찬에 대해서도 일체 영향을 받지 않는다.


反於魯 以告孔子 孔子曰 彼假脩渾沌氏之術者也 識其
一 不知其二 治其內 而不治其外 夫明白入素 無爲復朴
體性拘神 以遊世俗之閒者 汝將固驚邪 且渾沌氏之術
予與汝何足以識之哉


[국역]

   노나라에 돌아와 그 사실을 공자에게 말했더니, 공자는 다음과 같이 말했다. "그 사람은 잠깐 혼돈씨의 방법을 닦은 사람이다. 그 하나는 알고 그 둘은 알지 못한다. 그 안은 다스리고 그 밖은 다스리지 않는다. 대저 밝고 흰 마음으로 깨끗한 세계로 들어가 무위로 소박한 원래의 모습을 회복하여, 자연의 모습으로 본래의 마음을 끌어안고 세속에서 노니는 자이다. 너는 그렇게도 놀랐는가? 또한 혼돈씨의 방법을 나와 네가 어찌 알 수 있겠는가?"

[난자풀이]
內(내): 마음속. 外(외): 몸 밖. 몸 밖은 남과 내가 구별되어

갈등하며 존재하는 사회를 말한다. 혼돈의 세계. 體性(체성):
본성을 몸으로 실천하는 것. 世俗之間(세속지간): 세속의 사
이란 세상 속된 사람들 사이이므로 그냥 '세속'으로 번역하는
것이 부드럽다. 固(고): 확실하게. 견고하게. 견고하게 놀랐다
는 것은 심도 있게 놀랐다는 말이다. 여기서는 문맥을 부드럽
게 하기 위해 '그렇게도'로 번역했다.

[해설]

 혼돈의 모습으로 사는 사람은 자연인이다. 자연인은 세속의 모든 것을 꿈으로 생각하고 허상으로 생각한다. 그렇기 때문에 자연인은 세속의 모든 것을 거부하고 부정한다. 그래서 혼돈씨와 세속의 사람들은 대화가 되지 않는다.
 그런데 세속에서 사는 사람의 입장에서 보면, 세속의 사람들을 또 두 가지로 평가할 수 있다. 즉 자연인을 지향하는 사람과 자연인을 거부하는 사람이 그것이다. 그렇다면 자연인을 지향하는 사람들을 통해서 혼돈과 세속의 연결을 꾀할 수도 있을 것이다.
 이러한 관점에서 보면, 혼돈씨는 세속을 부정하고 오직 혼돈의 가치만을 인정하는 단일한 가치관만 가지고 있다. 그래서 하나만 안다고 했다. 그러나 세속에 있으면서 혼돈의 중요성을 알고 세속의 중요성도 알면서 세속과 혼돈을 연결하고자 하는 사람은 둘을 아는 사람이다.
 고향의 가치만을 인정하고 있는 사람은 타향의 삶을 부정

하고 타향으로 나가지 않는다. 그러나 타향에 있으면서 고향의 가치와 타향의 가치를 동시에 인정하는 사람은 고향도 좋아하지만, 타향을 고향 같은 모습으로 만드는 노력도 한다.


諄芒將東之大壑　適遇苑風於東海之濱　苑風曰　子將奚之
曰將之大壑　曰奚爲焉　曰夫大壑之爲物也　注焉而不滿
酌焉而不竭　吾將遊焉


[국역]
　순망이 동쪽으로 향하여 대학(大壑)으로 가다가 마침 동쪽 바닷가에서 원풍을 만났다. 원풍이 말했다. "그대는 어디를 가려 하시오?" "대학이란 곳으로 가려 합니다." "거기서 무엇을 하려 하시오?" "대학이란 곳은 물을 쏟아 넣어도 넘치지 않고 물을 퍼내어도 마르지 않습니다. 나는 거기서 놀려고 합니다."


[난자풀이]
諄芒(순망): 인명. 순수하고 멍하다는 뜻을 내포한다.　大壑(대학): 큰 골짜기. 골짜기에는 물이 차 있으므로 큰 골짜기는 큰물이 차 있는 바다이다.　苑風(원풍): 인명. 苑은 울타리를 쳐서 만들어 놓은 동산이므로 苑風은 '조그만 동산에서 울타리를 쳐놓고 거기서 바람이나 쐬는 졸렬한 사람'이란 뜻을 가

진다.  奚之(해지): 원래 之奚로서 '어디를 가는가?'란 뜻이지만, 奚가 의문사이므로 앞으로 나왔다.  奚爲焉(해위언): 爲奚焉이어야 하지만, 奚가 의문사이므로 앞으로 나왔다. 焉은 장소를 나타내는 조사로 '거기에서'라는 뜻이 있다.  爲物(위물): 물체로서의 됨됨이를 말한다.

[해설]

　장자는 순망이란 인물을 등장시켜 남과 나를 구별하여 서로 경쟁하고 사는 세속적인 삶에서 떠나 무궁하고 무한한 세계로 가서 사는 것이 진리임을 깨우치고 있다.


苑風曰 夫子無意於橫目之民乎 願聞聖治 諄芒曰 聖治乎 官施而不失其宜 拔擧而不失其能 畢見其情事 而行其所爲 行言自爲 而天下化 手撓顧指 四方之民 莫不俱至 此之謂聖治

[국역]

　원풍이 말했다. "그대는 눈이 옆으로 찢어진 백성들에 대해서는 관심이 없는 것인가요? 원컨대 성스러운 다스림에 대해서 들려주시오?" 순망이 대답했다. "성스러운 다스림 말입니까? 관에서의 일이 베풀어져도 그 마땅함을 잃지 않고, 사람을 발탁하여 등용해도 그 능력을 잃지 않아서, 있는 그대로의 실상과 사실을 다 드러내며, 자기의 할 일만을 하고, 행동과 말이 자기를 위할 뿐이지만, 천하가 감화됩니다. 그가 손을 흔들며 돌아보고 손가락으로 가리키면 사방의 백성들이 함께 이르지 않음이 없으니 이러한 것을 일컬어 성스러운 다스림의 모습이라 하는 것입니다."

[난자풀이]
橫目(횡목): 옆으로 찢어진 눈. 즉, 사람의 눈을 말한다. 畢見(필현): 다 드러낸다. 見이 '드러낸다'의 뜻으로 쓰일 때는 음이 '현'이다.

[해설]
　남을 사랑하는 사람과 남을 미워하는 사람은 남과 자기를 구별한다는 점에서는 차이가 없다. 남과 자기를 구별하는 사람은 구별하는 것 때문에 남에게 스트레스를 준다. 사람은 남에게 사랑을 받으면 부담스럽고, 남에게 미움을 받으면 속이 상하며, 아예 관심을 받지 못하면 섭섭하다. 가장 편안한 것은 남에게 '남'으로 취급당하지 않는 경우이다.
　어린아이와 함께 있으면 마음이 편안하고, 부모와 함께 있어도 마음이 편안한 까닭은 그들에게 '남'으로 취급당하지 않기 때문이다. '남'으로 취급당하지 않으면 경계할 필요가 없다. 부담스러울 것도 없고, 속이 상할 것도 없으며, 섭섭할 것도 없다.

어린아이는 먹을 것이 있어도 남을 배려하지 않고 혼자만 먹는다. 그것은 이기적인 것이 아니다. 그것은 자연이다. 남을 배려하는 것은 이미 남과 나를 구별하는 것이다. 그러므로 남과 나의 구별이 없는 차원에서는 남을 배려하는 일도 없다. 오직 자연의 모습을 보일 뿐이다. 그러므로 어린이가 자기만을 위해도 얄밉지 않다.

자기만을 위하는 사람이 있다 하더라도 그것이 어린이처럼 순수한 경우라면, 얄밉지 않다. 얄밉지 않을 뿐만 아니라 그를 만나면 스트레스가 해소되고, 스트레스가 해소되면 자연의 모습을 회복한다. 그래서 천하의 사람들이 감화된다고 한 것이다.


願聞德人 曰德人者 居無思 行無慮 不藏是非美惡 四海之內共利之之爲悅 共給之之爲安 怊乎若嬰兒之失其母也 儻乎若行而失其道也 財用有餘 而不知其所自來 飮食取足 而不知其所從 此謂德人之容

[국역]

원풍이 다시 말했다. "원컨대 덕이 있는 사람에 대해서 들려주시오." "덕이 있는 사람은 거처할 때는 생각함이 없고,

나다닐 때는 헤아림이 없습니다. 옳은 것과 그른 것, 아름다움과 추악함 등의 상대적인 차별성을 마음속에 가지지 않습니다. 사해 안에서 모두가 다 같이 이롭게 여기는 것을 기쁨으로 삼고, 다 같이 넉넉해지는 것을 편안한 것으로 여깁니다. 슬퍼하는 모습은 어린아이가 그 어머니를 잃은 것 같고, 흐릿한 모습은 길을 가던 사람이 길을 잃어버린 것 같습니다. 재물이 남아도 그것이 어디서 온 것인지를 알지 못하고, 음식을 풍족하게 먹어도 그것이 어디서 온 것인지 알지 못합니다. 이것을 일컬어 덕 있는 사람의 모습이라 합니다."

[난자풀이]
怊(초) : 슬퍼하다.

[해설]
 덕이 있는 사람은 자연과 하나이고 하늘과 하나인 원래의 모습으로 살아가는 사람이다. 그런 사람의 마음속에는 '나'라는 개념이 들어있지 않기 때문에 잡념이나 일체의 시비분별이 일어나지 않는다. 그런 사람은 남과 구별하지 않는 마음으로 살아간다. 그런 사람은 슬플 때는 몹시 슬퍼하고, 기쁠 때는 뛸 뜻이 기뻐하지만, 그 감정이 지나간 뒤에는 마음속에 아무 것도 남지 않고 다시 텅 빈 상태로 돌아간다. 그가 기뻐하고 슬퍼하는 감정은 인간의 욕심에서 나오는 것이 아니다. 그냥 그대로 자연현상일 뿐이다.

願聞神人 曰上神乘光 與形滅亡 此謂照曠 致命盡情
天地樂而萬事銷亡 萬物復情 此之謂混冥

[국역]
"원컨대 신인에 대해서 듣고자 합니다." "높은 정신이 빛을 타고 다니므로 형체에 붙어 있는 정신은 멸하여 없어집니다. 이러한 것을 '텅 빈 것을 비춘다.'고 합니다. 본래의 움직임과 하나가 되어 원래의 모습을 다하니 천지가 즐겁고 만사가 녹아 없어지고, 만물이 본래의 모습으로 돌아갑니다. 이것을 일컬어 혼명(混冥)이라 합니다."

[난자풀이]
與形(여형) : 몸과 함께 있는 것. 몸과 함께 존재하는 마음. 즉 욕심. 이기심.　致命(치명) : 천지자연의 움직임이 命이므로 致命이란 천지자연의 움직임과 하나가 되어 있는 상태를 말한다.　盡情(진정) : 情은 실상을 말하므로 盡情은 실상을 다 회복한 것을 말한다.　銷亡(소망) : 녹아 없어지는 것.　混冥(혼명) : 渾沌과 같은 것.

[해설]
　신인은 인간의 차원을 벗어난 사람이다. 인간은 자기의 몸을 자기 자신으로 생각한다. 그래서 자기 몸의 차원에서 다른 물체를 바라본다. 그러나 자기의 몸은 원래 자연물이다.

이를 아는 사람은 자기의 몸을 자기 자신으로 여기지 않는다. 그의 정신은 몸을 초월하여 작용한다. 그것은 천지 우주에 흐르는 생명과 하나가 되어 흐른다. 태양이 비치는 것도 그의 정신이고 달빛이 비치는 것도 그의 정신이다. 그래서 장자는 빛을 타고 다닌다고 했고, 자기 몸에 붙어있는 정신은 멸하여 없어졌다고 했다.

　자기의 몸에 들어있는 정신은 자기의 몸이 만들어낸 '의식'이다. '의식'은 구별하는 능력을 가진다. 그래서 혼돈의 상태로 존재하는 모든 것을 물질적 차원에서 하나하나 구별해낸다. 자기의 몸을 '자기'라 하고, 다른 사람의 몸을 '남'이라 하며, 산을 '산'이라 하고, 물을 '물'이라 한다. 그러나 이 모든 존재는 의식이 만들어낸 허상이다. 원래는 만물이 만물로 존재하지 않았다. 만물은 하나의 혼돈일 따름이다. 따라서 원래의 모습으로 존재하는 사람의 눈에는 산이 산으로 보이지 않고, 물이 물로 보이지 않는다. 그래서 장자는 '텅 빈 것을 비추어 본다.'고 했다.

　텅 빈 것을 비추어 볼 수 있는 차원이 바로 천지만물의 움직임과 하나가 된 상태이고 존재의 실상을 다 회복한 상태이다.

　자기의 몸을 '자기'로 보는 사람은 늘 남과 경쟁을 해야 한다. 세상 사람들은 모두 경쟁 상대이고 이 세상은 투쟁하는 장소이고 지옥이다. 사람은 경쟁에서 살아남기 위해서 많은 일을 해야 한다. 해야 할 일이 늘 산더미처럼 쌓여 있다.

그러나 본래의 모습으로 돌아가면 남과 자기의 구별이 없다. 모두 혼돈이다. 그리고 모든 존재는 우주의 힘으로 살아간다. 이 세상이 이대로 낙원이다. 힘든 일이 하나도 없다. 그래서 장자는 천지가 즐겁고 만사가 녹아 없어진다고 했다.

  존재의 실상을 다 회복하면 천지만물의 모습은 인간의 의식에 비쳐진 허상에서 본래의 모습으로 돌아간다. 산도 혼돈의 모습으로 돌아가고, 물도 혼돈의 모습으로 돌아간다. 이를 표현하여 장자는 '만물이 실상으로 돌아간다.'고 했다. 모든 것이 실상으로 돌아갔을 때 비로소 제 모습을 드러낸다. 산은 비로소 산이요, 물은 비로소 물이다.


門無鬼與赤張滿稽 觀於武王之師 赤張滿稽曰 不及有虞氏乎 故離此患也 門無鬼曰 天下均治 而有虞氏治之邪 其亂而後治之與 赤張滿稽曰 天下均治之爲願 而何計以有虞氏爲 有虞氏之藥瘍也 禿而施髢 病而求醫 孝子操藥 以脩慈父 其色燋然 聖人羞之 至德之世 不尙賢 不使能 上如標枝 民如野鹿 端正而不知以爲義 相愛而不知以爲仁 實而不知以爲忠 當而不知以爲信 蠢動而相使 不以爲賜 是故行而無迹 事而無傳

[국역]

　문무귀가 적장만계와 더불어 무왕의 군대를 관람하고 있었다. 적장만계가 말했다. "순임금 수준에는 미치지 못하는구나. 그래서 이러한 걱정거리를 얻었구나." 그러자 문무귀가 말했다. "천하가 골고루 다스려졌는데 순임금이 다스렸는가? 혼란한 뒤에 다스렸는가?" 이에 적장만계가 대답했다. "천하가 골고루 다스려지기를 원한다면 순임금을 가지고 어디에 쓰겠는가! 순임금이 상처 난 뒤에 약을 바르는 것은, 대머리가 된 뒤에 가발을 씌우고, 병이 난 뒤에 의사를 구하는 것이다. 효자가 약을 가지고 자애로운 부모를 치료하느라 그 얼굴이 초췌해지는 것을 성인은 부끄러워한다. 지극히 덕이 있는 세상에서는 현명한 자를 높이지 않고, 능력 있는 자를 부리지 않으며, 윗사람은 나뭇가지 끝 같고, 백성들은 들판에 뛰어 노는 사슴 같아서, 단정하고 바르면서도 의롭게 산다는 것을 모르고, 서로 사랑하면서도 인을 한다는 것을 모르며, 진실 되면서도 그것이 진실인 줄을 알지 못하고, 틀림없이 행동하면서도 그것이 미더움이라는 것을 알지 못한다. 꾸물꾸물 벌레처럼 열심히 움직이며 서로 도우면서도 그것을 은혜 베푼 것으로 여기지 않는다. 그러므로 행동하면서도 흔적이 남지 않고, 일을 하면서도 전해지지 않는다."

[난자풀이]

門無鬼(문무귀) : 인물. 물론 실재인물은 아닐 것이다. 문에 귀신이 없다는 뜻이다. 鬼는 마음속에 있는 욕심이므로, 門無鬼는 갓난아이처럼 욕심이 없이 무심히 살아가는 사람이란 뜻을 내포한다.　赤張滿稽(적장만계) : 인명. 역시 실재인물이 아니다. '의욕이 있으면서 마음속에 가득 무엇인가를 가지고 있다'는 이름의 뜻으로 보아, 門無鬼보다는 세속적인 사람이란 뉘앙스가 있다. 그러나 둘 사이의 대화를 살펴보면 둘 다 세속에 초연한 사람임을 알 수 있다.　有虞氏(유우씨) : 순임금. 虞는 순임금의 성이기도 하고, 순임금의 나라 이름이기도 하다. 髢(체) : 가발.　何計(하계) : 무슨 계책. 무슨 용도로 쓰기 위한 꾀. 원래 以有虞氏爲何計가 되어야 할 것이지만, 의문사이므로 앞으로 나온 것이다.　標枝(표지) : 나뭇가지 끝.　相使(상사) : 서로 심부름꾼이 되어 주다. 서로 도와주다.

[해설]

　문무귀와 적장만계는 둘 다 무위자연의 경지를 터득하고 있는 사람이었다. 어느 날 우연히 둘이서 만나 은나라를 공격하기 위해 모인 무왕의 군대를 보았다. 이를 본 적장만계가 먼저 입을 열었다. "순임금 수준에도 미치지 못하는구나. 순임금은 다른 임금을 끌어내린 뒤에 왕위에 오른 것이 아닌데, 무왕은 은나라의 임금을 몰아낸 뒤에 왕위에 오르려는 사람이구나." 이 말을 들은 문무귀는 혹시 적장만계가 순임금을 최고의 인물로 치는 정도의 수준인가 하고 잠시 의심이 들었다. 그래서 그는 확인하기 위해서 질문을 했다. "천하가 골고루 다스려졌는데 순임금이 다스렸는가? 혼란한 뒤에 다스렸는가?" 그러나 적장만계는 그런 수준이 아니었다. 그는 순임금의 한계를 정확히 알고 있었다. 효자는 약을 가지고 자애로운 부모를 치료하느라 그 얼굴이 초췌해진다. 그러나 성인은 부모가 병들기 전에 잘 봉양하여 아예 병이 나지 않게 만든다. 문무귀와 적장만계는 문제가 생기기 전에 모든 것을 처리하는 수준의 인물이었다.

임금은 바람에 흔들리는 나뭇가지처럼 자연에 내맡긴 채 무심히 존재하기만 하고, 백성들은 들판을 뛰노는 사슴처럼 자유롭고 자연스럽게 되는 정치가 최고수준의 정치인 것이다.


孝子不諛其親 忠臣不諂其君 臣子之盛也 親之所言而然 所行而善 則世俗謂之不肖子 君之所言而然 所行而善 則世俗謂之不肖臣 而未知此其必然邪 世俗之所謂然而然之 所謂善而善之 則不謂之道諛之人也 然則俗故嚴於親 而尊於君邪 謂己道人 則勃然作色 謂己諛人 則怫然作色 而終身道人也 終身諛人也 合譬飾辭聚衆也 是終始本末不相坐

[국역]

　효자는 그 부모에게 아첨하지 않고 충신은 그 임금에게 아첨하지 않는다. 이렇게 하는 것이 신하와 아들 된 도리이다. 부모가 말하는 것에 대해서는 그렇다고만 하고, 행하는 것에 대해서는 좋다고만 한다면, 세속에서는 그를 일러 불초한 자식이라 한다. 또 임금이 말하는 것에 대해서 그렇다고만 하고, 임금이 행하는 것에 대해서 옳다고만 한다면, 세속에서는 그를 못난 신하라고 한다. 모르긴 하지만, 그것이 반드시 그런가? 그런데 세속에서 그렇다고 하는 것을 그렇다고 하고, 좋다고 하는 것을 좋다고 하더라도 '끌려 다니고 아첨하는 사람'이라고 하지는 않는다. 그렇다면 세속이 본래 부모보다 엄하고 임금보다 높기 때문인가? 자기를 '끌려 다니는 사람'이라 하면 발끈하여 얼굴을 붉히고, 자기를 '아첨하는 사람'이라 하면 벌겋게 얼굴을 붉히지만, 실은 종신토록 '끌려 다니는 사람'이 되고, 종신토록 아첨하는 사람이 되어, 온갖 비유를 다 동원하고 미사여구로 말을 꾸며서 사람들을 모으고 있으니, 이는 처음과 끝, 근본과 지엽이 서로 연결되지 않는다.

[난자풀이]

道(도) : 導와 통용. '인도 당한다'는 뜻. 남에게 인도 당하는 대로 다니는 것은 자기의 주장 없이 끌려 다니는 것이다. 終始本末不相坐(종시본말불상좌) : 앞뒤가 맞지 않는다. 坐는 '연결된다'는 뜻이므로 처음과 끝이, 근본과 지엽이 서로 연결되지 않는다는 말은 앞뒤가 맞지 않는다는 뜻이다.

[해설]

　신하가 임금이 하는 말을 무조건 옳다고 하고 임금의 행동을 무조건 지당하다고만 하는 것은 아부하는 것이고, 자녀가 부모의 말을 무조건 옳다고 하고 부모의 행동을 무조건 지당하다고 하는 것도 역시 아부하는 것이다. 이를 사람들은 아첨하는 사람이라고 하여 배척한다.
　그러나 세속에 아부하지 않는 사람은 드물다. 세속의 사람들이 일류학교라고 하면, 자기도 일류학교라고 여기고, 세속의 사람들이 좋은 직업이라고 하면 자기도 그런 것을 좋은 직업이라고 한다. 세속 사람들이 돈을 귀하게 여기면 자기도 돈을 귀하게 여기고, 세속 사람들이 권력을 중시하면 자기도 권력을 중시한다. 그래서 세속에서 추구하는 것을 자기도 추구하느라 정신이 없다. 그러나 이는 엄밀히 말해서 세속에 아부하는 것이다. 부모나 임금에게 아부하는 것은 좋지 않은 것이면서 세속에 아부하는 것은 당연한 것으로 여긴다면 이는 앞뒤가 맞지 않는다. 사람들은 앞뒤가 맞지 않은 생각을 하고 앞뒤가 맞지 않은 삶을 사는 것이다.
　그러므로 세속적인 출세를 위해 노력하는 것도 사실은 세속에 아부하는 것이다. 세속 사람들이 대통령 되는 것을 최고의 출세라고 생각하기 때문에 자기도 그렇게 생각하여 대통령 되기 위해 전력투구를 하는 사람이 있다면 그는 세속에 아부하는 자이다. 온갖 비유를 들고 미사여구를 늘어놓으며 사람들에게 지지를 받으려고 하는 것은 세속에 아부하는 것이다.

 석가모니는 왕이 되는 것도 거부했고, 퇴계 선생은 정승이 되는 것도 싫어했다. 참다운 자기의 행복이 무엇인지 그것을 찾기 위해 노력한 사람들이다. 그들은 세속에 아부한 사람들이 아니었다.


垂衣裳 設采色 動容貌 以媚一世 而不自謂道諛 與夫人之爲徒 通是非 而不自謂衆人 愚之至也 知其愚者 非大愚也 知其惑者 非大惑也 大惑者 終身不解 大愚者 終身不靈 三人行而一人惑 所適者猶可致也 惑者少也 二人惑 則勞而不至 惑者勝也 而今也以天下惑 予雖有祈嚮 不可得也 不亦悲乎


[국역]

 좋은 치마와 저고리를 드리우고, 거기에 온갖 채색으로 수식을 하며, 점잖은 용모로 움직여서 한 세상에 아부하면서도 스스로를 끌려 다니거나 아부하는 사람이라 하지 않는다. 남들과 한 무리가 되어 남들이 옳다 하는 것을 옳다 하고 그르다 하는 것을 그르다 하면서 스스로를 보통사람으로 여기지 않으니 어리석음의 극치이다. 자기의 어리석음을 아는 자는 크게 어리석은 자가 아니다. 자기의 헷갈리고 있음을 아는 자는 크게 헷갈리는 사람이 아니다. 크게 헷갈리는 사람은 종신토록 벗어나지 못하고, 크게 어리석은 자는 종신토록 깨닫지 못한다. 세 사람이 가는데 한 사람이 헷갈리면 가고자 하는 목적지에 도달할 수 있으니, 헷갈리는 사람이 적기 때문이다. 그러나 두 사람이 헷갈리면 고생만 하고 도달하지 못한다. 헷갈리는 자들이 이기기 때문이다. 지금은 천하의 사람들이 헷갈리고 있으니, 내가 비록 바른 길로 향하기를 바라지만, 어쩔 수가 없으니 또한 슬픈 일이 아닌가!

[난자풀이]
通是非(통시비) : 세상 사람들과 시비를 함께 한다. 세상 사람들이 옳다고 하는 것을 옳다고 하고 세상 사람들이 그르다고 하는 것을 그르다고 한다. 靈(령) : 신령스럽다는 뜻이다. 終身不靈이란 종신토록 멍청하여 신령스러워지지 않는다는 말이다. 그러므로 여기서는 '종신토록 깨닫지 못한다'로 번역했다. 以天下惑(이천하혹) : '천하의 단위로써 헷갈리고 있다'는 뜻이다.

[해설]
　세 사람이 길을 잃었을 때 한 사람이 길을 안다 하더라도 두 사람이 엉뚱한 길을 바른 길이라고 주장하면 바른 길을

찾기 어렵다. 그런데 지금은 온 세상 사람들이 모두 길을 잃고 욕심을 채우느라 정신이 없다. 그러므로 어떻게 제 길을 찾을 수 있겠는가. 사람이 불쌍하고 세상이 불쌍하다.


大聲不入於里耳 折楊皇荂 則嗑然而笑 是故高言不止於衆人之心 至言不出 俗言勝也 以二缶鍾惑 而所適不得矣 而今也以天下惑 予雖有祈嚮 其庸可得邪 知其不可得也而强之 又一惑也 故莫若釋之而不推 不推 誰其比憂 厲之人夜半生其子 遽取火而視之 汲汲然唯恐其似己也

[국역]
큰 진리의 소리는 사람들의 마을에 들어오지 않지만, 절양과 황과 같은 대중음악은 사람들이 환호를 지르며 웃고 떠든다. 이 때문에 고상한 말은 대중들의 마음에 들어가지 않는다. 지극한 진리의 말이 나오지 않는 것은 속된 말이 성하기 때문이다. 두 개의 장군이나 종에서 나는 소리가 헷갈려도 목적하는 소리를 이룰 수 없는데, 지금은 온 천하 사람들에게서 나오는 소리가 헷갈리고 있으니, 내가 비록 바른 방향으로 향하기를 바라지만, 어찌 될 수 있겠는가! 안될 줄 알면서 그것을 강요하면 헷갈림을 하나 더 보태는 것이다.

그러므로 가만 놓아두고 추진하지 않는 것이 좋을 것 같다. 그러나 내가 추진하지 않는다면 누가 세상을 위하여 걱정하겠는가! 나병 환자는 한밤중에 아이를 낳으면 급히 불을 가져다가 살펴본다. 속을 졸이며 오직 자기를 닮았을까 두려워한다.

[난자풀이]
里(리) : 마을. 대중들이 함께 사는 마을. 折楊(절양) : 이별하는 사람들의 버들가지를 꺾어 주던 풍속에서 유추하면, 연인들이 이별을 노래하는 유행가를 말하는 것으로 짐작할 수 있다. 일반적으로 이별을 노래하는 유행가를 折楊이라 하는지, 어느 유행가의 제목인지는 알 수 없다. 皇荂(황과) : 荂는 꽃이라는 뜻으로 음이 '과'이다. 皇荂는 아름다운 꽃을 노래하는 유행가이거나, 아니면 아름다운 꽃에 해당되는 여인을 노래하는 유행가로 짐작할 수 있다. 嗑(합) : 웃음소리. 환호하는 소리. 上(상) : 마음 위에 올라간다는 말은 마음속에 들어간다는 말이다. 成玄英疏에는 止로 되어 있으나 止로 보지 않아도 해석할 수 있다. 二缶鍾惑(이부종혹) : 缶와 鍾은 다 악기를 말한다. 缶는 흙으로 만든 장군이고, 鍾은 쇠로 만든 종이다. 缶鍾에 대해서는 많은 주석들이 있지만, 여기서는 글자 그대로 해석하기로 한다. 앞에 음악에 대한 이야기가 나왔기 때문에 음악 이야기로 마무리하는 것으로 보아야 이야기가 통한다. 適(적) : 가다. 목적지로 향하다. 庸(용) : 어찌. 比(비) : '어

떤 사람에게 가서 붙어 선다'는 뜻이다. 붙어 서는 것은 그를 위하는 것이므로 '위한다'는 뜻이 되기도 한다. 따라서 比憂는 위하여 걱정한다. 위하는 것은 세상을 위하는 것이므로, 比憂는 세상을 위해서 걱정한다는 뜻이다. 厲(려) : 癩와 통용. 나병. 염병. 汲汲然(급급연) : 속을 졸이다.

[해설]
 사람들은 진리의 소리는 듣지 못하지만, 대중가수의 노래를 들으면 매료되어 환호성을 지르며 좋아한다. 진리를 가르치는 교실에는 몇 사람밖에 모이지 않지만, 대중가수의 공연장에는 수많은 사람들이 모인다.
 소리를 듣는 것에만 헷갈림이 있는 것이 아니다. 소리를 내는 것에도 헷갈림이 있다. 오케스트라 같은 음악을 연주할 때 몇 개의 악기 소리가 헷갈리더라도 전체 음악이 잘 되지 않는 법이다. 그런데 세상의 사람들은 제대로 된 소리를 내지 못하고 전부가 진리에서 벗어난 헷갈리는 소리를 내고 있다. 세상 사람들이 진리의 말을 하지 못하는 것은 진리의 말이 그들의 마음에 들어가지 못하기 때문이다.
 세상 사람들은 진리의 말을 들으려 하지 않는다. 그들은 진리의 말을 들으면 따분해 한다. 그들은 진리의 말을 들으면 헷갈린다. 그러한 사람들에게 진리의 말을 하는 것은 그들을 더욱 헷갈리게 하는 것일 뿐, 아무 도움이 되지 않는다. 그렇기 때문에 아무 말도 하지 말고 내버려두는 것이 나을 지도 모른다. 생각이 여기에 미치자 장자는 아무 말도 하지 말고 내버려 둘 생각을 해 본다. 그러나 진리를 모르고 살아가는 사람들이 너무도 불쌍하게 생각되므로 내버려 둘 수도 없다. 내가 아니면 누가 이 세상을 바로 잡을 수 있을 것인가. 안타깝기 그지없다. 그러면서도 마음 한구석에서는 그 또한 부질없는 일로 생각되기도 한다. 내가 부족하기 때문에 세상을 걱정하는 것이지, 내 수준이 높으면 세상 걱정을 하지 않을 것이다. 그렇다면 세상이 나를 닮는 것보다는 나를 닮지 않는 것이 좋을 것이다. 나병 환자도 자녀가 자기를 닮지 않기를 바라는데, 하물며 내가 왜 이렇게 나 중심이 되어 있는지.

여기에서 우리는 고뇌하는 장자의 모습을 본다. 세상을 바로잡아야 할지 놓아두어야 할지 망설이기도 하고, 자기를 자책하기도 하는, 장자의 모습을 본다. 이런 고뇌는 세상을 구제하는 모든 사람에게 공통적으로 나타나는 것으로 보인다.


百年之木 破爲犧樽 靑黃而文之 其斷在溝中 比犧樽於溝中之斷 則美惡有閒矣 其於失性一也 跖與曾史 行義有閒矣 然其失性均也

[국역]
　백 년이 된 나무를 쪼개서 술통이나 술잔을 만들어 푸른

색 노란색을 입혀 무늬를 내지만, 그 잘라져 나간 토막들은 도랑 속에 버려진다. 술통이나 술잔을 도랑 속에 버려진 나무토막들과 비교하면 그 아름답고 추한 것에는 차이가 있지만, 나무의 본성을 잃은 것에 있어서는 한가지다. 도척과 증자나 사추는 의로움을 행한 것에 있어서는 차이가 있다. 그러나 본성을 잃은 것에 있어서는 똑같다.

[난자풀이]

犧(희) : 술통.  樽(준) : 술통. 술잔.  文(문) : 紋과 통용. 무늬를 내다.  跖(척) : 춘추시대 악명 높은 도둑의 이름.  曾(증) : 증자. 공자의 제자로 효행으로 소문난 사람.  史(사) : 史鰌. 전국시대 위나라의 대부로 신용이 두터웠던 사람.

[해설]

　선한 사람이나 악한 사람, 아름다운 사람이나 추한 사람 등은 모두 인간의 의식에 의해 분리된 것이므로 서로 상반된다 하더라도 본래의 모습을 상실한 점에 있어서는 차이가 없다. 본래의 모습을 상실한 사람은 유한한 존재로서 살아간다. 본래의 모습을 상실한 삶은 가짜의 삶이며 생로병사 하는 비극의 삶이다. 이러한 면에서는 착한 사람이나 악한 사람이나, 아름다운 사람이나 추한 사람이나 차이가 없다.

且夫失性有五 一曰五色亂目 使目不明 二曰五聲亂耳 使耳不聰 三曰五臭薰鼻 困惾中顙 四曰五味濁口 使口厲爽 五曰趣舍滑心 使性飛揚 此五者 皆生之害也 而楊墨乃始離跂 自以爲得 非吾所謂得也 夫得者困 可以爲得乎 則鳩鴞之在於籠也 亦可以爲得矣

[국역]

  또한 본성을 상실한 것에 다섯 가지가 있다. 첫째는 오색이 눈을 어지럽힌다고 하는 것이니, 눈으로 하여금 밝지 못하게 한다. 둘째는 오성이 귀를 어지럽힌다고 하는 것이니, 귀로 하여금 밝지 못하게 하는 것이다. 셋째는 오취가 코를 마비시킨다고 하는 것이니, 코가 막히고 코를 찌르게 해서 머리가 아프다. 넷째는 오미가 입을 흐리게 한다고 하는 것이니, 입으로 하여금 거칠고 무디게 만든다. 다섯째는 좋아하고 싫어하는 것이 마음을 빠뜨린다고 하는 것이니, 마음으로 하여금 날뛰게 만든다. 이 다섯 가지는 모두 삶을 해치는 것이다. 그런데 양주와 묵적이 비로소 분리하고 갈라놓으면서 스스로 생각하기를 제대로 되었다고 한다. 그러나 그것은 우리들이 말하는 제대로 되었다는 것이 아니다. 그들이 제대로 되었다는 것은 오히려 곤란해져 있는 것이니 그것을 제대로 되었다고 하겠는가? 그렇다면 비둘기와 올빼미가 새장 속에 있으면서도 또한 제대로 되었다고 할 수 있을 것이다.

[난자풀이]

五色(오색) : 靑・黃・赤・白・黑.  五聲(오성) : 宮・商・角・徵・羽.  五臭(오취) : 羶(누린내)・薰(향기로운 풀에서 나는 냄새)・香(향기)・腥(비린내)・腐(썩은 냄새).  困(곤) : 코가 막히다.  慅(수) : 냄새가 코를 찌르다.  中顙(중상) : 이마를 때리다. 이마를 맞추다.  五味(오미) : 甘(단맛)・鹹(짠맛)・酸(신맛)・辛(매운맛)・苦(쓴맛).  厲(려) : 사납다. 괴롭다.  爽(상) : 무디다.

[해설]

맛은 음식에 있는 것이 아니라 몸에 있다. 몸에 필요한 음식은 몸이 맛을 느끼고 몸에 필요 없는 음식은 몸이 맛을 느끼지 못한다. 똥은 몸에 필요 없기 때문에 맛을 느끼지 못하지만, 그것을 필요로 하는 똥개는 똥을 맛있게 먹는다. 그런데 몸에 필요한 음식을 먹고 맛을 느낀 사람들은 그 음식을 맛있는 음식으로 기억해버린다. 그리고는 그 음식의 맛에 대한 느낌이 무디어진다. 그래서 사람들은 그 음식을 과다하게 추구하고, 그 결과 생명을 해친다. 오색이나 오취, 오성에 대해서도 마찬가지다. 몸에 필요한 색, 몸에 필요한 소리, 몸에 필요한 냄새는 좋은 것이고, 그렇지 못한 것은 좋지 않은 것이다. 그러나 한번 좋게 느꼈을 때의 것을 좋은 것으로 기억함으로써 느낌이 무디어지고, 그로 말미암아 생명을 해치게 된다.

사상가들이 진리라는 것을 만들어놓은 것도 이와 마찬가

지다. 원래 객관적인 진리란 없다. 느낌에 따라 행동하면 그 것이 진리다. 그러나 객관적인 진리가 있는 것으로 복잡하게 만들어놓으면 사람들은 그 진리라는 것에 얽매어 본성을 상실하게 되고 자유를 잃게 된다. 그 진리라는 것은 마치 새들을 가두어 놓는 새장과도 같은 것이다.


且夫趣舍聲色以柴其內　皮弁鷸冠　搢笏紳脩以約其外
內支盈於柴柵　外重繳繳　睆睆然在繳繳之中　而自以爲得
則是罪人交臂歷指　而虎豹在於囊檻　亦可以爲得矣

[국역]

　또한 좋아하고 싫어하는 것, 소리와 색깔 등이 마음속에 있는 느낌의 세계를 막아버리고, 가죽으로 만든 고깔 쓰고, 물총새 깃털로 만든 모자 쓰고, 홀을 잡고, 큰 띠를 길게 늘어뜨려서 몸의 행동을 제약한다. 마음속은 (선입견의) 사립짝이나 (고정관념의) 울타리 속에서 (선입견이나 고정관념을) 꽉 채워서 지탱하고 있고, 밖으로는 노끈이나 밧줄로 거듭 묶어서 눈을 끔뻑거리며 노끈이나 밧줄 가운데에 있으면서, 스스로 제대로 되었다고 생각한다. 그러니 이는 죄인이 팔이 교차되어 묶이고, 손가락이 겹치게 묶여 있으면서, 또 범이나 표범이 우리 속에 있으면서, 또한 제대로 되었다고 생각하는 것에 해당한다.

[난자풀이]

柴(시) : 섶. 사리. 사리나무로 만든 사립짝. 사립짝은 사람들이 들어오지 못하도록 막는 대문 역할을 한다.　弁(변) : 고깔.　鷸(휼) : 물총새.　搢(진) : 꽂다. 꼭 쥐다.　笏(홀) : 홀. 공무원의 신분증으로 들고 다니는 것. 搢笏은 홀을 꽂는 것, 또는 꼭 잡는 것을 말한다.　紳脩(신수) : 허리띠를 길게 늘어뜨리는 것. 옛 관리들은 허리띠를 축 늘어지도록 길게 맨다.　支盈(지영) : 가득 채워서 지탱하는 것.　柵(책) : 울타리.　纆(묵) : 노끈.　緻(격) : 밧줄. 주살의 줄.　睆睆然(환환연) : 눈을 끔뻑거리는 모양.　交臂(교비) : 팔을 교차되게 만드는 것.　歷指(력지) : 손가락이 겹치도록 함.　檻(함) : 우리.　得(득) : 제대로 된 것.

[해설]

　　음식물에는 맛의 좋고 나쁨이 있지 않다. 오직 사람의 몸이 필요로 하는 음식물을 먹을 때 느끼는 것이 맛이다. 그런데 사람들은 맛을 느낄 때 그 맛이 음식물에서 나오는 것으로 착각을 함으로써 맛을 객관화시킨다. 그래서 사람들은 '불고기는 맛있는 음식이다' 등으로 규정하고 만다. 그리고 일단 맛있는 것으로 규정된 음식에 대해서는 더 이상 느낌이 끼어 들 틈이 없어진다. 그래서 느낌의 세계는 차츰 활동을 멈추고 만다. 이러한 현상은 맛에만 국한되는 것이 아니다. 사람의 머리에서 만들어진 모든 것이 이와 같다.

　　사람이 객관적으로 규정한 것은 참이 아니다. 그것은 사람이 기억을 통해서 의식 속에 저장해 놓은 허상이요 관념이다. 참은 느낌의 세계에서만 존재한다. 그런데 사람들이 관념에 지배됨으로써 느낌의 세계가 활동을 정지하고 말면, 사람들은 참된 세계에서 벗어나 가짜의 세계에서 살아가는 슬픈 존재가 되고 만다. 참된 세계는 머릿속에서 만들어낸 일체의 고정 관념을 파괴할 때 나타난다.

　본래모습을 가진 사람은 고정관념이나 기존의 가치관에 얽매이지 않고 오직 속에서 솟아나는 느낌만으로 살아간다. 그러나 사람들이 고정관념이나 객관적 윤리의식을 만들어내어 거기에 얽매이면 내면에서 솟아나는 느낌이 무디어지고 삶이 왜곡된다. 그래서 삶은 자유를 잃고 의식의 노예가 된다. 노예로 살아가는 삶은 고달프다. 고달픈 것은 마음만이 아니다. 몸의 삶도 자유를 상실한다. 온갖 치장을 하느라 정신을 빼앗기고 예의라는 것을 지키느라 분주하다. 이는 자유를 잃고 우리 속에 갇혀있는 범이나 표범 같은 처지이고, 감옥 속에 구금되어 있는 죄인 같은 삶이다.

# 13. 天道

천도편의 내용은 장자 사상과 약간 이질적이다. 오히려 유가의 논리에 더 근접하는 것으로 보이기도 하다. 사람들은 이 편의 내용 등을 근거로 장자를 유가 계열의 학자로 보기도 한다. 또 학자에 따라서는 이 편을 『주역』 十翼과 밀접한 관련이 있는 것으로 설명하기도 하고, 법가류와 연관시키기도 한다.

天道運而無所積　故萬物成　帝道運而無所積　故天下歸　聖道運而無所積　故海內服　明於天　通於聖　六通四辟於帝王之德者　其自爲也　昧然無不靜者矣　聖人之靜也　非曰靜也善　故靜也　萬物無足以鐃心者　故靜也　水靜則明燭鬚眉　平中準　大匠取法焉　水靜猶明　而況精神聖人之心靜乎　天地之鑒也　萬物之鏡也　夫虛靜恬淡寂漠無爲者　天地之平　而道德之至　故帝王聖人休焉　休則虛　虛則實　實者倫矣　虛則靜　靜則動　動則得矣　靜則無爲　無爲也則任事者責矣　無爲則兪兪　兪兪者憂患不能處　年壽長矣

[국역]

　하늘의 道는 운행하여 적체되는 일이 없다. 그러므로 만물이 잘 유지되는 것이다. 제왕의 道도 잘 행해져서 적체되는 일이 없다. 그러므로 천하 사람들의 인심이 모두 그에게로 돌아간다. 성인의 道도 잘 발휘되어 적체되는 일이 없다. 그러므로 사해 안이 모두 그에게 복종한다. 하늘의 道에 밝고 성인의 道에 통달하여 제왕의 德에 두루 통하는 자는 그 스스로의 삶이 흐릿하여 고요하지 않음이 없다. 성인이 고요한 것은 고요한 것이 좋다고 생각해서 고요한 것이 아니다. 만물이 마음을 어지럽힐 수 없기 때문에 저절로 고요한 것이다. 물이 고요하면 수염이나 눈썹을 밝게 비출 수 있고 평평하여 수준기에 맞을 수 있다. 그러므로 큰 목수들이 물에서 방법을 터득한다. 물이 고요하여도 이처럼 밝은 능력이 발휘되는데 하물며 정밀하고 신비스러운 성인의 마음이 고요한데 있어서야 더 말할 나위가 있겠는가! 그것은 천지를 비쳐주는 거울이며 만물을 비쳐주는 거울이다. 텅 비고 고요하며 조용하고 담담하며 적막하고 자연스런 본래모습이 천지의 화평함이고 도덕의 극치이다. 그래서 제왕이나 성인은 거기에서 쉰다. 쉬면 텅 비고 텅 비면 본래모습이 가득해진다. 가득해진 본래세계는 조화를 이루는 세계다. 마음이 텅 비면 고요해지고, 고요해지면 (느낌의 세계가) 작동하고, 느낌의 세계가 작동하면 모든 것이 제대로 된다. 마음이 고요해지면 욕심에 따르는 행위가 없어지고, 욕심에 따르는 행위가 없어지면 일을 맡은 자가 제 역할을 다할 수 있다. 욕심에 따르는 행위가 없어지면 (불만이 없어지기 때문에) 마음이 항상 즐겁다. 마음이 항상 즐거우면 근심걱정이 끼어들 수 없고 그 때문에 수명이 길어진다.

[난자풀이]

積(적) : 쌓다. 적체되다.　六通(육통) : 여섯 갈래로 통한다는 말은 모든 방향으로 다 통한다는 말이다.　辟(벽) : 闢과 통용되어 열린다는 뜻이다. 따라서 四辟은 사방으로 열려서 통한다는 뜻으로 이해할 수 있다. 六通四辟은 사통팔달이란 뜻으로 이해하면 될 것이다.　鐃(뇨) : 징. 떠들썩하다.　鬚眉(수미) : 수염과 눈썹. 수미.　準(준) : 수준기. 평평한 것.　鑑(감) : 거울. 倫(륜) : 질서. 순서. 兪(유) : 愉와 통용. 즐거움.

[해설]

　사람들은 좋아하는 것도 많고 싫어하는 것도 많다. 부귀를 좋아하고 빈천을 싫어한다. 젊음을 좋아하고 늙음을 싫어한다. 삶을 좋아하고 죽음을 싫어한다. 그러나 그런 것은 참으로 좋은 것이 아니고, 참으로 싫은 것이 아니다. 그것은 모두 인간의 머리로 만들어낸 허상이요, 관념이다. 그런데도 사람들은 이 허상에 얽매어 벗어날 줄 모른다. 싫어하는 것을 보면 피하여 달아나다가도 좋아하는 것을 보면 집착을 하고 매달린다. 그래서 싫어하는 것에는 안주하지 못하지만 좋아하는 것에는 집착을 하여 앞으로 나아가지 못하고 정체하고 만다.

　길을 가는 사람이 싫어하는 곳을 보고 빨리 지나가기 위해 과속을 하거나 좋은 것에 매료되어 정지하면 길이 제 역할을 하지 못한다. 그러나 하늘은 그렇지 않다. 하늘은 머릿속에 허상을 그려 넣지 않는다. 더 빨리 가는 것도 없고 정체하는 것도 없다. 그래서 만물은 제대로 삶을 이룰 수 있다. 만약 하늘의 운행에 과속이나 정체가 있다면, 그래서 어떤 때는 겨울이 싫다고 건너뛰거나 봄이 좋다고 봄에 머물러 있기라도 하면 만물은 제대로 살아갈 수 없을 것이다.

　성왕의 정치방법도 이와 같다. 그들은 머릿속에 좋아하는 것과 싫어하는 것을 그리지 않는다. 그러므로 그들에게 소외

되는 것도 없고, 과잉으로 사랑 받는 것도 없다. 그래서 사람들은 모두 제대로 살아갈 수 있다.

본래모습으로 살아가는 사람은 머릿속에 그려 넣은 것이 없다. 그래서 일견 멍청한 듯 보이지만, 그의 마음은 늘 고요하다. 머릿속에 좋은 것과 싫은 것을 잔뜩 그려 넣으면, 좋은 것을 얻고 싶고 싫은 것을 피하고 싶은 욕심이 생긴다. 그리고 그 욕심을 채우기 위해 마음은 늘 복잡하다. 그렇지만 머리에 아무 것도 그려 넣지 않은 사람은 복잡한 것이 없으므로 늘 고요하다. 성인의 마음이 고요한 것은 고요한 것이 좋은 것이라고 판단하여 의도적으로 추구하는 그런 고요함이 아니다. 그저 고요할 뿐이다.

성인의 삶은 느낌으로 충만한 삶이다. 느낌의 세계는 지극히 정밀하다. 때와 장소에 따라 느낌은 늘 다르다. 같은 느낌은 하나도 없다. 또 느낌의 세계는 지극히 신비스럽다. 머릿속에서 계산하거나 판단할 수 있는 세계가 아니다. 느낌의 세계야말로 천지를 정확하게 비추고 만물을 제대로 파악한다.

머릿속에 그려 넣은 가치관으로 만물이나 사람을 평가하면 언제나 의식 속의 기준으로 평가하기 때문에 한 번도 제대로 평가할 수 없다. 오직 그것을 해체하고 느낌의 세계로 돌아갔을 때 천지를 공평하게 평가할 수 있다.

느낌의 세계로 돌아가면 머릿속에 그려 넣은 허상이 사라지고 비로소 느낌의 세계가 충실해진다. 느낌의 세계가 충실해지면 자연의 질서가 모습을 드러낸다.

  머릿속에 그려 넣은 허상이 사라지면 욕심이 사라지고 마음이 고요해진다. 마음이 고요해지면 느낌의 세계가 작동하기 시작한다. 느낌의 세계가 작동해야 모든 것이 제대로 돌아간다. 느낌의 세계로 살아가면 무위자연으로 살게 되어 모든 일이 제대로 수행된다. 느낌의 세계에서 맛보는 맛이 참된 맛이고, 느낌의 세계에서 바라보는 산천이 본래의 산천이며, 느낌의 세계에서 듣는 소리가 참된 소리이고, 느낌의 세계에서 맡는 냄새가 본래의 냄새다. 느낌의 세계로 살아가면 생명이 충만하고 진실이 충만하여 몸에 나타난다.


夫虛靜恬淡寂漠無爲者 萬物之本也 明此以南鄕 堯之爲君也 明此以北面 舜之爲臣也 以此處上 帝王天子之德也 以此處下 玄聖素王之道也 以此退居而閒游 江海山林之士服 以此進爲而撫世 則功大名顯 而天下一也 靜而聖 動而王 無爲也而尊 樸素而天下莫能與之爭美

[국역]
  텅 비고 고요하며 조용하고 담담하며 적막하고 자연스런 본래모습이 만물의 근본이다. 이 근본을 밝혀 임금 노릇한 것이 요임금이고 이 근본을 밝혀서 신하 노릇한 것이 순임

금이다. 이러한 근본을 가지고 윗자리에 있는 것이 제왕이나 천자의 역할이고, 이 근본을 가지고 아래에 처하는 것이 심오한 진리를 가진 성인이나 제왕의 자격을 갖춘 인물들의 역할이다. 이 근본을 가지고 물러나 한가하게 지내는 것이 강이나 바다 또는 산림에 거처하는 은자들의 역할이다. 이 근본을 가지고 나아가 다스리고 세상을 어루만지면 공이 커지고 이름이 드러나며 천하가 하나가 된다. 가만있으면 성인이 되고 움직이면 제왕이 된다. 자연의 모습대로만 살아가는데 존귀한 대접을 받게 되고 소박한 상태로 있는데도 천하에 그와 아름다움을 겨룰 수 있는 사람이 없다.

[난자풀이]
鄕(향) : 向과 통용. 임금은 남으로 향해 앉고 신하는 북으로 향해 앉기 때문에 임금노릇 하는 것을 남향이라 하고 신하노릇 하는 것을 북향이라 한다. 여기서는 남향을 임금노릇 하는 것으로 풀이했기 때문에 뒷문장인 堯之爲君也의 '임금노릇 한다'는 뜻의 爲君과 중복되므로 하나를 생략했다. 玄(현) : 가물가물하다. 심오하다.  玄聖(현성) : 심오한 진리를 가진 성인. 素王(소왕) : 왕의 직책에 있지 않으면서 왕의 자격을 갖춘 사람. 服(복) : 하는 일. 복무.

[해설]
  머리에서 그려낸 아름다움은 참이 아니다. 그것은 사람이

그려낸 가공이요, 가짜다. 또 머리에서 그려내는 작업은 일정하지 않고 변할 수도 있는 것이기 때문에 사람이 그려낸 아름다움은 일시적인 아름다움이고 싫증이 나는 아름다움이다. 그러나 자연이 머금고 있는 아름다움은 영원한 아름다움이고 참된 아름다움이다. 자연의 모습을 지니고 있는 사람의 아름다움 또한 이와 같다. 그러므로 모든 사람들이 어떠한 역할을 하더라도 그 삶의 밑바닥에는 참된 진리가 깔려 있지 않으면 안 된다.

夫明白於天地之德者 此之謂大本大宗 與天和者也 所以均調天下 與人和者也 與人和者 謂之人樂 與天和者 謂之天樂 莊子曰 吾師乎 吾師乎 韲萬物而不爲戾 澤及萬世而不爲仁 長於上古而不爲壽 覆載天地刻雕衆形而不爲巧 此之爲天樂 故曰 知天樂者 其生也天行 其死也物化 靜而與陰同德 動而與陽同波 故知天樂者 無天怨 無人非 無物累 無鬼責 故曰 其動也天 其靜也地 一心定而王天下 其鬼不祟 其魂不疲 一心定而萬物服 言以虛靜推於天地 通於萬物 此之謂天樂 天樂者 聖人之心 以畜天下也

[국역]

  천지의 덕에 밝은 자, 이를 일컬어 큰 뿌리, 큰 으뜸이라 하는 것이니, 하늘과 조화되는 자이다. 천하의 사람들과 골고루 조화할 수 있는 것은 사람들과 조화되는 자이다. 사람들과 조화를 이루는 것을 사람의 즐거움이라 하고, 하늘과 조화를 이루는 것을 하늘의 즐거움이라 한다. 장자가 말하기를, "나의 스승이여! 나의 스승이여! 만물을 부수어도 사나운 것으로 여겨지지 않고, 혜택이 만세에 이르러도 어질게 여겨지지 않으며, 상고 때보다 오래되었어도 오래 산 것으로 여겨지지 않고, 천지를 덮고 실으며, 만물의 형체를 조각해도 재주 있는 것으로 여겨지지 않는다."고 했으니, 이를 하늘의 즐거움이라 한다. 그러므로 말하기를, "하늘의 즐거움을 아는 자는 그 삶은 하늘의 움직임이고 그 죽음은 물체로 바뀌는 것이다. 고요할 때는 음과 같은 모습을 하고, 움직일 때는 양과 함께 물결친다."고 했다. 그러므로 하늘의 즐거움을 아는 자는 하늘을 원망하는 일이 없고, 사람을 비난하는 일이 없으며, 다른 것을 구속하는 일이 없고, 귀신을 질책하는 일이 없다. 그러므로 말하기를, "그 움직임은 하늘이고 그 고요함은 땅이다. 한 마음이 안정되어 천하의 주인공이 되어 그 귀신이 병들지 않고 그 영혼이 피곤하지 않다. 한 마음이 안정되어 만물이 감복한다."고 했으니, 텅 비고 고요한 느낌의 세계로 천지에 미루어 가고 만물에 통하는 것을 말한 것이다. 이를 일컬어 하늘의 즐거움이라 하는 것이니, 하늘의 즐거움이란 성인이 마음으로 천하를 기르는 것이다.

[난자풀이]

鏊(제) : 부수다. 하늘은 가을에 만물을 죽이고 부수어도 만물이 싫어하거나 미워하지 않는다. 그것은 만물을 살리는 작용이고, 무위자연의 모습이기 때문이다.　同德(동덕) : 삶의 모습이 같은 것.　波(파) : 물결친다. 삶은 바람에 따라 물결치는 파도처럼 자연스런 모습으로 움직이는 것이 제대로 된 것이다.　累(루) : 묶다. 구속하다.　鬼(귀) : 천지를 운행하는 기운이기도 하고, 사람이나 만물을 움직이는 기운이기도 하다.　王天下(왕천하) : 천하에 왕 노릇 한다는 말은 천하의 주인공이 된다는 말이다.　祟(수) : 빌미. 귀신이 내리는 재앙.　畜(흑) : 쌓다. 막히다. 가축. 다만 '기르다'는 뜻일 때는 음이 '휵'이 된다.

[해설]

　천지의 움직임은 만물의 움직임을 가능하게 하는 큰 움직임이다. 만물은 천지의 움직임에 편승하여 움직이고 있는 것이다. 흐르는 강물을 천지의 움직임에 비유한다면 그 강물에 떠내려가는 많은 물건들은 만물에 비유할 수 있다. 흐르는 물은 만물의 흐름을 가능하게 하는 하나의 큰 뿌리이고 움직임의 으뜸이다. 흐르는 강물과 완전히 일체가 되는 것은 전체와 조화되는 것이고, 그리하여 다른 모든 것과 함께 흐르는 것은 만물과 조화를 이루는 것이다. 이러한 비유에서 보면 만물과 조화되는 으뜸이 바로 하늘과 조화되는 것임을 알 수 있다.

하늘은 만물을 모두 죽인다. 어느 하나도 죽이지 않는 것이 없다. 그렇지만, 만물은 하늘을 사나운 존재로 생각하지 않는다. 그것은 왜일까? 하늘은 만물을 미워하는 감정을 가지고 있지도 않고 의도적으로 죽이지도 않는다. 그것은 자연일 뿐이다. 그리고 만물이 각각 죽는 것은 전체가 살아가는 하나의 현상인 것이다. 그러므로 하늘이 만물을 죽이는 것은 죽이는 것이 아니라 살리는 현상이다.

또 하늘은 만물에게 영원토록 은혜를 베풀지만 만물이 하늘을 고맙게 생각하지 않는 것은 하늘이 만물을 사랑하는 것이 아니라 자연이기 때문이다. 하늘은 영원히 존재하지만 그것은 생명체가 유지되는 것과 같은 모습이 아니기 때문에 오래 사는 것으로 느껴지지도 않는다. 하늘이 만물을 만드는 것은 지극히 교묘하지만 단지 자연의 모습일 뿐이므로 교묘하다고 생각하지도 않는다.

하늘과 하나 되는 사람이 움직이는 것은 하늘이 움직이는 것이고, 죽는 것은 물질적으로 변해 가는 과정에 불과하다. 하늘과 하나 되는 사람은 남과 나의 구별이 없다. 그러므로 하늘을 원망할 일도 남을 비난할 일도 없다.

하늘과 하나가 되어 사는 사람은 마음속에 일체의 번민이 없다. 언제나 느낌의 세계에 충만하여 불안하지 않다. 그는 하늘의 입장에서 천하를 바라보고 살기 때문에 그는 언제나 천하의 왕이고 주인공이다. 귀신은 몸에 들어있으면서 몸을 움직이는 氣의 작용을 말한다. 이른바 기운이란 것이 그것이다. 하늘과 하나 되는 사람의 움직임은 우주의 힘으로 움직이는 사람이다. 그의 기운은 늘 충만하다. 그는 병들지 않는다.

　영혼은 기운을 부리는 정신작용이다. 영혼이 온전하지 못하면 기운이 있어도 온전하게 부리지 못한다. 하늘과 하나 되는 사람의 영혼은 하늘의 뜻이고 우주의 영혼이다. 따라서 그의 영혼은 지치지 않는다. 그러나 욕심은 사람의 몸속에만 들어있는 극히 작은 것이므로 그 에너지에 한계가 있다. 그러므로 욕심을 부리면 곧 지치게 된다.


夫帝王之德　以天地爲宗　以道德爲主　以無爲爲常　無爲也則用天下而有餘　有爲也則爲天下用而不足　故古之人貴夫無爲也　上無爲也　下亦無爲也　是下與上同德　下與上同德　則不臣　下有爲也　上亦有爲也　是上與下同道　上與下同道　則不主　上必無爲而用天下　下必有爲　爲天下用　此不易之道也　故古之王天下者　知雖落天地　不自慮也　辯雖彫萬物　不自說也　能雖窮海內　不自爲也　天不産而萬物化　地不長而萬物育　帝王無爲而天下功　故曰莫神於天　莫富於地　莫大於帝王　故曰　帝王之德配天地

此乘天地 馳萬物 而用人羣之道也


[국역]

　대저 제왕의 덕은 천지를 으뜸으로 삼고 도덕을 주인으로 삼으며, 무위를 상도(常道)로 삼는다. 무위를 하면 천하를 쓰고도 남지만, 유위를 하면 천하에 쓰임을 당하고도 모자란다. 그러므로 옛 사람은 무위를 귀하게 여긴다. 윗사람이 무위를 하고 아랫사람이 무위를 하면 이는 아랫사람과 윗사람의 덕이 같은 것이다. 아랫사람과 윗사람의 덕이 같으면 신하 되지 않는다. 아랫사람이 유위를 하고 윗사람 역시 유위를 하면 이는 윗사람과 아랫사람의 방도가 같은 것이다. 윗사람과 아랫사람의 방도가 같으면 임금이 되지 못한다. 윗사람은 반드시 무위를 해야 천하를 쓰고, 아랫사람은 반드시 유위를 해야 천하에 쓰임을 당하는 것이니, 이것은 영원히 바뀌지 않는 진리이다. 그러므로 옛날 천하에 임금 노릇한 사람은 지혜가 비록 천지를 다 떨어뜨릴 수 있다 하더라도 스스로 그러한 것을 생각하지 않고, 변별력으로 만물을 다 구별해낼 수 있다 하더라도 스스로 그런 것을 기뻐하지 않으며, 능력이 비록 온 세상을 다 거들 낼 수 있다 하더라도 스스로 그런 것을 하지 않는다. 하늘은 생산하지 않아도 만물이 저절로 생겨나고, 땅은 성장시키지 않아도 만물이 저절로 자라며, 제왕은 하는 것이 없어도 천하에 공이 이루어진다. 그러므로 말하기를, "하늘보다 더 신비한 것이 없고, 땅보다 더 넉넉한 것이 없으며, 제왕보다 더 위대한 것이 없다"고 했다. 그러므로 말하기를, "제왕의 덕은 천지와 짝을 이룬다."고 했으니, 이는 천지를 타고 만물을 달리게 하며, 사람들을 쓰는 방식이다.

[난자풀이]
德(덕) : 삶의 모습. 살아가는 능력.  化(화) : 생겨난다. 없던 것에서 새로운 것이 생기는 것.  人羣(인군) : 사람의 무리. 사람들.

[해설]
  무위를 하면 천지우주와 하나가 되기 때문에 천하를 움직이고도 남음이 있다. 유위를 하면 몸 안의 에너지만을 쓰기 때문에 힘이 미약하여 다른 사람에게 부림을 받을 수밖에 없다.
  윗사람과 아랫사람이 함께 무위를 하면 모두가 하늘이고 우주다. 그렇게 되면 신하 노릇할 사람이 아무도 없기 때문에 위아래의 계급이 생길 수 없다. 또 윗사람과 아랫사람이 함께 유위를 하면 모두가 미약하여 임금 노릇할 사람이 아무도 없기 때문에 역시 계급이 성립되지 않는다. 그러므로 무위를 하는 사람이 윗사람이 되고 유위를 하는 사람이 아랫사람이 되는 경우가 가장 무난하다.
  하늘은 이 세상을 떨어뜨릴 수 있어도 그런 생각을 하지 않고, 이 세상을 다 거들 낼 수 있어도 그런 것을 하지 않는다. 하늘과 하나가 된 사람도 이와 같다. 하늘은 만물을 사랑한다는 표현을 하지 않는다. 오직 무위자연으로 움직일 뿐이지만, 만물이 저절로 자라는 것이다.


本在於上 末在於下 要在於主 詳在於臣 三軍五兵之運 德之末也 賞罰利害 五刑之辟 教之末也 禮法度數 刑名比詳 治之末也 鐘鼓之音 羽旄之容 樂之末也 哭泣衰絰 隆殺之服 哀之末也 此五末者 須精神之運 心術之動 然後從之者也 末學者 古人有之 而非所以先也 君先而臣從 父先而子從 兄先而弟從 長先而少從 男先而女從 夫先而婦從 夫尊卑先後 天地之行也 故聖人取象焉 天尊地卑 神明之位也 春夏先秋冬後 四時之序也 萬物化作 萌區有狀 盛衰之殺 變化之流也 夫天地至神 而有尊卑先後之序 而況人道乎 宗廟尚親 朝廷尚尊 鄉黨尚齒 行事尚賢 大道之序也


[국역]
  근본적인 것은 위에 있고 말단인 것은 아래에 있으며, 핵심적인 일은 임금에게 있고, 자세한 일들은 신하에게 있다. 삼군과 오병의 움직임은 마음씀씀이의 말단이고, 상벌과 이

해와 오형의 형벌들은 교화의 말단이며, 예법과 도수와 형벌과 명분과 자세한 문물제도는 다스림의 말단이고, 종과 북의 소리 및 새의 깃과 짐승의 털을 가지고 춤추는 자태는 음악의 말단이며, 곡하는 것과 우는 것, 여러 가지로 구별되는 갖가지 상복은 슬픔의 말단이다. 이 다섯 말단은 모름지기 정신이 움직이고 마음이 움직인 뒤에 따르는 것이다. 말단에 관한 학문은 옛사람이 없애지는 않았지만 먼저 추구하는 것은 아니었다. 임금은 앞서고 신하는 따르며, 아버지는 앞서고 아들은 따르며, 형은 앞서고 동생은 따르며, 늙은 사람이 앞서고 젊은 사람이 따르며, 남자가 앞서고 여자가 따르며, 남편이 앞서고 부인이 따른다. 대저 높고 낮은 것과 앞서고 따르는 것은 천지의 움직임이다. 그러므로 성인은 거기에서 이치를 취한다. 하늘이 높고 땅이 낮은 것은 천지신명의 위치이고, 봄과 여름이 앞서고 가을과 겨울이 따르는 것은 사계절의 차례다. 만물이 생겨나서 자라고 싹이 터서 갖가지 종류로 나뉘어져 모양을 갖추는 것은 번성하고 쇠퇴하는 모습이요 변화의 과정이다. 천지는 지극히 신비스럽지만 높고 낮고 앞서고 뒤서는 차례가 있으니, 하물며 사람의 도리에 있어서랴! 종묘에서는 촌수를 중시하고, 조정에서는 계급을 중시하며, 시골에서는 나이를 중시하고, 행사를 할 때는 능력을 중시하는 것이니 이것이 대도의 질서이다.

[난자풀이]

三軍(삼군) : 上軍・中軍・下軍. 전군을 일컬음.　五兵(오병) : 다섯 가지 병기. 활. 창. 도끼. 방패. 칼 등등을 일컫는다. 다섯 가지 종류에 관해서는 여러 가지 설들이 있어 일치하지 않는다.　五刑(오형) : 다섯 가지 형벌. 코를 베는 형벌인 劓(의), 얼굴에 먹물을 넣는 墨(묵), 발꿈치를 자르는 刖(월), 거세를 하는 宮(궁), 사형에 해당하는 大辟(대벽) 등이 있다.　刑名(형명) : 형벌과 명분.　比詳(비상) : 즐비하고 상세한 문물제도를 말함.　羽旄(우모) : 새 깃이나 짐승의 털.　衰絰(최질) : 삼년상을 치를 때 입는 상복과 머리에 두르는 줄과 허리에 두르는 줄.　齒(치) : 나이.　心術(심술) : 마음.　萌區(맹구) : 싹이 터서 각각 다른 모양을 갖추는 것. 초목이 갓 싹이 텄을 때는 서로 비슷해 보이지만, 차츰 자라면서 각각의 종류대로 모양을 갖춘다.　殺(쇄) : 조금씩 정도가 변하는 과정을 표현한 말이다.　尙(상) : 숭상한다. 중시한다.　親(친) : 친족 간의 촌수와 항렬 등에 따른 친소관계.　尊(존) : 계급의 높이.

[해설]

　이 부분은 장자의 사상보다는 오히려 유가의 사상 그 중에서도 특히 주역 계사전의 내용과 유사하다.
　만물은 모두 생겨나서 자라고 번성하고 쇠퇴하는 과정을 거친다. 생겨나서 자라는 과정, 자라서 번성하는 과정, 번성하고 쇠퇴하는 과정이 별개의 과정으로 구분되어 있는 것이 아니다. 조금씩의 변화가 그런 과정이 되는 것이다. 이 조금씩 쇠퇴하는 변화의 과정을 장자는 殺(쇄)라 표현했다.


語道而非其序者　非其道也　語道而非其道者　安取道　是故　古之明大道者　先明天而道德次之　道德已明而仁義次之　仁義已明而分守次之　分守已明而形名次之　形名已明而因任次之　因任已明而原省次之　原省已明而是非次之　是非已明而賞罰次之　賞罰已明而愚知處宜　貴賤履位　仁賢不肖襲情　必分其能　必由其名　以此事上　以此畜下　以此治物　以此脩身　知謀不用　必歸其天　此之謂太平　治之至也


[국역]

　도를 말하면서 질서를 비난한다면 그것은 그 도를 비난하는 것이다. 도를 말하면서 그 도를 비난한다면 어디에서 도를 취하겠는가! 이 때문에 옛날 대도에 밝은 자는 먼저 하늘을 밝혔는데 도덕이 따라서 밝아졌다. 도덕이 밝아지고 나니 인의가 따라서 밝아졌다. 인의가 밝아지고 나니 분수가 따라서 밝아졌다. 분수가 밝아지고 나니 형명이 따라서 밝아졌다. 형명이 밝아지고 나니 인임이 따라서 밝아졌다. 인임이 밝아지고 나니 원성이 따라서 밝아졌다. 원성이 밝아지고 나니 시비가 따라서 밝아졌다. 시비가 밝아지고 나니 상벌이 따라서 밝아졌다. 상벌이 밝아지고 나니 어리석은 자와 지혜로운 자가 마땅한 자리에 처하고, 귀하고 천한 자가 제 자리에 있으며, 어진 자와 못난 자가 자기 실상을 유지하면서 반드시 자기의 능력을 담당하고, 반드시 그 이름에 맞는 역할을 하여, 이로써 윗사람을 섬기고, 이로써 아랫사람을 기르며, 이로써 모든 것을 다스리고, 이로써 몸을 닦아, 지식과 꾀를 쓰지 않고 반드시 하늘에 귀결시켰다. 이를 일러 태평이라고 하는 것이니, 다스림의 극치이다.

[난자풀이]
天(천): 하늘. 자연. 자연의 질서. 세상을 지탱하는 가장 근원적인 힘. 形名(형명): 직분. 자기의 몸에 걸맞은 일과 이름에 걸맞은 일. 因任(인임): 재능에 따르는 역할. 原省(원성): 일의 잘잘못을 살피는 것. 襲情(습정): 襲은 지속하는 것이고, 情은 실정. 실상. 그러므로 襲情은 '자기의 실상을 유지하는 것'이다. 分(분): 나누어진 자기의 역할을 담당하는 것.

[해설]
 내용으로 보아 유가철학의 명분론에 해당한다. 물론 유가철학과 도가철학이 전혀 동떨어져 있는 것은 아니다. 산 아래에서 정상에 올라가는 길에 비유한다면 유가철학은 산 아래에서 정상까지 가는 길을 다 말한 것이라면, 도가철학은

정상의 언저리를 주로 말한 것이다. 따라서 유가철학에서 심오한 부분을 말하면 도가 철학과 통하고, 도가 철학에서 현상적인 것을 말하면 유가철학과 통한다.

故書曰 有形有名 形名者 古人有之而非所以先也 古之語大道者 五變而形名可擧 九變而賞罰可言也 驟而語形名 不知其本也 驟而語賞罰 不知其始也 倒道而言 迕道而說者 人之所治也 安能治人 驟而語形名賞罰 此有知治之具 非知治之道 可用於天下 不足以用天下 此之謂辯士 一曲之人也 禮法數度 形名比詳 古人有之 此下之所以事上 非上之所以畜下也

[국역]
　그래서 옛 책에 말하기를, "몸이 있고 이름이 있다"고 했다. 형명이란 옛 사람이 언급은 하지만, 먼저 언급하는 것은 아니다. 옛날의 대도를 말하는 자는 다섯 번째 차원에서 형명을 거론했고, 아홉 번째 차원에서 상벌을 언급할 수 있었다. 갑자기 형명을 말하면 그 근본을 알지 못하기 때문이고, 갑자기 상벌을 말하면 그 시초를 알지 못하기 때문이었다. 도를 거꾸로 해서 말을 하고 도를 틀리게 말하는 자는 다른 사람에게 다스림을 받아야 하는 자이니 어떻게 다른 사람을

다스리겠는가! 갑자기 형명이나 상벌을 말하는 것은 그것은 다스리는 도구를 아는 것뿐이니, 다스리는 도리를 아는 것이 아니다. 천하에 쓰임을 당할 수는 있어도 천하를 쓰기에는 부족하다. 이를 일러 말만 하는 선비라 하는 것이니 한 모퉁이에 해당하는 사람이다. 예법이나 여러 가지 제도, 여러 가지 직업들과 자세한 문물은 옛 사람이 보존해 두고 있기는 하지만, 그것은 아랫사람이 윗사람을 섬기는 수단이지, 윗사람이 아랫사람을 기르는 수단은 아니다.

[난자풀이]
書(서) : 옛 책. 구체적으로 어느 책을 말하는지는 알 수 없다.
迕(오) : 거스르다. 틀리다.

[해설]
정치의 근본 방법을 말한 것이다.


昔者舜問於堯 曰天王之用心何如 堯曰 吾不敖無告 不
廢窮民 苦死者 嘉孺子 而哀婦人 此吾所以用心已 舜曰
美則美矣 而未大也 堯曰 然則何如 舜曰 天德而出寧
日月照而四時行 若晝夜之有經 雲行而雨施矣 堯曰 膠
膠擾擾乎 子天之合也 我人之合也 夫天地者 古之所大也
而黃帝堯舜之所共美也 故古之王天下者 奚爲哉 天地而

## 已矣

[국역]

　옛날 순임금이 요임금에게 물었다. "임금님께서의 마음 씀씀이는 어떠했습니까?" 요임금이 대답했다. "나는 외로운 백성을 업신여기지 않고 곤궁한 백성을 잘 보살피며 죽은 자에 대해서 애통해하고 어린이를 사랑하며 부인은 어여삐 여긴다. 이것이 나의 마음 씀씀이다." 순임금이 말했다. "좋긴 좋지만 아직 위대하지는 않습니다." 요임금이 말했다. "그렇다면 어떻게 해야 하는가?" 순임금이 말했다. "하늘이 덕을 베풀어 (만물을) 편안한 곳으로 나아가게 하고, 해와 달이 비추어 사시가 운행됩니다. 밤과 낮이 바뀌는 것처럼 해야 하고 구름이 날고 비가 오는 것처럼 해야 합니다." 그러자 요임금은 다음과 같이 말했다. "나는 그간에 세상일에 집착하여 마음을 어지럽히고 있었구나! 그대는 하늘과 합치되었고 나는 사람들과 합치되는 수준이었다." 대저 하늘과 땅이란 옛사람들이 모두 으뜸으로 생각하던 것이고 황제와 요임금 순임금이 다 같이 아름답게 여기던 것이다. 그러니 옛날 천하에 임금 노릇 하던 자들은 무엇을 했겠는가? 하늘과 땅을 따랐을 뿐이다.

[난자풀이]
膠膠(교교) : 교착되어 있는 모양. 얽매어 있는 모양.　擾擾(요

요) : 어지러운 모양.

[해설]
 이 세상은 본래 에덴의 동산이다. 하늘이 만물을 제대로 기르고 있고 해와 달이 만물을 제대로 비추고 있다. 그 속에서 밤낮이 바뀌어가듯, 구름이 흘러가듯 그렇게 살기만 하면 된다. 인간이 잔꾀를 부려 손을 대면 댈수록 세상은 잘못되고 만다.


孔子西藏書於周室　子路謀曰　由聞周之徵藏史有老聃者免而歸居　夫子欲藏書　則試往因焉　孔子曰善　往見老聃而老聃不許　於是繙十二經以說　老聃中其說　曰大謾　願聞其要　孔子曰　要在仁義　老聃曰　請問　仁義人之性邪　孔子曰然　君子不仁則不成　不義則不生　仁義眞人之性也　又將奚爲矣　老聃曰　請問　何謂仁義　孔子曰　中心物愷　兼愛無私　此仁義之情也　老聃曰　意　幾乎　後言　夫兼愛不亦迂乎　無私焉乃私也　夫子若欲使天下無失其牧乎　則天地固有常矣　日月固有明矣　星辰固有列矣　禽獸固有羣矣　樹木固有立矣　夫子亦放德而行　循道而趨　已至矣　又何偈偈乎揭仁義　若擊鼓而求亡子焉　意　夫子亂人之性也

[국역]

　공자가 서쪽으로 가서 주나라의 왕실에 (자신의) 서적을 소장시키려 했다. 자로가 의논하여 말하기를, "제가 들으니, 주나라의 징장사 중에 노담이란 자가 있는데, 지금은 그만두고 고향으로 돌아가 살고 있다고 하니, 선생님께서 서적을 소장케 하시려면 시험삼아 그에게 가서 소개받도록 하시지요?"라고 했다. 그러자 공자는 "좋다"고 대답하고, 가서 노담을 만나 보았는데, 노담이 들어주지 않았다. 이에 공자는 (가지고 간) 十二經을 펴놓고 설득했다. 노담이 그 말 중간에 말했다. "너무 번거로우니 그 요점을 듣고 싶소." 공자가 말했다. "요점은 인의에 있습니다." 노담이 말했다. "묻겠는데 인의는 사람의 본성인가요?" 공자가 말했다. "그렇습니다. 군자가 어질지 못하면 (군자라는 이름을) 이루지 못하고, 의롭지 못하면 (군자로서) 살아갈 수 없으니, 인의는 참으로 사람의 본성입니다. 그러니 (이것 말고) 또 앞으로 무엇을 하겠습니까?" 노담이 말했다. "묻겠는데 무엇을 인의라 합니까?" 공자가 말했다. "마음속에서부터 만물을 즐거워하고 모든 사람을 똑같이 사랑하여 사심이 없는 것, 이것이 바로 인의의 내용입니다." 노담이 말했다. "아! 근사하기는 하다만, 뒤늦게 겸애를 말하는 것은 또한 겉도는 것이잖은가! 사심을 없애려 하는 것이 바로 사심이다. 선생은 만약 천하의 모든 사람들이 제대로 길러지기를 바라는가? 천지는 본래 일정한 질서가 있고, 해와 달은 본래 밝음이 있으며, 별들은 본래

잘 배열되어 있으며, 금수는 본래 무리 지어 살고 있으며, 수목은 본래 제대로 서 있으니, 선생도 또한 본래 갖추어진 덕에 맞추어 행동하고 도를 따라 나아간다면 이미 충분할 것인데 또 무엇 때문에 애써 인의를 내걸고 마치 북을 두드리며 도망간 자식을 찾듯이 합니까? 아! 선생은 사람의 본성을 어지럽히고 있습니다."

[난자풀이]
子路(자로) : 공자의 제자인 仲由의 자.　徵藏史(징장사) : 서적의 진위를 증명하거나 서적을 보관하는 관리. 오늘날의 도서관의 司書.　老聃(노담) : 노자에 대한 호칭.　因(인) : 중매로 삼다. 소개자로 삼다.　許(허) : 허락하다. 들어주다.　繙(번) : 펼쳐놓다.　十二經(십이경) : 구체적으로 무슨 經을 말하는지 알 수 없다. 공자 당시에는 『논어』, 『맹자』 등이 없었기 때문에 十二經은 공자가 편찬한 모든 經을 지칭하는 것으로 이해할 수 있다. 십이라는 숫자는 일 년 열두 달 전부이기 때문에 '모든' '전부' 등의 뜻으로 이해할 수도 있을 것이다.　說(세) : 설득하다. 달래다. 이때는 음이 '세'이다.　中其說(중기설) : 말하는 중간에 따고 들어가다.　謾(만) : 번거롭다.　愷(개) : 즐겁다.　噫(희) : '아!' 하고 감탄하는 말. 이때의 음은 '희'이다. 迂(우) : 우활하다. 겉돈다.　偈偈(걸걸) : 힘쓰는 모양.

[해설]

　마음속에서부터 만물을 즐거워하고 모든 사람을 똑같이 사랑한다는 것 자체가 이미 사심이다. 내가 남을 사랑한다는 것은 이미 나와 남의 구별을 하고서 성립되는 것이므로 이미 한마음의 상태를 떠난 것이다. 순수하게 한마음의 상태를 유지한다면, 남이 바로 나로 바뀐다. 거기에는 내가 남을 사랑한다는 의식이 개입할 수 없다.

　인의를 말하기 전에, 다시 말해서 사심이 생기기 전에, 진리를 잃지 않고 보존하는 것이 제일 중요하다. 이미 진리를 잃고 그것을 찾으려고 하는 것은 때늦은 감이 있다고 노자는 보았다.

　인의를 실천해야 한다고 강하게 주장하면 그것이 또한 집착이 되어 순수한 본성을 더 잃어버리기 쉽다. 도망간 아이를 찾기 위해서는 될 수 있는 한 조용히 찾아야 한다. 떠들썩하게 찾으면 아이는 그 소리를 듣고 더욱더 도망가고 만다.


士成綺見老子而問曰　吾聞夫子聖人也　吾固不辭遠道而來　願見　百舍重趼而不敢息　今吾觀子　非聖人也　鼠壤有餘蔬　而弃妹不仁也　生熟不盡於前　而積斂無崖　老子漠然不應　士成綺明日復見　曰　昔者　吾有刺於子　今吾心正卻矣　何故也　老子曰　夫巧知神聖之人　吾自以爲脫焉　昔者　子呼我牛也　而謂之牛　呼我馬也　而謂之馬　苟有其實

人與之名而弗受　再受其殃　吾服也恒服　吾非以服有服
士成綺鴈行避影　履行遂進而問　脩身若何　老子曰　而容
崖然　而目衝然　而顙頯然　而口闞然　而狀義然　似繫馬而
止也　動而持　發也機　察而審　知巧而覩於泰　凡以爲不信
邊竟有人焉　其名爲竊

[국역]

　사성기가 노자를 뵙고 물었다. "저는 선생이 성인이라고 들었습니다. 그래서 저는 일부러 먼 길을 마다 않고 와서 뵙고자 하여 백 일을 걸어오는 동안 발에 못이 거듭 박히면서도 감히 쉬지 못했습니다. 그런데 지금 제가 선생의 모습을 보니, 성인이 아니십니다. 쥐구멍에 먹다 남은 채소가 있으니, 여동생을 버리듯이 어질지 못한 짓입니다. 날것과 익힌 것들이 눈앞에서 다 없어지지 않았는데도 끝없이 재물을 쌓고 거두어들이지 않습니까?" 노자는 조용히 아무 대꾸도 하지 않았다. 사성기가 다음날 다시 노자를 뵙고 말했다. "어저께 저는 선생을 헐뜯었는데 지금은 제 마음이 바르게 되어 그런 생각이 멎었습니다. 무슨 까닭인지요?" 노자가 말했다. "재주 있고 지혜롭고 신비롭고 성스러운 사람의 경지를 나는 스스로 초탈한 사람이라고 생각하네. 어제 자네가 나를 소라고 불렀다면 소라고 했을 것이고, 나를 말이라고 불렀다면 말이라고 했을 것이네. 참으로 그 사실이 있어서 남이 이름을 붙여 주는데 내가 받아들이지 않는다면 다시 그 재앙을 받을 것이니, 내가 승복하는 것은 늘 그냥 승복하는 것이라네. 나는 승복할 이유를 가지고 승복하는 것이 아니라네." 사성기는 비스듬히 옆으로 뒤따르면서 그림자도 밟지 않고 가다가 빨리 걸어 가까이 다가가 물었다. "몸을 닦으려면 어떻게 해야 합니까?" 노자가 말했다. "자네의 얼굴은 깎아지른 듯 모나고 자네의 눈은 공격적으로 쏘아보며, 자네의 이마는 튀어나와 있고, 자네의 입은 으르렁거리고 있으며, 자네의 모습은 우쭐대는 모습이니, 마치 말을 묶어 붙잡아 둔 것 같다. 움직이면서 욕심을 다 채우려 하여, 튀어나가는 것은 쇠뇌같이 빠르고, 만사를 잘 살펴서 상세하며, 잔꾀가 많고 교묘하면서 사치스러운 것에만 눈독을 들이고 있구나. 무릇 이런 사람들은 믿지 못할 사람으로 여긴다. 변경에 그런 사람이 있는데 그 이름을 '도둑'이라 하더군."

[난자풀이]
士成綺(사성기) : 인명. 물론 가공의 인물인지 어떤지 자세하지 않다.  固(고) : 故와 통용되어 '일부러'란 뜻이 된다.  舍(사) : 군대가 하루 동안 행군하는 거리. 따라서 百舍는 '백일 동안 걸어서'라는 뜻이다.  跰(견) : 발뒤꿈치에 생기는 굳은 살.  鼠壤(서양) : 쥐구멍에 있는 흙더미. 여기서는 문맥을 매끄럽게 하기 위해 그냥 '쥐구멍'이라 번역했다.  妹(매) : 여동생. 妹를 抹이나 昧 등의 뜻으로 보는 설들이 있지만, 따르지 않았다. 옛날에는 정치인들이 정적들에게 정치적 목적을 위해 여동생

을 시집보내는 일이 더러 있었던 것으로 보인다. 그것은 여동생을 버리는 잔인한 행위다. 崖(애): 벼랑. 낭떠러지. 無崖는 낭떠러지가 없는 것이니, '끝이 없는 것'을 말한다. 恒服(항복): 항상 그냥 승복하는 것. 진리의 차원에 있는 사람은 '나'라는 개념이 없어서 언제나 남에게 맞추어주는 삶을 산다. 언제나 남의 요구에 응함으로써 조화를 이루는 삶을 사는 것이다. 『노자』 제 59장에 早服이란 말이 나온다. 버티지 않고 바로 승복하는 것을 말한다. 以服(이복): 복종하지 않으면 안 되는 이유를 가지고 복종하는 것. 雁行(안행): 기러기가 하늘을 날 때처럼 앞사람의 뒤를 비스듬하게 따라가는 것. 대개 윗사람과 함께 길을 갈 때는 윗사람의 왼쪽에서 한걸음이나 반걸음 정도 늦게 따라가는 것이 예의이다. 避影(피영): 윗사람을 존경하는 마음이 있을 때는 윗사람의 그림자도 함부로 밟지 않는다. 履行(리행): 과감하게 빨리 걷다. 앞사람과 보조를 맞추어 걷다가 질문을 하기 위해 다가갈 때는 빠른 걸음이 될 수밖에 없다. 而(이): 너. 崖(애): 절벽. 얼굴이 절벽처럼 모가 나는 것은 마음이 모가 나기 때문이다. 衝然(충연): 공격하듯이. 頯然(규연): 튀어나와 있는 모양. 闞(감): 闞과 통용되어, 으르렁거리는 모양. 義(의): 옳다. 자기가 옳은 듯한 모습을 하고 있는 것은 우쭐되는 것이다. 持(지): 욕심을 가지고 채우려고 하는 것. 『노자』 제 9장에는 持而盈之라는 말이 나온다. 욕심을 가지고 채우려한다는 뜻이다. 機(기): 쇠뇌. 睹於泰(도어태): 사치스럽고 화려한 것에만 눈독을 들임. 邊竟(변경) : 邊境과 통용됨.

[해설]

　먹다 남은 채소 하나 버리는 것과 여동생을 버리는 것은 정도의 차이가 있을 뿐 어질지 못한 점으로 보면 다 똑같다.
　성인은 '나'라는 개념이 없기 때문에 언제나 상대에게 맞추어줄 수 있다. 상대가 자기를 바보라고 부르면 자기도 자기를 '바보'라고 인정해준다. 상대방의 입장에서 상대방의 마음이 되면 그렇게 되는 것이 조금도 이상하지 않다.


老子曰　夫道　於大不終　於小不遺　故萬物備　廣廣乎其無不容也　淵乎其不可測也　形德仁義　神之末也　非至人　孰能定之　夫至人有世　不亦大乎　而不足以爲之累　天下奮棟而不與之偕　審乎無假　而不與利遷　極物之眞　能守其本　故外天地　遺萬物　而神未嘗有所困也　通乎道　合乎德　退仁義　賓禮樂　至人之心有所定矣

[국역]

　노자가 말했다. "도는 큰 것을 수용하는 데 있어서도 다하지 않고, 작은 것을 수용하는 데 있어서도 빠뜨리지 않는다. 그러므로 만물이 다 갖추어진다. 넓고 넓어서 받아들이지 않음이 없고, 깊어서 헤아릴 수 없다. 육체적 삶과 인의를 따르는 것은 정신의 말단이다. 지인이 아니면 누가 이를 판정하겠는가! 지인이 세상을 다스리는 것은 또한 위대하지 않겠는가마는 그러나 그것이 (지인을) 묶어두기에는 부족하다. 온 천하 사람들이 권력을 잡으려고 분투하지만 그들과 함께 어울리지 않고, 거짓 없는 진실을 잘 살펴서 이익에 따라 움직이지 않으며, 사물의 참 모습을 끝까지 간파하여 그 근본을 잘 지킨다. 그러므로 천지를 소외시키고 만물을 유실해도 정신은 곤란을 당하는 법이 없다. 도에 통하고 덕에 합치되어 인의를 그만두고 예악을 물리치니 지인의 마음은 정해진 바가 있다.

[난자풀이]
老子(노자) : 夫子로 되어 있는 판본도 있다. 形德(형덕) : 육체적 삶의 내용. 몸을 기준으로 살아가는 삶의 내용. 有世(유세) : 세상을 가지다. 세상을 다스리다. 柄(병) : 권력. 外天地(외천지) : 천지를 소외시키다. 하늘이 무너지고 땅이 꺼질 듯한 일이 일어나는 것. 遺萬物(유만물) : 만물을 유실하는 것. 賓(빈) : 擯과 통용. 물리치다.

[해설]
　지인은 혼돈으로 살아가는 사람이다. 그렇기 때문에 지인은 모든 사물을 보더라도 그것을 혼돈으로 받아들인다. 혼돈

은 어떤 경우에도 변함이 없다. 흥망성쇠가 없고 생로병사가 없다. 천지가 없어져도 변함이 없고, 만물이 사라져도 차이가 없다. 그러므로 혼돈의 상태로 살아가는 지인은 어떤 일이 일어나도 끄떡도 하지 않는다.


世之所貴道者書也　書不過語　語有貴也　語之所貴者意也　意有所隨　意之所隨者　不可以言傳也　而世因貴言傳書　世雖貴之哉　猶不足貴也　爲其貴　非其貴也　故視而可見者　形與色也　聽而可聞者　名與聲也　悲夫　世人以形色名聲爲足以得彼之情　夫形色名聲果不足以得彼之情　則知者不言　言者不知　而世豈識之哉


[국역]
　세상에서 도를 귀하게 여기는 것은 책일 뿐이다. 책은 말에 지나지 않는다. 말에는 귀한 것이 있다. 말에서 귀하게 여기는 것은 뜻이다. 뜻은 따르는 것이 있다. 그런데 뜻이 따르는 것은 말로 전할 수 없는 것이다. 그런데도 세상에서는 습관적으로 말을 귀하게 여기고 책을 전한다. 그러나 세상에서 비록 귀하게 여기지만, 오히려 귀하게 여길 가치가 없는 것이다. 귀하게 여기는 것일수록 귀한 것이 아니기 때문이다. 그러므로 봐서 볼 수 있는 것은 모양과 색이고, 들

어서 들을 수 있는 것은 이름과 소리다. 그러니 슬프다. 세상 사람들은 모양과 색, 이름과 소리만 가지고 그의 실상을 충분히 다 알았다고 생각한다. 그러나 모양과 색, 이름과 소리만으로는 확실히 그의 실상을 알기에 부족하다면, 아는 자는 말로 하지 못하고 말로 하는 자는 알지 못한다. 세상이 이를 어찌 알겠는가!

[난자풀이]
隨(수) : 따르다. 뜻은 느낌을 따르는 것인데, 느낌은 말로 표현할 수 없는 것이다.  因(인) : 인습적으로. 습관적으로.

[해설]
　세상 사람들은 남과 경쟁하면서 살아간다. 경쟁하여 이기는 것을 좋은 것이라고 하고, 성공하는 것이라고 한다. 그런데 남과 경쟁하는 것은 남과 구별되는 것일 뿐이다. 남과 구별되는 것은 본질이 아니고 가상적인 것이다. 그러므로 사람들이 귀하게 여기는 것은 사실은 본질의 껍데기에 불과한 것이고, 가상적인 것뿐이다. 그런데도 사람들은 그 껍데기만을 얻기 위해 노력하고 본질은 외면하고 있다. 그런 삶은 가상의 삶이고, 꿈같은 삶이다. 그런 삶을 살고 있는 사람들은 불쌍한 사람들이다.

桓公讀書於堂上　輪扁斲輪於堂下　釋椎鑿而上　問桓公曰敢問公之所讀　爲何言邪　公曰　聖人之言也　曰聖人在乎公曰　已死矣　曰然則君之所讀者　故人之糟魄已夫　桓公曰　寡人讀書　輪人安得議乎　有說則可　無說則死　輪扁曰臣也以臣之事觀之　斲輪徐則甘而不固　疾則苦而不入　不徐不疾　得之於手　而應於心　口不能言　有數存焉於其閒臣不能以喩臣之子　臣之子亦不能受之於臣　是以行年七十而老斲輪　古之人與其不可傳也　死矣　然則君之所讀者故人之糟魄已夫

[국역]

　환공이 당상에서 글을 읽고 있었는데, 윤편이 당 아래에서 수레바퀴를 깎고 있다가 망치와 끌을 놓고 환공을 올려다보며 물었다. "감히 묻겠습니다. 공께서 읽고 계시는 것은 무슨 말씀입니까?" 공이 말했다. "성인의 말씀이니라." "성인이 계십니까?" 공이 말했다. "이미 죽었지." "그렇다면 공께서 읽고 계시는 것은 옛 사람의 찌꺼기일 뿐입니다." 환공이 말했다. "과인이 글을 읽고 있는데 수레바퀴 만드는 사람이 어떻게 따지느냐? (마땅하게) 설명을 하면 괜찮지만, 설명을 하지 못하면 죽을 것이다." 윤편이 말했다. "신은 신의 일로 살펴보건대 수레바퀴를 깎는 것이 느리면 헐거워서 튼튼하지 못하고, 빠르면 빡빡하여 들어가지 않으니, 느리지도 않고 빠르지도 않은 것은 손에서 터득하고 마음에서 감응해야 하는 것이니, 입으로 말할 수 없는 것입니다. 그러나 그 사이에 일정한 방법이 있는 것입니다만, 신도 신의 자식에게 깨우칠 수 없고, 신의 자식도 신에게 받을 수 없습니다. 그래서 나이 칠십이 되도록 늙었어도 수레바퀴를 깎고 있습니다. 옛 사람들도 전하지 못하고 죽었습니다. 그렇다면 임금께서 읽고 계시는 것은 옛사람의 찌꺼기일 뿐입니다."

[난자풀이]
輪扁(륜편) : 인명. 여기서는 수레바퀴를 깎는 일을 하는 장인의 이름임. 물론 가공의 인물일 것이다. 椎鑿(추착) : 망치와 끌. 추착. 糟魄(조백) : 糟粕과 통용됨. 찌꺼기. 甘(감) : 여기서는 헐거운 것을 말함. 苦(고) : 여기서는 빡빡한 것을 말함. 與其不可傳也死(여기불가전야사) : 전할 수 없는 것을 가지고 함께 죽는다. 여기서는 문맥을 매끄럽게 하기 위해서 '전하지 못하고 죽었다'로 번역했다.

[해설]
　진리는 느낌으로 전해지는 것이다. 그것은 느낌이 순수하게 살아있을 때만 가능하다. 그러나 그 느낌의 세계는 말로 할 수 없다. 그런데 억지로 그것을 말로 표현하면 그 말에 얽매어 오히려 그 느낌이 죽어버리기 쉽다. 이 점을 특히 주의해야 할 것이다.

# 14. 天 運

　이 편에서도 앞의 「天地」 「天道」 편처럼 천지 자연을 운행해 가는 이치의 심원함과 무위자연을 바탕으로 하는 도덕의 위대함을 말하고 있다.
다만 앞의 두 편의 유가의 논리를 많이 담고 있는데 반하여 이 편에서는 유가를 격렬하게 비판하고 있다는 점에서 차이가 있다. 아마도 이 편의 내용은 도가가 유가를 격렬하게 공격했던 시기에 씌어졌을 것이다.

天其運乎 地其處乎 日月其爭於所乎 孰主張是 孰維綱是 孰居無事 推而行是 意者其有機緘而不得已邪 意者其運轉而不能自止邪 雲者爲雨乎 雨者爲雲乎 孰隆施是 孰居無事淫樂而勸是 風起北方 一西一東 有上彷徨 孰噓吸是 孰居無事而披拂是 敢問何故

[국역]
　하늘은 움직이는가? 땅은 멈추어 있는가? 해와 달은 자리를 다투는가? 누군가가 이를 주재하고, 누군가가 이를 밧줄로 묶어두며, 누군가가 일없이 있으면서 이를 밀고 가는가? 생각건대 기계에 묶여서 그만두지 못하는 것인가? 생각건대 계속 움직여서 스스로 그치지 못하는 것인가? 구름이 비가 되는 것인가? 비가 구름이 되는 것인가? 누군가가 이들을 올라가게 하거나 아래로 내려가게 하고 있는 것인가? 누군가가 일없이 있으면서 지나치게 즐거워 이를 권하고 있는 것인가? 바람은 북방에서 일어나 한번은 서쪽으로 불고 한번은 동쪽으로 불며, 또 높이 올라가 이리저리 불기도 하는 것이다. 누군가가 이 바람을 내뿜기도 하고 빨아들이기도 하는 것인가? 누군가가 일없이 있으면서 이 바람을 부채질하는 것인가? 감히 묻나니 이 무슨 까닭인가?

[난자풀이]

維綱(유강) : 밧줄. 벼리. 여기서는 밧줄로 묶어 놓는 것을 말한다. 意者(의자) : 생각건대. 어쩌면. 혹은. 機緘(기함) : 기계에 묶여 있는 것. 隆施(륭시) : 올라가게 하고 내려가게 하다. 구름으로 하여금 비가 되어 아래로 내려가게 하는 것이 베푸는 것이고, 물로 하여금 위로 올라가 구름이 되게 하는 것이 올라가게 하는 것이다. 噓吸(허흡) : 숨을 불어내고 들이쉬는 것. 호흡과 같다. 披拂(피불) : 부채질하여 바람을 일으키다.

[해설]

 위의 질문내용은 특정한 인물을 내세워서 질문한 것이 아니라, 저자 자신의 평소의 의문사항을 표현한 것이다. 천지가 운행되는 근본원인은 무엇인가? 저절로 그렇게 되는 것이라 하더라도, 아니면 누군가가 그렇게 되도록 조종하고 있다고 하더라도, 궁금증은 잘 풀리지 않는다.


巫咸祒曰 來 吾語女 天有六極五常 帝王順之則治 逆之則凶 九洛之事 治成德備 監照下土 天下戴之 此謂上皇

[국역]

 무함이 손짓하며 말했다. "이리 오시오. 내가 그대에게 말해 주리라. 하늘에는 육극과 오상이 있으니, 제왕이 이를 따르면 안정되지만, 이를 거스르면 흉하게 된다오. 구주와 낙서의 일로 다스림을 이루고 덕을 갖추어 아래 세상을 살펴서 비추면 천하가 떠받들 것이니 이것을 일러 최고의 임금이라 하지요."

[난자풀이]
巫咸(무함): 인명. 應帝王篇에 나오는 神巫 季咸과 같은 인물인지 정확하지는 않다. 또 『書經』 君奭篇이나, 『史記』와 『竹書紀年』 『韓非子』 『山海經』 『呂氏春秋』 등에도 巫咸에 관한 이야기가 나온다. 袑(초): 招와 통용되어 '부르다' '손짓하다' 등의 뜻으로 쓰였다. 六極(육극): 사방과 상하. 이외 天地日月風雨를 六極으로 보는 설도 있다. 五常(오상): 五行. 이외 五福으로 보는 설도 있다. 九洛(구락): 서경에 나오는 九疇와 洛書. 上皇(상황): 최고의 임금.

[해설]
 최고의 임금은 자기의 꾀를 내에 세상을 다스리는 자가 아니라, 천지우주의 흐름과 하나로 합치되도록 인도하는 자이다.


商太宰蕩問仁於莊子 莊子曰 虎狼仁也 曰何謂也 莊子曰 父子相親 何爲不仁 曰請問至仁 莊子曰 至仁無親

太宰曰 蕩聞之 無親則不愛 不愛則不孝 謂至仁不孝 可乎 莊子曰 不然 夫至仁尙矣 孝固不足以言之 此非過孝之言也 不及孝之言也 夫南行者 至於郢 北面而不見冥山 是何也 則去之遠也 故曰 以敬孝易 以愛孝難 以愛孝易 以忘親難 忘親易 使親忘我難 使親忘我易 兼忘天下難 兼忘天下易 使天下兼忘我難 夫德遺堯舜而不爲也 利澤施於萬世 天下莫知也 豈直太息而言仁孝乎哉 夫孝悌仁義 忠信貞廉 此皆自勉以役其德者也 不足多也 故曰 至貴國爵幷焉 至富國財幷焉 至願名譽幷焉 是以道不渝

[국역]

　상나라 태재 탕이 장자에게 仁에 대해 묻자, 장자가 대답했다. "범과 이리가 仁합니다." "무슨 뜻입니까?" 장자가 말했다. "부자간에 서로 친하니, 어째서 仁하지 않습니까?" "청컨대 至仁에 대해서 묻겠습니다." 장자가 말했다. "지인은 친함이 없습니다." 이에 태재가 말했다. "탕은 들으니, 친함이 없으면 사랑하지 않고, 사랑하지 않으면 효도하지 않는다고 했습니다. 지인을 효도하지 않는 것이라고 해도 되겠습니까?" 장자가 말했다. "그렇지 않습니다. 지인은 최상의 경지입니다. 효도하는 것으로 말할 수 있는 것이 아닙니다. 그대의 말뜻은 효도의 수준을 넘어가는 말이 아니라, 효도에도 미치지 못하는 말입니다. 무릇 남쪽으로 여행가는 자는 초나라 서울인 郢에 이르러 북쪽을 바라보아도 한나라의 명산을 보지 못하는 데 그것은 무슨 까닭입니까? 그것은 거리가 멀기 때문입니다. 그러므로 말하기를, '경건한 마음으로 효도하는 것은 쉽지만, 사랑하는 마음으로 효도하기는 어려우며, 사랑으로 효도하기는 쉽지만, 부모를 잊어버리기는 어려우며, 부모를 잊어버리기는 쉽지만, 부모로 하여금 나를 잊어버리도록 하기는 어려우며, 부모로 하여금 나를 잊어버리도록 하기는 쉽지만, 함께 천하까지 잊어버리기는 어려우며, 함께 천하까지 잊어버리기는 쉽지만, 천하로 하여금 함께 우리를 잊어버리도록 하기는 어렵다. 덕의 수준이 요순을 안중에 두지 않을 정도라 하더라도 정치를 하지 않으며, 이로움과 혜택이 만대에 베풀어지더라도 천하에 그것을 아는 자가 없다.'고 했습니다. 그러니 어찌 다만 크게 탄식하며 인이나 효를 말하겠습니까! 대저 孝悌仁義忠信貞廉 등을 하는 자는 모두 자기가 억지로 힘써서 덕이 충만한 순수한 자를 부리려고 하는 것이니, 좋게 볼 것이 아닙니다. 그러므로 말하기를, '지극히 귀한 자는 나라의 벼슬을 물리치고, 지극히 넉넉한 자는 나라의 재물을 물리치며 지극히 소원을 이룬 자는 명예를 물리친다.'고 했습니다. 그러므로 도는 이랬다저랬다 하지 않는 것입니다."

[난자풀이]

商(상) : 商은 은나라이지만, 여기서는 宋나라로 보아야 한다. 宋나라는 상나라의 후예들이 모여 사는 나라이므로, 宋을 통상 商이라 부르기도 한다. 마치 한국인을 조선인으로 부르기도 하는 것과 같다. 太宰(태재) : 재상. 오늘날의 총리에 해당한다. 蕩(탕) : 태재의 이름. 구체적으로 누구인지 밝혀져 있지 않다. 過孝之言(과효지언) : 효도의 수준을 넘어가는 말. 冥山(명산) : 안병주의 설을 참고하면 춘추전국시대의 한나라에 있는 산이다. 遺堯舜(유요순) : 요순 정도의 수준을 무시한다. 幷(병) : 抨과 통용되어 '물리친다'는 뜻이 된다. 願(원) : 소원. 희망. 渝(투) : 이랬다저랬다 변하는 것.

[해설]

　진리에 머물러 있는 사람은 일체의 고정관념이 없이 그저 느낌으로 충만하여 살아갈 뿐이다. 만약 느낌으로 살아가는 것이 아니라, 의식 속에 효제충신 등의 도덕관념을 넣어서 그것을 실천한다면 그것은 진실한 삶을 사는 것이 아니다. 그것은 가상세계에서 살아가는 것이고, 우상에 끌려 다니며 사는 것이다. 그렇게 사는 것은 억지로 힘써서 노력하는 것이므로 자연이 아니다. 그러면서도 그렇게 사는 사람들은 자기들의 삶을 기준으로 하여 느낌에 충만하여 순수하게 살아가는 사람들을 잘못 사는 것이라고 비난하며, 자신들의 도덕관념을 주입하려고 노력한다. 이른바, 賊反荷杖이고 악화가 양화를 구축하는 것이다.


北門成問於黃帝 曰帝張咸池之樂於洞庭之野 吾始聞之懼 復聞之怠 卒聞之而惑 蕩蕩黙黙 乃不自得 帝曰 汝殆其然哉 吾奏之以人 徵之以天 行之以禮義 建之以太淸 夫至樂者 先應之以人事 順之以天理 行之以五德 應之以自然 然後調理四時 太和萬物 四時迭起 萬物循生 一盛一衰 文武倫經 一淸一濁 陰陽調和 流光其聲 蟄蟲始作 吾驚之以雷霆 其卒無尾 其始無首 一死一生 一僨一起 所常無窮 而一不可待 女故懼也


[국역]
　　북문성이 황제에게 물었다. "임금께서는 동정의 들판에서 함지라는 음악을 한판 벌려놓으셨는데 제가 처음 듣고는 두려웠고, 다시 듣고는 나른해졌으며, 마지막으로 듣고는 마음이 헷갈리면서 동요하기도 하고 멍해지기도 하여 정신을 차릴 수가 없었습니다." 황제가 말했다. "그대는 아마 그랬을 것이다. 나는 사람의 차원으로 연주했고, 하늘의 이치를 드러내었으며, 예의를 가지로 진행했고, 지극히 맑은 경지를 확립했다. 대저 지극한 음악은 먼저 인사로써 응하고, 천리로써 뒤따르며, 오덕으로 진행하고 자연으로 응한 연후에 사

시를 고루 다스리고 만물을 크게 조화시킨다. 사시가 번갈아 일어나 만물이 그에 맞추어 살아가고, 번성하기도 하고 쇠퇴하기도 하여 문무가 차례대로 정돈되며, 맑아지기도 하고 탁해지기도 하여 음양이 조화된다. 그 소리를 번쩍번쩍 퍼지게 하여 동면하고 있던 벌레가 비로소 일어나면 나는 우레와 천둥소리로 놀라게 한다. 마치더라도 끝이 없고 시작하더라도 머리가 없어 죽기도 하고 살아나기도 하며, 넘어지기도 하고 일어나기도 하여, 원칙으로 삼을 것이 무궁하여 하나도 예측할 수 없으니, 너는 그 때문에 두려워했을 것이다.

[난자풀이]
北門成(북문성) : 가공의 인명. 張(장) : 악기를 늘어놓고 다 함께 연주하는 것. 악기를 한판 벌려놓고 연주하는 것. 咸池(함지) : 황제가 작곡한 음악. 洞庭(동정) : 한없이 넓은 들판이란 뜻이다. 오늘날의 동정호로 보기는 어렵다. 怠(태) : 나른해지다. 蕩蕩(탕탕) : 마음이 동요하는 것. 默默(묵묵) : 멍해지는 것. 徵(징) : 증거를 대다. 증거를 대는 것은 확실하게 드러내는 것이므로 여기서는 '드러내다'로 번역했다. 文武(문무) : 문무가 겸전해야 삶이 제대로 영위되듯, 음악도 문악과 무악이 조화되어야 하는 것을 말한다. 經(경) : 변함없는 질서를 가짐. 정돈됨. 流光(류광) : 소리가 흘러 퍼지는 과정을 마치 빛이 번쩍번쩍 퍼져나가는 것같이 표현한 것이다. 雷霆(뢰정) : 우레와 천둥소리. 一死一生(일사일생) : 음악의 흐름이

죽었다가 살았다가 하는 과정이 연속되는 것을 말한다. 所常(소상) : 일정한 원칙으로 삼는 것. 음악을 이해하기 위해서는 그 음악에 흐르는 일정한 원칙을 이해하면 된다. 待(대) : 기대하다. 예측하다.

[해설]
 황제의 음악은 하나의 원칙에 따라 작곡된 것이 아니라 우주자연의 흐름에 따라 제작된 것이므로 혼돈의 세계를 벗어나 있는 인간에게는 이해가 되지 않는다. 夫至樂者에서 太和萬物까지의 35자는 오래 전에 蘇轍이 주로 들어갈 말이 잘못 들어왔다고 한 이래로 연문으로 보는 설이 거의 정설로 되어 있다. 道藏注疏本에는 成玄英 疏에 들어가 있다.(안병주의 설)


吾又奏之以陰陽之和 燭之以日月之明 其聲能短能長能柔能剛 變化齊一 不主故常 在谷滿谷 在阬滿阬 塗郤守神 以物爲量 其聲揮綽 其名高明 是故鬼神守其幽 日月星辰行其紀 吾止之於有窮 流之於無止 子欲慮之而不能知也 望之而不能見也 逐之而不能及也 儻然立於四虛之道 倚於槁梧而吟 目知窮乎所欲見 力屈乎所欲逐 吾旣不及已夫 形充空虛 乃至委蛇 女委蛇故怠

[국역]

　나는 또 음양의 조화에 따라 연주하고 해와 달의 밝음으로 빛나게 했더니, 그 소리가 짧게도 되고 길게도 되며, 부드럽게도 되고 굳세게도 되어, 변화가 가지런하게 하나로 꿰어져 千變萬化함으로써 옛 음악의 원칙에 얽매이지 않게 되었다. 골짜기에 있으면 골짜기를 가득 채우고, 구덩이에 있으면 구덩이를 가득 채워, 흐트러짐을 막고 정신을 차려서, 있는 곳에 맞추어 음량을 내었더니, 그 소리가 넉넉하게 울리고, 그 곡명이 고명해졌다. 그리하여 귀신은 어두운 곳을 지키고 있어 날뛰지 않고, 해와 달과 별들은 자기의 궤도로 움직여 아무 변괴가 없었다. 나는 그 음악이 유한한 세계에서 머물게도 하고 그침이 없는 세계로 흘러가게도 했다. 그 때문에 자네는 헤아려보려 해도 알 수 없고, 우러러보아도 볼 수 없으며, 좇아가도 따라갈 수 없어, 멍하니 사방으로 텅 빈 길에 서 있기도 했을 것이고, 말라버린 오동나무에 기대어 신음하기도 했을 것이다. 눈으로 보고 아는 힘은 자꾸 보려고 하다가 다 빠졌고, 힘은 좇아가려다가 다 빠졌을 것이다. 나도 이미 거기에 미치지 못하여 몸은 공허한 기운으로 꽉 차서 흐느적거리게 되었으니, 그대도 흐느적거리게 되어 나른해졌을 것이다.

[난자풀이]
齊一(제일) : 가지런하게 하나로 꿰어져서 千變萬化하는 것. 공

자는 '하나를 가지고 모든 것을 다 꿰뚫고 있다'고 했는데, 그 뜻은 하나의 도를 가지고 있으면 모든 것에 꿰뚫어 千變萬化할 수 있다는 것이다. 主(주): 중시하다. 不主는 중시하지 않는다는 말이므로, 여기서는 '얽매이지 않는다.'로 번역했다. 塗郤(도각): 틈을 발라서 막다. 욕심으로 흐트러지는 마음을 막는 것을 말한다. 守神(수신): 정신을 지키다. 본래의 정신을 지키고서 혼돈의 상태로 존재하는 것을 말한다. 以物爲量 (이물위량): 있는 곳에 맞추어 음량을 내다. 사람이 혼돈의 상태로 살아갈 때는 '나'라는 것이 없다. '나'라는 것이 없기 때문에 그의 행동은 언제나 물처럼 남에게 맞출 수 있다. 물은 자기의 모양이 없기 때문에 네모난 통에 넣으면 자기가 네모가 되고, 세모난 통에 넣으면 자기도 세모가 된다. 혼돈으로 사는 사람도 이와 같다. 우주에 있으면 자기가 우주만큼의 크기가 되어 우주만큼의 소리를 내고, 바다에 있으면 자기가 바다만큼의 크기가 되어 바다만큼의 소리를 내며, 골짜기에 있으면 골짜기만큼의 크기가 되어 골짜기만큼의 소리를 낸다. 揮綽(휘작): 소리가 넉넉하게 울리도록 한다. 守其幽(수기유): 그 어두운 세계를 지키다. 귀신은 어두운 세계에 있는 것인데, 그것이 거기를 지켜서 가만히 있지 않고 밝은 세상에 나오면 변고가 일어난다. 行其紀(행기기): 자기의 궤도로 가다. 有窮(유궁): 유한한 세계. 委蛇(위이): 힘이 빠져 흐느적거리는 모양.

[해설]

　우주와 하나가 된 사람의 움직임은 우주의 움직임이다. 하늘과 하나 된 사람의 움직임은 하늘의 움직임이다. 그의 소리는 하늘의 소리이고 그의 음악은 하늘의 음악이다. 황제가 연주하는 음악은 하늘의 음악이다. 하늘의 음악을 듣는 자는 모두 하늘의 뜻을 따르게 된다. 해와 달과 별이 제대로 빛나고 귀신도 제자리를 지키게 된다. 오직 사람만이 욕심에 가리어 그 음악의 효과를 다 받아들이지 못한다.


吾又奏之以無怠之聲　調之以自然之命　故若混逐叢生　林樂而無形　布揮而不曳　幽昏而無聲　動於無方　居於窈冥　或謂之死　或謂之生　或謂之實　或謂之榮　行流散徙　不主常聲　世疑之　稽於聖人　聖也者　達於情　而遂於命也　天機不張　而五官皆備　此之謂天樂　無言而心說　故有焱氏爲之頌　曰聽之不聞其聲　視之不見其形　充滿天地　苞裏六極　女欲聽之　而無接焉　而故惑也　樂也者　始於懼　懼故祟　吾又次之以怠　怠故遁　卒之於惑　惑故愚　愚故道　道可載　而與之俱也


[국역]

　나는 또 나른함을 없애는 소리로 연주하고, 자연의 흐름으로 조율하였기 때문에, (음악이) 들쭉날쭉 열심히 경쟁하는 떨기나무들처럼 생생해져서, (사람들이) 무성한 수풀처럼 생기가 돌아 즐겁게 되는데도 공을 나타냄이 없고, 널리 퍼지게 지휘하면서도 집착이 생기지 않게 하며, 그윽하고 어둑어둑하게 되면 소리가 없어지게 만들기도 했다. 일정한 방향이 없이 움직이면서 그윽하고 어두운 곳에서는 가만히 있으니, 어떤 이는 죽은 것이라 하고 어떤 이는 살아있는 것이라 하며, 어떤 이는 속이 꽉 차있는 것이라 하고, 어떤 이는 겉만 번지르르한 것이라 한다. 이리저리 흐르기도 하고 흩어져 옮겨 다녀서 일정한 소리에 얽매이지 않으니, 세상 사람들이 의심해서 성인에게 물어보더라. 성스럽다는 것은 진실한 정에 통달하고 자연의 흐름에 일치하여, 하늘의 움직임을 따르기 위해 일부러 힘쓰지 않아도 다섯 가지 감각기관이 저절로 갖추고 있게 되는 것이니, 이런 것을 일러 하늘의 음악이라 하는 것이다. 말이 없어도 마음으로 기뻐지는 것이다. 그러므로 유염씨가 이를 칭송하여 말했다. '들어도 그 소리가 들리지 않고, 보아도 그 모습이 보이지 않으며, 하늘과 땅 사이에 충만하여 육극을 에워싸고 있다'고 했다. 너는 들으려 해도 접할 수가 없었다. 너는 그 때문에 헷갈렸을 것이다. 음악이란 두려움에서 시작하는 것이니, 두렵기 때문에 불안감이 생긴다. 나는 또 나른하게 하는 음악으로 뒤를 이으니, 나른해지기 때문에 달아나서 마침내 헷갈리는 데로 나아간다. 헷갈리기 때문에 어리석어진다. 어리석어지기 때문에 도가 터득된다. 도는 몸에 실어서 함께 할 수 있는 것이다."

[난자풀이]

自然之命(자연지명) : 자연의 흐름. 자연의 운행. 混逐叢生(혼축총생) : 어지러이 열심히 경쟁하는 떨기나무들처럼 생생해져서. 떨기나무들은 서로 자라기 위해 각축을 벌인다. 그래서 어지러이 열심히 자라는 모습들을 보면 생기가 가득함을 알 수 있다. 林樂(림락) : 수풀처럼 생기가 돋아 즐거워지다. 여름에 숲을 보면 생기로 충만해 있어 보기만 해도 즐겁다. 不曳(불예) : 집착이 생기지 않는다. 욕심으로 어떤 행동을 하면 행동을 한 뒤에 집착이 생겨 사람을 끌고 간다. 욕심을 이루었을 때는 흥분해서 잠이 오지 않고, 욕심을 못 이루었을 때는 분해서 견디지 못한다. 動於無方(동어무방) : 일정한 방향이 없이 움직이는 것. 움직일 때 일정한 방향이 있는 것은 어떤 목적의식을 가지고 움직일 때이다. 목적의식은 욕심에서 나오는 것이다. 욕심이 없는 사람은 바람이 불듯, 물이 흐르듯, 그냥 살아간다. 行流散徙(행류산도) : 이리저리 흐르기도 하고 흩어져 옮겨 다니는 것. 天機不張(천기부장) : 하늘의 움직임을 따르기 위해 힘쓰지 않는 것. 有焱氏(유염씨) : 炎帝 신농씨의 별칭.

[해설]

　훌륭한 음악은 자연을 표현하고, 우주를 표현한다. 사람은 원래 혼돈의 모습으로 살았다. 그래서 사람은 원래 자연이었고 우주이었다. 그러나 의식을 가지고 '나' 중심으로 삶으로써 혼돈의 모습을 상실했다. 이런 사람들을 혼돈의 본래모습으로 되돌아가게 하는 방법에는 여러 가지가 있다. 혼돈의 모습으로 살고 있는 사람이 나타나서 직접 감화시키는 방법도 있지만, 혼돈의 상태를 표현한 음악을 통해서 사람을 감화시키는 방법도 있을 것이고, 혼돈의 상태를 표현한 미술을 통해서 사람을 감화시키는 방법도 있을 것이다. 이런 음악이나 미술이 아마도 최고의 음악이고 미술일 것이다.


孔子西遊於衛　顔淵問師金　曰以夫子之行爲奚如　師金曰　惜乎　而夫子其窮哉　顔淵曰　何也　師金曰　夫芻狗之未陳也　盛以篋衍　巾以文繡　尸祝齊戒以將之　及其已陳也　行者踐其首脊　蘇者取而爨之而已　將復取而盛以篋衍　巾以文繡　遊居寢臥其下　彼不得夢　必且數眯焉　今而夫子亦取先王已陳芻狗　取弟子　遊居寢臥其下　故伐樹於宋　削迹於衛　窮於商周　是非其夢邪　圍於陳蔡之間　七日不火食　死生相與鄰　是非其眯邪　夫水行莫如用舟　而陸行莫如用車　以舟之可行於水也　而求推之於陸　則沒世不行尋常　古今非水陸與　周魯非舟車與　今蘄行周於魯　是猶推舟於陸也　勞而無功　身必有殃　彼未知夫無方之傳　應

物而不窮者也

[국역]

　공자가 서쪽으로 위나라에 유세하러 가는데, 안연이 사금에게 물었다. "선생님께서 가시는 일이 어떻게 될 것 같습니까?" 사금이 말했다. "애석하다. 곤란을 당할 것이다." 안연이 말했다. "왜 그렇습니까?" 사금이 말했다. "무릇 제사 때 쓰는 추구를 보면, 제사 때 진열되기 전에는 고급 대나무 상자에 담고 아름답게 수놓은 천으로 싸서 시동과 축관이 재계하고 받들다가 제사 때 진열하고 난 뒤에는 다니는 자들이 머리와 등줄기를 밟고 다니고 풀 베는 자들이 주워서 불을 땔 뿐이다. 그런데 그것을 다시 가져다가 고급 대나무 상자에 담고 아름답게 수놓은 천으로 싸놓고 그 아래에서 왔다 갔다 놀다가 누워 자기도 한다면 그는 악몽을 꾸지 않는다면 반드시 또한 자주 가위눌릴 것이다. 지금 그대의 선생은 또한 선왕이 이미 써버린 추구를 가져다 놓고 제자를 모아 그 아래에서 놀다가 누워 자기도 하니, 그러므로 송나라에서는 환퇴에 의해 나무를 베어 넘어뜨려 죽이려고 하는 위험을 당했고, 위나라에서는 발자취까지 삭제되는 수모를 당했으며, 상나라의 옛터나 주나라의 서울에서 궁지에 몰렸으니, 이것이 바로 악몽을 꾼 것이 아니겠는가. 또 진나라와 채나라의 국경에서는 포위되어 7일간이나 화식을 하지 못하고 생사의 기로에서 허덕였으니 이것이 바로 가위에 눌린 것이 아니겠는가. 대저 물로 갈 때는 배를 쓰는 것이 제일이고, 육지를 갈 때는 수레를 쓰는 것이 제일인데, 배가 물에 다닐 수 있다고 해서 육지에서 밀고 다니려 한다면 죽을 때까지 애를 쓰더라도 얼마 가지 못할 것이다. 옛날과 지금은 물과 육지처럼 다른 것이 아닌가. 주나라와 노나라는 배와 수레처럼 다른 것이 아닌가. 지금 노나라에서 주나라의 것을 시행하려 하는 것은 육지에서 배를 밀고 다니는 것과 같은 것이니, 힘만 들고 효과는 없을 뿐만 아니라, 몸이 반드시 재앙을 당할 것이다. 그는 아직 목적의식이 없는 삶의 방식이 어떤 상황에라도 무궁하게 대처한다는 것을 모르고 있네.

[난자풀이]
遊(유) : '논다' '유람하다' 등의 뜻이지만, 여기서는 놀러가는 것이 아니고 위나라의 임금을 설득하러 가는 것이므로 '유세하러 간다'고 해석해야 할 것이다. 師金(사금) : 악사인 금. 師는 악사의 우두머리로서 음악부 장관 정도에 해당한다. 金은 그의 이름. 芻狗(추구) : 제사 때 액을 물리치기 위해 잠시 사용하는 짚으로 만든 개. 篋衍(협연) : 대나무로 만든 귀중한 상자. 衍은 당시 습관적으로 篋에 붙여서 쓰던 글자였는지, 아니면 상자를 뜻하는 다른 글자와 통용되는지 정확하게 알 수는 없다. 巾(건) : 수건. 수건으로 싸다. 수건으로 덮다. 文繡(문수) : 수를 놓아 무늬를 낸 천. 尸祝(시축) : 시동과 축관. 蘇者(소자) : 풀 베는 자. 爨(찬) : 불 때다. 夢(몽) : 여기서는

악몽. 眯(미) : 가위눌리다.  伐樹於宋(벌수어송) : 공자가 송나라를 지나갈 적에 제자들과 함께 나무 밑에 앉아 있었는데, 그때 송나라의 사마환퇴가 공자를 죽이기 위해 그 나무를 쓰러뜨렸다.  削迹於衛(삭적어위) : 공자가 처음으로 위나라에 들어갔을 때, 위나라의 임금 영공이 참언을 믿고 공자를 위협했던 일을 말하는 것으로 보인다. 공자의 발자국을 지웠다는 것은, 공자로 하여금 다시 못 오게 하기 위한 상징적인 조치였는지, 아니면 주술적인 다른 의미가 있는지 알 수 없다.  窮於商周(궁어상주) : 구체적으로 어떤 일인지 알 수 없다. 商은 상의 후예들이 살고 있는 송나라, 周는 周王의 동족이 봉해진 衛나라를 지칭하는 것인 듯하다.  圍於陳蔡之間(위어진채지간) : 공자 62세 때 陳나라와 蔡나라의 국경 지방을 왕래하고 있었는데, 그때 초나라가 공자를 초빙하려 했다. 이를 안 陳나라와 蔡나라의 대부가 자기 나라에 불이익이 될 것을 우려하여 공자를 포위한 적이 있었다. 이 소식을 들은 초나라에서 공자를 구하여 초나라로 모시고 갔다는 사실이 『史記』孔子世家에 전한다.  尋常(심상) : 조금. 尋은 여덟 자이고 常은 열여섯 자이다.  無方之傳(무방지전) : 목적의식이 없는 삶의 방식으로 전해지는 것. 즉 도가의 도.  應物(응물) : 다른 것에 대응하는 것. 다른 것은 주어진 때와 장소, 또는 상황을 모두 말한다.

[해설]

　흔히들 공자를 주나라의 예법을 복원하는 것을 사명으로 삼았던 사람으로 이해하는 사람들이 많다. 이 문장은 이러한 관점에서 공자를 비판한 것이다. 공자는 일차적으로 예를 강조하고 다음으로 그 예가 담고 있는 정신인 仁을 강조했는데, 仁이 근본이고 예는 부수적인 것이다. 그런데 공자의 후학 중에 예의 학습에만 머물고 마는 사람들이 많아져서 마치 공자의 사상이 예만 중시하는 것으로 오해받게 된 것이다.


**且子獨不見夫桔槹者乎　引之則俯　舍之則仰　彼人之所引非引人也　故俯仰而不得罪於人　故夫三皇五帝之禮義法度　不矜於同　而矜於治　故譬三皇五帝之禮義法度　其猶柤梨橘柚邪　其味相反　而皆可於口　故禮義法度者　應時而變者也　今取猨狙　而衣以周公之服　彼必齕齧挽裂　盡去而後慊　觀古今之異　猶猨狙之異乎周公也　故西施病心而矉其里　其里之醜人見而美之　歸亦捧心　而矉其里　其里之富人見之　堅閉門而不出　貧人見之　挈妻子而去之走　彼知美矉　而不知矉之所以美　惜乎　而夫子其窮哉**


[국역]

　또한 자네는 두레박이라는 것을 보지 않았는가? 잡아당기면 아래로 엎어지지만 놓아버리면 위를 향한다. 저 두레박은 사람이 끌어당기는 것이지 사람을 끌어당기는 것이 아니다. 그러므로 엎어져 아래로 향하거나 뒤집어져 위로 향하더라도 사람에게 책망 받지 않는다. 그러므로 삼황오제의 예의법도는 같은 점 때문에 아끼는 것이 아니라, 세상을 잘 다스린다는 점 때문에 아끼는 것이다. 그러므로 삼황오제의 예의법도를 비유해보면 아가위·배·귤·유자와 같다. 그 맛은 서로 다르지만 모두 먹기에는 좋은 것이다. 그러므로 예의법도란 때에 따라 바뀌는 것이다. 지금 원숭이를 잡아다놓고 주공의 옷을 입히면 그 원숭이는 반드시 깨물고 물어뜯고 잡아당기고 찢어서 깡그리 없애버린 뒤에야 흡족해할 것이다. 옛날과 지금의 다른 것을 보면 원숭이가 주공과 다른 것과 같다. 그러므로 서시가 가슴을 앓아 마을에서 얼굴을 찡그리고 다니자, 그 마을의 추한 사람이 그것을 보고 아름답게 생각한 나머지 돌아와서는 또한 가슴을 움켜잡고 그 마을에서 얼굴을 찡그리고 다녔다. 그러자 그 마을의 부자들은 그것을 보고 대문을 굳게 닫고 밖으로 나오지 않았으며, 가난한 사람들은 그것을 보고 처와 자녀를 이끌고 거기를 떠나 달아났다. 그는 찡그리는 것이 아름다운 줄만 알았지, 찡그리는 것이 아름다운 까닭을 알지 못했다. 애석하구나. 자네의 선생은 곤란을 당할 것이다."

[난자풀이]

桔橰(길고) : 두레박. 길고.　不矜於同(불긍어주) : 같은 점에 대해 아끼지 않는다. 문맥을 부드럽게 하기 위해서 '같다고 해서 아끼는 것이 아니다'로 번역했다.　柤(사) : 풀명자. 아가위.　齕(흘) : 깨물다.　齧(설) : 물어뜯다.　西施(서시) : 전국시대 월나라의 미인. 矉(빈) : 찡그리다. 찌푸리다.　挈(설) : 거느리다. 이끌다.

[해설]

　예의법도는 仁을 담고 있는 그릇이다. 그런데 仁의 정신이 없는 상태에서 예의법도만 행한다면 그것은 껍데기만 하는 것이 되므로 사이비가 되고 만다. 공자의 후학들은 특히 이 점을 주의해야 하는데도 불구하고 그렇지 못한 사람들이 많았다. 이 점 때문에 다른 학파들에 의해 비난받는 경우가 많은데, 당연한 결과라고 해야 할 것이다.


孔子行年五十有一而不聞道　乃南之沛　見老聃　老聃曰 子來乎　吾聞子北方之賢者也　子亦得道乎　孔子曰　未得也 老子曰　子惡乎求之哉　曰吾求之於度數　五年而未得也 老子曰　子又惡乎求之哉　曰吾求之於陰陽　十有二年而未 得　老子曰　然　使道而可獻　則人莫不獻之於其君　使道而 可進　則人莫不進之於其親　使道而可以告人　則人莫不告

其兄弟 使道而可以與人 則人莫不與其子孫 然而不可者
無他也 中無主而不止 外無正而不行 由中出者 不受於外
聖人不出 由外入者 無主於中 聖人不隱 名公器也 不可
多取也 仁義先王之蘧廬也 止可以一宿 而不可久處
覯而多責 古之至人 假道於仁 託宿於義 以遊逍遙之虛
食於苟簡之田 立於不貸之圃 逍遙無爲也 苟簡易養也
不貸無出也 古者謂是采眞之遊 以富爲是者 不能讓祿
以顯爲是者 不能讓名 親權者 不能與人柄 操之則慄
舍之則悲 而一無所鑒 以闚其所不休者 是天之戮民也
怨恩取與諫教生殺 八者正之器也 唯循大變 無所湮者
爲能用之 故曰 正者正也 其心以爲不然者 天門弗開矣

[국역]

 공자는 살아온 지 51년이 되었는데도 도를 알지 못해서 남쪽으로 패에 가서 노담을 만났다. 노담이 말했다. "그대 오셨는가? 나는 그대가 북방의 현자라고 들었소. 그대도 도를 얻으셨는가?" 공자가 말했다. "아직 얻지 못했습니다." 노자가 말했다. "그대는 어디에서 구하셨는가?" "저는 도수에서 구했는데, 5년이 되어도 얻지 못했습니다." 노자가 말했다. "그대는 또 어디에서 구하셨는가?" "저는 음양에서 구했는데, 12년이 되어도 얻지 못했습니다." 노자가 말했다. "그럴 테지요. 가령 도를 다른 사람에게 바칠 수 있는 것이라면 사람들

중에 자기 임금에게 바치지 않을 사람이 없을 것이고, 도를 진상할 수 있는 것이라면 사람들 중에 자기 부모에게 진상하지 않을 사람이 없을 것이며, 도를 남에게 말해줄 수 있는 것이라면 사람들 중에 자기 형제에게 말해주지 않을 사람이 없을 것이고, 도를 남에게 줄 수 있는 것이라면 사람들 중에 자기 자손에게 주지 않을 사람이 없겠지요. 그런데도 안 되는 것은 다름이 아니라 마음속에 받아들이는 주체가 없으면 머물지 않고, 밖에 있는 것이 바르지 않으면 제대로 행해지지 않기 때문이지요. 속에서 나오는 것을 밖에서 받아주지 않는 경우에는 성인은 말을 꺼내지 않고, 밖에서 들어오는 것을 속에서 받아주는 주체가 없는 경우에는 성인은 숨기지 않고 말한답니다. 이름은 다 함께 쓰는 공적인 도구이지만 거기에서 많은 것을 취해서는 안 됩니다. 인의는 선왕의 초가집이라서 다만 하루 정도 자면 되는 것이지 오래 머물러서는 안 되지요. 그런데도 그것을 고집하면 책망 받을 일이 많아지지요. 옛날의 지인은 仁에 잠시 길을 빌리기도 하고 義에 잠시 의지하여 자기도 하지만, 사실은 소요라는 텅 빈 고을에서 노닐고 구간이라는 밭에서 밥 먹으며, 불대라는 채전에서 서 있었다오. 소요는 함이 없는 것이고, 구간은 기르기 쉬운 것이며, 불대는 나옴이 없는 것이지요. 옛날에는 이를 참을 캐는 놀이라고 했다지요. 부를 좋아하는 자는 록을 양보할 수 없고, 명예를 좋아하는 자는 이름을 양보할 수 없으며, 권력을 사랑하는 자는 권력을 남에게 줄 수 없는 법이지요. 그런 것을 잡으면 빼앗길까 두려워 떨고 잃게 되면 슬퍼하지요. 진리를 살피는 바는 하나도 없으면서, 그런 것이 있는 곳만을 엿보면서 조금도 쉬지 않는 그런 자는 하늘에 벌 받은 죄인이지요. 원망하고, 은혜를 베풀고, 빼앗고, 주고, 간하고, 가르치고, 살리고, 죽이는 여덟 가지 일은 천하를 다스리는 도구이지요. 오직 큰 변화를 따르고 막힘이 없는 자만이 그것을 쓸 수가 있지요. 그러므로 다스린다는 것은 바로잡는 것이지요. 그 마음에 그렇지 않다고 여기는 자에게는 하늘의 문이 열리지 않는답니다."

[난자풀이]

沛(패) : 초나라에 있었던 지방. 지금의 江蘇省 沛縣. 度數(도수) : 예법의 도수. 문물제도. 陰陽(음양) : 자연의 운행법칙. 使(사) : 가령. 中無主而不止(중무주이부지) : 마음속에 받아들이는 주체가 없으면 머물지 않는다. 사람의 마음속에 만물을 분별할 수 있는 의식이 깔려 있지 않으면 만물을 만물로 인식하지 못한다. 이는 마치 사람의 의식 속에 영어를 구사할 수 있는 세계가 미리 깔려 있지 않으면 영어를 들어도 그것이 의식 속에 남지 않고, 카메라 속에 필름이 들어 있지 않으면 셔터를 눌러도 사진이 찍히지 않는 것과 같다. 그런데 마음속에 깔아놓은 의식은 참이 아니기 때문에 사람의 모든 인식은 참이 아니다. 道도 의식 속에서 인식한다면 그것은 참다운 道가 아니다. 그러므로 마음속에 깔아놓은 의식을 지울 때 비로소

道가 모습을 드러낸다. 그런데 사람들은 의식 세계 안에서 道를 인식하려 하기 때문에 안 되는 것이다. 外無正而不行(외무정이불행) : 밖에 있는 것이 바르지 않으면 제대로 행해지지 않는다. 밖에 있는 사물은 사물 자체가 아니다. 산은 산이 아니고 물은 물이 아니다. 산을 산으로 보고 물을 물로 보는 것은 그것을 구별하는 의식 작용 때문에 그러한 것이다. 그러므로 산이 산으로 존재할 때는 바른 모습이 아니고 물이 물로 존재할 때는 바른 모습이 아니다. 따라서 산은 산을 보고 의식하는 사람의 의식에 따라서 다양하게 비쳐진다. 편안한 휴식처로 보이기도 할 것이고, 등산의 대상으로 보이기도 할 것이고, 쓸모없는 공간으로 보이기도 할 것이다. 그래서 산은 언제나 그 산을 바라보는 사람에 의해 이용을 당하고 훼손을 당하기 때문에 제 모습을 유지하기 어렵다. 그러나 산의 본래 면목은 혼돈이고 우주이며 하늘이고 나 자신이다. 산과 나는 구별되는 것이 아니다. 由中出者不受於外(유중출자불수어외) : 속에서 나오는 것을 밖에서 받아들이지 않는 경우. 사람은 우주적 생명력이 속에서 솟아 나온다. 그래서 순수하게 그것을 받아들여서 살아간다면 언제나 진리에 머물러 있으면서 충만한 삶을 살아갈 수 있다. 그런데 사람들 중에는 혼돈의 모습을 부정하고, 하늘을 부정하는 사람들이 있다. 칸트가 그러한 사람이고 순자가 그러한 사람이다. 그런 사람들은 우주적 생명력에서 나오는 신비의 생명력을 부정하여 단지 동물적 본능으로 치부한다. 그런 사람들은 의식 속에서 규정한 것만을 참된 것으로 받아들인다. 의식이 인간이 만든 가공이란 점에서 보면 그들의 삶은 참이 아니다. 그들의 삶은 허위이다. 그런 사람들에게는 진리가 이해되지 않는다. 그래서 성인은 그런 사람들에게는 아무 말도 하지 않는다. 由外入者無主於中(유외입자무주어중): 밖에서 들어오는 것을 속에서 받아주는 주체가 없는 경우. 만물이 만물로 인식되기 위해서는 이미 의식세계가 형성되어 만물을 만물로 구별하고 있기 때문이다. 그 구별능력이 많으면 많을수록 똑똑하고 유능한 사람으로 평가받는다. 그러나 그런 사람들은 가공의 세계에서 벗어나지 못하고 있는 사람들이다. 반면 만물을 구별하는 의식 세계를 뚜렷하게 가지고 있지 않은 사람은 사물을 분명하게 인식하지 못한다. 그래서 그는 그만큼 어리석고 무능한 사람처럼 보인다. 그러나 실상 그런 사람은 진리에 가까이 있는 사람들이다. 진리로 접근하는 방법이 의식을 지우는 것이라면 그러한 사람은 진리를 터득하기 용이한 사람들이다. 그래서 성인은 그런 사람들을 인도하기 위해 숨김없이 모든 것을 털어놓는다. 名公器也(명공기야): 이름은 다 함께 쓰는 공적인 기구이다. 이름은 사람들이 살아가는 데 편하기 위해 붙여놓은 것이므로 모든 사람이 함께 인식하고 사용해야 한다. 그러나 이름은 임시로 붙여놓은 것이지 참이 아니다. 예를 들면 '나는 남자다' '나는 어른이다' '나는 사장이다.'라는 말들을 하는데, 이때 사용하는 '남자' '어른' '사장' 등의 이름은 임시로 붙여놓은 것이지 참된 것이 아니다. 그러므로 그 이름에 너무 얽매이거나 집착하면 참을 잃어버릴 수 있다. 그러므로 그 이름에 너무 많은 의미부여를 하면 안 된다. 이는 유가의 명분론의 문제점을 지적한 것으로 볼 수 있다. 蘧廬(거려) : 풀로 만든 집. 초가집. 覯(구) : 만나다. 이루다. 이루려고 하는 것은 집착하는 것이므로 여기서는 '집착한다'로 번역했다. 逍遙(소요) : 혼돈의 상태에서는 해야 할 일이 따로 있는 것이 아니다. 바람 부는 것처럼 물이 흐르는 것처럼 그냥 그렇게 살아가면 되는데, 그렇게 살아가는 사람의 모습을 표현한 것이 逍遙다. 그리고 소요하는 사람들이 사는 곳이 逍遙之虛이다. 소요하는 곳은 일체의 구별이 없는 텅 빈 곳이다. 그래서 虛라고 했다. 苟簡(구간) : 구차하고도 간략하다. 참사람들이 살아가는 방식은 마치 자연인들이 원시상태로 살아가는 것과 같다. 잘 개간된 기름진 밭에서 풍성한 수확을 하면서 살아가는 것이 아니라 초라한 밭에서 자연 그대로의 풀들을 뜯어먹기 때문에 苟簡이란 이름을 붙였다. 不貸(불대) : 빌려주거나 받거나 하지 않는 것. 참사람은 너와 나의 구별이 없는 사람이다. 그러한 사람은 남에게 주고받는다는 개념도 없다. 그래서 不貸라는 이름을 붙였다. 正(정) : 政과 통용. 다스리다. 大變(대변) : 큰 변화. 우주의 변화. 하늘의 움직임.

[해설]

 이 문장은 공자와 노자를 등장시켜 도는 의식에서 파악할 수 있는 외형적인 것이 아님을 역설한 것이다. 이 문장에서 설정한 공자는 도를 의식에서 추구하려 한 사람이고, 노자는 그 잘못됨을 깨우치는 사람이다.


孔子見老聃 而語仁義 老聃曰 夫播穅眯目 則天地四方易位矣 蚊虻噆膚 則通昔不寐矣 夫仁義憯然 乃憤吾心 亂莫大焉 吾子使天下無失其朴 吾子亦放風而動 總德而立矣 又奚傑然若負建鼓而求亡子者邪 夫鵠不日浴而白 烏不日黔而黑 黑白之朴 不足以爲辯 名譽之觀 不足以爲廣 泉涸 魚相與處於陸 相吻以濕 相濡以沫 不若相忘於江湖


[국역]

공자가 노담을 뵙고 인의를 말하자, 노담이 말했다. "무릇 키질하다 날린 겨가 눈에 티가 되어 들어가면 천지사방이 자리가 뒤바뀌게 되고, 모기나 등에가 살갗을 물면 밤새 잠들지 못하지요. 저 인의란 것은 무자비하게 내 마음을 괴롭히는 것이니 어지러움이 이보다 더 큰 것이 없지요. 그대는 천하로 하여금 그 순박함을 잃지 않도록 하려면 그대도 또한 바람을 따라 움직이고 덕을 붙잡고 서 있어야 할 것인데, 또 어찌 시끌시끌하게 큰북을 짊어지고 도망간 아들을 찾듯이 하시지요? 저 고니는 날마다 목욕을 하지 않아도 희고,

까마귀는 날마다 그을지 않아도 검으니, 원래 검고 흰 것은 따질 것이 못 되고, 명예라는 껍데기는 널리 알릴 것이 못 되지요. 샘이 마르면 물고기들이 서로 땅바닥에 모여 서로 습기를 뿜어내며 서로 거품으로 적셔 주지요. (그러나 그것보다는) 양자강이나 동정호 같은 데서 서로 (물의 귀함을) 잊어버리고 사는 것이 낫지요.

[난자풀이]
**播穅眯目**(파강미목) : 키질하여 날린 겨가 눈에 들어가 티가 되는 것. 播(파)는 날리는 것이고, 穅(강)은 겨. 眯(미) : 티가 들어가는 것.  嚄(참) : 깨물다.  憯(참) : 무자비하다.  憤(분) : 번민하게 만들다.  傑然(걸연) : 시끌시끌하다.  建鼓(건고) : 커서 들지 못하고 세워 둔 북. 큰북.  黔(검) : 그을다.  觀(관) : 외관. 외형. 껍데기.  廣(광) : 넓히다.

[해설]
여기서도 인의나 도덕 등을 의식 속에서 추구한다면 그것은 사람을 구속하고 진리를 잃게 만드는 장애물로 바뀌게 됨을 역설하고 있다. 인의나 도덕뿐만이 아니다. 하늘이나 하느님 등도 인간이 의식 속에서 파악한다면 마찬가지 폐해가 생긴다.

孔子見老聃歸 三日不談 弟子問曰 夫子見老聃 亦將何
規哉 孔子曰 吾乃今於是乎見龍 龍合而成體 散而成章
乘乎雲氣 而養乎陰陽 予口張而不能嗋 予又何規老聃哉
子貢曰 然則人固有尸居而龍見 雷聲而淵默 發動如天地
者乎 賜亦可得而觀乎 遂以孔子聲見老聃 老聃方將倨堂
而應微曰 予年運而往矣 子將何以戒我乎 子貢曰 夫三
王五帝之治天下不同 其係聲名一也 而先生獨以爲非聖
人如何哉 老聃曰 小子少進 子何以謂不同 對曰 堯授舜
舜授禹 禹用力而湯用兵 文王順紂而不敢逆 武王逆紂而
不肯順 故曰不同

[국역]

　　공자가 노자를 뵙고 돌아와 3일 동안 말을 하지 않았다. 그래서 제자가 여쭈어 보았다. "선생님께서 노자를 만나 보시고 또한 무엇을 바로잡아 주셨습니까?" 공자가 말했다. "나는 이번에 여기에서 용을 보았다. 용은 기가 합치면 몸을 이루고 기가 흩어지면 아름다운 문채를 이루어, 구름 기운을 타고 음양의 기운으로 살아가더군. 나는 입을 벌린 채 다시 다물지 못했네. 내가 또 어떻게 노담을 바로잡아 줄 수 있었겠는가!" 자공이 말했다. "그렇다면 사람은 본래 시동처럼 가만히 있다가 용처럼 나타나며, 우레와 같은 큰 소리를 내다가 깊은 연못처럼 침묵을 지켜서, 나타나고 움직이는 것이 하늘과 땅처럼 할 수 있는 것입니까? 저도 그런 분을 만나 볼 수 있을까요?" 그리하여 마침내 공자의 이름을 팔아서 노자를 뵈었다. 노담은 그때 막 마루에 걸터앉아 있다가 가느다란 소리로 응답했다. "나는 이제 세월이 흘러 늙어버렸는데 그대는 무엇으로 나를 가르치려 하는가?" 자공이 말했다. "저 삼황오제가 천하를 다스린 방법은 같지 않았으나 명성을 떨친 것은 같습니다. 그런데 선생께서는 유독 그들을 성인이 아니라고 하시니 무슨 까닭입니까?" 노담이 말했다. "얘야! 조금 가까이 오라. 그대는 무엇을 가지고 같지 않다고 하는가?" 그러자 자공이 대답했다. "요가 순에게 자리를 물려주고 순은 우에게 자리를 물려주었는데, 우는 힘을 썼고, 탕은 병기를 썼으며, 문왕은 은의 주왕에게 순종했고, 무왕은 주왕에게 반역하여 순종하지 않았으므로 그래서 같지 않다고 하는 것입니다."

[난자풀이]
合而成體(합이성체) : 합치면 몸을 이룸. 이 말은 얼음을 생각해보면 이해하기 쉬울 것이다. 얼음은 물이면서도 동시에 딱딱한 모양을 가지고 있다. 그런데 얼음이 딱딱한 고체인줄만 알면 본질을 망각한 것이다. 그러므로 본질을 망각하지 않은 얼음은 물이기도 하면서 딱딱한 고체의 모습을 동시에 가진다. 사람도 마찬가지다. 몸을 자기의 전부로 생각하는 사람은 본질을 망각한 자이다. 얼음의 본질은 물이듯이 사람은 본질

은 자연에 흩어져 있는 천지의 기운이다. 그러므로 본질을 망각하지 않고 본질의 입장에서 살아가는 사람은 형체를 가진 사람이면서 동시에 우주에 흩어져 있는 기운의 모습이 될 수 있다. 여기서는 노자를 그런 사람으로 묘사하고 있다. 散而成章(산이성장) : 흩어지면 찬란한 문채를 이룬다. 흩어진다는 것은 본질의 모습으로 돌아간다는 것이다. 흩어진 상태로 존재하면 더 이상 형체를 가진 사람의 모습이 아니다. 허공에 떠 있는 무지개이기도 하고, 하늘에 흩어져 있는 구름이기도 하다. 형체를 가진 존재로서의 사람은 음식을 먹고살지만, 본질로 존재하는 자는 음양의 기운으로 존재한다. 養(양) : 먹고 산다. 존재한다. 尸居(시거) : 시동처럼 가만히 있다. 옛날 고대에 제사를 지낼 때 제사상에 시동이 앉아 있게 하는데, 시동은 제사가 끝날 때까지 가만히 앉아 있었다. 본질로 사는 사람은 우주와 하나다. 조용할 때의 우주의 모습이 그의 모습이고, 번개가 치고 천둥이 울 때의 우주의 모습도 그의 모습이다. 以孔子聲(이공자성) : 공자의 명성을 가지고. 여기서는 공자의 이름을 파는 것을 말함. 往(왕) : 지나가다. 청춘이 다 지나가다. 늙었다.

[해설]

여기서는 노담을 혼돈의 모습으로 살아가는 사람으로 묘사하고 있다.

老聃曰 小子少進 余語女三王五帝之治天下 黃帝之治天下 使民心一 民有其親死不哭 而民不非也 堯之治天下 使民心親 民有爲其親殺其殺 而民不非也 舜之治天下 使民心競 民孕婦十月生子 子生五月而能言 不至乎孩而始誰 則人始有夭矣 禹之治天下 使民心變 人有心而兵有順 殺盜非殺人 自爲種而天下耳 是以天下大駭 儒墨皆起 其作始有倫 而今乎婦 女何言哉 余語女三皇五帝之治天下 名曰治之 而亂莫甚焉 三皇之知 上悖日月之明 下睽山川之精 中墮四時之施 其知憯於蠣蠆之尾 鮮規之獸 莫得安其性命之情者 而猶自以爲聖人 不可恥乎 其無恥也 子貢蹵蹵然立不安

[국역]

　　노담이 말했다. "애야! 조금 가까이 오라. 내가 너에게 삼왕오제가 천하를 다스린 내용을 말해 주겠다. 황제가 천하를 다스리던 때에는 백성들로 하여금 마음이 하나로 되게 했으므로, 백성들 중에 자기 어버이가 죽었을 때 곡하지 않은 자가 있었는데도 백성들이 그것을 비난하지 않았다. 요가 천하를 다스리던 때에는 백성들로 하여금 친한 마음을 가지게 했으므로, 백성들 가운데 자기 어버이를 위해, (자기 어버이를) 죽인 자를 죽이는 자가 있어도 백성들이 그것을 비난하지 않았다. 순이 천하를 다스리던 때에는 백성들로 하여금 경쟁하는 마음을 갖게 했으므로, 백성들은 임산부의 경우 열 달이 되어 자식을 낳으며, 태어난 아이의 경우 5개월 만에 말을 할 줄 알게 되고, 웃을 줄 알기도 전에 벌써 낯을 가리게 되었으니, 그리하여 사람들 중에 처음으로 요절하는 이가 생기게 되었다. 우가 천하를 다스리던 때에는 백성들로 하여금 마음이 변하도록 하여, 사람들은 욕심을 갖게 되었고 무기를 사용하는 일도 순조로운 것으로 여겨졌으며, 도둑을 죽이는 것은 살인이 아닌 것으로 여기며, 자기 자신을 귀한 씨앗처럼 여기고 천하처럼 중시했다. 이 때문에 천하가 크게 놀라 유가와 묵가가 모두 등장하게 되었다. 처음 시작했던 때에는 그래도 질서가 있었으나 지금은 부녀자들처럼 되어 버렸다. 그러니 무슨 말을 하겠는가? 내가 그대에게 삼황오제가 천하를 다스린 진상을 말해 주겠노라. 명목은 다스렸다고 하지만 어지러움이 그보다 심함이 없었다. 삼황의 잔꾀는 위로는 해와 달의 밝음을 어그러뜨리고, 아래로는 산천의 정기를 외면하며, 중간으로는 사계절의 운행을 헷갈리게 만들어, 그 잔꾀가 전갈의 꼬리보다 무자비한 지라, 작은 벌레들까지도 본성 그대로의 삶을 편안하게 유지할 수 없는데도 오히려 스스로를 성인이라 여기니 부끄러워해야 되지 않겠는가? 아마도 그들은 부끄러워함이 없을 것이다." 자공은 그 말을 듣고 송구스러워 편안하게 서 있을 수 없었다.

[난자풀이]

誰(수) : 낯을 가리다. 글자의 뜻은 '누구인지 따진다'는 뜻인데, 누구인지 따지는 것은 낯을 가리는 것이다.　心(심) : 욕심. 自爲種而天下耳(자위종이천하이) : 자기를 귀한 씨앗으로 여기며 자기를 천하처럼 중시하게 되었다. 이 문장은 원래 爲自種而爲自天下耳로 되어야 할 것이다. 그런데 自는 목적어로 쓰이게 될 때 동사 앞으로 나오고, 또 而의 앞과 뒤에 같은 말이 있으면 하나가 생략되기 때문에 뒤의 爲自가 생략되었을 것이다.　婦女(부녀) : 부녀자들처럼 되었다. 부녀자들이 모이면 대체로 시끄럽기 때문에 시끄러운 모양을 이처럼 표현한 것으로 보인다.　蠣蠆(려채) : 전갈.　鮮規(선규) : 작은 벌레. 글자 그대로의 뜻은 '모범 되는 것이 적다'는 뜻이다. 모범 되는 것이 적은 것은 아마도 미물이나 작은 벌레일 것이므로 여기서는 '작은 벌레'로 번역했다. 과거에도 '작은 벌레'로 번역한 학자가 많았다.　情(정) : 실상. 실정. 본래의 모습.　蹴蹴然(축축연) : 송구스러워 위축되는 모양.

[해설]

　사람들은 원래 자연의 모습이었고, 우주의 모습이었으며, 혼돈이었는데, 욕심이 생기면서 남보다 앞서려는 경쟁을 하게 되었다. 그 때문에 일찍 태어나게 되었고 일찍 말을 하게 되었다. 그리고 그 때문에 환경을 파괴하게 되었고, 그 때문에 온갖 질병에 걸리게 되었고, 그 때문에 온갖 고통을 갖게 되었다.


孔子謂老聃 曰丘治詩書禮樂易春秋六經 自以爲久矣 孰知其故矣 以奸者七十二君 論先王之道 而明周召之迹 一君無所鉤用 甚矣夫 人之難說也 道之難明邪 老子曰 幸矣 子之不遇治世之君也 夫六經先王之陳迹也 豈其所以迹哉 今子之所言猶迹也 夫迹履之所出 而迹豈履哉 夫白鶂之相視 眸子不運而風化 蟲雄鳴於上風 雌應於下風 而化 類自爲雌雄 故風化 性不可易 命不可變 時不可止 道不可壅 苟得於道 無自而不可 失焉者無自而可 孔子不出三月 復見曰 丘得之矣 烏鵲孺 魚傅沫 細要者化 有弟而兄啼 久矣夫 丘不與化爲人 不與化爲人 安能化人 老子曰 可 丘得之矣


[국역]

　공자가 노담에게 말했다. "저는 詩·書·禮·樂·易·春秋의 육경을 익힌 지 스스로 오래되었으며, 그 이치를 잘 알고 있다고 생각합니다. 그래서 저는 그것을 가지고 설득한 것이 72명의 군주였습니다. 선왕의 도를 논하고 주공과 소공의 자취를 밝혔지만, 단 한 명의 군주에게도 채택되어 쓰인 바가 없었으니, 참으로 심합니다. 사람을 설득하기 어렵고 도를 밝히기 어려운 것이." 노자가 이렇게 말했다. "다행이오. 당신이 세상을 잘 다스리는 임금을 만나지 못한 것이. 무릇 육경이란 선왕이 남긴 묵은 자취일 뿐이니, 어찌 그 자취를 남게 한 실상 그 자체일 수 있겠소? 지금 당신이 말하는 것도 자취에 관한 것일 뿐이오. 자취란 발걸음에서 나온 것이니 당신의 자취가 어찌 당신의 발걸음 그 자체일 수 있겠소? 흰 물새는 서로 마주 보면서 눈동자를 움직이지 않으면 풍기가 통해서 새끼를 낳고, 곤충은 수컷이 위쪽에서 울면 암컷이 아래쪽에서 호응하여 풍기가 통해 새끼를 낳으며, 암수 구별이 안 되는 부류들은 저절로 암컷이 되기도 하고 수컷이 되기도 해서 서로 풍기가 통하여 새끼를 낳지요. 본성은 바꿀 수 없는 것이고, 천명은 변경시킬 수 없는 것이며, 시간은 멎게 할 수 없는 것이고, 도는 막을 수 없는 것이니, 참으로 도에서 터득이 되었다면 무엇을 말미암든 안 될 것이 없겠지만, 도를 잃어버렸다면 무엇을 말미암든 될 것이 없는 것이다." 공자가 석 달 동안 외출하지 않다가 다시 노자를 만나 이렇게 말했다. "제가 드디어 얻었습니다. 까막까치는 알을 까서 새끼를 만들고, 물고기는 거품을 뿌려 새끼를 만들며 허리 가는 곤충들은 애벌레가 탈바꿈해서 되는 것입니다. 그리고 동생이 생기면 형이 우는 법입니다. 참으로 오랫동안 저는 조화와 벗이 될 수 없었습니다. 조화와 벗이 되지 못한다면 어떻게 남을 깨우칠 수 있겠습니까?" 노자가 말했다. "됐소. 구여. 당신은 도를 얻었구려."

[난자풀이]

孰(숙) : 熟과 통용. 충분히.　奸(간) : 구하다. 요구하다. 설득하다.　周召(주소) : 주공과 소공.　鉤(구) : 갈고리. 갈고리로 끌어들이다. 즉 여기서는 '채용하다' '채택하다' 등의 뜻으로 쓰였다.　所以迹(소이적) : 발자취를 만드는 발처럼, 자취를 만드는 원인.　白䴅(백역) : 흰 물새.　風化(풍화) : 풍기가 통해서 교미를 하여 새 생명을 만든다. 風은 오늘날의 속된 말로 표현하면 '전기가 통하는 것'이고, 化는 새 생명을 만드는 것이다.　烏鵲(오작) : 까막까치.　孺(유) : 낳다. 알을 낳아 새끼를 만든다.　傅沫(부말) : 거품을 붙이다. 거품처럼 생긴 정자를 난자에 갖다 붙여서 수정을 하는 물고기의 모습을 설명한 것이다. 傅는 '붙인다'는 뜻이다.　細要(세요) : 細腰와 통용. 허리 가는 곤충을 이름.　化(화) : 탈바꿈시키다. 애벌레로 자라다가 그것이 탈바꿈하여 곤충이 되는 것이다.　與化爲人(여화위인) : 조화와 더불어 어울리는 사람이 되다. 즉 조화와 친구가 되다.

[해설]

여기서 설정된 공자는 자연의 흐름에 역행하면서 억지로 자기의 생각을 가지고 세상을 바로잡기 위해 고집을 부리는 사람으로 묘사되고 있는 사람이다.

사람의 삶은 근본적으로 자연의 흐름과 일치한다. 자연의 운행이나 사람의 삶의 방식이나 만물의 삶의 방식이 근본적으로 다르지 않은 것이다. 그러므로 자연의 이치를 알면 만물의 삶의 방식을 알게 되고 그로 말미암아 사람의 삶의 방식도 터득하게 된다. 또 역으로 만물의 삶의 방식을 알면 그것을 통해서 자연의 이치를 알 수 있다.

  모든 생물은 모두 연애를 하고 새끼를 낳는다. 그 연애하는 방법은 다 다르지만, 연애를 하여 새끼를 만든다는 것은 다 같다. 그것이 자연의 이치이다. 그리고 형제라는 것은 경쟁관계의 출발이라는 것도 대자연의 질서이다. 이런 것은 투쟁이 아니라 조화이고 질서이다. 사나운 사자가 죄 없는 사슴을 잡아먹는 것은 도를 모르는 사람에게는 비극으로 보일 수 있는 것이지만 도를 터득한 사람에게는 조화로 보인다.

  그러므로 인간이 만든 도덕관념을 가지고 모든 것을 판단하는 인간에게는 이런 모습들이 잘 파악되지 않는다. 인간의 잣대에서 벗어나 자연의 모습이 간파된 사람이라야 자연의 질서와 하나가 되어 진리의 모습으로 살아갈 수 있다.

  인간이 만든 육경의 내용은 진리 그 자체가 아니라 진리를 표현한 그릇일 뿐이다. 그러므로 진리는 모르면서 육경 그 자체에 집착한다면 육경은 오히려 사람을 구속하는 족쇄가 되고 말 것이다.

# 15. 刻 意

刻意篇에서는 세상 사람들이 살아가는 여러 부류의 방식에 대해서 설명하고 가장 완전한 성인의 삶의 방법을 제시하고 있다.

刻意尙行　離世異俗　高論怨誹　爲亢而已矣　此山谷之士
非世之人　枯槁赴淵者之所好也　語仁義忠信　恭儉推讓
爲脩而已矣　此平世之士　敎誨之人　遊居學者之所好也
語大功　立大名　禮君臣　正上下　爲治而已矣　此朝廷之士
尊主彊國之人　致功幷兼者之所好也　就藪澤　處閒曠
釣魚閒處　無爲而已矣　此江海之士　避世之人　閒暇者之
所好也　吹呴呼吸　吐故納新　熊經鳥申　爲壽而已矣　此道
引之士　養形之人　彭祖壽考者之所好也

[국역]
　엄격한 마음으로 고상하게 행동하고, 세상을 떠나 속세에 등을 돌린 채, 고상한 논의를 하면서 세상을 슬퍼하고 비난하며 고자세를 취할 뿐인 것이 있다. 이러한 것은 산골짜기에 사는 선비, 세상을 비난하는 사람, 시달리고 지쳐서 깊은 못에 몸을 던지는 자가 좋아하는 것이다. 인의와 충신을 말하면서, 공손하고 검소하며 남을 잘 헤아리고 양보하며, 수양을 잘 할 뿐인 것이 있다. 이러한 것은 평화로운 세상에 사는 선비, 남을 가르치고 깨우치는 사람, 한가하게 살아가는 학자들이 좋아하는 것이다. 큰 공을 말하고 큰 이름을 세우며, 군신간의 예를 지키고 상하간의 관계를 바로잡으며 다스림에 열중할 뿐인 것이 있다. 이러한 것은 조정의 선비, 임금을 높이고 나라를 강하게 하는 사람, 공을 세우고 다른

나라를 겸병하는 자들이 좋아하는 것이다. 늪이나 못이 있는 전원에 가서 한가하고 넓은 곳에 거처하며, 물고기나 낚고 한가하게 살면서 무위만을 추구할 뿐인 것이 있다. 이러한 것은 강이나 바다에 사는 선비, 세상을 피하는 사람, 한가하게 사는 자들이 좋아하는 것이다. 숨을 들이쉬고 내쉬는 심호흡을 하며, 낡은 기를 토해내고 새로운 기를 들이키며, 곰이 몸을 구부리듯 몸을 구부리고 새가 날개를 펴듯 몸을 펴서 장수를 추구할 뿐인 것이 있다. 이러한 것은 도인술을 하는 선비, 몸을 기르는 사람, 팽조처럼 장수하는 자들이 좋아하는 것이다.

[난자풀이]
推(추) : 미루다. 자기의 마음을 미루어 남을 헤아리는 것. 吹呴(취구) : 숨을 불어내고 내쉬는 것. 熊經(웅경) : 곰처럼 몸을 다스리다. 곰은 몸을 구부리기도 하고 고개를 넣고 웅크리기도 하는데 이는 건강 체조를 하는 것에 해당한다. 그러므로 여기서는 '곰처럼 몸을 다스려 몸을 구부리기도 하고 머리를 넣기도 하는 동작을 하는 것'을 말한다. 鳥申(조신) : 새가 날개를 펴듯이 몸을 편다. 새가 날개를 쫙 펴는 것도 일종의 체조에 해당한다. 이를 흉내 내어 두 팔을 쫙 펴는 동작을 도인술을 하는 사람들은 건강법으로 따라 하고 있었던 것으로 보인다. 이러한 도인술들을 정리한 것이 華陀의 五禽之戲이다. 道引(도인) : 도인술. 후대에는 導引으로 표기한다. 몸과 수족

을 굴신하며 신선한 공기를 마시는 도가의 양생법을 말한다.
考(고) : 오래 살다.

[해설]
　사람들의 부류를 다섯 가지로 나누어 설명한 것이다.


若夫不刻意而高　無仁義而脩　無功名而治　無江海而閒
不道引而壽　無不忘也　無不有也　澹然無極而衆美從之
此天地之道　聖人之德也　故曰　夫恬惔寂漠　虛無無爲
此天地之平　而道德之質也　故曰聖人休焉　休則平易矣
平易則恬惔矣　平易恬惔　則憂患不能入　邪氣不能襲
故其德全而神不虧

[국역]
　마음을 엄격하게 하지 않아도 고상해지고, 인의를 하지 않아도 수양이 되며, 공명을 앞세우지 않아도 다스려지고, 강이나 바다에 살지 않아도 한가해지며, 도인술을 하지 않아도 장수하게 되며, 잊어버리지 않음이 없고 가지지 않음이 없으며, 마음은 담담하기 그지없는데도 모든 아름다운 것이 그를 따르는 것이 있다. 이러한 것은 천지의 도이고 성인의 덕이다. 그러므로 말하기를, "편안하고 고요하며 텅 비고 무심하

며 무위를 하는 것, 이것은 천지의 화평함이고 도덕의 바탕이라"고 했다. 그러므로 또 말하기를, "성인은 거기에서 쉰다. 쉬면 평화롭고 간결해진다. 평화롭고 간결해지면 편안하고 담담해진다"고 했다. 평화롭고 간결하며 편안하고 담담하면 우환이 거기에 끼어들 수 없고, 나쁜 기운이 들어갈 수 없다. 그러므로 그 덕은 온전하고 정신은 일그러지지 않는다.

[해설]
　본래의 마음으로 살아가는 사람은 성공하려는 의도를 가지고 행위하지 않고 오직 무위자연으로 살아가지만, 결과적으로 성공이 따라오게 된다. 성공이 따라와도 그것을 성공으로 생각하지도 않는다. 그냥 자연으로 받아들일 뿐이다.


故曰 聖人之生也天行 其死也物化 靜而與陰同德 動而與陽同波 不爲福先 不爲禍始 感而後應 迫而後動 不得已而後起 去知與故 循天之理 故無天災 無物累 無人非 無鬼責 其生若浮 其死若休 不思慮 不豫謀 光矣而不耀 信矣而不期 其寢不夢 其覺無憂 其神純粹 其鬼不罷 虛無恬淡 乃合天德

[국역]

 그러므로 말했다. "성인의 삶은 자연으로 움직이는 것이고 죽음은 다른 물체로 바뀌는 것이다. 가만히 있을 때는 음과 같은 모습이 되고, 움직일 때는 양과 함께 물결친다. 복 때문에 앞서지도 않고 화 때문에 나서지도 않는다. 느낌이 있은 뒤에 반응하고, 상황이 되어야 움직인다. 마지 못하는 상황이 된 뒤에야 기동을 하고 잔꾀나 일부러 꾸미는 일을 버리고 자연스런 움직임에 따른다. 그러므로 자연재해가 없고, 어디에도 얽매이는 것이 없으며, 남의 비난도 받지 않고 귀신의 질책도 받는 일이 없다. 그의 삶은 물에 떠다니는 것 같고 그의 죽음은 쉬는 것 같다. 생각하거나 헤아리지 않고 미리 일을 꾀하지 않으며, 빛이 나더라도 그 빛을 드러내려 하지 않고 확실하더라도 기약하지 않는다. 잠잘 때는 꿈을 꾸지 않고 깨어 있을 때는 걱정이 없다. 그의 정신은 순수하고 그의 영혼은 고달프지 않다. 텅 비고 욕심이 없으며 편안하고 담담하여 자연의 모습에 합치된다."

[난자풀이]

天行(천행) : 하늘처럼 움직임. 하늘의 움직임. 자연의 움직임. 『장자』에서는 하늘의 움직임이 곧 자연의 움직임으로 설명되고 있다.  物化(물화) : 다른 물체로 바뀌는 것.

[해설]

　욕심으로 살아가는 사람에게는 자신의 몸이 자기의 전부가 된다. 그러므로 몸이 늙으면 늙는 것이고, 몸이 죽으면 죽는 것이다. 그러나 진리로 살아가는 사람에게는 자기의 몸이 만물 중의 한 물건으로 여겨질 뿐이다. 그의 마음은 만물을 포함한 전체를 운영해 가는 하늘마음이다. 하늘의 마음으로 자기의 몸을 바라보면 자기의 몸은 길가에 있는 하나의 흙더미와도 같고, 길가에 넘어져 있는 하나의 나무토막과도 다르지 않다. 만물이 모두 모였다 흩어졌다 하는 과정에 있듯이 자기의 몸도 생겼다 흩어졌다 하는 과정에 있지만, 흩어지는 것과 모이는 것이 다른 것이 아니라, 다 같은 자연현상일 뿐이다.


故曰 悲樂者 德之邪 喜怒者 道之過 好惡者 德之失 故心不憂樂 德之至也 一而不變 靜之至也 無所於忤 虛之至也 不與物交 淡之至也 無所於逆 粹之至也 故曰 形勞而不休 則敝 精用而不已則勞 勞則竭 水之性不雜則淸 莫動則平 鬱閉而不流 亦不能淸 天德之象也 故曰 純粹而不雜 靜一而不變 淡而無爲 動而以天行 此養神之道也

[국역]

　그러므로 말했다. "슬퍼하거나 즐거워하는 것은 덕이 비뚤어진 것이고, 기뻐하거나 성내는 것은 도가 지나친 것이며, 좋아하거나 미워하는 것은 덕이 잘못된 것이다. 그러므로 마음에 걱정하거나 즐거워함이 없는 것은 덕이 지극한 것이고, 한결같으면서 변덕스럽지 않은 것은 고요함의 지극함이며, 거스르는 바가 없는 것은 텅 빈 상태의 지극함이고, 다른 것에 구애되지 않음은 담담함의 지극함이며, 거부반응이 없는 것은 순수함의 지극함이다." 그러므로 말했다. "몸이 수고로우면서 쉬지 않으면 피폐해지고, 정신을 소모하면서 중단하지 않으면 수고롭다. 수고로우면 고갈된다." 물의 성질은 섞이지 않으면 맑고 움직이지 않으면 수평을 이루지만, 막혀서 흐르지 않으면 또한 맑을 수 없다. 이것이 자연의 모습에서 나타나는 이치이다. 그러므로 말했다. "순수하면서 섞지 않고 고요하고 한결같으면서 변덕부리지 않으며, 담담하면서 무위를 하다가도 움직이면 자연스럽게 행하는 것, 이것이 정신을 기르는 방법이다."

[난자풀이]

忤(오) : 거스르다. 거역하다.　鬱(울) : 막히다.

[해설]

　슬픔·즐거움·기쁨·성냄·좋음·미움 등의 감정이 본심에서 나온 것은 감정이면서 자연이다. 그런 감정은 나타날 때는 물이 흐르듯 자연스럽게 흘러나왔다가 자연스럽게 흘러간다. 그러한 슬픔·즐거움·기쁨·성냄·좋음·미움 등의 감정이 욕심에 나온 것은 순수한 감정이 아니라 비뚤어진 것이나 지나친 감정이며, 그렇지 않으면 잘못된 감정이다. 그런 감정은 지나간 뒤에 마음속에 흔적이 남는다. 그 남아 있는 흔적이 스트레스로 작용한다.

  욕심은 몸 안에 들어있는 작은 에너지다. 그러므로 욕심으로 움직이는 경우는 그 에너지가 금방 고갈되고 말기 때문에 쉬 피곤해진다. 그러나 본심으로 움직이는 것은 자연의 힘으로 움직이는 것이기 때문에 그 에너지가 고갈되지 않는다. 그렇기 때문에 본심으로 움직이는 경우는 자연스러울 뿐만 아니라 쉬 피로해지지도 않는다.

  욕심은 마음속에 고여 있는 것이므로 웅덩이에 고여서 흐르지 않는 물과 같다. 그런 물은 썩어서 냄새가 난다. 마찬가지로 욕심은 썩어서 냄새가 난다. 그러나 지하에서 흘러나오는 샘물은 맑은 채로 밖으로 흘러나간다. 마찬가지로 하늘에서 솟아나오는 본심은 맑은 채로 밖으로 흘러나간다.


夫有干越之劍者 柙而藏之 不敢用也 寶之至也 精神四達竝流 無所不極 上際於天 下蟠於地 化育萬物 不可爲象 其名爲同帝 純素之道 唯神是守 守而勿失 與神爲一

一之精通 合于天倫 野語有之 曰衆人重利 廉士重名 賢人尙志 聖人貴精 故素也者謂其無所與雜也 純也者謂其不虧其神也 能體純素 謂之眞人

[국역]
　오나라 월나라의 명검을 가진 자는 그것을 상자에 넣어둔 채 감히 쓰지 않으니, 지극한 보배이기 때문이다. 정신은 사방으로 트이고 흘러서 끝까지 가지 않음이 없다. 위로는 하늘에 닿고 아래로는 땅에 도사린 채 만물을 화육하는데, 그 모습은 그려낼 수 없으나, 그 이름을 동제라 한다. 순수하고 소박해지는 방법은 오직 그 정신을 지키는 것이다. 지키고서 잃지 않으면 정신과 하나가 되고, 하나가 되어 정밀해지고 통달하게 되면 자연의 질서와 합치된다. 속담에 이런 말이 있다. "대중들은 이익을 중시하고, 청렴한 선비는 명예를 중시하며, 어진 사람은 뜻을 숭상하고 성인은 정신을 귀하게 여긴다." 그러므로 소박하다는 것은 섞이거나 잡스러워짐이 없는 것을 말하는 것이고, 순수하다는 것은 그 정신이 일그러지지 않음을 말하는 것이다. 순수함과 소박함을 체득하면 그를 진인이라 한다.

[난자풀이]
干(간) : 학자에 따라 여러 설들이 있으나, 吳나라의 한 지명인 干溪로 보는 것이 무난할 것으로 보인다. 그러므로 干越은 吳

나라와 越나라로 풀이할 수 있다.  柙(합) : 우리.  蟠(반) : 서
리다. 도사리다.  象(상) : 이미지. 이미지를 만드는 것은 마음
속에서 그려내는 것이므로 '그려낸다'로 번역했다.

[해설]

  사람들은 좋은 칼이 있어도 그것을 귀하게 여겨서 함부로
쓰지 않고 잘 보존한다. 그런데 값진 것으로 말하면 마음보
다 더한 것이 없다. 그런데도 대부분의 사람들은 마음 찾기
에는 뒷전이면서, 욕심 채우는 데만 급급하고 있는 듯이 보
인다. 그러한 사람은 가치관이 뒤바뀌어 있는 사람들이다.
그들은 사람이 만든 법에는 걸리지 않을지 모르지만, 하늘에
게는 용서받지 못할 죄를 범한 자들이다. 욕심을 부리는 것
자체가 이미 죄인 것이다.

# 16. 繕 性

　　繕性에서는 사람들이 진리를 잃고 고통 받게 되는 과정을 설명하고 있다. 그리고 고통에서 벗어나는 방법과 진리를 얻는 방법에 대해서도 논하고 있다. 이 편의 논리전개 방식은 맹자의 그것과 매우 흡사하다. 이에서 보면 유교철학의 형이상학적 측면과 노장철학은 만나고 있음을 알 수 있다.

繕性於俗俗學　以求復其初　滑欲於俗思　以求致其明
謂之蔽蒙之民　古之治道者　以恬養知　生而無以知爲也
謂之以知養恬　知與恬交相養　而和理出其性　夫德和也
道理也　德無不容　仁也　道無不理　義也　義明而物親
忠也　中純實而反乎情　樂也　信行容體而順乎文　禮也
禮樂徧行　則天下亂矣　彼正而蒙己德　德則不冒　冒則物
必失其性也


[국역]

　속되고 속된 학문에서 본성을 닦아 그 처음으로 돌아가기를 구하고, 속된 생각 속에서 욕심을 다듬어 밝은 지혜를 얻으려고 한다면, 그런 자를 몽매한 사람이라 한다. 옛날 도를 다스리던 자는 고요함을 가지고 지혜를 길렀다. 지혜가 생겨나도 그 지혜로 달리 추구하는 것이 없었다. 그것을 일컬어 지혜를 가지고 고요함을 기르는 것이라 한다. 지혜와 고요함이 번갈아 가며 서로 길러주어서 조화의 세계와 순리의 삶이 그 본성에서 나온다. 덕은 조화를 이루는 것이고, 도는 순리이다. 德은 포용하지 않음이 없으니, 仁이고, 道는 순리대로 되지 않음이 없으니, 義이다. 의로운 삶이 확실해져서 남과 하나가 되는 것이 忠이다. 속이 순수하고 진실해져서 본래의 정으로 돌아가는 것이 樂이다. 신실한 행동이 몸에 충만하여 절도를 따르는 것이 禮다. 예악이 두루 퍼지면 천하가 어지러워진다. 저 예악을 고집하면 자기의 덕을 덮어 가리운다. 덕이 나타나야 가려지지 않는다. 덕이 가려지면 모든 것은 반드시 그 본성을 상실한다.

[난자풀이]
繕(선) : 깁다. 수선하다. 닦다.　滑(활) : 매끄럽다. 매끄럽게 하는 것은 다듬는 것이다.　容體(용체) : 몸에 꽉 차다.　偏(편) : 두루. 널리. 많은 학자들이 偏으로 해석했으나 반드시 그렇게 보지 않아도 될 것이다.　彼(피) : 예악을 가리킨다. 저 예악.　正(정) : 미리 작정한다. 미리 작정하는 것은 고집하는 것이므로 여기서는 '고집한다'로 번역했다. 맹자는 必有事焉而勿正이라고 해서 正을 미리 작정하는 것으로 풀이한 바 있다.

[해설]
　속된 학문을 하고 속된 생각을 하면서 거기에서 진리가 있다고 주장하는 사람들이 있다. 굳이 聖學을 해야만 되느냐고 항변하는 사람이 있다. 그런 사람들은 자기의 욕심을 채우기 위해 자기 합리화하는 사람들이다.
　진리는 욕심을 버릴 때만 찾아온다. 욕심을 비우고 또 비우면 본래의 마음이 되돌아온다. 그 본래의 마음으로 사는 것이 진리다. 본래의 마음은 하늘의 마음이고 전지전능한 능력을 가진 마음이다. 그러므로 진리가 찾아오면 저절로 지혜가 생긴다. 그런데 지혜가 생긴 뒤에도 아직 욕심이 남아 있다면 많은 사람들은 지혜를 욕심 채우는 수단으로 사용하고 만다. 그렇게 되면 많은 사람들에게 폐해를 끼치기 때문에 지혜를 얻지 않은 것보다 더 못하다. 그렇기 때문에 지혜가 생겨나도 그 지혜로 욕심을 추구하는 것이 없어야 한다. 지혜가 생길수록 그 지혜로 욕심을 더 비우는 쪽으로 나아가야 한다. 그것을 일컬어 지혜를 가지고 고요함을 기르는 것이라 한다. 지혜와 고요함이 서로 길러서 완전한 진리에 도달하면 하늘마음으로 세계를 바라보고 하늘마음으로 살게 된다. 자기의 마음으로 바라보고 자기의 마음으로 살 때는 세상은 늘 투쟁하는 장소로 보였고, 늘 남과 경쟁하는 삶을 살았지만, 하늘마음이 되면, 이 세상이 조화로 보이고, 모든 삶의 방식이 순리로 바뀐다. 그것이 본성을 잃지 않았을 때의 사람들의 본래적인 삶이다. 그런 능력을 가진 사람은 하늘의 입장에서 모든 것을 포용한다. 하늘마음으로 모든 것을 포용하는 것이 仁이고, 仁의 마음을 가지고 순리대로 사는 방식이 義이다. 맹자는 仁은 사람의 편안한 집이고, 義는 사람의 바른 길이라 했다. 하늘마음은 속에 있는 마음이므로 속에 있는 마음이라는 뜻으로 忠이라고도 한다. 사람이 본래의 마음을 회복하면 일체의 고통과 번뇌가 사라지고 즐거움으로 충만해지는데, 그 즐거움을 표현한 것이 音樂이다. 하늘마음으로 회복하면 신실한 행동이 몸에 충만해져서 저절로 절도를 따르게 되는데, 그것이 禮이다. 그러므로 禮樂이란 하늘마음의 집이고 껍데기다. 그런데 그 예악이 일단 두루 퍼지고 나면 사람들은 그 속은 보지 못하고 껍데기에만 집착하게 되는데, 그렇게 되면 천하는 크게 어지러워진다. 그러므로 예악이 아무리 중요하더라도 그것이 껍데기라는 것을 잠시도 잊어서는 안 된다. 예악이 껍데기라는 사실을 잊고 그 예악을 고집하면 결국 자기의 덕을 덮어 가려진다. 덕은 끊임없이 발휘되어야지 그렇지 않으면 가려지고 만다. 덕이 가려지면 모든 존재는 반드시 그 본성을 상실한다.


古之人 在混芒之中 與一世而得澹漠焉 當是時也 陰陽和靜 鬼神不擾 四時得節 萬物不傷 羣生不夭 人雖有知 無所用之 此之謂至一 當是時也 莫之爲而常自然 逮德下衰 及燧人伏戱始爲天下 是故順而不一 德又下衰 及神農黃帝始爲天下 是故安而不順 德又下衰 及唐虞始爲天下 興治化之流 澆淳散朴 離道以善 險德以行 然後去性而從於心 心與心識知 而不足以定天下 然後附之以文 益之以博 文滅質 博溺心 然後民始惑亂 無以反其性情而復其初木

[국역]
옛 사람은 혼돈 속에 있으면서 세상의 모든 사람들과 함께 담담하고 고요함을 유지하고 있었다. 당시에는 음양이 조

화를 이루어 고요하고 귀신들이 요동하지 않았다. 사계절이 제대로 순환하였으므로 만물이 손상을 입지 않았고 모든 생명이 요절하지 않았다. 사람들이 비록 지식을 가지고 있더라도 쓸 곳이 없었다. 이것을 일컬어 지극히 한마음이 된 상태〔至一〕라 한다. 당시에는 사람들이 억지로 하는 것이 없이 늘 자연의 모습으로 살았다. 그러다가 덕이 점점 기울어져 수인씨와 복희씨가 천하를 다스리게 되자 사람들은 유순하긴 하였지만 한마음이 되지는 못했다. 덕이 더욱 기울어져 신농씨와 황제가 천하를 다스리자 그 때문에 사람들은 편안하기는 하였으나 유순하지는 않았다. 덕이 또 다시 기울어져 요순이 천하를 다스려 정치를 통한 교화를 시도하였으므로 사람들은 순박함을 상실하였다. 선악을 가리게 되어 도에서 벗어났고 시비를 가리게 되어 자연의 모습을 잃었다. 그런 뒤에 본래성을 잃고 욕심을 가지게 되었다. 욕심과 욕심이 얽혀 지식을 가지고 잔꾀를 부리게 된 뒤로는 천하를 안정시킬 수가 없었다. 그리하여 예법을 강요하고 거기다 교양을 덧붙였다. 그러나 예법은 본질을 말살하고 교양은 본심을 잃게 하여 백성들은 헷갈리고 어지럽게 되어 그 본래성으로 돌아갈 수 없고 처음의 자연상태를 회복할 수 없었다.

[난자풀이]

唐虞(당우) : 요순. 唐은 요의 성이기도 하고, 요가 다스리던 나라 이름이기도 하며, 虞는 순의 성이기도 하고, 순이 다스리던 나라 이름이기도 하다. 善(선) : 선을 추구한다. 선을 추구한다는 것은 선악을 따진다는 말이다. 行(행) : 시비를 가리는 행위. 시비를 가리지 않는 행위는 인간의 행위가 아니라 자연현상이다. 從於心(종어심) : 욕심에 따르다. 성을 버리고 따르는 마음은 욕심이므로, 여기서는 심을 욕심으로 번역했다. 識知(식지) : 지식을 가지고 잔꾀를 부리다. 文(문) : 절도. 예법. 博(박) : 넓은 학식과 교양 등등. 博溺心(박닉심) : 교양이 본심을 빠뜨린다. 교양은 껍데기이기 때문에 껍데기만 강조하면 본심이 사라진다. 이때의 심은 본심이다.

[해설]

옛 사람이란 혼돈을 말하고 자연인을 말한다. 혼돈은 의식을 형성하지 않았기 때문에 아무 것도 의식하는 것이 없다. 의식하지 않으면 일체의 구별이 없다. 산으로 의식되는 산은 존재하지 않고 물로 의식되는 물도 존재하지 않는다. 산이나 물은 의식에서만 존재하는 것일 뿐이다. 따라서 본래의 산은 현재의 산이 아니고, 본래의 물은 현재의 물이 아니다. 본래 세계에서는 일체의 구별이 없기 때문에 산이 물이고 물이 산이다. 그러나 인간의 의식으로 바라보는 세계에서 비쳐지는 모든 것은 의식의 소산이므로 본래는 없는 것이다.

중국 당나라 때 선종이 발달하였다. 그 선종의 5대 조사인 홍인(弘忍)대사에게 신수(神秀)라고 하는 걸출한 제자가 있었다. 그는 수제자를 뽑는 자리에서 다음과 같은 게송을 지었다.

  身是菩提樹 몸은 본래 진리의 나무이고
  心如明鏡臺 마음은 밝은 거울대이니
  時時勤拂拭 때때로 부지런히 털어 내어서
  勿使惹塵埃 티끌이 일어나지 않도록 하라

 이 게송의 내용은 본래의 모습으로 돌아가기 위한 수양을 게을리 하지 않아야 한다는 내용이다. 그러나 옆에서 이 게송의 내용을 접한 혜능(慧能)이란 제자는 다시 다음과 같은 게송을 지었다.

  菩提本無樹 진리에 본래 나무가 없고
  明鏡亦非臺 밝은 거울 또한 대가 아니라
  本來無一物 본래 하나의 물건도 없거니
  何處惹塵埃 어느 곳에 티끌이 일어날까

 본래 하나의 물건도 없는 세계란 혼돈의 세계이다. 신수가 혼돈의 세계로 향하고 있다면 혜능은 이미 혼돈의 세계에 서 있다. 진리를 얻기 위해서 수양을 하는 것이라면 진리를 얻고 난 뒤에는 수양을 할 필요가 없다. 신수는 수양이 필요한 사람이라면 혜능은 수양이 필요 없는 사람이다. 혜능의 게송을 본 홍인대사는 누가 진정한 수제자인지를 알았다. 그리하여 자신의 의발을 혜능에게 전했고 혜능은 6조가 되었다.

　본래 하나의 물건도 없는 본래세계에서는 남과 나의 구별이 없다. 모두가 하나의 자연이다. 이러한 세계는 기독교에서 말하는 에덴의 동산이다. 그리고 그 본래세계에 사는 사람은 바로 아담과 하와이다. 그들은 남과 나의 구별이 없기 때문에 부끄러움이 없다. 따라서 부끄러운 곳을 가릴 필요도 없었고 옷을 입을 필요도 없었다. 그들은 '나'라고 하는 주체의식이 없이 자연의 모습으로 살았다. 그들의 삶은 개체적인 것으로 영위되는 것이 아니었다. 그들의 삶은 자연현상 그 자체이었다. 따라서 그들에게 삶과 죽음은 물 흐르는 것과 같은 자연현상으로 이해되었다. 그들이 아침에 일어나는 것과 태양이 떠오르는 것은 같은 자연이었으며, 그들이 저녁에 자는 것과 태양이 지는 것은 같은 자연이었다. 그들의 삶은 바람이 불고 비가 오며 물이 흐르는 것과 같은 자연이었다. 따라서 그들에게는 늙음과 병듦과 죽음이 없다. 이러한 의미에서 그들의 삶은 영생이었다.

　그러다가 그들의 감각기관이 작용하면서 감각되는 대상을 인식하게 되었다. 보이는 것이 있고 들리는 것이 있으며 냄새나는 것이 있었다. 그러나 감각대상을 인식할 초기에는 단지 감각대상으로 인식할 뿐 그 대상들을 구별하지 않았다. 대상을 구별하지 않았을 때는 '이것'과 '저것'이 구분되지 않았고 또 산과 물, 불과 바람 등이 이름 지어지지 않았다. 그러다가 차츰 분별력이 생겨나면서 '이것'과 '저것'과 '그것'을 분별하고, 산과 물과 불과 바람 등을 분별하여 이름을 지었다. 그렇지만 초기에는 다만 분별만 하였을 뿐 '내 것'이라고 하는 소유의식이 생기지 않았다. 소유의식이 생기지 않았을 때는 시비선악에 관한 판단이 일어나지 않는다. '내 것'이 없으면 '네 것'도 없다. 소유의식이 생기지 않았을 때는 도둑이 생길 수 없다. '내 것'이 있고 '남의 것'이 있을 때 '남의 것'을 무단으로 가지면 나쁜 행위가 되고 도둑이 된다. 반대로 남의 것을 보호하고 침범하지 않으면 착한 행위가 되고 선량한 사람이 된다. 소유의식이 생기면 '나의 것' '나의 인생' '나의 목숨'이 생겨난다. 그렇게 되면 나의 삶은 늙고 병들고 죽어야 하는 운명적인 삶으로 전락된다. 기독교에서 말하는 선악과가 이것이다. 아담과 이브가 선악을 알 수 있는 과일을 따먹었다는 말은 인간이 소유의식을 가지게 되었다는 말이다. 선악과를 따먹은 뒤의 아담과 이브는 더 이상 에덴의 동산에서 영생하는 존재가 아니다. 이를 에덴의 동산에서 추방되었다는 말로 설명한 것이다. 시비선악을 가지지 않았을 때는 여기 이 자리가 에덴의 동산이지만, 시비선악을 가지는 순간 여기 이 자리는 에덴의 모습을 상실한다. 실제로 그 자리에서 벗어나지 않아도 이미 에덴은 사라지는 것이다.

　장자는 인간이 자연성을 가지고 있을 때와 잃었을 때의 갈림길을 시비선악을 가지게 되는 시점으로 잡았다. 시비선악을 가지게 되는 시점이 바로 소유개념을 가지게 되는 시점이다. 이를 기점으로 하여 자연성은 상실된다. 그러므로 장자는 시비가 드러나 道가 무너지고 道가 무너져 온갖 집착이 생겨난다고 했다.


由是觀之 世喪道矣 道喪世矣 世與道交相喪也 道之人 何由興乎世 世亦何由興乎道哉 道無以興乎世 世無以興 乎道 雖聖人不在山林之中 其德隱矣 隱故不自隱 古之 所謂隱士者 非伏其身而弗見也 非閉其言而不出也 非藏 其知而不發也 時命大謬也 當時命而大行乎天下 則反一 無迹 不當時命而大窮乎天下 則深根寧極而待 此存身之 道也


[국역]

 이렇게 살펴보면 세상은 도를 잃었고, 도는 세상을 잃었다. 세상과 도가 번갈아 가며 서로 잃게 했다. 그러니 도를 하는 사람이 무엇으로 말미암아 세상을 일으키겠는가! 세상 또한 무엇으로 말미암아 도를 일으키겠는가! 도를 가지고 세상을 일으킴이 없고 세상을 가지고 도를 일으킴이 없다면 비록 성인이 산림 가운데 숨어 있지 않더라도 그 덕은 숨겨지고 말 것이다. 숨겨지는 때문이지 스스로 숨기는 것이 아니다. 옛날 이른바 은사라는 자는 자기의 몸을 엎드려서 나타나지 않는 것이 아니다. 그 말문을 닫아서 말하지 않는 것이 아니다. 자기의 지혜를 숨겨서 나타내지 않는 것이 아니다. 시운이 크게 어긋났기 때문이다. 좋은 시운을 만나서 천하에 크게 통용된다면, 한마음의 상태로 돌아가 자취 없는 삶으로 나아갈 것이다. 그러나 좋은 시운을 만나지 못해서 천하에서 크게 곤란을 당하면 뿌리를 깊이 내리고 궁극적인 진리에서 편안히 지내며 때를 기다렸을 것이다. 이것이 몸을 보존하는 방법이다.

[난자풀이]
深根寧極(심근녕극) : 깊이 뿌리를 내리고 궁극적 진리에서 편안히 존재함. 혼돈으로 존재하면 우주와 하나이고 하늘과 하나이다. 그의 삶은 우주 끝에 뿌리박고 있는 것이고 궁극적 진리의 모습으로 편안하게 존재하는 것이다.

[해설]
　사람들은 세상에 나타나지 않은 사람을 隱者라고 한다. 그러나 隱者 자신은 숨은 것이 아니다. 할 말이 없어서 하지 않았을 뿐이고, 나타날 것이 없어서 나타나지 않았을 뿐, 숨으려는 의도를 가지고 있었던 것은 아니다. 그는 자연의 모습으로 존재할 뿐이다. 세상이 진리에 가까워지면 그는 세상과 가까워지고 세상이 진리에서 멀어지면 그는 저절로 멀어지는 것이다. 이는 산의 정상에 있는 사람과 같다. 산의 정

상에 있는 사람은 세상 사람이 정상에 가까이 있을 때는 그는 세상과 가깝지만, 세상 사람이 정상에서 멀어질수록 그는 세상과 멀어진다. 그가 멀어지는 것이 아니라 세상이 그를 멀어지게 하는 것이다.


古之存身者　不以辯飾知　不以知窮天下　不以知窮德　危然處其所　而反其性已　又何爲哉　道固不小行　德固不小識　小識傷德　小行傷道　故曰　正己而已矣　樂全之謂得志　古之所謂得志者　非軒冕之謂也　謂其無以益其樂而已矣　今之所謂得志者　軒冕之謂也　軒冕在身　非性命也　物之儻來寄也　寄之　其來不可圉　其去不可止　故不爲軒冕肆志　不爲窮約趨俗　其樂彼與此同　故無憂而已矣　今寄去則不樂　由是觀之　雖樂未嘗不荒也　故曰　喪己於物　失性於俗者　謂之倒置之民

[국역]
　옛날의 몸을 보존하는 사람은 말재주로 자기의 잔꾀를 꾸미지 않고, 잔꾀로 천하를 곤궁하게 하지 않으며, 잔꾀로 덕을 곤란하게 하지 않는다. 우뚝하게 자기 자리에 있으면서 자기의 본성으로 돌아갈 뿐이다. 또 무엇을 하겠는가! 도는 본래 자질구레한 꾀를 부리지 않고, 덕은 본래 자질구레한

짓을 하지 않는다. 자질구레한 잔꾀가 덕을 해치고 자질구레한 짓거리가 도를 해친다. 그러므로 말하기를, "자기를 바로 잡을 뿐이다"라고 했다. 완전한 즐거움을 일컬어 뜻을 얻은 것이라 한다. 옛날에 이른바 뜻을 얻었다고 하는 것은 높은 벼슬을 하여 수레 타고 면류관 쓰는 것을 말하는 것이 아니다. 그 즐거움에 더할 것이 없는 것을 말하는 것이다. 지금 사람들이 말하는 이른바 뜻을 얻었다는 것은 벼슬하는 것을 말한다. 벼슬이 몸에 붙어있는 것은 본마음에 속해 있는 것이 아니고, 다른 것이 우연히 와서 잠시 붙어 있는 것이다. 잠시 붙어 있는 그 벼슬은 올 때 막아서도 안 되고 갈 때 붙들어서도 안 된다. 그러므로 벼슬 때문에 마음이 방자해져도 안 되고, 곤궁함 때문에 속된 삶으로 나아가서도 안 된다. 그의 즐거움은 벼슬할 때나 곤궁할 때나 다 같다. 그러므로 걱정이 없을 뿐이다. 그런데 지금 사람들은 붙어 있든 것이 떠나가면 즐거워하지 않는다. 이로써 본다면 비록 즐거울 때도 마음이 거칠어지지 않음이 없을 것이다. 그러므로 말하기를, "다른 것에 끌려 자기를 잊어버리거나 속된 것 때문에 본성을 상실한 자를 뒤집혀진 사람이라" 부른다.

[난자풀이]
知(지) : 지식. 속된 사람들이 가진 지식이란 거의가 잔꾀이므로 여기서는 '잔꾀'로 번역했다.    危然(위연) : 산이 삐쭉하게 솟아있는 듯한 모양. 여기서는 '우뚝하게'로 번역했다.    軒冕

(헌면) : 벼슬하는 사람이 수레 타고 면류관을 쓰는 것. 그러므로 여기서는 '벼슬'로 번역했다. 性命(성명) : 본성과 천명. 본성과 천명은 다 본래의 마음에 갖추어져 있는 것이므로 여기서는 '본마음'으로 풀이했다. 肆志(사지) : 뜻을 방자하게 갖는다. 彼與此(피여차) : 저것과 이것. 여기서는 '벼슬할 때와 곤궁할 때'를 가리킨다. 物(물) : 다른 것. 人이 다른 사람을 지칭하는 것이라면 物은 다른 사람을 포함한 다른 모든 것이 된다. 荒(황) : 거칠다. 속된 사람은 벼슬을 할 때나 잃을 때나 똑같이 번뇌한다. 벼슬을 할 때는 방자해지기도 하고, 또 벼슬을 잃을까 두려워하기도 한다. 그래서 '즐거울 때도 거칠다'고 했다.

[해설]
　세속의 사람들은 대부분 전도된 가치관을 가지고 전도된 삶을 산다. 본심을 찾아야 하는 방향으로 살아야 하는데도 본심을 잃어버리는 방향으로 살아가고, 욕심은 버려야 하는 것인데도 욕심을 채우는 방향으로 살아간다. 전도된 삶을 사는 결과 주어지는 것은 고통이다. 마치 나무에 거꾸로 매달려 있을 때의 고통처럼 심각한 고통이 다가올 것이다.

# 17. 秋水

모두 일곱 편의 우화로 구성되어 있다. 첫 번째의 우화는 장문이지만, 나머지 여섯 편의 우화는 비교적 단문이다. 내용으로 보면 내편의 逍遙遊와 齊物論의 내용을 부연하고 있다.

秋水時至 百川灌河 涇流之大 兩涘渚崖之間 不辯牛馬 於是焉 河伯欣然自喜 以天下之美爲盡在己 順流而東行 至於北海 東面而視 不見水端 於是焉 河伯始旋其面目 望洋向若而歎 曰野語有之 曰聞道百 以爲莫己若者 我之謂也 且夫我嘗聞少仲尼之聞 而輕伯夷之義者 始吾弗信 今我睹子之難窮也 吾非至於子之門 則殆矣 吾長見笑於大方之家

[국역]

　가을의 홍수가 한꺼번에 넘쳐 모든 강물이 황하로 흘러들었다. 물의 흐름이 질펀하게 양쪽 물가의 언덕 사이에 널리 퍼져서 강 너머에 있는 소와 말을 분간할 수 없을 정도가 되었다. 이때에 황하를 관장하는 황하의 神 하백(河伯)은 기뻐서 좋아하며 천하의 아름다움이 모두 자기에게 있다고 생각했다. 흐름을 따라 동쪽으로 가서 북해에 이르러 동쪽으로 바라보니 얼마나 넓은지 물의 끝이 보이지 않았다. 이를 본 하백은 비로소 얼굴을 돌려 멍해진 상태로 북해의 神 若을 향해서 감탄하며 말했다. "속담에 '백 가지의 도를 들으면 자기보다 나은 자가 없다고 생각한다'는 말이 있는데, 이 말은 나를 두고 하는 말입니다. 나는 일찍이 '공자의 견문은 별 것이 아니고 백이의 행실은 보잘 것이 없다'는 말을 들었으나 지금껏 믿지 않았었습니다. 그런데 지금 나는 당신의 무궁한 모습을 직접 목격했습니다. 내가 당신의 문전에 오지 않았다면 큰일 날뻔했습니다. 나는 큰 도를 가진 사람들에게 영원한 웃음거리가 되었을 것이니까요."

[난자풀이]
涇流(경류) : 함께 흐르다.  兩涘渚崖之間(양사저애지간) : 양쪽 물가의 언덕 사이.  北海(북해) : 산동반도 위쪽에서 발해만에 이르는 바다.  若(약) : 북해를 관장하는 神의 이름.

[해설]
　상대세계에서는 아무리 큰 것도 절대세계에서 보면 보잘 것없는 것이 되고 만다. 천년만년을 살아도 영원의 시간에서 보면 순간이고, 지구를 다 차지해도 우주에서 보면 한 점도 되지 않는다.
　'나'라는 개념을 가지고 사는 사람들은 모두 상대세계에서 사는 사람들이다. 그러면서 늘 다른 사람들과 크기 경쟁을 한다. 그러한 사람들은 절대세계에서 소요하는 사람의 눈으로 보면 너무나 초라하다.


北海若曰　井蛙不可以語於海者　拘於虛也　夏蟲不可以語 於冰者　篤於時也　曲士不可以語於道者　束於敎也　今爾 出於崖涘　觀於大海　乃知爾醜　爾將可與語大理矣　天下

之水 莫大於海 萬川歸之 不知何時止而不盈 尾閭泄之
不知何時已而不虛 春秋不變 水旱不知 此其過江河之流
不可爲量數 而吾未嘗以此自多者 自以比形於天地 而受
氣於陰陽 吾在於天地之間 猶小石小木之在大山也 方存
乎見少 又奚以自多 計四海之在天地之間也 不似礨空之
在大澤乎 計中國之在海內 不似稊米之在太倉乎 號物之
數 謂之萬 人處一焉 人卒九州 穀食之所生 舟車之所通
人處一焉 此其比萬物也 不似豪末之在於馬體乎 五帝之
所連 三王之所爭 仁人之所憂 任士之所勞 盡此矣 伯夷
辭之以爲名 仲尼語之以爲博 此其自多也 不似爾向之自
多於水乎

[국역]

　　북해의 神인 약이 말했다. "우물 안에 있는 개구리는 좁은 공간에 사로잡혀 있기 때문에 바다에 대해서 말을 해도 소용이 없고, 여름에 사는 벌레는 더운 계절 밖에 모르기 때문에 얼음에 대해서 말을 해도 소용이 없으며, 왜곡된 사람은 자기의 생각에 사로잡혀 있으므로 진리를 말해줄 수 없지만, 지금 그대는 골짜기에서 나와 큰 바다를 보고 비로소 그대의 수준을 알았으니, 그대에게는 큰 이치를 말해도 될 것 같군. 천하의 물은 바다의 물보다 더 많은 것이 없지요. 모든 강이 그칠 줄 모르고 바다로 흘러들어도 더 불어나지 않고,

바닷물이 새어 나가는 곳에서 조금도 쉬지 않고 계속 새어 나가지만 조금도 줄어들지 않소. 봄이나 가을이나 차이가 없으며 홍수가 나거나 가뭄이 들어도 변함이 없어. 강물의 흐름과는 어느 정도의 차이가 있는지 비교할 수도 없지요. 그렇지만 나는 아직 이러한 이유를 가지고 나 스스로를 많다고 생각한 적이 없어요. 왜냐하면 나는 나의 형체를 천지에 의탁하고 있으며 나의 기운을 음양에서 받은 것으로서, 천지 사이에 있는 나의 존재는 태산에 있는 조그만 돌이나 조그만 나무와 같은 것이기 때문이지요. 그러니 나보다 적은 것을 보았다고 해서 어떻게 나를 많다고 하겠소? 하늘과 땅 사이에 있는 이 세상도 생각해 보면 마치 작은 구멍이 커다란 못 속에 있는 것과 같은 것이 아니겠소? 서울이 넓지만 그것이 지구상에 있다는 점을 생각해 본다면 또한 돌피나 쌀알이 큰 창고 속에 있는 것과 무엇이 다르겠소? 이름 있는 물체의 수는 만 가지나 되는데 사람은 그 중의 하나에 불과하오. 더구나 사람은 곡식이 생기는 땅이나 배나 수레가 통하는 곳 중에서 극히 제한된 곳에서만 살고 있으므로, 사람을 만물에 비유하자면 말의 몸에 붙어 있는 터럭의 끝처럼 왜소한 것이 아니겠소? 옛날 오제(五帝)가 차례로 왕위를 이어받은 일이나 삼왕이 독재자와 싸워 나라를 세운 일, 훌륭한 사람들이 세상을 걱정하여 많은 것을 남긴 일, 유능한 사람이 나라를 위하여 수고한 일 등이 모두 이처럼 사소한 것이오. 백이는 임금자리를 사양하여 명성을 얻었고, 공자는 진리를 말해서 박식하게 되었으나 이들이 스스로 뛰어난 점이 많다고 여기고 있는 것은 아까 그대가 스스로 많은 물이라고 여겼던 것과 같은 것이 아니겠소?"

[난자풀이]
井蛙(정와) : 우물 안 개구리. 拘於虛(구어허) : 우물의 좁고 빈 공간에 사로잡혀 있다. 篤於時(독어시) : 계절에 오로지 제한되어 있다. 曲士(곡사) : 왜곡된 선비. 한 가지만 할 줄 아는 사람. 尾閭(미려) : 바닷물이 새어나가는 곳. 泄(설) : 새어 나가다. 흘러 나가다. 礨(뢰) : 구멍. 稊(제) : 돌피. 任士(임사) : 유능한 선비.

[해설]
　사람들이 상대세계에서 살아가는 것이 너무나 보잘것이 없는 것임을 알면 어떠한 삶도 의미가 없는 것이 아닌가 하는 회의에 빠질 수도 있다. 그래서 세상을 열심히 사는 사람을 조롱하며 파격적으로 살아갈 수도 있다. 그러나 그러한 삶 또한 상대세계의 삶에서 헤어나지 못한 삶이다. 상대세계에서 벗어나지 못하는 한 불쌍하기는 마찬가지다. 참다운 삶은 '나'라는 개념이 생기기 전의 절대세계로 돌아가 본래적인 삶을 살 때 찾아진다.

河伯曰 然則吾大天地 而小毫末可乎 北海若曰 否 夫物量窮 時無止 分無常 終始無故 是故大知觀於遠近 故小而不寡 大而不多 知量無窮 證曏今故 故遙而不悶 掇而不跂 知時無止 察乎盈虛 故得而不喜 失而不憂 知分之無常也 明乎坦塗 故生而不說 死而不禍 知終始之不可故也 計人之所知 不若其所不知 其生之時 不若未生之時 以其至小求窮其至大之域 是故迷亂而不能自得也 由此觀之 又何以知毫末之足以定至細之倪 又何以知天地之足以窮至大之域

[국역]

하백이 다시 물었다. "그렇다면 나는 하늘과 땅은 크고 터럭의 끝은 작다고 생각해도 되겠습니까?" 이에 북해약이 대답했다. "아니, 안되오. 공간은 무한하고 시간은 무궁하며, '내 것'이라는 것은 영원한 것이 없고, 시작과 끝이 일정한 선이 있는 것이 아니라오. 그러므로 큰 지혜를 가진 자는 원근에 대해서 알아요. 그래서 그는 작아도 무시하지 않고, 커도 대단하게 생각하지 않지요. 그는 이미 공간이 무한하다는 것을 알고 있기 때문이라오. 그는 또 고금에 대해서 알아요. 그래서 그는 긴 시간이 요하는 것도 고민하지 않고, 짧은 시간을 요하는 것도 서두르지 않아요. 이미 시간이 무궁하다는 것을 알고 있기 때문이라오. 그는 또 생겼다 없어졌다 하는 물질의 본질에 대해서 알아요. 그래서 그는 무엇을 얻었다 하더라도 기뻐하지 않고 무엇을 잃었다 하더라도 슬퍼하지 않지요. 그는 이미 '내 것'이라는 것이 영원한 것이 아님을 알기 때문이지요. 그는 또 생사의 이치를 알기 때문에 태어나도 기뻐하지 않고 죽어도 재앙으로 여기지 않지요. 그는 이미 시작과 끝에 일정한 선이 없다는 사실을 알고 있기 때문이지요. 생각해 보면 사람이 아는 것은 모르는 것보다 못하고, 태어나 사는 것은 태어나기 전만 못한 것이지요. 지극히 작은 것을 가지고 지극히 큰 영역을 다 파악하려 하기 때문에 혼란스럽기만 하고 아무 것도 얻을 수 없지요. 이로써 본다면 터럭의 끝을 지극히 작은 것이라고 단정할 수 없으며 천지를 지극히 큰 것이라고 단정할 수 없지요."

[난자풀이]
物量(물량) : 사물이 차지하는 양적인 것. 즉 '공간'을 말함. 分(분) : 나누어진 것. 나누어진 것은 구별되는 것이고, 구별되는 것 중에서 기본적인 것은 '내 것'과 '네 것'이다. 그러므로 여기서는 '내 것'으로 번역했다. 물론 '구별되는 모든 것'이라고 번역해도 될 것이다. 終始無故(종시무고) : 끝나고 시작하는 것에 까닭이 있는 것이 아니다. 끝과 시작이 구별되는 어떤 까닭이 있는 것이 아니다. 그러므로 여기서는 '시작과 끝에 선이 있는 것이 아니다'로 번역했다. 遠近(원근) : 멀고 가까움. 멀고 가까움은 인간의 의식이 만들어낸 개념일 뿐, 원래

구분되는 것이 아니다. 인간의 의식이 만들어낸 모든 구분은 상대적인 것이다. 證曏(증향) : 증명하고 밝힌다. 曏은 '밝힌다'는 뜻이다. 今故(금고) : 옛날과 지금. 옛날과 지금은 인간의 의식이 만들어낸 구별일 뿐, 실제로 구별되는 것은 아니다. 의식이 관여하지 않는다면 차이가 없다. 掇(철) : 叕과 통용되어 짧은 시간을 말한다. 跂(기) : 발돋움하다. 서두르다. 盈虛(영허) : 만물이 생겼다 없어졌다 하는 것. 盈은 물질이 모여 꽉 차 있는 상태이고, 虛는 만물이 흩어져 텅 비어 있는 상태임. 坦塗(탄도) : 평탄한 길과 진흙탕 길. 이승과 저승을 지칭하는 말로 보인다.

[해설]

 원근이란 인간의 의식이 만들어낸 상대적인 차이일 뿐이다. 원래는 멀고 가까움이 따로 존재하는 구별되는 것이 아니다. 그렇기 때문에 원근을 의식하지 않는 사람은 작아도 작다고 의식하지 않고 커도 크다고 의식하지 않는다.

 고금이란 것도 역시 인간의 의식이 만들어낸 상대적인 개념일 뿐이다. 실지로 차이가 있는 것이 아니다. 인간의 의식이 개입하지 않으면 시간이 오래 걸리는 것도 지루하지 않고, 빨리 끝나는 일도 서두르지 않는다. 언제나 같은 속도로 추구할 뿐이다.

 만물은 모두 생겼다 없어졌다 하는 과정에 있는 것일 뿐이다. 이를 알면 득실에 대해서 연연하지 않을 것이다.

죽음과 삶 역시 인간의 의식이 만들어낸 상대적인 것에 불과하다. 인간의 의식이 관여하지 않았다면 둘 다 자연현상일 뿐 아무 차이가 없다.

사람이 아는 것은 의식세계에서 나타나는 작용인데, 의식이 가공의 세계이므로 사람이 알면 알수록 참된 것이 적어진다. 그러므로 모르고 있는 세계가 더 참된 것이다. 태어나 사는 것은 가공의 세계에 갇혀 있는 왜곡된 것이기 때문에 태어나기 전의 혼돈의 상태로 존재했던 것이 더 좋았던 것으로 이해할 수 있다. 그렇다면 지금이라도 죽는 것이 더 낫다는 착각을 할 수 있지만, 그런 것은 아니다. 태어났을 때는 이유가 있다. 고향에 있으면 행복하지만 타향에 있을 때는 고통이 많다. 그렇다고 바로 고향에 갈 수는 없다. 타향에 왔을 때는 목적이 있다. 목적을 마치고 돌아가야 하는 것이다. 그것이 卒이다.


河伯曰 世之議者皆曰 至精無形 至大不可圍 是信情乎 北海若曰 夫自細視大者不盡 自大視細者不明 夫情小之微也 垺大之殷也 故異便 此勢之有也 夫精粗者 期於有形者也 無形者 數之所不能分也 不可圍者 數之所不能窮也 可以言論者 物之粗也 可以意致者 物之精也 言之所不能論 意之所不能察致者 不期精粗焉 是故大人之行

不出乎害人 不多仁恩 動不爲利 不賤門隸 貨財弗爭
不多辭讓 事焉不借人 不多食乎力 不賤貪汚 行殊乎俗
不多辟異 爲在從衆 不賤佞諂 世之爵祿不足以爲勸 戮
恥不足以爲辱 知是非之不可爲分 細大之不可爲倪 聞曰
道人不聞 至德不得 大人無己 約分之至也


[국역]
 하백이 다시 물었다. "세상의 논객들은 모두 '지극히 정밀한 것은 형체가 없고, 지극히 큰 것은 에워쌀 수가 없다'고 하는데 그것은 참된 사실입니까?" 북해약이 대답했다. "작은 것에서 큰 것을 보면 다 볼 수가 없고, 큰 것에서 작은 것을 보면 명확하지 않은 법이지요. 정밀한 것은 작은 것 중에서도 미세한 것이고, 거대한 것은 큰 것 중에서도 넉넉한 것이지요. 그러므로 다르다는 것은 편의상 그런 것이니, 형세가 그런 것이지요. 세밀하다거나 거칠다는 것은 형체가 있는 것을 의식하고 하는 말이지요. 형체가 없는 것은 수치로 나눌 수 없는 것이고, 에워쌀 수 없는 것은 수치로 다 표현할 수 없지요. 말로써 표현할 수 있는 것은 물질의 외형의 거친 부분이고 뜻을 집중해야 파악할 수 있는 것은 물질의 내면의 세밀한 부분이지요. 말로도 표현할 수 없고 뜻을 집중해도 파악할 수 없는 것은 물질적 개념을 초월하지요. 그러므로 대인의 행동은 남을 해치는 일을 하지 않고 남에게 베푸는 것을 좋게 여기지도 않으며, 움직이더라도 이익을 추구하지

않지만 문지기나 노예를 천시하지도 않지요. 또 재물을 다투지는 않지만 양보를 미덕으로 여기지도 않지요. 일을 할 때에는 남의 힘을 빌리지 않지만 그렇다고 자기 힘으로 살아가는 것을 자랑하지도 않지요. 탐심을 내는 것이나 더러운 짓을 하는 것을 보고도 천하게 생각하지 않고, 행동이 세속과 다르지만 그렇다고 괴이한 행동을 좋아하지도 않지요. 행위의 기준은 대중을 따르는 데 있지만 그렇다고 아부하거나 아첨하는 것을 천하게 생각하지도 않지요. 세속적인 부귀를 얻는다 해도 좋아하지 않으며, 형벌을 받거나 부끄러운 일을 당해도 치욕으로 생각하지 않지요. 옳고 그른 것이 다른 것이 아니고 작고 큰 것이 다른 것이 아님을 알고 있기 때문이지요. 옛말에 '도를 터득한 사람은 소문나지 않고, 지극히 순수한 마음을 가진 사람은 자기의 소유로 여기는 것이 없으며, 대인은 자기를 의식함이 없다'고 하오만, 이것이야말로 자기의 본분을 지킨다는 것의 극치이지요."

[난자풀이]
垺(부) : 크다.　殷(은) : 넉넉하다.　勢之有也(세지유야) : 형세로 봐서 그런 것이 있다.　意致(의치) : 뜻을 집중하여 파악하다. 不期於精粗(불기어정조) : 세밀하고 거친 물질적 차원에서 기대하지 않는다. 즉, 물질을 초월한다.　門隷(문예) : 문지기와 노예.　爲在從衆(위재종중) : 행위는 대중을 따르는 데 있다. 倪(예) : 가. 끝. 나누다.　約分(약분) : 자기의 본분을 짜임새 있

게 지킨다.

[해설]

　다르다는 것은 편의상 그런 것이다. 인간이 편리하게 살기 위해서는 의식으로 모든 것을 나누어 파악하는 것이 좋다. 언어도 만들고, 이름도 만들어 남과 소통하며 살아가는 것이 일반적인 형태다.
　모든 구분은 물질을 바탕으로 해서 성립된다. 그리고 그 구분은 의식에서 일어난다. 그러나 대인은 의식에 구애되지 않으므로 물질을 초월한다. 대인은 일체의 구분을 하지 않고 혼돈으로 살아간다. 그러므로 대인은 남과 자기를 구별하는 차원에서 행동하지 않기 때문에 대인의 행동에는 남을 해치거나 남에게 베푼다는 개념이 생기지 않는다. 대인의 행위는 무위자연일 뿐이다. 시비분별을 일으키지도 않고 부귀영화를 탐하지도 않는다. 대인의 그런 마음 상태가 세속의 사람들과 다른 것이지, 외형적으로 세속의 사람들과 다르게 행동하는 것은 아니다. 대인은 '나'라는 의식이 없기 때문에 나만의 방식을 고집하지 않는다. 다른 사람들이 옷을 입으면 자기도 옷을 입고, 다른 사람들이 집에서 살면 자기도 집에서 산다. 옷을 입어야 되기 때문에 입는 것이 아니고 집에서 살아야 되기 때문에 사는 것이 아니다. 그냥 그저 다른 사람에게 맞추어주는 것일 뿐이다.
　다른 사람들에게 맞추어준다고 해서 다른 사람들의 마음

까지 따라가는 것은 아니다. 세속적인 사람들은 아첨하는 사람들을 비난하지만 대인은 그런 사람들은 비난하지도 않는다. 그냥 담담할 뿐이다.


河伯曰 若物之外 約物之內 惡至而倪貴賤 惡至而倪小大 北海若曰 以道觀之 物無貴賤 以物觀之 自貴而相賤 以俗觀之 貴賤不在己 以差觀之 因其所大而大之 則萬物莫不大 因其所小而小之 則萬物莫不小 知天地之爲稊米也 知毫末之爲丘山也 則差數覩矣 以功觀之 因其所有而有之 則萬物莫不有 因其所無而無之 則萬物莫不無 知東西之相反 而不可以相無 則功分定矣 以趣觀之 因其所然而然之 則萬物莫不然 因其所非而非之 則萬物莫不非 知堯桀之自然而相非 則趣操覩矣 昔者堯舜讓而帝之噲讓而絶 湯武爭而王 白公爭而滅 由此觀之 爭讓之禮 堯桀之行 貴賤有時 未可以爲常也 梁麗可以衝城 而不可以窒穴 言殊器也 騏驥驊騮 一日而馳千里 捕鼠不如狸狌 言殊技也 鴟鵂夜撮蚤 察毫末 晝出瞋目而不見丘山 言殊性也 故曰 蓋師是而無非 師治而無亂乎 是未明天地之理 萬物之情者也 是猶師天而無地 師陰而無陽 其不可行明矣 然且語而不舍 非愚則誣也 帝王殊禪 三代殊繼 差其時 逆其俗者 謂之簒夫 當其時 順其俗者

謂之義之徒 默默乎河伯 女惡知貴賤之門 小大之家

[국역]

　　하백이 물었다. "만물 각각의 외부에서 생기는 것 같습니까? 만물 각각의 내부에서 생기는 것 같습니까? 어디에서 귀천의 구분이 생기고 어디에서 대소의 분별이 생깁니까?" 북해약이 대답했다. "道의 차원에서 본다면 만물에는 귀천이 없는 것이지만, 만물 각각의 차원에서 본다면 자기를 귀하게 여기고 남을 상대를 천하게 여기지요. 세속의 입장에서 본다면 (대중들의 평가에 따르게 되므로) 귀천의 구별은 자기의 판단과 무관하게 되지요. 차이나는 점을 중심으로 볼 때, 그 크게 볼 수 있는 점을 따라서 크다고 한다면 만물 중에 크지 않은 것이 없고, 그 작게 볼 수 있는 점을 따라서 작다고 한다면 만물 중에 작지 않은 것이 없지요. 하늘과 땅이 돌피나 쌀알 같이 작다는 사실을 알고 터럭 끝이 언덕이나 산만큼 크다는 것을 안다면 다르다는 것의 이치를 알 수 있지요. 쓸모라는 측면에서 볼 때, 쓸모 있는 면을 따라서 쓸모 있다고 한다면 만물 중에 쓸모없는 것이 없지만, 쓸모없는 면을 따라서 쓸모없다고 한다면 만물 중에 쓸모 있는 것이 없게 되지요. 동쪽과 서쪽이 서로 반대 방향에 있지만 한쪽이 없으면 다른 한쪽도 성립될 수 없다는 것을 안다면 사물의 효용성의 본질이 분명해지지요. 각자의 취향으로 볼 때, 그렇게 여겨지는 점을 따라서 그렇다고 한다면 만물 중에 그렇지 않은 것이 없지만, 그 그르게 보이는 점을 따라서 그르다고 한다면 만물 중에 그르지 않은 것이 없게 되지요. 요임금 같은 성인이나 걸과 같은 악인도 각각 자기를 옳다고 하고 상대를 그르다고 한다는 사실을 안다면 취향이나 가치의 상대성을 알 수 있지요. 옛날 요임금과 순임금은 선양을 하여 임금이 되었고, 연나라의 임금인 자지와 자쾌는 임금 자리를 양보하려다가 임금 자리를 잃었으며, 탕임금과 무왕은 싸워서 임금이 되었고, 초나라의 백공은 싸워서 멸망했지요. 이로써 볼 때 싸우는 것이나 양보하는 것, 또는 요임금의 행위나 걸의 행위가, 때에 따라 귀해지기도 하고 천해지기도 하니, 일정한 기준이 있는 것이 아니지요. 또 대들보나 기둥 같은 큰 나무는 성문을 부술 수가 있지만, 구멍을 막을 수가 없으니 그것은 용도가 다른 까닭이고, 천리마는 하루에 천리를 달릴 수 있지만 쥐를 잡는 데는 살쾡이나 족제비만 못하니 그것은 재주가 다른 까닭이지요. 부엉이나 올빼미는 밤중에 벼룩을 잡으며 털끝도 살필 수 있지만, 낮에 나오면 아무리 눈을 부릅떠도 산이나 언덕을 볼 수 없으니, 그것은 타고난 능력이 다르기 때문이지요. 그러므로 '옳은 것을 좋아하고 그른 것을 싫어하며, 질서 있는 것을 좋아하고 혼란한 것을 싫어한다'고 하는 것은, 천지의 이치와 만물의 실상을 모르는 것이지요. 이는 마치 하늘을 좋아하고 땅을 싫어하며 陰을 좋아하고 陽을 싫어하는 것과 같은 것이니, 안 될 것이 분명하오. 그런데도 여전히 그것을 주장하며 멈추지 않는다면, 그는 바보가 아니면 속이는 것이겠지요. 옛날의 제왕은 왕위를 전하는 방법이 달랐고, 하나라 · 은나라 · 주나라 삼대의 임금들도 왕위의 계승방법이 달랐지요. 단지 사람들은 그 시대에 어긋나고 세속의 가치를 거스르는 것을 역적이라 하고, 시대에 알맞게 하고 세속의 가치에 따르는 것을 의로운 무리라고 하는 것일 뿐이오. 하백, 그대는 잠자코 있으시오. 그대가 어찌 귀천이 생기는 근거와 대소의 개념이 성립하는 바탕을 알 수 있겠소?"

[난자풀이]
物之外(물지외) : 만물 각각의 외부.　稊(제) : 돌피.　差數(차수) : 다르다고 판단하는 이치. 數는 '도수' 또는 '이치'를 말한다.　功(공) : 쓸모.　功分定矣(공분정의) : 사물의 효용성의 본질이 분명해진다. 功은 '효용성', 分은 '정해진 것'이란 뜻이다. 操(조) : 가지고 있는 것. 지조. 절조. 삶의 기준으로 가지고 있는 것이므로 여기서는 '가치관'으로 번역했다.　之噲(지쾌) : 연나라의 신하 子之와 임금 子噲. 연나라의 임금 子噲는 명예를 좋아하였는데, 신하인 자지가 그것을 이용하여 "요임금처럼 자기에게 임금 자리를 양보하면 요임금처럼 훌륭한 임금이란 소문이 날 것이고, 또 자기는 사양할 것이므로 임금 자리도 계속 누릴 수 있을 것이라"는 내용으로 설득하여 자쾌에게 자리를 양보 받자 사양하지 않고 자리를 받았다. 그 뒤 백성들이 인정하지 않고 반란을 일으켜 둘 다 패망했다.　白公(백

공) : 춘추시대 초나라 平王의 손자. 이름은 勝. 白邑에 봉해졌기 때문에 白公이라 칭해짐. 정나라에 살해된 아버지의 원수를 갚으려고 進言했으나 받아들여지지 않자 반란을 일으켰다가 葉公子高에게 패하여 목을 매고 죽었다.『春秋左傳』哀公 16년조에 나옴. 禮(예) : 예법. 법칙. 여기서는 단순히 '것'으로 번역했다. 梁麗(량려) : 대들보와 기둥. 麗는 欐와 통용되어 '대들보' '들보' '마룻대' '기둥' 등의 뜻이 된다. 騏(기) : 준마. 驥(기) : 천리마. 驊(화) : 준마. 駵(류) : 월따말. 털빛이 붉고 갈기가 검은 말. 狸(리) : 살쾡이. 狌(성) : 족제비. 鴟(치) : 올빼미. 鵂(휴) : 부엉이. 撮(촬) : 집다. 蚤(조) : 벼룩. 瞋(진) : 눈을 부릅뜨다. 門(문) : 문. 문을 통하지 않고는 밖으로 나갈 수 없기 때문에 문이 밖으로 나가는 근거가 된다. 家(가) : 바탕. 집은 사람의 삶의 바탕이기 때문에 여기서는 '바탕'으로 번역했다.

[해설]

　모든 가치기준은 절대적인 것이 아니다. 가치를 결정하는 근본 인자는 사람의 의식 속에 있다. 사람의 의식 속에 가치기준을 넣었을 때는 그 기준에 따라서 판단을 한다. 그러나 의식 속에 가치기준을 넣지 않았을 때는 어떤 사물을 보더라도 판단은 일어나지 않는다. 그런데 사람의 의식은 사람이 넣은 것이므로 본질적인 것이 아니고, 또 의식이 만들어내는 가치 또한 절대적인 것이 아니다. 그러므로 의식 속에 들어 있는 가치 기준에 따라서 가치는 늘 변하는 것이다. 말하자면, 모든 가치는 본질적으로는 구분되지 않는 것이지만, 현상적으로는 기준에 따라서 얼마든지 변할 수 있는 상대적인 것이다. 북해약은 여기서 하백에게 이러한 이치를 여러 가지 경우를 들어서 설명하고 있다.


河伯曰 然則我何爲乎 何不爲乎 吾辭受趣舍 吾終奈何 北海若曰 以道觀之 何貴何賤 是謂反衍 無拘而志 與道大蹇 何少何多 是謂謝施 無一而行 與道參差 嚴乎若國之有君 其無私德 繇繇乎若祭之有社 其無私福 泛泛乎其若四方之無窮 其無所畛域 兼懷萬物 其孰承翼 是謂無方 萬物一齊 孰短孰長 道無終始 物有死生 不恃其成 一虛一滿 不位乎其形 年不可擧 時不可止 消息盈虛 終則有始 是所以語大義之方 論萬物之理也 物之生也 若驟若馳 無動而不變 無時而不移 何爲乎 何不爲乎 夫固將自化

[국역]
 그러나 하백은 잠자코 있지 않고 다시 말했다. "그렇다면 나는 무엇을 해야 하고 무엇을 하지 않아야 합니까? 나는 사양하기고 하고 받아들이기도 하며 취하기도 하고 버리기

도 해야 합니다만, 나는 결국 어떻게 해야 합니까?" 북해약이 말했다. "道의 입장에서 본다면 무엇을 귀하게 여기고, 무엇을 천하게 여기겠소? 이를 (도리어 하나로 이어진다는 의미에서) 반연(反衍)이라 하지요. 당신의 뜻을 속박하지 마시오. 道와 크게 어긋나기 때문이오. 무엇을 적다고 하고 무엇을 많다고 하겠소? 이를 (판단을 중단하고 물러나 머뭇거리고 있다는 의미에서) 사이(謝施)라 하지요. 그대의 행동을 똑같이 하지 마시오. 道와 어긋나기 때문이오. 근엄하게 나라에 임금이 있는 것같이 하여 치우친 은혜를 베풀지 않고, 유유하게 제사를 받아먹는 사직신처럼 하여 불공평한 복을 내리지 않으며, 질편하여 사방으로 끝이 없는 것처럼 하여 아무런 경계도 두지 않은 채 만물을 골고루 감싸고 특별히 어떤 것을 골라서 돕지는 않지요. 이를 (모가 나지 않는다는 의미에서) 무방(無方)이라 하지요. 만물은 다 같아서 구별되지 않으니 무엇을 짧다 하고 무엇을 길다 하겠소? 도의 차원에서는 시작과 마침이 없으나, 만물의 차원에서는 생사가 있으니, 그 완전함을 기대하지 않고서, 비우기도 하고 가득 채우기도 하면서 형체의 차원에 머물지 않아야 하오. 가는 세월 막을 수 없고 흐르는 계절 멈출 수 없으니, (세월과 함께) 줄어들기도 하고 불어나기도 하고 채우기도 하고 비우기도 하면서 마치면 다시 시작함이 있어야 하니, 이것이 큰 삶의 방식을 말하고 만물의 이치를 논하는 까닭이오. 만물의 사는 모습은 갑자기 달리듯 성급하기도 하고, 열심히 달리듯

치열하기도 하여, 움직이면서 늘 변하고, 상황에 따라 바뀌는 것이니, 무엇을 해야 하고 무엇을 하지 않아야 한단 말이오? 본래 저절로 바뀌는 대로 바뀔 뿐이지요."

[난자풀이]
反衍(반연): 물이 반대로 흘러 넘쳐 경계가 없이 질펀한 것처럼, 경쟁의 방향과 반대로 향하여 일체가 구별되지 않는 상태. 혼돈을 일컬음. 謝施(사이): 판단을 중단하고 물러나 머뭇거리고 있는 모양. 謝는 사퇴하고 물러난다는 뜻이고, 施는 머뭇거리는 모양. 모든 것에 대한 가치판단을 중단하고 맡겨두면 자기의 가치판단이 없기 때문에 우물쭈물하는 것처럼 보인다. 이를 謝施라 한다. 參差(참치): 들쭉날쭉한 것. 고르지 않은 것. 畛域(진역): 경계. 구별. 두렁. 恃(시): 대가를 기대하는 것. 擧(거): 들어서 꼼짝 못하게 잡아두는 것. 義(의): 도리. 의리. 사람의 사는 길을 말하므로 여기서는 '삶'으로 번역했다. 無動而不變(무동이불변): 움직이면서 변하지 않는 것이 없다. 여기서는 문맥을 부드럽게 하기 위해 '움직이면서 늘 변한다'로 번역했다. 時(시): 상황.

[해설]
북해약이 하백에게 인간이 만든 모든 가치는 상대적인 것이고 절대적인 것이 아니라고 말하자, 하백은 더욱 궁금해졌다. 그렇다면 "반드시 추구해야 할 절대적인 가치가 없다면

어떻게 살아야 할 것인가?" "도대체 인간의 삶이 무슨 의미가 있단 말인가?" 이러한 근본적인 질문에서 벗어날 수 없다.

진리로 살아가는 사람은 추구해야 할 어떤 목적의식을 가지고 사는 것이 아니다. 그는 살아야 할 가치나 의미를 가지고 살지 않는다. 그냥 물이 흐르듯, 바람이 불듯, 무위자연으로 살 뿐이다.

진리의 차원에서는 생사도 없고 장단도 없다. 그러나 물질적 차원에서 의식을 가지고 만사를 구별하며 살아가는 사람들에게는 생사도 있고 장단도 있다. 그러므로 이 세상이 자연상태로 되기를 기대하기는 어렵다. 단지 자기 자신은 진리의 차원에서 자연으로 살아갈 수밖에 없다.

진리로 사는 모습은 어떠할까? 물이 얼면 얼음이 되고 녹으면 다시 물이 된다. 이때 얼음이 물인지를 모르고 얼음의 차원에서 모양을 가진 고체로서 존재한다면 그 얼음은 녹아 없어지는 종말을 맞이할 수밖에 없다. 그러나 그 얼음이 물의 차원에서 존재한다면 녹는 것이 없어지는 것이 아니라 원래의 상태로 돌아가는 것임을 알게 되어 종말을 맞이하지 않는다. 만물도 이와 같고 사람도 이와 같다. 사람은 만물과 마찬가지로 기가 모였다 흩어졌다 하는 과정에 있다. 사람이 이를 모르고 형체가 자기의 본질임을 안다면 기가 흩어짐과 동시에 종말을 맞이한다. 그러나 사람이 형체 이전에 우주공간에 가득한 기가 자기의 본질임을 안다면 형체가 사라져도 종말을 맞이하지 않는다. 저절로 흩어지기도 하고 모여지기도 하는 기의 변화에 맡긴 채 그저 변해갈 뿐이다.


河伯曰　然則何貴於道邪　北海若曰　知道者必達於理　達於理者　必明於權　明於權者　不以物害己　至德者　火弗能熱　水弗能溺　寒暑弗能害　禽獸不能賊　非謂其薄之也　言察乎安危　寧於禍福　謹於去就　莫之能害也　故曰　天在內　人在外　德在乎天　知天人之行　本乎天　位乎得　蹢躅而屈伸　反要而語極　曰何謂天　何謂人　北海若曰　牛馬四足　是謂天　落馬首　穿牛鼻　是謂人　故曰　無以人滅天　無以故滅命　無以得殉名　謹守而勿失　是謂反其眞

[국역]

　　하백이 말했다."그렇다면 道에서 무엇을 귀하게 여겨야 합니까?"북해약이 다시 말했다. "道를 아는 자는 반드시 사물의 이치에 통달하게 되고, 사물의 이치에 통달하는 자는 반드시 자유자재로 변화에 대처하지요. 자유자재로 변화에 대처하는 자는 다른 것 때문에 자기가 상처받는 일이 없지요. 지극한 정신력으로 사는 사람은 불이 그를 뜨겁게 할 수 없고 물이 그를 빠뜨리지 못하며 추위와 더위가 그를 해치지 못하고 맹수가 그를 해치지 못하지요. 실제로 그가 그러한 재해를 만

나서 헤쳐나간다는 뜻이 아니라 저절로 안전과 위험을 알게
되고, 재앙을 만나거나 복을 받아도 다 편안하며, 떠나고 다
가가는 것을 침착하게 대처하므로 그를 해칠 수가 없는 것
이지요. 그러므로 '하늘에서 타고난 능력은 안에 있고, 사람
이 경험으로 터득한 능력은 밖에 있으니, 인간의 고유한 능
력은 하늘에서 얻은 것이라'고 하지요. 하늘이 하는 일과 사
람이 하는 일을 알아서 하늘의 일을 근본으로 삼아 그 하늘
에서 얻은 것에 자리 잡고서, 머뭇거리기도 하고 왔다 갔다
움직이기도 한다면, 道의 요체로 돌아가 그 극치를 말할 수
있겠지요." 이 말을 들은 하백은 더욱 알 수 없어 다시 물었
다. "무엇을 하늘이라 하고 무엇을 사람이라 합니까?" 북해
약이 다시 대답을 했다. "소와 말에게 각각 네 개의 발이 있
는 것은 하늘의 모습이고 말의 머리에 고삐를 매고 소의 코
를 뚫는 것은 사람의 차원이다. 그러므로 '사람의 차원에서
하늘의 일을 해치지 말고, 사람의 꾀로 하늘의 움직임을 망
치지 말 것이며, 명성을 위하여 본성을 죽이는 일을 하지 않
아야 한다.'고 한 것이지요. 삼가 타고난 본성을 지켜서 잃지
않는 것, 이것이 바로 참된 세계로 돌아간다는 것이지요."

[난자풀이]
屈伸(굴신): 굽혔다가 폈다가 하는 움직임. 여기서는 문맥을
부드럽게 하기 위해 '왔다 갔다 움직이기도 한다'로 번역했다
落(락): 絡과 통용. 묶다. 얽어매다.    故(고): 사람의 꾀.    命

(명) : 하늘의 움직임. 자연의 움직임.　無以得殉名(무이득순명)
: 하늘에서 얻은 본심을 명예를 위해 죽도록 내버려두지 않는 것.

[해설]

 북해약이 무위자연의 도를 설명하자, 하백은 잘 납득이 되지 않았다. 모든 것이 상대적인 가치 밖에 없다면 도라고 해서 특별히 가치 있을 까닭이 없기 때문이다. 그래서 하백은 道에서 특별히 귀하게 여겨야 할 것이 있는지 물었다.

 도라는 것을 의식으로 이해한 것이라면 역시 그 道도 상대적일 수밖에 없지만, 그러나 도는 의식으로 이해하는 것이 아니다. 道는 절대이다. 道는 모든 것에 자유자재로 대처하는 자연의 모습이다. 모든 상대적 가치를 초월하는 절대적 가치이기 때문에 모든 사람은 오로지 도를 터득하지 않으면 안 된다.

 도를 아는 자는 전지전능한 자연의 생명력을 발휘한다. 그래서 그는 저절로 위험한 장소를 피한다.

 사람의 마음에는 하늘에서 타고난 마음과 스스로 만들어 넣은 욕심이 있다. 이 중에서 욕심에 머물러 있으면서 욕심을 따르는 자는 멸망으로 가는 비극의 삶을 살게 되지만, 하늘에서 타고난 마음에 머물러 있으면서 그 마음에 따라 움직이며 산다면 일체의 고통에서 벗어나 행복의 삶을 살게 된다. 이러한 삶이 진리의 삶이다.

夔憐蚿　蚿憐蛇　蛇憐風　風憐目　目憐心　夔謂蚿曰　吾以一足趻踔而行　予無如矣　今子之使萬足　獨奈何　蚿曰不然　子不見夫唾者乎　噴則大者如珠　小者如霧　雜而下者不可勝數也　今予動吾天機　而不知其所以然　蚿謂蛇曰吾以衆足行　而不及子之無足　何也　蛇曰　夫天機之所動何可易邪　吾安用足哉　蛇謂風曰　予動吾脊脅而行　則有似也　今子蓬蓬然起於北海　蓬蓬然入於南海　而似無有何也　風曰　然　予蓬蓬然起於北海　而入於南海也　然而指我則勝我　鰌我亦勝我　雖然　夫折大木　蜚大屋者　唯我能也　故以衆小不勝爲大勝也　爲大勝者　唯聖人能之

[국역]

　기(夔)라고 하는 외발짐승이 쉰 개의 발을 가진 노래기를 불쌍하게 생각했고, 노래기는 뱀을 불쌍하게 생각했으며 뱀은 바람을 불쌍하게 생각했고 바람은 눈을 불쌍하게 생각했으며, 눈은 마음을 불쌍하게 생각했다. 기가 노래기에게 말했다. "나는 발 하나만 가지고 절뚝거리며 다니니 이처럼 편리한 것이 없지만, 그대는 지금 수많은 다리를 (서로 엉키지 않도록) 사용해야 하니 어떻게 하는가?" 이 말을 들은 노래기는 다음과 같이 말했다. "그렇지 않다네. 그대는 침 뱉은 것을 보지 않았는가? 침을 뱉어내면 큰 것은 구슬만하고 작은 것은 안개 같이 흩어져 떨어지는데, 그 수를 이루 다 셀

수가 없다네. (그런데 침을 뱉는 사람은 그러한 오묘한 일을 아무 노력을 하지 않고도 연출할 수 있다네.) 그와 마찬가지로 내가 나의 발을 움직이는 것은 저절로 움직이는 것이라네. 그러면서도 정작 나는 (어떻게 그 많은 발이 동시에 그렇게 질서 있게 움직여지는지) 그렇게 되는 까닭을 알지 못한다네." 그렇게 말을 하고 난 노래기는 뱀에게 물었다. "내가 많은 다리를 가지고 다니지만 발이 없이 다니는 그대를 당할 수 없으니 어찌 그런가?" 그러나 뱀은 태연하게 말했다. "저절로 그렇게 되는 것을 어떻게 바꿀 수 있겠는가? 내가 무엇 때문에 발을 사용하려고 하겠는가?" 이번에는 뱀이 바람을 보고 말했다. "나는 나의 척추와 갈비뼈를 움직여서 다니므로 발이 있는 것 같지만, 그대는 북해에서 씽씽하고 불어와 남해로 향하여 씽씽 불어가니 발이 없는 것 같으이. 어찌 그렇게 다니는가?" 바람이 대답했다. "그래 맞아. 나는 북해에서 씽씽 불어와 남해로 간다네. 그런데 손가락으로 나를 때리면 나는 그 손가락을 이기지 못하고 발길질로 나를 차면 나는 그 발길질을 이기지 못한다네. 비록 그렇지만 큰 나무를 꺾고 큰 집을 날려버리는 것은 오직 나만이 할 수 있는 것이라네. 그러므로 갖가지 작은 것을 이기지 못하는 것이 큰 것을 이기는 비결이라네. 크게 이기는 것은 오직 성인만이 가능하다네."

[난자풀이]

夔(기): 외발 짐승.   憐(련): 불쌍히 여기다.   蚿(현): 노래기.
趻踔(침탁): 절뚝거리며 걷는 모양.   無如(무여): 이와 같은 것
이 없다.   天機(천기): 저절로 움직이는 것. 하늘에서 타고난
기계. 여기서는 자연으로 가지고 있는 다리를 말함.   蓬蓬(봉
봉): 씽씽. 바람소리.   指(지): 손가락으로 가리키다. 손가락으
로 찌르다.   鰌(추): 밟다.   蜚(비): 飛와 통용. 날리다. 날려
보내다.

[해설]

 기(夔)라고 하는 외발짐승은 한 발로 다니고, 노래기는 쉰
개의 발을 엉키지 않게 잘 움직이면서 다니며, 뱀은 수많은
비늘을 질서 있게 잘 움직이면서 다니고 바람은 그냥 공중
을 날아다니지만, 모두 저절로 움직이는 것이다. 그러니 더
어려운 것도 없고 더 쉬운 것도 없다. 모두 다 같은 자연일
뿐이다.


孔子遊於匡 宋人圍之數匝 而絃歌不惙 子路入見 曰何
夫子之娛也 孔子曰 來 吾語女 我諱窮久矣 而不免 命也
求通久矣 而不得 時也 當堯舜而天下無窮人 非知得也
當桀紂而天下無通人 非知失也 時勢適然 夫水行不避蛟
龍者 漁父之勇也 陸行不避兕虎者 獵夫之勇也 白刃交

於前 視死若生者 烈士之勇也 知窮之有命 知通之有時
臨大難而不懼者 聖人之勇也 由 處矣 吾命有所制矣
無幾何 將甲者進 辭曰以爲陽虎也 故圍之 今非也 請辭
而退


[국역]
　　공자가 광이라는 고장으로 여행했을 때, 송나라 사람들이
그를 겹겹으로 포위했다. 그래도 공자는 거문고를 타고 노래
하는 것을 그치지 않았다. 자로가 들어가 뵙고서 "어찌 선생
님은 즐기고만 계십니까?" 하고 물으니, 공자가 대답했다.
"이리 오라. 내 너에게 말해 주지. 내가 위험을 피해온 지
오래되었으나 면치 못하는 것은 명인 때문이고, 모든 일이
뜻대로 되기를 바래온지 오래되었으나 그렇게 되지 못하는
것은 때가 그런 것이다. 요·순 때에 천하에 어려운 사람이
없었던 것은 지혜가 넉넉했기 때문이 아니고, 걸·주 때에
천하에 뜻대로 된 사람이 없었던 것은 지혜가 모자랐기 때
문이 아니었지. 때와 모양세가 마침 그렇게 되었을 뿐이야.
대저 물위를 가면서 교룡을 피하지 않는 것은 어부의 용기
이고, 육지를 가면서 코뿔소나 범을 피하지 않는 것은 사냥
꾼의 용기이며, 시퍼런 칼날이 눈앞에서 교차해도 죽는 것을
보기를 사는 것처럼 하는 것은 열사의 용기지. 궁지에 몰리
는 것에도 명이 있음을 알고, 뜻대로 되는 것에도 때가 있음
을 알며, 큰 난관에 부딪혀도 두려워하지 않는 것은 성인의

용기이지. 유야. 잠깐 있어봐. 내 명에 변화가 있을 테니까."
얼마 안 있어 병사들의 지휘자가 다가와 인사하며 말하기를, "양호로 알고 포위했습니다만, 이제 보니 아니군요."라고 하고는, 용서를 빌며 물러갔다.

[난자풀이]
孔子遊於匡(공자유어광) : 공자가 광이라는 땅에 유람을 했다. 匡은 위나라에 있는 고을이기 때문에 뒤에 宋은 衛로 바꾸어야 할 것이다. 匝(잡) : 둘레. 두르다. 惙(철) : 輟과 통용. 그치다. 멈추다. 通(통) : 뜻대로 되는 것. 白刃(백인) : 시퍼런 칼날. 글자 그대로 번역하면 '하얀 칼날'이 되지만, 우리의 말뜻에 맞추어 '시퍼런 칼날'로 번역했다. 制(제) : 제정하다. 만들다. 내 명이 새로 만들어진다는 말은 내 명이 바뀐다는 것을 의미한다. 將甲(장갑) : 병을 거느리다. 군대를 지휘하다. 辭(사) : 말하다. 변명하다. 사죄하다.

[해설]
공자는 자기의 의지를 가지고 의도적으로 살아간 사람이 아니다. 공자의 삶은 바람이 부는 대로 물결이 치는 대로 거기에 맞추어 살아가는 무위자연의 삶이었다.
공자의 사상은 본질적으로 노장의 경지와 함께 하면서 현실적으로 현실세계의 삶을 포괄한다. 그러므로 노장철학에서는 공자의 현실적 측면을 지적하여 비판하기도 하고, 본질적인 측면을 지적하여 높이기도 한다.


公孫龍問於魏牟曰 龍少學先王之道 長而明仁義之行 合同異 離堅白 然不然 可不可 困百家之知 窮衆口之辯 吾自以爲至達已 今吾聞莊子之言 汒焉異之 不知論之不及與 知之弗若與 今吾無所開吾喙 敢問其方 公子牟隱机大息 仰天而笑曰 子獨不聞夫埳井之䵷乎 謂東海之鼈曰 吾樂與 吾跳梁乎井幹之上 入休乎缺甃之崖 赴水則接掖持頤 蹶泥則沒足滅跗 還虷蟹與科斗 莫吾能若也 且夫擅一壑之水 而跨跱埳井之樂 此亦至矣 夫子奚不時來入觀乎 東海之鼈 左足未入 而右膝已縶矣 於是逡巡而卻 告之海曰 夫千里之遠 不足以擧其大 千仞之高 不足以極其深 禹之時 十年九潦 而水弗爲加益 湯之時 八年七旱 而崖不爲加損 夫不爲頃久推移 不以多少進退者 此亦東海之大樂也 於是埳井之䵷聞之 適適然驚 規規然自失也 且夫知不知是非之竟 而猶欲觀於莊子之言 是猶使蚊負山 商蚷馳河也 必不勝任矣 且夫知不知論極妙之言 而自適一時之利者 是非埳井之䵷與 且彼方跐黃泉而登大皇 無南無北 奭然四解 淪於不測 無東無西 始於玄冥 反於大通 子乃規規然而求之以察 索之以辯 是直用

管窺天 用錐指地也 不亦小乎 子往矣 且子獨不聞夫壽陵餘子之學行於邯鄲與 未得國能 又失其故行矣 直匍匐而歸耳 今子不去 將忘子之故 失子之業 公孫龍口呿而不合 舌擧而不下 乃逸而走

[국역]

　공손룡이 위모에게 물었다. "나는 어려서 선왕의 道를 배웠고 자라서는 仁義의 행실을 알게 되었습니다. 같다는 것과 다르다는 것을 하나로 통일시켰고 견고한 것과 흰 것을 분리시켰으며, 남들이 모두 그렇지 않다고 주장하더라도 나는 그것을 그러한 것으로 바꾸어 놓을 수가 있고, 남들이 모두 불가하다고 주장하더라도 나는 가한 것으로 돌려놓을 수 있으며, 모든 지식인들의 지식을 격파할 수 있고, 모든 논객들의 논변을 궁지에 몰아넣을 수 있습니다. 내가 스스로 생각하기에도 나는 지극히 통달한 사람입니다. 그런데 지금 나는 장자의 말을 듣고 멍하게 되었으니 매우 이상하게 생각합니다. 모르긴 합니다만, 나의 논변이 그에 미치지 못하기 때문입니까? 아니면 나의 지혜가 그만 못한 것입니까? 지금 저는 제 주둥이도 벌릴 수 없을 지경입니다. 부디 장자의 道에 대해서 알고 싶습니다." 공자 위모는 안석에 기댄 채 크게 한숨을 쉬고는 하늘을 우러러 웃으면서 말했다. "그대는 저 우물 안의 개구리 이야기를 듣지 못했는가? 그 우물 안 개구리가 동해에 사는 자라에게 말했다네. '나는 즐거우이. 나는 우물의 난간 위에서 폴짝폴짝 뛰놀고, 우물 속에 들어가 깨어진 벽돌 끝에서 쉬며, 물 위에 엎드릴 때는 두 겨드랑이를 물에 찰싹 붙인 채 턱을 들고, 진흙을 찰 때는 발이 빠져 발등가지 잠겨버린다네. 장구벌레와 게와 올챙이를 돌아보아도 나만한 것이 없다네. 구덩이의 물을 온통 내 멋대로 하며, 우물 안의 즐거움을 만끽하고 있는 것, 이것이 또한 즐거움의 극치일세. 자네도 가끔 구경하러 들어오지 않겠는가?'라고 말일세. 동해의 자라는 (이 말을 듣고 안에 들어가려 했으나) 왼쪽 발이 미처 다 들어가기 전에 오른쪽 무릎이 벌써 우물에 끼어 버렸다네. 그래서 주저하면서 뒤로 물러나 그 개구리에게 바다에 관해서 이야기를 해 주었다네. '천 리의 거리로도 그 바다의 크기를 설명할 수 없고 천 길의 길이로도 그 바다의 깊이를 다 설명할 수 없네. 우임금 때 10년에 아홉 번 홍수가 났지만 물이 더 불어나지 않았고, 탕임금 때 8년 동안에 일곱 번이나 가뭄이 들었지만 그 바닷물이 더 줄어들지 않았네. 아무리 시간이 흘러도 변하지 않고 비가 많건 적건 차이가 없는 것, 이 또한 동해바다의 큰 즐거움 이네'라고 말일세. 우물 안 개구리는 그 말을 듣고 깜짝깜짝 놀랐으며 얼얼하여 얼이 빠졌다는구려. 시비의 경계도 알지 못하는 지혜를 가지고 장자의 말을 살피려 하는 것은 마치 모기에게 태산을 짊어지게 하고 노래기에게 황하를 달리게 하는 것과 같은 것이니, 반드시 감당할 수 없을 것이네. 지극히 오묘한 말을 논할 줄 모르는 지혜를 가지고서 일시적인 이로움에 만족하는 것은 바로 저 우물 안의 개구리가 아니겠는가? 장자는 바야흐로 황천을 건너 하늘에 오르려 하고 있는 것이오. 거기는 남쪽도 없고 북쪽도 없으며 휑하니 사방이 터졌다오. 헤아릴 수 없는 경지에 몰입한 채 동쪽도 없고 서쪽도 없으니, 가물가물하고 어둑어둑한 태초의 모습으로 시작하여 모든 것이 하나로 통하는 궁극처로 돌아가는 것이라네. 그런데 그대는 황당하게도 그것을 따져서 알려고 하고 분별하여 찾으려 하고 있으니, 이는 마치 대롱을 통하여 하늘을 보는 것이고 송곳을 가지고 땅의 넓이를 표현하려는 것이니, 너무 초라하지 않겠는가? 그대는 가시오! 그대는 저 수릉의 젊은이가 (유행의 첨단을 걷는 조나라의 서울인) 한단에 가서 걸음걸이를 배웠다는 말을 듣지 못했는가? 그는 미처 서울의 걸음걸이를 터득하기도 전에 원래의 걸음걸이를 잊어버렸으므로 다만 기어서 돌아왔다고 하네. 지금 그대도 여기를 떠나지 않으면 그대의 옛 것을 잊어버리고 그대의 일마저 잃게 될 걸세." 공손룡은 입이 벌어져 다물어지지 않고 혀가 올라가 내려오지 않은 채 도망쳐 달아나 버렸다.

[난자풀이]
公孫龍(공손룡) : 조나라 平原君에게 侍從한 논리학파의 대표자.  魏牟(위모) : 위나라의 공자이며, 中山에 책봉되었으므로, 公子牟라고도 하고 中山公牟라고도 한다.  合同異(합동이) :

같은 것을 다르다고 하고 다른 것을 같다고 하여 하나로 합치는 궤변.　離堅白(리견백): 딱딱하고 흰 돌을 딱딱한 돌과 흰 돌의 두 개의 돌이라고 하는 궤변.　困(곤): 곤란하게 만들다. 곤란하게 만드는 것은 격파하는 것이므로 여기서는 '격파한다'로 번역했다.　喙(훼): 주둥이. 부리.　坎(감): 구덩이.　鱉(별): 자라.　跳梁(도량): 팔딱팔딱 뛰는 것.　幹(간): 우물난간.　甃(추): 우물벽돌.　赴水(부수): 물에 나아가다.　接掖(접액): 겨드랑이를 물에 딱 붙이다.　商蚷(상거): 노래기.　跐(차): 밟고 가다.　黃泉(황천): 저승. 저 세상.　大皇(대황): 큰 나라. 천국. 모든 것을 초월하여 있는 장소.　奭然(석연): 휑한 모양. 玄冥(현명): 가물가물하고 어둑어둑한 본질 세계. 혼돈을 지칭함.　大通(대통): 모든 구별을 넘어 하나로 통하는 세계. 역시 혼돈의 세계를 말한다.　餘子(여자): 아직 군대에 가지 않은 젊은이.　國能(국능): 國이 서울을 말하므로, 서울 한단의 걸음걸이를 걷는 능력을 말한다.　呿(거): 입을 벌리다.

[해설]

　세상 사람들은 대체로 남과 경쟁하며 살아가면서 남에게 이기기 위해 온갖 지식을 쌓는다. 그러나 남과 경쟁하는 삶은 혼돈의 상태에서 보면 소꿉장난 같은 것이기도 하다. 거기에 아무리 똑똑하다고 해도 그것은 우물 안의 개구리다. 이러한 사실을 장자는 공손룡의 예를 들어 깨우치고 있다.

莊子釣於濮水　楚王使大夫二人往先焉曰　願以竟內累矣
莊子持竿不顧曰　吾聞楚有神龜　死已三千歲矣　王巾笥而
藏之廟堂之上　此龜者　寧其死爲留骨而貴乎　寧其生而曳
尾於塗中乎　二大夫曰　寧生而曳尾塗中　莊子曰　往矣
吾將曳尾於塗中

[국역]

　장자가 복수라는 강에서 낚시를 하고 있었는데, 초왕이 대부 두 사람을 시켜서 먼저 찾아가 말하게 했다. "원컨대 나라의 정치를 맡기고 싶습니다." 장자는 낚싯대를 잡은 채 돌아보지도 않고 말했다. "나는 들었다. 초나라에 신령스런 거북이가 있는데 죽은 지 3000년이나 되었다더군. 왕께서는 그것을 헝겊으로 고이 싸서 상자에 넣고 묘당 위에 간직하고 있다지. 그 거북은 차라리 죽어서 뼈를 남긴 채 귀하게 받들어지려 했을까? 아니면 차라리 살아서 진흙 속에서 꼬리를 끌며 다니려 했을까?" 두 대부는 대답했다. "그야 차라리 살아서 진흙 속에서 꼬리를 끌며 다니려 했겠죠." 그러자 장자는 말했다. "가시오. 나는 진흙 속에서 꼬리를 끌고 다니겠소."

[난자풀이]

濮水(복수) : 강 이름. 지금의 河北省 濮陽縣에 흐르던 강.　境內(경내) : 국경 안. 국내. 나라.　累(루) : 누를 끼치다. 누를 끼친다는 말은 정치를 맡기는 것을 겸손하게 표현하여 누를 끼친다고 한 것이다.　巾笥(건사) : 수건과 상자. 수건으로 싸서 상자에 넣어 보관함.


[해설]

　진흙탕 속에서 허우적거리며 살아가는 거북이는 깨끗하지 않고 편하지도 않지만 그러나 자신의 생명을 가지고 자연의 모습으로 살아간다. 이와 반대로 깨끗하게 칠해진 상태로 부잣집 거실에 감상용으로 걸려 있는 거북이는 이미 생명을 잃은 상태로 남에게 보이기 위해서 걸려 있는 것이다. 정치라는 소꿉장난에 참여하는 것은 부잣집 거실에 걸려 있는 감상용 거북이와 같다. 인간사회에서의 삶은 소꿉장난과 같은 것이므로 이미 진실한 모습이 아니다. 또 인간 사회에서 '나'라는 의식을 가지고 살아가면 바로 '너'를 의식해야 하고 '남'을 의식해야 한다. 그렇게 되면 나의 삶은 남을 의식하는 삶으로 바뀐다. 남에게 부끄럽지 않기 위해 몸을 가꾸어야 하고 남에게 폐를 끼치지 않기 위해 교양을 쌓아야 한다. 특히 정치에 참여하게 되면 남을 의식해야 하는 정도는 더욱 심해진다. 자신의 정치생명을 유지하기 위해 늘 유권자를 의식해야 한다. 자신의 정치생명을 계속 유지하기 위해 끊임없이 정적의 동향을 살펴야 한다. 이처럼 정치가의 삶은 언제나 남을 의식하는 삶으로 이어지는 것이다. 마치 자신의 생명을 잃고 남을 위해서만 존재하는 그 거실의 거북이와 같은 것이다. 이를 간파하고 있는 장자는 정치에 가담할 까닭이 없다.


惠子相梁　莊子往見之　或謂惠子曰　莊子來　欲代子相　於是惠子恐　搜於國中　三日三夜　莊子往見之曰　南方有鳥　其名鵷鶵　子知之乎　夫鵷鶵　發於南海　而飛於北海　非梧桐不止　非練實不食　非醴泉不飲　於是鴟得腐鼠　鵷鶵過之　仰而視曰　嚇　今子欲以子之梁國　而嚇我邪


[국역]

　　혜자가 양나라의 재상이었을 때 장자가 만나러 갔다. 그때 어떤 사람이 혜자에게 말했다. "장자가 오면 당신을 대신해서 재상이 되려고 할 것입니다." 이 말을 들은 혜자는 두려워졌다. 그래서 사흘 낮과 사흘 밤 동안 온 나라 안을 뒤져서 찾게 했다. (이 사실을 안) 장자는 직접 찾아가서 말했다. "남쪽 지방에 원추라는 이름을 가진 새가 있었다네. 그대는 그 새를 아는가? 그 원추는 남해에서 출발하여 북해로 날아가지만 오동나무가 아니면 머물지 않고, 멀구슬나무의 열매가 아니면 먹지 않으며, 단 샘물이 아니면 마시지를 않지. 그런데 그때 올빼미가 썩은 쥐를 물고 있다가 원추가 지나가니까 우러러보며 (혹 빼앗기지 않을까 염려하여) '꽥' 하고 소리를 질렀다. 지금 그대는 그대의 양나라 때문에 나에게 '꽥' 하고 소리를 지르는구나."

[난자풀이]

梁(량) : 魏나라. 魏의 서울이 梁이기 때문에 梁나라라고도 한다.   鵷鶵(원추) : 봉황새의 일종.   練實(련실) : 죽실이라고도 하지만, 成玄英의 疏에는 楝實로 보아 멀구슬나무 열매로 보았다.   醴泉(예천) : 단 샘물.   嚇(혁) : '꽥' 하고 소리를 지르다.

[해설]

　세상 사람들의 세속적인 삶은 소꿉장난과 같은 것이다. 정치현상은 더욱 그렇다. 어른이 지나가는데 길옆에서 소꿉장난을 하던 아이들이 어른에게 말을 건넨다. "아저씨! 소꿉장난 같이 하세요. 참 재미있어요." 그러나 어른이 대답한다. "싫다. 너희들이나 하려무나." 아이들은 끈질기게 계속 말을 걸었다. "아저씨에게 보스를 시켜드리겠어요. 그러니 함께 놀아요." 그러나 어른은 여전히 응하지 않았다. 아이들이 애지중지 하는 그 보스자리를 어른은 주어도 하지 않는다.

莊子與惠子遊於濠梁之上　莊子曰　儵魚出遊從容　是魚樂也　惠子曰　子非魚　安知魚之樂　莊子曰　子非我　安知我不知魚之樂　惠子曰　我非子　固不知子矣　子固非魚也

子之不知魚之樂 全矣 莊子曰 請循其本 子曰 女安知魚
樂云者 旣已知吾知之而問我 我知之濠上也

[국역]
　　장자가 혜자와 함께 호수에 걸쳐 있는 다리 위를 거닐고 있었다. 그때 장자가 문득 말했다. "피라미가 유유히 헤엄치고 있구나! 이것이 물고기의 즐거움이로다!" 그러자 혜자가 말했다. "자네가 물고기가 아니니 어떻게 물고기의 즐거움을 알 수 있나?" 이 말을 들은 장자가 바로 말을 받았다. "자네는 내가 아니니 어떻게 내가 물고기의 즐거움을 아는지 모르는지를 알 수 있단 말인가!" 혜자는 지지 않고 말을 이어 받았다. "나는 자네가 아니므로 자네를 알지 못한다. 그렇지만 자네는 물고기가 아니므로 자네가 물고기의 즐거움을 모른다는 사실은 명확하다." 그러자 다시 장자가 말했다. "부탁하건대, 근본으로 돌아가 다시 따져 보자. 자네가 아까 '자네가 어떻게 물고기의 즐거움을 알 수 있나?' 하고 운운한 것은 이미 내가 안다는 것을 알고서 나에게 물은 것이다. 나는 아까 호숫가에서 그 사실을 알았네."

[난자풀이]
濠梁(호량) : 濠는 강의 이름이고, 梁은 강에 걸쳐놓은 다리이다. 儵(숙) : 원래 儵(조)로 되어야 할 것인데 잘못 쓰인 것으로 보인다. 뜻은 피라미. 濠上(호상) : 호라는 강물의 가. 上이

물 다음에 오면 '물의 가'라는 뜻이 된다.　循其本(순기본) : '근본을 따른다'는 말은 '근본으로 돌아가 근본의 입장에서 다시 따져본다'는 말이다.

[해설]

　다리 위를 거닐면서 피라미가 놀고 있는 모습을 본 장자는 피라미가 즐겁게 놀고 있다는 사실을 알았다. 그것은 피라미에게 물어보고서 안 것도 아니고 피라미가 말해 주었기 때문에 안 것도 아니다. 그냥 느낌으로 안 것이다. 느낌이 왕성한 사람은 산천초목과도 느낌으로 대화할 수 있다. 그러나 욕심에 가리어 느낌이 없어진 사람은 산천초목의 감정은 커녕 다른 사람의 감정조차도 헤아릴 수 없다. 그러한 사람은 다른 존재와 단절되어 있는 사람이다. 그러한 사람은 외로운 사람이다. 혜시가 바로 그러한 사람이다. 혜시는 느낌이 막혀 있어서 남과 통하지 않는다. 그런 그가 피라미가 즐겁게 놀고 있다고 말하는 장자의 말을 듣자 심경의 변화가 일어났다. 모든 것과 통하는 것 같은, 그래서 외롭지도 않은 것 같은, 그 장자가 부럽기도 했다. 그러나 그것을 인정하는 것은 그의 자존심이 허락하지 않았다. 그래서 평소 자기의 판단 방식을 근거로 해서 질문을 던졌다. "자네가 물고기가 아니니 어떻게 물고기의 즐거움을 알 수 있나?" 혜시의 판단방식으로 보면 분명 그러했다. 물고기와 사람은 전혀 다른 존재이기 때문에 감정이 서로 통할 수 없어야 한다. 장자에게 던진 혜시의 이 질문은 자기의 판단방식으로 장자를 공격한 것이다. 이 공격에 대해서 장자는 혜시의 논리로 혜시에게 반격했다. "자네는 내가 아니니 어떻게 내가 물고기의 즐거움을 아는지 모르는지를 알 수 있단 말인가!" 그런데 장자의 이 답변은 혜시의 논리에 말려들고 만 답변이었다. 혜시는 놓치지 않고 다시 공격을 했다. "나는 자네가 아니므로 본래 자네를 알지 못한다. 마찬가지로 자네는 물고기가 아니므로 자네가 물고기의 즐거움을 모른다는 사실은 명확하다." 논리적으로만 보면 혜시의 말이 옳다. 혜시가 장자를 알 수 없는 것이라면, 장자 또한 물고기를 알 수 없는 것이다. 장자는 논리게임에서 혜시에게 지고 말았다. 장자라 하더라도 논리게임에서는 혜시를 당할 수 없다. 그러나 논리에서 졌다고 해서 실지로 진 것은 아니다. 그래서 장자는 논리게임을 중단하고 다시 생각해 보았다. 장자는 느낌으로 모든 것을 아는 사람이다. 아까 "자네가 물고기가 아니니 어떻게 물고기의 즐거움을 알 수 있나?"라고 질문하는 혜시의 모습을 보는 순간 이미 그는 장자가 물고기의 즐거움을 알고 있다는 사실을 느낌으로 알았다. 혜시에게도 느낌이 완전히 사라진 것은 아니다. 그렇기 때문에 혜시도 또한 느낌으로 어떤 것을 파악할 때도 있다. 그러나 혜시는, 많은 서양철학자들이 그러한 것을 동물적 본능으로 돌리면서 의도적으로 기피하는 것처럼, 그러한 것에 관심을 갖지 않고 오직 논리게임에 몰두했다. 그리고 그런 논리게임으로 장자를 몰아세운 것이다. 그러나 장자는 그가 아까 자기에게 말을 건네는 순간 이미 장자가 물고기의 즐거움을 알고 있다는 사실을 느낌으로 알았다는 것을 역시 느낌으로 간파했던 것이다. 그러므로 더 이상 말꼬리에 잡혀 있을 이유가 없었다. 그래서 논리게임에서 벗어나 처음 질문을 던질 때를 상기시키면서 "아까 이미 알고 있었지 않았는가?" 하고 바로 지적했다. 혜시는 더 이상 반발할 수가 없었다. 자기가 자기를 속일 수 없듯이 자기를 꿰뚫어보는 장자를 속일 수 없었기 때문이었다.

# 18. 至 樂

　이 편에서는 지극한 즐거움에 대해 논하고 있다. 지극한 즐거움이란 최고의 행복을 말한다.
세속의 사람들은 모두 행복을 추구한다. 행복을 추구하지 않는 사람은 없다. 그런데도 대부분의 사람들은 참다운 행복을 얻지 못하고 고통으로 인생을 끝내고 만다. 그 이유는 무엇일까? 세속의 사람들은 잘못된 행복을 추구하기 때문이다. 잘못된 행복이란 욕심을 충족해서 얻으려는 행복이 그것이다. 욕심을 충족하여 행복하다고 느끼는 순간 욕심은 훨씬 더 커져버리기 때문에 또다시 충족해야 하는 고통이 이어진다. 그러므로 참다운 행복은 욕심을 버릴 때 찾아온다. 이러한 이치를 잘 설명한 편이 바로 이 至樂篇이다.

天下有至樂無有哉　有可以活身者無有哉　今奚爲奚據
奚避奚處　奚就奚去　奚樂奚惡

[국역]
　세상에 최고의 행복이 있는 것일까? 없는 것일까? 몸을 살릴 수 있는 방안이 있는 것일까? 없는 것일까? 지금 무엇을 하고 무엇을 말며, 무엇을 피하고 무엇에 머물며, 어느 것에 나아가고 어느 것에서 떠나야 하며, 무엇을 좋아하고 무엇을 싫어해야 하는가!

[난자풀이]
據(거) : 근거하다. 의지하다. 의지하는 것은 그것에 매달리는 것이고 그것을 붙드는 것이므로 앞으로 나아가지 않는 것이다. 따라서 爲 즉, '나아가다' '적극적으로 나서다' 등의 뜻과 반대의 뜻으로 해석했다.

[해설]
　행복은 고통을 극복하는 데서 찾아온다. 작은 고통을 극복하면 그만한 행복이 찾아온다. 그런데 작은 고통은 큰 고통을 당하면 고통 축에 들어가지 않는다. 따라서 작은 고통을 극복해서 얻은 행복은 큰 고통을 만났을 때 행복 축에 들어가지도 않는다. 그러므로 가장 큰 행복을 얻지 않고 작은 행복을 얻는 데만 주력하는 사람이 있다면 그러한 사람의 삶

은 물거품처럼 허망한 삶으로 끝나고 말 것이다. 그러므로 사람은 모름지기 최고의 행복을 추구하지 않으면 안 된다.

夫天下之所尊者 富貴壽善也 所樂者 身安厚味美服好色音聲也 所下者 貧賤夭惡也 所苦者 身不得安逸 口不得厚味 形不得美服 目不得好色 耳不得音聲 若不得者 則大憂以懼 其爲形也亦愚哉

[국역]
　세상 사람들이 좋아하는 것은 부귀와 장수와 잘생긴 얼굴이다. 세상 사람들이 좋아하는 것은 몸의 안락, 맛있는 음식, 아름다운 옷, 예쁜 여자나 남자, 황홀한 음악이고, 싫어하는 것은 가난과 비천함, 요절과 못생긴 것이다. 세상 사람들이 괴로워하는 것은 몸이 편하지 않은 것, 입이 맛있는 것을 먹지 못하는 것, 몸에 아름다운 옷을 걸치지 못하는 것, 눈이 아름다운 빛을 보지 못하는 것, 귀가 황홀한 음악을 듣지 못하는 것이다. 만약 이를 얻지 못하면 크게 걱정하면서 두려워한다. 그들의 몸을 다스리는 방법이 얼마나 어리석은가!

[난자풀이]
善(선) : 잘 생긴 것.　樂(요) : 좋아하다. 이때의 음은 '요'가

된다. 下(하): 낮추다. 싫어하다. 惡(악): 추악하다. 못 생기다. 亦(역): 또한. '또한 어리석다'라는 말은 어리석다는 말을 강조한 말이므로 여기서는 '얼마나'로 번역했다.

[해설]
　대부분의 사람들이 추구하는 행복은 육체적 차원에서의 행복이다. 육체적 차원에서 육체적 행복을 추구하면 행복을 제대로 얻을 수 없다. 정신적 차원에서 정신적 차원을 추구할 때 육체적 행복도 비로소 얻을 수 없다. 왜냐하면 정신적 행복이 없는 육체적 행복은 진정한 행복이 아니기 때문이다.


夫富者　苦身疾作　多積財而不得盡用　其爲形也亦外矣
夫貴者　夜以繼日　思慮善否　其爲形也亦疏矣　人之生也
與憂俱生　壽者惛惛　久憂不死　何之苦也　其爲形也亦遠
矣　列士爲天下見善矣　未足以活身　吾未知善之誠善邪
誠不善邪　若以爲善矣　不足活身　以爲不善矣　足以活人
故曰　忠諫不聽　蹲循勿爭　故夫子胥爭之以殘其形　不爭
名亦不成　誠有善無有哉

[국역]
　부자는 몸을 괴롭히고 빨리 움직여 재물을 많이 모으지만

그 재산을 다 쓰지도 못한다. 그러니 그 몸을 다스리는 방법이 또한 잘못되었다. 귀한 자는 밤낮으로 옳고 그름을 골똘히 생각하고 있으니 그 몸을 다스리는 방법이 또한 엉성하다. 사람은 태어나면서부터 걱정과 함께 살아간다. 그러다가 늙어지면 정신이 혼미하여 쉬 죽지도 않고 오래도록 걱정을 하며 살아가니, 얼마나 괴로운 일인가! 그러니 그 몸을 다스리는 방법 역시 동떨어졌다. 열사는 천하를 위해 착함을 드러내지만 자기의 몸을 살리지는 못한다. 그렇다면 나는 착함이 진실로 착함이 될 수 있는지 아니면 진실로 착함이 될 수 없는지를 알지 못하겠다. 만약 그것을 착함이라 한다면 자기의 몸을 살리지 못하는 것은 어떻게 이해해야 할 것이며, 착하지 않은 것이라면 남을 살리는 것은 또 어떻게 이해해야 할 것인가. 그러므로 '충성으로 간해서 들어주지 않을 때에는 물러나 가만히 있어야지 끝까지 관철시키려 해서는 안 된다'고 한 것이다. 자서는 끝까지 관철시키려 한 탓으로 그 몸을 망쳤다. 그러나 그가 자기의 주장을 관철하려 하지 않았다면 충신열사라는 명예는 얻지 못했을 것이다. 그러니 진실로 착함이란 있는 것인가! 없는 것인가!

[난자풀이]
外(외): 정곡을 벗어나다. 정곡을 벗어난 것은 잘못된 것이므로 여기서는 '잘못되었다'로 번역했다.　　夜以繼日(야이계일): '밤으로 낮을 잇다'는 뜻이므로 '밤낮으로'로 번역하면 된다.

惛(혼) : 정신이 흐릿하다. 혼미하다.   蹲循(준순) : 웅크리고 가만있으면서 거역하지 않는다. 逡巡과 통용되어 '후퇴한다'는 뜻으로 볼 수도 있다.   爭(쟁) : 자기의 주장을 끝까지 관철시키기 위해 다투는 것을 말한다.   子胥(자서) : 吳의 충신인 자서. 오왕 夫差에게 간언하다가 관철되지 않자 내려준 칼로 자결했다.

[해설]

　재물과 명예가 몸보다 더 중요한 것은 아니다. 그러므로 사람들이 재물과 명예를 얻기 위해 몸을 망치는 것은 잘못된 것이다.

　사람들은 경쟁에서 이겨야 하고 늙어 죽어야 하는 두 가지의 큰 걱정거리를 짊어지고 살아간다. 경쟁하는 삶 또한 걱정이 연속되는 것이지만, 늙어 죽어야 하는 문제는 그보다 훨씬 큰 걱정거리다. 그러므로 늙어서 죽어야 하는 고통을 해결하는 극단적인 방법 중의 하나가 치매에 걸리는 것이다. 이러한 인생을 생각해보면 참으로 서글퍼지지 않을 수 없다.

　착한 일을 하는 사람이 자기가 착한 일을 한다는 의식을 하고 있다면 그것은 착한 일이 아니다. 자기를 죽이고 남을 살리는 일도 착한 일이 아니고, 남을 죽이고 자기를 살리는 일도 착한 일이 아니다. 오직 나와 남의 구별이 없이 하늘의 뜻을 따르는 것만이 착한 일이다.

今俗之所爲與其所樂 吾又未知樂之果樂邪 果不樂邪 吾
觀夫俗之所樂 擧羣趣者 誙誙然如將不得已 而皆曰樂者
吾未之樂也 亦未之不樂也 果有樂無有哉 吾以無爲誠樂矣
又俗之所大苦也 故曰 至樂無樂 至譽無譽

[국역]
  지금 세속의 사람들은 무엇인가를 추구하고 무엇인가를 즐기지만, 나는 그 즐거움이 과연 즐거운 것인지 과연 즐겁지 않은 것인지 알 수가 없다. 세속의 사람들이 즐거운 것을 위해 모두가 떼를 지어 달려가는 것을 보면 자기들이 가장 똑똑한 듯이 뽐내면서 조금도 멈출 수 없는 것처럼 달리고 있다. 그러면서 그들은 모두 즐겁다고 말한다. 그러나 나는 아직껏 그러한 것을 즐거운 것으로 여기지도 않았고 즐겁지 않은 것으로 여기지도 않았다. 과연 즐거운 것이 있는 것인가! 없는 것인가! 나는 무위로 사는 것을 진정한 행복이라고 생각한다. 그러나 세속의 사람들은 그것을 큰 고통으로 여긴다. 그러므로 '최고의 즐거움은 즐겁다는 의식이 없는 것이고, 최고의 명예는 명예롭다는 의식이 없는 것이라'고 한다.

[난자풀이]
擧(거) : 모두. 誙誙然(경경연) : 똑똑한 모양.

[해설]

　세속의 사람들은 대부분 재물과 명예를 추구하느라 정신이 없다. 그리고 그것을 얻는 것이 행복이고 잃는 것이 불행이라고 생각한다. 그래서 그것을 조금이라도 얻으면 대단한 듯 으스대면서 마치 마라톤 선수들처럼 그 길로 쉬지 않고 달린다. 죽음이라는 종착역에 곧 당도할 것이라는 것을, 그리고 종착역에 당도하면 모든 것이 수포로 돌아간다는 것을 생각지도 못한 채.

　그러나 그러한 것은 '나'라고 하는 '왜곡된 가짜' 때문에 나타나는 현상이다. '나'라고 하는 개념은 '왜곡된 가짜'이다. '나'라는 '왜곡된 가짜'가 몸 안에 자리 잡고 나면 사람은 경쟁하지 않을 수 없고, 늙어 죽지 않을 수 없다. 그런데 경쟁은 당장 해결해야 할 문제이기 때문에 늙어 죽어야 하는 문제는 뒤로 돌린 채 경쟁에서 이기기 위해 질주하는 것이 대부분의 인생이다. 그러나 아무리 경쟁에 이긴다 하더라도 늙어 죽게 되면 그것은 아무 의미도 가지지 못한다.

　참다운 행복은 '왜곡된 가짜'에서 벗어나 본래의 자기로 돌아가는 데서 시작된다. 본래의 자기로 돌아가면 재물과 명예는 즐거운 것도 아니고 즐겁지 않은 것도 아니다. 그런 것을 자기의 것으로 의식하지도 않는다. 오직 무위자연의 삶만이 있을 뿐이다. 그러나 세속의 사람들은 '나'에 지배되어 살기 때문에 '나'를 초월하는 삶을 이해하지 못할 뿐만 아니라, 오히려 가치 없는 삶으로 생각하거나 고통으로 여기고 싫어한다. '나'에 얽매어 사는 삶이 얼마나 고통스러운지 전혀 생각해보지 못했기 때문이다.


天下是非果未可定也 雖然 無爲可以定是非 至樂活身 唯無爲幾存 請嘗試言之 天無爲以之淸 地無爲以之寧 故兩無爲相合 萬物皆化 芒乎芴乎 而無從出乎 芴乎芒乎 而無有象乎 萬物職職 皆從無爲殖 故曰 天地無爲也 而無不爲也 人也孰能得無爲哉


[국역]
 세상의 옳고 그른 것은 간단히 결정할 수 있는 것이 아니다. 비록 그러하나 무위의 상태가 되면 옳고 그른 것이 무엇인지 단정할 수가 있다. 최고의 즐거움과 몸을 제대로 살리는 방법은 오직 무위 상태에서만 얻어질 수 있다. 시험삼아 한번 말해 보자. 하늘은 무위의 상태에 있으므로 그래서 맑고, 땅은 무위의 상태에 있으므로 그래서 편안하다. 그러므로 두 무위의 상태에 있는 것이 서로 합해서 만물이 생성된다. 아득하고 빽빽하다! 무위의 상태가 어디에서 생겨나는지 알 수가 없으니. 빽빽하고 아득하다! 무위의 상태는 모습이 없으니. 만물은 모두 꿈틀꿈틀 무위의 상태에서 쏟아져 나온다. 그러므로 '하늘과 땅은 무위의 상태로 존재하지만 하지

않는 것이 없다'고 한다. 사람들 중에 누가 무위의 상태를 터득할 수 있겠는가!

[난자풀이]
幾存(기존) : 거의 보존된다. 여기서는 문맥을 부드럽게 하기 위해 '얻어진다'로 번역했다.　無爲(무위) : 모든 존재가 모습을 갖추기 이전의 본래상태, 즉 장재가 말하는 태허와 같은 상태를 지칭하기도 하고, 또 태허의 모습으로 존재하는 행위의 방식을 말하기도 한다.　芒(망) : 털끝. 바늘의 끝. 털끝이나 바늘의 끝은 가물가물하고 아득아득하므로 여기서는 '아득하다'로 번역했다.　芴(홀) : 빽빽하다.　職職(직직) : 꿈틀꿈틀. 꾸물꾸물.

[해설]
　하늘과 땅이 있고 그 사이에 만물이 있지만 이러한 모든 형상이 생기기 이전의 모습은 아무 것도 존재하지 않는 본래모습이다. 이러한 모습을 장자는 여기서 無爲로 표현하고 있다. 이는 형상 있는 모든 것을 호수에 떠 있는 얼음에 비유한다면 無爲인 본래모습은 물에 해당한다. 얼음은 모양을 가지고 있지만 모양이 없는 물에서 나왔다. 그리고 얼음의 본질은 여전히 물이다. 그러므로 얼음은 비록 모양을 가지고 있지만 여전히 물의 속성을 유지하고 있다.
　이렇게 생각해보면 만물은 모두 無爲에서 나왔기 때문에 無爲의 상태를 유지하고 있어야 본질에서 벗어나는 것이 아니다. 물이 형태가 없으면서 빈틈이 없이 빽빽한 것처럼, 무위의 상태 또한 형체가 없이 아득하면서도 빈틈이 없이 빽빽하다. 무위로 살아가는 사람이 있다면 그의 삶 또한 일정한 고정된 방식이 없으면서도 빈틈이 없이 이어질 것이다.


莊子妻死 惠子弔之 莊子則方箕踞 鼓盆而歌 惠子曰 與人居 長子老身 死不哭 亦足矣 又鼓盆而歌 不亦甚乎 莊子曰 不然 是其始死也 我獨何能無槩然 察其始 而本無生 非徒無生也 而本無形 非徒無形也 而本無氣 雜乎芒芴之間 變而有氣 氣變而有形 形變而有生 今又變而之死 是相與爲春秋冬夏四時行也 人且偃然寢於巨室 而我噭噭然隨而哭之 自以爲不通乎命 故止也


[국역]

　장자의 처가 죽어서 혜자가 문상을 갔다. 장자는 마침 두 다리를 뻗고 앉아 동이를 두드리며 노래를 부르고 있었다. 이를 본 혜자가 말했다. "아내와 함께 살아 자식을 키우고 함께 늙은 처지인데 이제 죽었으니 곡을 하지 않으면 될 것이지 또한 동이를 두드리며 노래를 하는 것은 너무 심하지 않는가?" 그러자 장자가 대답했다. "그렇지가 않네. 그녀가 처음 죽었을 때는 나라고 어찌 슬픈 마음이 없었겠나? 그러나 그녀의 처음을 살펴보니 본래 태어남이 없었네. 단지 태어남이 없었을 뿐만 아니라 형체도 없었네. 그저 형체가 없었을 뿐만 아니라 본래 아무 기운도 없었네. 그저 아득하고 빽빽한 태초의 상태에 섞여 있다가 변해서 기(氣)가 생기고, 기가 변해서 형체가 생겼으며, 형체가 변해서 태어남이 있게 되었다. 지금 또 변해서 죽음으로 갔으니, 이는 봄·가을·겨울·여름의 사계절이 순환하는 것과 같은 것이라네. 아내는 지금 거대한 방에 편안히 누워 있는 것이네. 그런데 내가 그를 따라다니며 시끄럽게 울고불고 한다면 나는 자연의 이치를 모르는 것이라 생각이 되었네. 그 때문에 나는 곡하는 것을 그만 두었네."

[난자풀이]
箕踞(기거) : 두 다리를 뻗고 거만하게 앉아 있는 모습.　人(인) : 이때의 人은 장자의 처를 가리킨다.　老身(로신) : 몸을 늙게 했다. 늙어왔다.　偃然(언연) : 편안한 모양. 축 늘어진 모양.　噭噭然(교교연) : 울다. 부르짖다.　噭噭然隨而哭之(교교연수이곡지) : '시끄럽게 그를 따라다니면서 운다.'는 뜻인데, 문맥을 부드럽게 하기 위해 '그를 따라다니면서 시끄럽게 운다.'로 번역했다.

[해설]
　모든 존재가 형체를 드러내기 전의 본래상태는 텅 비어

있는 것 같다. 장재는 이를 태허라고 이름 붙였다. 그러나 태허는 텅 비어 있는 것처럼 보이지만, 그러나 조금의 빈틈도 없다. 마치 형체가 없어 텅 비어 있는 것 같으나 조금도 빈틈이 없는 호수의 물과도 같다.

  태허 상태에서의 기운이 어느 시기에 모여서 응결하면 물체가 되는데 사람들은 이것을 만물이라 한다. 그러나 이 만물은 다시 때가 되면 원래의 기운으로 흩어져 돌아간다. 이를 사람들은 죽는다고 표현한다. 그러나 엄밀히 말하면 죽는 것이 아니라 원래의 모습으로 돌아가는 것이다. 이는 호수에 떠 있는 얼음이 얼었다 녹았다 하는 것과도 같고 봄·여름·가을·겨울이 순환하는 것과도 같은 것이다. 이러한 이치를 안다면 사람들은 생사의 이치를 터득할 수 있을 것이다.


**支離叔與滑介叔觀於冥伯之丘 崑崙之虛 黃帝之所休 俄而柳生其左肘 其意蹶蹶然惡之 支離叔曰 子惡之乎 滑介叔曰 亡 予何惡 生者 假借也 假之而生 生者塵垢也 死生爲晝夜 且吾與子觀化 而化及我 我又何惡焉**


[국역]

  지리숙과 골개숙이 명백의 언덕, 곤륜의 황무지에 관광을 갔었는데, 거기는 황제가 쉬고 있었던 곳이었다. 그러던 중

갑자기 골개숙의 왼쪽 팔꿈치에 혹이 생겼다. 그는 마음속으로 (그것이 죽는 병인가 하고) 께름칙하게 생각하는 듯했다. 이를 본 지리숙이 말했다. "자네는 그것을 싫어하는가?" 골개숙이 말했다. "아닐세, 내가 무엇을 싫어하겠는가? 산다는 것은 자연의 기운을 잠시 빌리고 있는 것일 뿐이네. 잠시 빌려 와서 사는 것이니, 산다는 것은 티끌이고 때이다. 죽음과 삶은 낮과 밤이지. 또한 나와 자네는 변화의 이치를 살펴 왔으니, 그 변화가 나에게 이른다 하더라도 내가 어떻게 싫어할 수 있단 말인가?"

[난자풀이]
支離叔(지리숙) : 가공의 인물.　滑介叔(골개숙) : 가공의 인물. 冥伯(명백) : 어둡고 우뚝한 산이란 뜻의 가공의 산.　崑崙之虛(곤륜지허) : 곤륜산의 텅 비어 있는 황무지.　柳(류) : 瘤와 통용되어 '혹'이라는 뜻이다.　肘(주) : 팔꿈치.　蹙蹙然(궤궤연) : 께름칙한 모양.　化(화) : 변화의 이치.

[해설]
　산다는 것은 얼음이 얼어 있는 것과 같고, 죽는다는 것은 얼음이 녹는 것과 같다. 얼음으로 존재하는 것은 잠시의 모습일 뿐이다. 녹아서 물이 되는 것은 없어지는 것이 아니라 본래의 모습으로 돌아가는 것이다. 그것은 고향으로 가는 것이다. 고향으로 가는 것은 좋은 일이고 기쁜 일이다. 슬퍼할

아무런 이유가 없다. 그러므로 사람이 죽게 되었을 때는 고향을 가는 마음으로 기쁘게 맞이하면 될 뿐이다.

그렇다고 해서 지금 바로 죽는 것은 좋지 않다. 타향에 올 때는 할 일이 있어서 온 것이기 때문에 할 일을 다 한 뒤에 돌아가야 한다. 그렇게 하는 것이 마친다는 의미의 卒이다.

莊子之楚 見空髑髏 髐然有形 撽以馬捶 因而問之曰 夫子貪生失理 而爲此乎 將子有亡國之事 斧鉞之誅 而爲此乎 將子有不善之行 愧遺父母妻子之醜 而爲此乎 將子有凍餒之患 而爲此乎 將子之春秋故及此乎 於是語卒 援髑髏 枕而臥 夜半 髑髏見夢曰 子之談者 似辯士 諸子所言 皆生人之累也 死則無此矣 子欲聞死之說乎 莊子曰然 髑髏曰 死無君於上 無臣於下 亦無四時之事 從然以天地爲春秋 雖南面王樂 不能過也 莊子不信曰 吾使司命復生子形 爲子骨肉肌膚 反子父母妻子閭里知識 子欲之乎 髑髏深矉蹙頞曰 吾安能棄南面王樂 而復爲人間之勞乎

[국역]
　장자가 초나라로 가다가 빈 해골을 보았다. 앙상한 채 형체만 남아 있었다. 장자는 말채찍으로 때리면서 물었다. "그

대는 인간의 도리를 잃고 삶을 탐하다가 이 꼴이 되었는가? 그대는 나라를 망치는 일을 저질러 도끼로 맞아 죽어 이 꼴이 되었는가? 아니면 나쁜 일을 한 그대가 부모와 처자에게 더러운 이름을 남기지 않으려고 자살하여 이 꼴이 되었는가? 그대는 춥고 배고픔을 감당하지 못해 이 꼴이 되었는가? 그것도 아니면 그대의 수명이 다해서 이 꼴이 되었는가?" 이렇게 말하고 나서 장자는 해골을 끌어다 베고 누웠다. 한밤중에 해골이 꿈에 나타나서 다음과 같이 말했다. "당신의 말투는 마치 변사 같더군. 당신이 말한 여러 말들은 모두 살아있는 사람에게 해당되는 괴로움이네. 죽으면 그러한 고통은 없어진다네. 당신은 죽음의 세계에 대한 이야기를 듣고 싶은가?" 장자가 대답했다. "그래. 들어보자꾸나." 그러자 해골이 말했다. "죽음의 세계에서는 위에 임금이 없고 아래에 신하가 없으며, 또 계절마다 따로 해야 할 일이 없다네. 편안하게 몸을 맡긴 채 천지와 함께 영원하다네. 임금자리에 앉아 임금 노릇을 한다 하더라도 이보다 더하지는 않을 걸세." 이 말을 들은 장자는 믿어지지가 않아서 물었다. "내가 생명을 관장하는 신에게 부탁하여 그대의 몸을 부활시키고 그대를 위해 뼈와 살과 피부를 만들어 그대를 부모와 처자, 고향의 친지들에게 돌아가게 해준다면 그대는 그것을 원하겠는가?" 해골은 몹시 콧날을 찌푸리며 말했다. "내가 어찌 남면하여 임금 노릇하는 것보다 더한 이 즐거움을 버리고 다시 인간 세상의 괴로움을 겪으려 하겠는가?"

[난자풀이]

髑髏(촉루) : 해골.　髐然(효연) : 해골처럼 앙상한 모습.　撽(교) : 치다. 때리다.　馬捶(마추) : 말채찍.　從然(종연) : 편안한 모양.　司命(사명) : 목숨을 관장하는 존재.　矉(빈) : 찡그리다. 찌푸리다.　蹙頞(축알) : 콧날을 찌푸리다.

[해설]

　사람들이 죽음을 싫어하는 것은 관성의 법칙인 것 같다. 관성의 법칙이란 움직이는 물체는 항상 움직이려 하고 정지해 있는 물체는 정지해 있으려 하는 것처럼 지금의 상태를 유지하려는 습성이 있음을 말한 것이다. 관성의 법칙으로 보면 살아 있는 사람은 계속 살아 있으려 하지만, 죽어 있는 사람은 계속 죽어 있으려 할 것임을 알 수 있다.


顔淵東之齊　孔子有憂色　子貢下席而問曰　小子敢問　回東之齊　夫子有憂色　何邪　孔子曰　善哉女問　昔者管子有言　丘甚善之　曰　褚小者不可以懷大　綆短者不可以汲深　夫若是者　以爲命有所成　而形有所適也　夫不可損益　吾恐回與齊侯言堯舜黃帝之道　而重以燧人神農之言　彼將內求於己而不得　不得則惑　人惑則死　且女獨不聞邪　昔者海鳥止於魯郊　魯侯御而觴之于廟　奏九韶以爲樂　具太

牢以爲膳　鳥乃眩視憂悲　不敢食一臠　不敢飮一杯　三日
而死　此以己養養鳥也　非以鳥養養鳥也　夫以鳥養養鳥者
宜栖之深林　遊之壇陸　浮之江湖　食之鰌鰷　隨行列而止
委蛇而處　彼唯人言之惡聞　奚以夫譊譊爲乎　咸池九韶之
樂　張之洞庭之野　鳥聞之而飛　獸聞之而走　魚聞之而下
入　人卒聞之　相與還而觀之　魚處水而生　人處水而死　彼
必相與異其好惡　故異也　故先聖不一其能　不同其事　名
止於實　義設於適　是之謂條達而福持

[국역]
　안연이 동쪽으로 제나라에 가게 되자, 공자는 근심스런 낯빛을 지었다. 이를 본 자공은 자리에서 내려와 물었다. "어린 제자가 감히 묻겠습니다. 안연이 동쪽으로 제나라에 가는데 선생님께서 근심스런 낯빛을 지으시니 무슨 까닭입니까?" 공자가 대답했다. "참 좋구나. 너의 질문은. 옛날 관중이 다음과 같은 말을 했는데, 나는 그것을 매우 좋게 생각했다. 그 말은 바로 '주머니가 작으면 큰 것을 담을 수 없고, 두레박의 줄이 짧으면 깊은 곳에 있는 물을 길을 수 없다'는 말이었다. 이 말은 생각하건대, '각각의 이름에는 이유가 있고 각각의 형체에는 적당한 능력이 있기 때문에 함부로 가감할 수 없다'는 뜻이다. 내가 두려워하는 것은 다른 것이 아니다. 안연이 제나라의 임금과 요순과 황제의 道을 말하고

다시 수인씨와 신농씨의 말을 거듭한다면 제나라 임금이 마음속으로 자기의 입장에서 그 말의 뜻을 이해하려 하지만 납득하지 못할 것이다. 납득하지 못하면 의심을 품게 되는 법이다. 사람이 의심을 받게 되면 죽게 된다. 너는 또 다음과 같은 이야기를 듣지 않았느냐? 옛날 바닷새가 노나라의 교외에 앉았는데, 노나라 임금이 이 새를 맞이하여 종묘에서 술을 마시게 하고, 순임금의 음악을 연주하여 귀를 즐겁게 해주며, 쇠고기·돼지고기·양고기 등을 갖추어 대접했다. 그랬더니 그 새는 눈이 아찔해져서 걱정하고 슬퍼하며 한 조각의 고기도 먹지 않고 한 잔의 술도 마시지 않은 채 3일 만에 죽었다. 그 까닭은 자기를 기르는 방식으로 새를 길렀지 새를 기르는 방식으로 새를 기르지 않았기 때문이다. 새를 기르는 방식으로 새를 기르는 것은 마땅히 깊은 숲에 살게 하고, 뜰이나 뭍에서 노닐게 하며, 강이나 호수 위에 떠다니게 하고, 미꾸라지나 피라미를 먹게 하며, 자기들끼리 무리를 이루어 느긋하고 한가하게 살도록 해야 한다. 새는 사람의 소리조차 듣기를 싫어하는데 저 시끄러운 음악을 들어서 무엇하겠는가? 함지(咸池)나 구소(九韶)와 같은 훌륭한 음악이라 하더라도 그것을 동정호 주변에서 연주했다면 새들은 그 소리를 듣고 날아갈 것이고, 짐승들은 그 소리를 듣고 달아날 것이며, 물고기들은 그 소리를 듣고 물속으로 들어갈 것이다. 사람들만 그 소리를 듣고 서로 기뻐하며 둘러싼 채 구경할 것이다. 물고기들은 물에 있어야 살지만 사람들은 물에 있으면 죽는다. 저들은 서로 어울리는 것이 다르듯이 좋아하고 싫어함도 본래 다르다. 그러므로 옛 성인은 모든 재능을 각각 다른 것으로 이해하여 모든 일을 동일하게 처리하지 않았다. 이름은 실질에 맞기만 하면 되고, 도리는 알맞게 베풀어지기만 하면 된다. 이것을 일컬어 '조목조목이 모두 자연의 이치에 통달하여 참다운 행복이 지속되는 것'이라고 하는 것이다."

[난자풀이]
褚(저) : 주머니.  綆(경) : 두레박줄.  觴(상) : 술잔을 돌리다. 술잔을 권하다.  九韶(구소) : 순임금의 음악.  太牢(태뢰) : 소·양·돼지의 고기를 갖춘 요리. 성찬.  臠(련) : 저민 고기.  栖(서) : 깃들이다.  壇陸(단육) : 뜰이나 뭍.  鰷(조) : 피라미.  委蛇(위이) : 느긋한 모양.  譊譊(뇨뇨) : 떠드는 모양.  奚以夫譊譊爲乎(해이부뇨뇨위호) : 以夫譊譊爲奚이어야 할 것이지만, 奚가 의문사이므로 앞으로 나온 것이다.

[해설]
 모든 존재는 각자의 그릇이 있고 각자의 재능이 있다. 이를 모르고 자기의 그릇이나 자기의 재능을 기준으로 남을 평가한다면 소통이 되지 못하고 오해가 일어나 심각하게 되는 경우도 있다. 새나 짐승도 사람의 방식으로 기르면 제대로 되지 않는다. 그러므로 자기의 방식으로 판단하여 남을

바꾸려 하는 것은 되지도 않을뿐더러 위험하기까지 하다.

　모든 것이 각각의 타고난 본성을 다하여 전체적으로 조화를 이루는 상태가 최선의 상태다.


列子行食於道　從見百歲髑髏　攓蓬而指之曰　唯予與女知而未嘗死　未嘗生也　若果養乎　予果歡乎　種有幾　得水則爲繼　得水土之際　則爲䵷蠙之衣　生於陵屯　則爲陵舃　陵舃得鬱棲　則爲烏足　烏足之根爲蠐螬　其葉爲胡蝶　胡蝶胥也化而爲蟲　生於竈下　其狀若脫　其名爲鴝掇　鴝掇千日爲鳥　其名爲乾餘骨　乾餘骨之沫爲斯彌　斯彌爲食醯頤輅生乎食醯　黃軦生乎九猷　瞀芮生乎腐蠸　羊奚比乎不筍　久竹生靑寧　靑寧生程　程生馬　馬生人　人又反入於機　萬物皆出於機　皆入於機


[국역]

　열자가 길에서 식사를 하다가, 백 년 묵은 해골을 보고는, 쑥을 뽑아 그것을 가리키며 말했다. "오직 나와 자네만이 자네가 일찍이 죽지 않았고, 일찍이 살지 않았다는 것을 알고 있네. 그러니 자네는 과연 근심하겠는가. 나는 과연 기뻐하겠는가. 생명의 본질에는 (실체가 있는 것이 아니라) 계기만이 있을 뿐이다. 물을 만나면 계라는 수초가 되기도 하고,

물과 흙이 만나는 곳에서는 개구리와 조개의 옷인 이끼가 되기도 하며, 언덕 위에서 생겨나면 질경이가 되기도 한다. 질경이가 거름더미에 살면 바곳이 되기도 하는데, 바곳의 뿌리는 나무굼벵이가 되기도 하고, 잎은 나비가 되기도 한다. 나비가 금방 화해서 벌레가 되어 부뚜막 아래에 살면, 그 모양이 곤충의 허물 같은데, 그 이름을 귀뚜라미라 한다. 귀뚜라미는 천 일이 되면 새가 되기도 하는데, 그 이름을 비둘기라 하네. 비둘기의 침은 쌀벌레가 되기도 하고 쌀벌레는 눈에놀이가 되기도 한다. 이로라는 벌레는 눈에놀이에서 생기기도 하고, 황황이라는 벌레는 구유에서 생기기도 하며, 무예라는 벌레는 부관에서 생기기도 하네. 양해라는 풀은 죽순이 되기도 하고, 늙은 대는 청영이 되기도 하고, 청영은 정이 되기도 하고, 정은 말이 되기도 하고, 말은 사람이 되기도 한다. 그리고 사람은 또 다시 인연의 수레바퀴로 들어간다. 만물은 모두 인연의 수레바퀴에서 나오고 인연의 수레바퀴로 들어간다."

[난자풀이]
從見(종견) : 뒤이어서 보다. 밥을 먹다가 뒤이어 옆에 있는 해골을 우연히 보았다는 뜻이다. 髑髏(촉루) : 해골. 攓(건) : 취하다. 손에 잡다. 而(이) : 너. 자네. 若(약) : 너. 자네. 養(양) : 恙과 통용되어 '근심한다'는 뜻이 된다. 種(종) : 씨. 근본. 원인. 본질. 幾(기) : 기미. 조짐. 계기. 훗날 불교에서 말하는 '인

연'이 이에 속한다. 繼(계) : 앞뒤의 문맥으로 보아 물풀의 일종으로 보는 것이 좋을 듯하다. 蠙(빈) : 조개. 진주조개. 陵屯(릉둔) : 언덕 위의 평평한 곳. 屯은 멈추는 것이므로 陵屯은 머물 수 있는 평평한 언덕으로 볼 수 있다. 陵舃(릉석) : 학자에 따라 여러 가지 설이 있으나 여기서는 질경이로 보는 것이 무난할 것으로 보인다. 鬱棲(울서) : 여러 설을 참조하여 여기서는 '거름더미에서 사는 것'으로 보았다. 烏足(오족) : 여러 설들을 참조하여 여기서는 바곳으로 번역했다. 바곳은 뿌리에 독이 있어 마취제로 쓰인다. 바로 附子라고도 한다. 蠐螬(제조) : 굼벵이. 胥也(서야) : 여러 설들을 참조하여 '빠르다'는 뜻으로 번역했다. 금방. 脫(탈) : 곤충의 허물. 鴝掇(구철) : 역시 여러 설들이 있다. 여기서는 '귀뚜라미의 일종'으로 번역했다. 부뚜막의 틈새에 있는 귀뚜라미는 곤충의 허물처럼 허옇게 보인다. 乾餘骨(건여골) : 여러 설들을 참조하여 비둘기로 번역했다. 沫(말) : 거품. 침. 斯彌(사미) : 여러 설들을 참조하여 '쌀벌레'로 번역했다. 食醯(식혜) : 여러 설들을 참조하여 벌레의 일종인 '눈에놀이'로 번역했다. 頤輅(이로) : 여러 설들을 참조하여 여기서는 '벌레의 일종'으로 보았다. 黃軦(황황) : 역시 '벌레이름'으로 보았다. 九猷(구유) : 역시 벌레의 일종으로 보인다. 瞀芮(무예) : 역시 벌레의 일종으로 보인다. 腐蠸(부권) : 벌레의 일종. 노린재. 羊奚(양해) : 풀의 일종. 比(비) : 化의 오자로 보는 것이 문맥이 부드럽다. 不箰(불순) : 죽순. 不은 다른 글자의 오자로 보인다. 久竹(구죽) : 낡은 대. 靑

寧(청녕) : 역시 벌레의 일종으로 보인다.   程(정) : 벌레로 보는 설도 있고, 짐승으로 보는 설도 있다.   機(기) : 틀. 기계. 모든 존재를 인연에 따라 모였다 없어졌다 하도록 이끌고 가는 기계. 여기서는 알기 쉽게 '인연의 수레바퀴'로 번역했다. 이 세상의 모든 존재를 인연법으로 끌고 가는 거대한 인연의 수레바퀴로 이해하면 될 것이다.

[해설]
　생명의 본질에는 어떤 실체가 있는 것이 아니다. 얼음이 물에서 얼었다 녹았다 하듯이 천지의 기운이 인연에 따라 모였다 흩어졌다 할 뿐이다. 녹아서 천지의 기로 돌아갔다가 또 인연에 따라 모이면 또 어떤 모양이 되어 나타나기도 하지만, 그것이 어떤 모양일지는 예측할 수 없다. 마치 얼음이 녹아 물이 되었다가 다시 얼음이 될 때 어떤 모양의 얼음이 될지 알 수 없는 것과 같다.
　그러나 모양을 가진 어떤 존재도 그것이 실체는 아니다. 인연에 따라 변화하는 과정에 있는 것일 뿐이다.

# 19. 達 生

　　인간은 의식을 가지고 갖가지 꾀를 만들어 문명을 발달시켰지만, 반면에 의식이 발달하기 전에 가지고 있었던 신비의 능력을 상실했다. 그리고 그런 능력을 상실한 데서 인간은 많은 고통을 짊어지게 되었다. 이를 해결하는 방법은 인간이 원래 가지고 있었던 신비의 능력을 도로 찾으면 되는데 그것은 인간의 의식을 초월할 때 가능하다 이 편에서는 이러한 사실을 잘 말해주고 있다.

達生之情者 不務生之所無以爲 達命之情者 不務命之所無奈何 養形必先之物 物有餘而形不養者有之矣 有生必先無離形 形不離而生亡者有之矣 生之來不能却 其去不能止 悲夫 世之人以爲養形足以存生 而養形果不足以存生 則世奚足爲哉 雖不足爲而不可不爲者 其爲不免矣

[국역]

　삶의 실상에 통달한 자는 어찌할 수 없는 삶의 내용에 대해서는 벗어나려 하지 않고, 명의 실상에 통달한 자는 어찌할 수 없는 명의 내용에 대해서는 바꾸려 하지 않는다. 몸을 보양하기 위해서는 반드시 먼저 물질이 있어야 하지만, 물질이 남아돌아도 몸을 보양하지 못하는 경우도 있다. 생명을 유지하기 위해서는 반드시 먼저 몸을 가지고 있어야 하지만, 몸을 가지고 있어도 생명이 없어지는 경우도 있다. 명이 있어 오는 경우에는 막을 수 없고, 명이 다해 가는 경우에는 붙들 수 없으니, 슬프다! 세상 사람들은 몸만 보양하면 생명을 계속 보존할 수 있다고 생각하는구나. 그런데 몸을 보양하는 것만으로는 결국 생명을 보존할 수 없는 것이라면 세상에서 무엇을 해야 할 것인가. 비록 해야 하는 의미를 찾을 수 없으면서도 하지 않으면 안 된다면 허물을 짓지 않을 수 없을 것이다.

[난자풀이]

情(정) : 실상.　不務(불무) : 힘쓰지 않는다. 벗어나려 하거나 바꾸려는 노력 등을 하지 않는 것을 말한다.　生之所無以爲(생지소무이위) : 삶의 내용 중에서 어떻게 할 수 없는 것. 즉, 어찌할 수 없는 삶의 내용이 된다.　無奈何(무내하) : 어찌할 수 없다.

[해설]

일반적으로 사람의 삶은 생로병사로 이어진다. 이러한 삶의 과정에서 사람은 벗어날 수 없다. 또 남자나 여자로 태어나는 것, 또는 동양인 또는 서양인으로 태어나는 것 등은 바꿀 수 없는 명이다. 그러므로 늙거나 죽지 않기 위해 불로초를 구하고 불사약을 만드는 것은 부질없는 일이다. 또 동양인과 서양인을 비교하고 남녀를 비교하여 따지는 것 또한 부질없는 일이다.

사람들은 돈으로 몸을 가꾸고 몸으로 생명을 유지한다. 그러나 돈이 아무리 많아도 건강을 잃으면 몸을 보존하지 못하고, 몸을 아무리 잘 보존해도 명이 다할 때는 생명을 유지할 수 없다. 그런데 세상 사람들은 돈만 있으면 건강을 보존할 수 있고 건강한 몸만 보존하면 생명을 계속 보존할 수 있다고 착각한다. 그러나 사실은 돈이 아무리 많아도 또 아무리 몸을 잘 가꾸어도 잠시 지나고 나면 결국 죽을 수밖에 없다.

어차피 잠시 살다 가는 허무한 인생이라면 참으로 의미 있는 삶이란 있을 수 없다. 삶의 의미를 찾을 수 없고, 죽어야 할 이유도 없는 상황에서는 당장 하지 않으면 안 되는 것이 없지만, 그렇다고 아무 것도 하지 않을 수는 없다. 무엇인가 해야 하지만 해야 할 의미를 찾지 못하는 경우에는 또한 세속의 사람들과 다른 의미의 고통이 따른다. 이 또한 문제 있는 삶이 되고 만다.

이러한 문제는 '나'라는 개념을 버리고 자연이 될 때 비로소 해결된다.


夫欲免爲形者 莫如棄世 棄世則無累 無累則正平 正平則與彼更生 更生則幾矣 事奚足棄而生奚足遺 棄事則形不勞 遺生則精不虧 夫形全精復 與天爲一 天地者 萬物之父母也 合則成體 散則成始 形精不虧 是謂能移 精而又精 反以相天

[국역]

몸을 가꾸는 것에서 벗어나고자 한다면 세상을 버리는 것보다 더 좋은 것이 없다. 세상을 버리면 얽매일 것이 없다. 얽매임이 없으면 바르고 공평해진다. 바르고 공평해지면 남과 어울리면서 다시 살게 된다. 다시 살게 되면 근사하다.

일을 어찌 버릴 수 있으며, 삶을 어찌 버릴 수 있겠는가? 일을 포기하면 몸이 수고롭지 않고, 삶을 버리면 정신이 일그러지지 않는다. 몸이 온전하고 정신이 회복되면 하늘과 하나가 된다. 하늘과 땅은 만물의 부모이다. 하늘과 땅의 기운이 합쳐지면 만물의 몸을 이루고 흩어지면 처음으로 돌아간다. 형체와 정신이 일그러지지 않는다면 이를 천지와 함께 움직이는 것이라 한다. 정밀하고 또 정밀하게 되면 도리어 하늘을 돕는다.

[난자풀이]
爲(위) : 가꾸다. 다스리다.　累(누) : 얽매이다.　能移(능이) : 움직일 수 있다. 즉, 천지자연과 하나가 되어 제대로 움직이는 것을 말한다.

[해설]
　몸을 가꾸려는 생각은 대체로 세상에서 무엇인가를 하려고 하기 때문에 일어난다. 그러므로 세상에서 무엇인가를 하려는 생각을 버리면 몸을 가꾸려는 생각에서 벗어날 수 있다.
　사람의 몸은 원래 자연이었고 자연으로 가꾸어져 가고 있다. 그런데 사람이 '나'라는 개념을 가지고 나서부터는 세상에서 남과 경쟁하려 하고, 또 경쟁에 이기기 위해 자기의 몸을 가꾸려 한다. 그러나 그럴수록 자연에서 벗어나기 때문에 오히려 몸을 망가뜨리고 만다. '나'라는 개념을 버리고 남과 경쟁하려는 생각을 버릴 때 바르고 공평한 자연의 상태로 돌아가는 것이다.

 욕심을 가지고 남과 경쟁하는 삶은 가짜의 삶이므로 살아도 사는 것이 아니다. 그러나 자연의 상태로 돌아가 남과 하나가 될 때 비로소 참된 삶이 다시 시작되는 것이다.

 욕심으로 사는 사람은 진리를 찾기 위해 노력해야 하고 그러기 위해서는 하늘의 도움을 받아야 한다. 그러나 진리를 찾아서 하늘과 하나가 된 사람은 자기가 하는 일이 곧 하늘의 일이 된다. 사람들은 하늘의 일을 잘 파악하기 어렵다. 그러므로 오직 하늘의 일을 하는 성인을 통해서 하늘의 일을 알고 따를 수 있다. 이러한 점에서 보면 성인은 하늘의 일을 대신하는 사람임을 알 수 있다. 그의 삶은 하늘을 돕는 삶인 것이다.

子列子問關尹 曰至人潛行不窒 蹈火不熱 行乎萬物之上而不慄 請問何以至於此 關尹曰 是純氣之守也 非知巧果敢之列 居 予語汝 凡有貌象聲色者 皆物也 物何以相遠 夫奚足以至乎先 是色而已 則物之造乎不形 而止乎無所化 夫得是而窮之者 物焉得而止焉 彼將處乎不淫之度 而藏乎無端之紀 遊乎萬物之所終始 壹其性 養其氣 合其德 以通乎物之所造 夫若是者 其天守全 其神無郤

物奚自入焉 夫醉者之墜車 雖疾不死 骨節與人同 而犯害與人異 其神全也 乘亦不知也 墜亦不知也 死生驚懼不入乎其胷中 是故遌物而不慴 彼得全於酒 而猶若是 而況得全於天乎 聖人藏於天 故莫之能傷也 復讐者不折鏌干 雖有忮心者不怨飄瓦 是以天下平均 故無攻戰之亂 無殺戮之刑者 由此道也 不開人之天 而開天之天 開天者德生 開人者賊生 不厭其天 不忽於人 民幾乎以其眞

[국역]

  열자가 관윤에게 물었다. "최고의 사람은 물속을 다녀도 숨이 차지 않고 불을 밟아도 뜨겁지 않으며, 만물의 위를 다녀도 떨리지 않는다고 합니다만, 어떻게 그런 경지에 이를 수 있는지 묻고 싶습니다." 관윤이 말했다. "이는 순수한 기운을 지키고 있기 때문이지, 꾀나 기교, 용기 따위로 되는 것이 아니야. 그대로 있게. 내 자네에게 말해주겠네. 무릇 모양과 인상과 소리와 색깔이 있는 것은 모두 물질이지. 어차피 물질이라면 무엇을 가지고 더 낫다고 하겠는가? 무엇으로 다른 것보다 앞서는 경지에 도달할 수 있겠는가? 어차피 색의 차원일 뿐이지. 물체가 형체로 나타나지 않는 차원에 나아가 바뀜이 없는 세계에서 머무는 경지를 얻어, 그것을 끝까지 지키고 있다면 다른 것이 어찌 막을 수 있겠는가! 그는 넘치지 않고 정도에 맞게 움직이며 무한한 도리를 머금은 채 만물의 본질에서 유유히 노닐며, 자기의 본성을 한결같이 유지하고, 자기 본래의 기운을 잘 브양하여 천지자연의 움직임과 하나가 되어, 만물이 생겨나는 조화의 근원과 통하고 있다네. 그러한 자는 그 천성을 온전하게 지키고, 그 정신에 빈틈이 없으니 다른 것이 어찌 끼어 들 수 있겠는가! 술 취한 자가 수레에서 떨어지면 비록 다치기는 해도 죽지는 않는 법이지. 뼈마디가 남과 같지만 다치는 것이 남과 다른 까닭은 그 정신 상태가 온전했기 때문이라네. 수레를 타고 있다는 사실도 모르고 떨어진다는 사실도 모르지. 죽음과 삶, 놀라움과 두려움이 그 마음속에 들어가지 않으니까 어떤 일을 당해도 두렵지가 않은 것이지. 그가 술로 온전한 상태를 얻어도 이와 같은데, 하물며 하늘의 상태로 온전함을 얻었다면 어떠하겠는가! 성인은 하늘의 상태를 보존하고 있기 때문에 아무도 그를 해칠 수 없다네. 원수를 갚는 자도 원수가 가진 막야나 간장 같은 명검까지 꺾어버리지는 않고, 비록 성질이 사나운 자라도 바람에 저절로 떨어지는 기왓장을 원망하지는 않는 법이지. 그렇게 되면 천하가 평화롭고 고르게 될 걸세. 그러므로 공격하고 싸우는 어지러움이 없고 살육하는 형벌이 없는 것은 이러한 진리 때문이라네. 사람의 하늘로 인도하지 말고 하늘의 하늘로 인도해야 하네. 하늘의 차원으로 인도하면 은혜로운 마음이 생기지만, 사람의 차원으로 인도하면 해치는 마음이 생기지. 하늘의 차원을 싫어하지 않고 사람의 차원에서도 함부로 하지 않아야 백성들은 진실함을 가지고 근사해질 것이네."

[난자풀이]

子列子(자열자) : 열자를 높여서 부르는 말.　關尹(관윤) : 옛 현인. 노자가 은둔하기 위해 관문을 통과할 때 관문을 지키던 尹喜라는 사람이 노자에게 강력하게 부탁하여 『노자』라는 책의 내용을 구술했다는 사실이 『사기』 노자열전에 전한다. 여기 나오는 關尹이라는 인물은 아마도 尹喜일 것이다.　窒(질) : 숨이 막히다. 숨이 차다.　列(열) : 여기서는 '따위' '종류' 등의 뜻이다.　遠(원) : 더 낫다.　無端之紀(무단지기) : 얼었다 녹았다 끝없이 되풀이되는 물처럼, 모였다 흩어졌다 끝없이 되풀이되는 자연의 본질을 말한다.　迕(오) : 遻와 같은 글자. '만나다' '부딪히다' 등의 뜻. 여기서는 어떠한 상황에 처하는 것을 말한다.　慴(습) : 두려워하다.　鏌干(막간) : 鏌鋣와 干將. 『오월춘추』에 의하면, 오왕 闔閭가 干將을 시켜 칼을 만들게 했더니, 두 자루의 칼이 만들어졌는데, 하나가 干將이고 다른 하나가 鏌鋣이다. 鏌鋣는 干將의 아내 이름이라고 한다.　忮(기) : 해치다. 거역하다. 거스르다.　飄瓦(표와) : 회오리바람에 저절로 떨어지는 기와.　形(형) : 刑과 통용되어 '형벌'이란 뜻이 된다.

[해설]

얼음이 모양을 가진 덩어리의 차원에서 존재한다면 얼음이 녹아 없어지는 것은 자기가 없어지는 것이므로 슬픈 것이다. 그러나 얼음의 본질인 물의 차원에서 존재한다면 얼음 덩어리가 녹아도 바뀌는 것이 아니다. 이와 마찬가지로 사람이 생명의 본질에서 머물러 있으면 어떠한 변화에도 영향을 받지 않을 수 있다. 형체로 나타나지 않는 차원이나 바뀜이 없는 세계란 바로 생명의 본질을 말한다. 생명의 본질에서 존재하는 사람은 남과 경쟁하는 삶을 살지 않는다. 그러한 사람의 움직임은 무위자연이다. 조금도 넘치지 않고 정도에 맞다. 그러면서도 천지자연의 움직임과 하나가 되어 움직인다.

술 취한 자는 의식이 정지됨으로써 '나'라는 개념을 초월한 자다. 그러한 자는 수레에서 떨어져도 잘 죽지 않는다. 그는 수레를 타고 있다는 사실도 의식하지 않고 떨어진다는 사실도 의식하지 않는다. 인간의 의식이 작동하지 않으면 하늘에서 타고난 생명력이 작동한다. 그래서 최대한 다치지 않는 방향으로 떨어진다.

사람들이 본래의 상태로 돌아가기만 하면 남과의 갈등이 없어진다. 원수를 갚는 사람도 원수가 가진 칼은 미워하지 않는다. 거기에 감정이 개입되지 않기 때문이다. 사람을 포함한 모든 것에 감정이 개입되지 않는다면 천하가 평화롭고 고르게 될 것이다.

하늘이 중요하고 자연이 중요하다고 말하는 사람들의 '하늘'과 '자연'의 개념 중에는 진짜 '하늘'과 '자연'의 개념이 아니라 자기의 의식 속에서 생각하는 '하늘'과 '자연'을 말하는 경우가 많다. 그러한 '하늘'과 '자연'을 중시하는 것은 잘못이다. 이를 잘 분별하지 않으면 안 된다. 이를 여기서는 '사람의 하늘'로 표현했다. '사람의 하늘'은 사람의 차원이다. 이러한 것이 이른바 우상이다. 하늘의 차원에 있는 사람은 사람의 차원에서 있는 사람도 포용한다. 그렇게 하는 것이 진정한 하늘의 차원이다.


仲尼適楚 出於林中 見痀僂者承蜩 猶掇之也 仲尼曰 子巧乎 有道邪 曰 我有道也 五六月累丸二而不墜 則失者錙銖 累三而不墜 則失者十一 累五而不墜 猶掇之也 吾處身也 若橛株枸 吾執臂也 若槁木之枝 雖天地之大 萬物之多 而唯蜩翼之知 吾不反不側 不以萬物易蜩之翼 何爲而不得 孔子顧謂弟子曰 用志不分 乃凝於神 其痀僂丈人之謂乎


[국역]

　공자가 초나라로 가는 길에 숲 속을 빠져나가는데 한 꼽추가 매미를 줍듯이 잡는 것을 보았다. 그것을 기이하게 생각한 공자는 그에게 물었다. "당신은 교묘한 재주가 있군요. 특이한 방법이 있는 것인가요?" 꼽추가 대답했다. "나에게는 한 가지 방법이 있습니다. 대여섯 달 동안 공 두 개를 포개 놓는 연습을 하여 떨어지지 않게 되면 매미 잡는 것에 실패

하는 일이 거의 없습니다. 세 개를 포개어도 떨어지지 않게 되면 놓치는 매미는 열에 한 마리밖에 안됩니다. 다섯 개를 포개어도 떨어지지 않게 되면 매미를 줍는 것처럼 잡게 되지요. 나의 몸가짐은 말뚝이나 나무 그루터기 같고 나의 팔 놀림은 마른나무의 가지처럼 되지요. 천지가 아무리 크고 만물이 아무리 많아도 나는 (아랑곳하지 않고) 오직 매미의 날개만을 의식합니다. 나는 몸을 비틀지도 않고 뒤틀지도 않은 채 아무리 중요한 것이 있어도 매미의 날개와 바꾸지 않습니다. 그러니 어찌 잡지 못하겠습니까?" 이 말을 들은 공자는 제자들을 돌아보며 말했다. "뜻을 분산시키지 않으면 그 기술이 신의 경지에 이른다고 하는데 아마도 저 꼽추 노인을 두고 하는 말인가 보다."

[난자풀이]
痀僂(구루) : 곱사등이. 꼽추. 承蜩(승조) : 매미를 잡다. 매미를 줍다. 承은 拯(승)과 통용되어 '건져 올리다' '들다' 등의 뜻이 된다. 掇(철) : 줍다. 累(누) : 포개다. 쌓다. 丸(환) : 공. 錙銖(치수) : 저울의 눈. 아주 작은 무게의 단위. 전하여 아주 적다는 것을 나타냄. 橛(궐) : 말뚝. 그루터기. 拘(구) : 잡다. 붙잡다. 체포하다. 不反不側(불반불측) : 비틀지도 않고 뒤틀지도 않는 것. 凝(응) : 응집되다. 엉키다. 여기서는 기술이 응집된다는 뜻이다.

[해설]

　精神一到何事不成이라는 말이 있다. 정신이 집중하면 안 되는 일이 없다는 뜻이다.


顔淵問仲尼曰　吾嘗濟乎觴深之淵　津人操舟若神　吾問焉
曰　操舟可學邪　曰　可　善游者數能　若乃夫沒人　則未嘗
見舟而便操之也　吾問焉而不吾告　敢問何謂也　仲尼曰
善游者數能　忘水也　若乃夫沒人之未嘗見舟而便操之也
彼視淵若陵　視舟之覆猶其車却也　覆却萬方陳乎前　而不
得入其舍　惡往而不暇　以瓦注者巧　以鉤注者憚　以黃金
注者殙　其巧一也　而有所矜　則重外也　凡外重者內拙


[국역]

　안연이 공자에게 여쭈었다. "저는 전에 상심(觴深)이라는 못을 건넌 적이 있는데, 그때 뱃사공의 배 젓는 솜씨가 신기에 가까웠습니다. 그래서 제가 그에게, '배 젓는 기술을 배울 수가 있습니까?' 하고 물었더니, '있습니다. 헤엄을 잘 치는 자라면 바로 잘할 수 있습니다. 잠수를 잘하는 자는 배를 본 일이 없어도 바로 저을 수 있게 됩니다.'라고 대답하고는 제가 그 이유를 물어도 더 이상은 대답을 해 주지 않았습니다. 왜 그랬는지 가르쳐 주십시오." 공자가 대답했다. "헤엄을 잘

치는 자가 금방 배를 저을 수 있게 되는 까닭은 물에 대한 두려움이 없기 때문이다. 잠수를 잘 하는 자가 배를 본 일이 없어도 바로 저을 수 있게 되는 까닭은, 그가 못을 언덕처럼 여기며 배가 뒤집히는 것을 수레가 언덕에서 뒷걸음질 치는 정도로 여기기 때문이다. 뒤집히고 뒷걸음치는 등 온갖 위험이 눈앞에 펼쳐져도 그의 마음은 아랑곳하지 않을 것이다. 그렇게 되면 어디를 가더라도 여유롭지 않겠는가. 항아리를 상품으로 걸고 활쏘기 시합을 하면 명중률이 높다. 그러나 은제품을 상품으로 걸고 활쏘기 시합을 하면 마음에 걸리는 것이 있어 명중률이 떨어진다. 또 황금을 상품으로 걸고 활쏘기 시합을 하면 마음이 혼미해져 명중률이 현저하게 떨어진다. 같은 솜씨이지만 이처럼 차이가 나는 까닭은 욕심이 있어 외물에 마음을 빼앗기기 때문이다. 외물을 중시하면 마음속이 옹졸해지는 법이다."

[난자풀이]
濟(제) : 건너다. 건지다. 성공하다. 증원하다.　觴深(상심) : 송나라에 있는 호수 이름.　津人(진인) : 나루지기. 뱃사공.　操舟(조주) : 배를 잡다. 배를 젓다.　數能(삭능) : 바로 잘하게 된다. 금방 잘하게 된다. 數가 '자주' '바로' 등의 뜻으로 쓰일 때는 음이 '삭'이다.　忘水(망수) : 물이라는 사실을 잊어버리다. 물을 의식하지 않는다.　沒人(몰인) : 물속에 잠수하는 사람.　便(변) : 문득. 곧.　覆却萬方(복각만방) : 전복되거나 물러나는 것

의 수많은 모습들.  舍(사) : 집. 깃드는 곳. 여기서는 모든 생각이 깃드는 장소인 '마음'을 지칭한다.  注(주) : 원래 '물을 댄다'는 뜻인데, 여기서는 射와 같은 뜻으로 '쏜다'는 뜻이다. 鉤(구) : 갈고리. 띠쇠. 당시 고급 띠쇠는 은으로 만들었으므로, 여기서는 은으로 만든 고급 띠쇠로 해석하는 것이 좋을 것이다.  憚(탄) : 꺼리다. 마음에 걸리다.  殙(혼) : 어리석다. 어둡다. 혼미하다.  矜(긍) : 아끼다. 탐내다.

[해설]

　무엇을 할 때 두려움을 느끼면 제대로 해내지 못한다. 스키나 썰매를 잘 타다가도 두려움을 느끼게 되면 넘어진다. 그 이유는 무엇일까? 두려움을 느끼면 그 감정이 본래의 능력이 발휘되는 것을 차단하기 때문에 능력이 발휘되지 않는 것이다. 두려움뿐만이 아니라 인간의 의식에서 나오는 모든 감정은 다 본래의 능력이 발휘되는 것을 차단한다.


田開之見周威公　威公曰　吾聞祝腎學生　吾子與祝腎遊亦何聞焉　田開之曰　開之操拔篲以侍門庭　亦何聞於夫子威公曰　田子無讓　寡人願聞之　開之曰　聞之夫子曰　善養生者　若牧羊然　視其後者而鞭之　威公曰　何謂也　田開之曰　魯有單豹者　巖居而水飮　不與民共利　行年七十而猶有嬰兒之色　不幸遇餓虎　餓虎殺而食之　有張毅者　高門

縣薄 無不走也 行年四十而有內熱之病以死 豹養其內而
虎食其外 毅養其外而病攻其內 此二子者 皆不鞭其後者也

[국역]

　　전개지라는 사람이 주나라의 임금인 위공을 만났더니, 위공이 그에게 물었다. "내가 듣기에 축신은 양생의 도를 배웠다는데, 그대는 축신의 문하에서 배우고 있었으니, 무슨 들은 것이 있는지요?" 전개지가 말했다. "저는 빗자루를 들고 문이나 뜰만을 쓸고 있었으므로 스승에게서 무엇을 들었겠습니까?" 위공이 말했다. "그대는 사양하지 말고 말해 주시오. 과인은 꼭 듣고 싶소." 그러자 전개지가 말했다. "저는 스승으로부터 다음과 같은 말을 들었습니다. '양생을 잘 하는 자는 양떼를 칠 때처럼 하는 것이니, 뒤쳐지는 양을 보고 채찍질한다.' 하더이다." 말뜻을 알아듣지 못한 위공이 다시 물었다. "무슨 뜻인가?" 전개지가 다시 말했다. "노나라에 선표라는 사람이 있었습니다. 그는 바위굴에 거처하고 골짜기물을 마시며 세속의 사람들과 이익을 다투지 않았기 때문에 나이 칠십이 되었어도 갓난애 같은 얼굴빛을 하고 있었습니다. 그러나 불행하게도 굶주린 범을 만나 잡아먹히고 말았습니다. 또 장의라는 자가 있었습니다. 높은 대문이 있거나 발을 드리운 부잣집을 다 찾아다녔는데, 나이 사십에 열병에 걸려 죽고 말았습니다. 선표는 속에 있는 기운을 길렀으나 밖에 있는 몸을 범에게 먹혔고, 장의는 밖의 몸을 길렀으나 속의 기운이 병에게 당하고 말았습니다. 이 두 사람은 모두 그 뒤쳐지는 것에 대해서 채찍질을 하지 못한 것입니다."

[난자풀이]
田開之(전개지) : 『呂氏春秋』 先識覽에 周의 威公이 「나라의 점잖은 자를 구하여 義蒔, 田邑을 얻어 그들에게 예우했다」는 기록이 있는데, 田開之는 아마 田邑으로 생각된다.(赤塚 忠의 『장자』 참조)  祝腎(축신) : 田開之의 스승. 腎은 賢의 오자라는 설도 있다. 祝은 祝官을 지낸 데서 붙여진 姓인 듯하다.  學生(학생) : 양생법을 배우다.  吾子與祝腎遊(오자여축신유) : 그대가 축신과 어울렸다는 말은 그대가 축신에게서 배웠다는 말이다. 遊는 주로 배우는 경우에 많이 쓰는 말이다.  拔篲(발수) : 빗자루.

[해설]
  양생을 잘하는 사람은 몸의 기운과 외형을 골고루 다스린다. 몸은 기운이 실해야 건강하게 보존되고, 남과 잘 어울려야 경쟁사회에서 살 수 있다. 건강은 한데 경쟁사회에서 뒤쳐져도 안 되고, 경쟁사회에서 잘 어울리지만, 건강을 잃어서도 안 된다. 이 둘이 균형을 이루어야 한다.


仲尼曰 無入而藏 無出而陽 柴立其中央 三者若得

其名必極

[국역]

　공자는 말했다. "속으로 들어가 속에 있는 기운을 저장하기만 해도 안 되고, 밖으로 나와 바깥을 다스리기만 해도 안 된다. 무심히 그 가운데에 서 있어야 한다. 이 세 가지가 만약 터득된다면 그 이름은 반드시 극에 달할 것이다."

[난자풀이]
入而藏(입이장) : 몸 속에 들어가 몸의 기운을 잘 저장함. 出而陽(출이양) : 몸 밖으로 나와 남과 어울림. 柴(시) : 섶. 柴立(시립) : 나무처럼 무심히 서 있음. 其名必極(기명필극) : 그 이름이 반드시 극에 달하다. 반드시 지극한 사람이라는 이름을 얻게 될 것이다.

[해설]
　몸의 기운을 잘 저장하는 사람은 선표 같은 사람이고, 외형을 잘 다스리는 사람은 장의 같은 사람이다.


夫畏塗者　十殺一人　則父子兄弟相戒也　必盛卒徒而後敢出焉　不亦知乎　人之所取畏者　袵席之上　飮食之間　而不知爲之戒者　過也

[국역]
   저 험난한 도로에서 열 명 중 하나가 죽게 된다면 부자형제가 서로 경계하며 반드시 호위해 줄 하인을 많이 거느린 뒤에야 밖에 나갈 것이니, 또한 지혜롭지 아니한가! 그러나 사람이 막상 두려워해야 할 일은 잠자리 위에서와 음식을 먹을 때 일어난다. 그런데도 그런 것을 경계할 줄을 모르니 어리석다.

[난자풀이]
盛(성) : 담다. 채우다. 여기서는 '많이 거느리다'로 해석하는 것이 좋다.   衽席(임석) : 요 자리. 이부자리. 잠자리. 성적인 것을 말함.

[해설]
   사람의 욕구 중에서 가장 근본적인 욕구는 식욕과 성욕이다. 이 둘은 사람의 삶에 가장 중요한 부분이기 때문이다. 식욕은 자기의 몸을 살리는 수단이고, 성욕은 자손을 이어 삶을 연장하는 것이기 때문이다. 그러므로 자연의 생명력은 이 두 가지에 대해서 강력한 욕구를 부여하였다. 그런데 사람은 그것이 삶을 위해서 주어진 것인 줄 모르고 그 욕구에 끌려 과도하게 추구함으로써 오히려 삶을 해치고 많다. 병이 생기는 원인은 스트레스를 제외한다면 거의 過食과 過淫에서 비롯된다.

祝宗人玄端以臨牢筴　說彘曰　汝奚惡死　吾將三月豢汝十日戒　三日齊　藉白茅　加汝肩尻乎彫俎之上　則汝爲之乎　爲彘謀曰　不如食以糠糟而錯之牢筴之中　自爲謀　則苟生有軒冕之尊　死得於腞楯之上　聚僂之中則爲之　爲彘謀則去之　自爲謀則取之　所異彘者何也

[국역]

　　제사를 주관하는 축관이 예복을 입고 돼지우리에 가서 돼지에게 말했다. "네가 왜 죽음을 싫어하는가? 내가 석 달 동안 너를 키우고 열흘 동안 몸과 마음을 정결히 하며, 사흘 동안 부정한 일을 멀리하고서 흰 띠로 만든 자리를 깔고 너를 요리하여 너의 어깨며 꽁무니 살을 고귀한 제기 위에 올려놓을 것이니 너는 그렇게 되고 싶겠지?" 그러나 돼지를 위해서 생각한다면 '겨나 술지게미를 먹더라도 돼지우리에 있는 것이 낫다'고 할 것이다. 그런데 사람은 자신을 위해서 생각할 때는 구차하게도 살아서는 높은 벼슬자리에 있고 죽어서는 화려한 상여에 실려 잘 치장된 관에 들어가기 위해 노력한다. 돼지의 입장에서 생각할 때는 그런 것을 물리치면서 정작 자신의 입장에서 생각할 때는 그런 것을 추구하고 있으니, 돼지의 경우와 다를 게 무엇일까?

[난자풀이]

祝宗人(축종인) : 축관 중의 으뜸인 사람. 제사를 주관하는 사람.  玄端(현단) : 모자와 옷. 예복.  牢筴(뢰책) : 돼지우리와 나무 난간. 즉, 돼지우리와 그 울타리.  豢(환) : 기르다.  齊(재) : 齋와 통용되어 '재계한다'는 뜻이 됨.  藉(자) : 깔개. 깔다.  彫俎(조조) : 조각이 된 제기.  糠(강) : 겨.  糟(조) : 지게미.  腞楯(전순) : 輇輴(전순)과 통용되어 '상여'라는 뜻이 됨.  聚僂(취루) : 여러 장식들이 치장된 구부정한 관. 聚는 여러 장식이 모인 것을 말하고, 僂는 관의 모양이 구부정한 것을 뜻한다. (안동림의 『장자』 참조)

[해설]

&lt;추수&gt;편에 있는 진흙탕의 거북이에 관한 우화를 생각하면 쉽게 이해할 수 있는 우화다.

桓公田於澤 管仲御 見鬼焉 公撫管仲之手曰 仲父何見 對曰 臣無所見 公反 誒詒爲病 數日不出 齊士有皇子告敖者曰 公則自傷 鬼惡能傷公 夫忿滀之氣 散而不反 則爲不足 上而不下 則使人善怒 下而不上 則使人善忘 不上不下 中身當心 則爲病 桓公曰 然則有鬼乎 曰有 沈有履 竈有髻 戶乃之煩壤 雷霆處之 東北方之下者 倍阿

達生 391

鮭蠪躍之 西北方之下者 則泆陽處之 水有罔象 丘有峷 山有夔 野有彷徨 澤有委蛇 公曰 請問委蛇之狀何如 皇子曰 委蛇 其大如轂 其長如轅 紫衣而朱冠 其爲物也 惡聞雷車之聲 則捧其首而立 見之者殆乎霸 桓公輒然而笑 曰此寡人之所見者也 於是正衣冠與之坐 不終日而不知病之去也

[국역]
　제나라의 임금인 환공이 늪지대에서 사냥을 할 때 관중은 수레를 몰고 있었다. 그때 환공은 귀신을 보았다. 환공은 관중의 손을 잡고 물었다. "그대는 무엇을 보았는가?" 관중이 대답했다. "신은 본 것이 없습니다." 이윽고 환공은 궁중으로 돌아와 헛소리를 하며 병에 걸려 며칠 동안을 밖에 나가지도 못했다. 그때 제나라의 선비 중에 황자고오라는 사람이 있었는데, 그가 환공을 보고 말했다. "공이 스스로 병든 것이지 귀신이 어떻게 공을 병들게 할 수 있겠습니까? 가슴이 답답할 정도로 꽉 차 있던 기운이 흩어져 나갔다가 되돌아오지 않으면 기가 부족하여 멍해집니다. 氣가 상기하여 내려오지 않으면 사람이 화를 잘 내게 됩니다. 또 氣가 내려왔다가 올라가지 않으면 사람이 건망증이 생깁니다. 氣가 올라가지도 않고 내려가지도 않아서 몸 가운데에 고정되어 있으면서 가슴에 닿아 있으면 병이 됩니다." 환공이 말했다. "그렇다면 귀신이란 것이 있는 것인가?" 황자고오가 말했다. "있습니다. 흙탕물에는 리(履)

라는 귀신이 있고, 부엌에는 계(髻)라는 귀신이 있으며, 집안의 쓰레기통에는 뇌정(雷霆)이란 귀신이 있고, 집의 동북쪽 구석에는 배아규롱(倍阿鮭蠪)이란 귀신이 날뛰며, 서북쪽의 구석에는 일양(泆陽)이란 귀신이 삽니다. 또 물에는 망상(罔象), 언덕에는 신(峷), 산에는 기(夔), 들에는 방황(彷徨), 못에는 위사(委蛇)라는 귀신이 있습니다." 이 말을 들을 환공은 다시 물었다. "그 위사라는 귀신의 모양은 어떻게 생겼는가?" 황자고오가 대답했다. "위사는 그 크기가 수레바퀴만 하고 그 길이는 수레의 끌채만 하며 자주색 옷에 붉은 관을 썼고 그 성질이 천둥이나 수레 소리를 싫어하여 (그 소리를 들으면) 고개를 들고 일어난다고 합니다. 이것을 본 자는 패권을 차지한다고 합니다." 이 말을 들은 환공은 껄껄 웃으면서 말했다. "그것이 과인이 본 것이니라." 그러고는 의관을 바로잡고 황자고오와 함께 앉아 있었다. 하루가 가기 전에 어느새 병은 사라져 버리고 말았다.

[난자풀이]
謑詬(희이) : 소리 지르기도 하고 말을 지껄이기도 하는 것. 즉 '헛소리하는 것'을 말한다. 忿滀(분축) : 가슴이 답답할 정도로 가슴에 모여 있는 기운. 捧(봉) : 들다. 받들다.

[해설]
　귀신을 보고 두려움이 생기는 현상은 마음에서 일어나는

현상이다. 사람이 죽음에 대한 두려움이 있으면 그 두려움이 온갖 고통을 만들어낸다. 오직 죽음에 대한 두려움에서 벗어날 때 모든 것은 일시에 해결된다.

紀渻子爲王養鬪鷄 十日而問 鷄已乎 曰未也 方虛憍而恃氣 十日又問 曰未也 猶應嚮景 十日又問 曰未也 猶疾視而盛氣 十日又問 曰幾矣 鷄雖有鳴者 已無變矣 望之似木鷄矣 其德全矣 異鷄無敢應者 反走矣

[국역]

　　기성자가 왕을 위해 싸움닭을 길렀다. 열흘이 지나 (왕이) 물었다. "닭이 이제 쓸만한가?" "아직 안 되었습니다. 지금은 교만하게 허세를 부리면서 자기의 기운을 믿고 으스대고 있습니다." 그 후 열흘이 지나 또 물었더니, "아직 안 되었습니다. 아직도 다른 닭의 울음소리가 메아리치거나 다른 닭의 그림자만 보아도 반응을 합니다." 하고 대답했다. 그 후 열흘이 지나 또 물었더니, "아직 안 되었습니다. 상대를 노려보며 성을 냅니다." 하고 대답했다. 그 후 열흘이 지나 또 물었더니, "이젠 근사합니다. 우는 닭이 있어도 반응이 없습니다. 바라보면 마치 나무로 만든 닭 같습니다. 이제 그 능력이 온전해졌습니다. 다른 닭들이 감히 대응하지 못하고 도리어 달아나 버립니다." 하고 답했다.

[난자풀이]
王(왕):『列子』黃帝篇에는 주나라 선왕으로 되어 있다.   虛憍(허교):허세를 부리며 교만함.   嚮(향):響과 통용되어 '메아리'라는 뜻이 된다.   景(경):影과 통용되어 '그림자'란 뜻이 된다. 모양.

[해설]
　이기고자 하는 마음이 있으면 이미 그 마음에 얽매이기 때문에 자유자재로 상대의 움직임에 대응할 수 없다. 자기의 마음이 완전히 사라졌을 때, 그래서 죽음에 대한 두려움까지도 완전히 사라졌을 때 비로소 자유자재로 상대에게 대응할 수 있다.


孔子觀於呂梁　縣水三十仞　流沫四十里　黿鼉魚鱉之所不能游也　見一丈夫游之　以爲有苦而欲死也　使弟子竝流而拯之　數百步而出　被髮行歌而游於塘下　孔子從而問焉曰　吾以子爲鬼　察子則人也　請問蹈水有道乎　曰　亡　吾無道　吾始乎故　長乎性　成乎命　與齊俱入　與汨偕出　從水之道而不爲私焉　此吾所以蹈之也　孔子曰　何謂始乎故　長乎

性 成乎命 曰 吾生於陵而安於陵 故也 長於水而安於水
性也 不知吾所以然而然 命也

[국역]

　공자가 여량이라는 곳에서 관광을 했다. 거기에 삼십 길이
나 되는 폭포수가 있었는데 거기에서 튀어나온 물방울이 사
십 리나 흘러내리고 있었다. 거기는 자라나 악어 물고기 등
도 헤엄칠 수 없는 곳이었다. 그런데 한 남자가 거기서 헤엄
치고 있는 것이 보였다. 마치 괴로워서 죽으려는 것 같았다.
그래서 제자에게 물길을 따라 내려가 건져주게 했다. 제자가
몇 백 걸음을 걸어가다가 보니 그 사나이는 밖으로 나와 머
리를 헤치고 노래를 부르며 둑 밑에서 놀고 있었다. 공자가
쫓아가서 물었다. "나는 자네가 귀신인 줄 알았네만, 이제
자세히 보니 사람이군 그래. 한마디 묻겠는데 물에 들어가
헤엄치는데 특별한 방법이 있는가?" "없습니다. 나에게는 아
무 것도 없습니다. 처음부터 인연이 되었고, 자라면서 몸에
배었으며 이제 운명처럼 되었습니다. 소용돌이와 함께 물속
에 들어가고 솟는 물과 함께 물위에 나옵니다. 그저 물의 움
직임을 따를 뿐, 내 뜻대로 하는 것이 없습니다. 이런 것이
나의 헤엄치는 방법입니다." 공자가 말했다. "처음부터 인연
이 되었고, 자라면서 몸에 배었으며 이제 운명처럼 되었다는
말은 무슨 뜻인가?" "내가 물가에 있는 이 언덕에서 태어나
이 언덕이 편안하게 되었으니 이게 인연이고, 물에서 자라서

물이 편안하게 되었으니 몸에 밴 것이며, 내가 왜 이렇게 되었는지도 모르면서 이렇게 되었으니 운명이지요."

[난자풀이]
呂梁(여량) : 山西省 壺口를 출발하여 龍門을 거쳐 남하하는 황하의 급류. 이외에도 山西省 離石縣 서쪽에 있는 폭포인 黃梁이라는 설, 江蘇省 銅山縣 동남쪽에 있는 呂梁洪이라는 설 등이 있다. 縣水(현수) : 폭포. 縣은 懸과 통용. 黿(원) : 자라. 鼉(타) : 악어. 蹈水(도수) : 헤엄치다. 글자 그대로의 뜻은 물을 밟는다는 뜻. 헤엄을 잘 치는 것이 물을 밟고 다니는 것처럼 보인다는 뜻에서 쓴 말임. 齊(제) : 臍와 통용. 배꼽이란 뜻이다. 여기서는 배꼽모양으로 움직이는 소용돌이를 말함. 汨(골) : 물결. 여기서는 솟구쳐 나오는 물결을 의미한다. 故(고) : 연고. 인연. 까닭. 性(성) : 본성. 몸에 배어 본성처럼 된 것. 命(명) : 자기도 모르게 그렇게 된 것.

[해설]
만물과 혼연일체가 되어 무위자연으로 움직이면 어려울 것이 없다.


梓慶削木爲鐻 鐻成 見者驚猶鬼神 魯侯見而問焉曰 子何術以爲焉 對曰臣工人 何術之有 雖然 有一焉 臣將爲

鐻　未嘗敢以耗氣也　必齊以靜心　齊三日　而不敢懷慶賞
爵祿　齊五日　不敢懷非譽巧拙　齊七日　輒然忘吾有四枝
形體也　當是時也　無公朝　其巧專而外滑消　然後入山林
觀天性形軀至矣　然後成見鐻　然後加手焉　不然則已　則
以天合天　器之所以疑神者　其是與

[국역]

　재경이 나무를 깎아 '거'라는 악기를 만드는데, 그 악기가 다 만들어지자 보는 사람들이 놀라면서 귀신같다고 여겼다. 노나라 임금이 그를 보고 물었다. "자네는 무슨 기술을 가지고 그것을 만들었는가?" 재경이 대답했다. "신(臣)은 목수입니다. 무슨 기술이 있겠습니까? 비록 그러하나 한 가지가 있습니다. 제가 '거'를 만들려고 할 때는 함부로 기(氣)를 소모하지 않고, 반드시 재계하여 마음을 고요하게 간직합니다. 삼 일 동안 재계를 하면 칭찬이나 상 받는 일, 또는 작위나 녹을 받는 일을 생각하지 않게 됩니다. 오 일 동안 재계를 하면 비난이나 칭찬, 교묘함과 졸렬함 등을 생각하지 않게 됩니다. 칠 일을 재계하고 나면 문득 나에게 사지와 몸이 있다는 것을 잊어버리게 됩니다. 그때가 되면 조정이라는 것도 없어집니다. 그 재주를 부리는 것에 전념하게 되어 밖에서 마음을 어지럽히는 것이 사라지게 됩니다. 그런 뒤에 산림에 들어가 나무의 성질이나 모양이 지극히 좋은 것을 살핀 뒤에 '거'의 모습을 완성된 상태로 그려보고 그런 뒤에 손을 댑니다. 그렇게 되지 않으면 그만 둡니다. 이런 방식이 자연의 입장에서 자연과 합치되는 것입니다. 악기가 귀신같다고 의심되는 까닭도 아마 이 때문일 것입니다."

[난자풀이]
梓慶(재경) : 梓는 목수 일을 담당하는 벼슬 이름이고 慶은 그의 이름. 『左傳』 襄公 4년에 나오는 匠慶인 듯하다. 鐻(거) : 악기의 이름이라는 설도 있고, 악기 걸이라는 설도 있다. 齊(제) : 齋(재)와 통용. 마음을 가다듬는 것. 재계. 枝(지) : 肢(지)와 통용. 其(기) : 가벼운 추측을 나타내는 조음소. 아마.

[해설]
　대개의 사람들은 욕심을 채우기 위해서 일을 한다. 욕심을 채우기 위한 일에는 욕심이 일의 주체가 된다. 욕심은 인간의 몸속에 들어 있는 작은 에너지일 뿐이다. 그 작은 에너지는 자연에서 오는 본심을 막아버린다. 욕심이 자연의 본심을 다 막을 수는 없다. 그러나 적어도 몸속에 들어오는 본심은 막을 수가 있는 것이다.
　욕심을 가지고 일을 하면 그 일은 순수해지지 않는다. 자기의 욕심을 채우지 못할까 초조한 상태에서 일을 하게 된다. 이러한 경우에는 대자연에서 오는 위대한 능력을 발휘할 수 없다. 자연보다 더 위대한 것은 없다. 자연이 만들어내는 예술품보다 더 완벽한 것은 없다. 욕심을 버리고 자연으로 돌아간 사람의 작품이 완벽한 것은 이 때문이다.


東野稷以御見莊公　進退中繩　左右旋中規　莊公以爲文弗過也　使之鉤百而反　顔闔遇之　入見曰　稷之馬將敗　公密而不應　少焉　果敗而反　公曰　子何以知之　曰　其馬力竭矣　而猶求焉　故曰敗

[국역]

　　동야직이 말 모는 솜씨를 장공에게 보였다. 나아가고 물러가는 것이 먹줄에 들어맞듯 발랐고, 좌우로 도는 것이 그림쇠에 들어맞듯 둥글었다. 장공은 이를 보고 어떠한 무늬도 이보다 더하지 않다고 생각했다. 그리하여 그로 하여금 모든 길을 돌아서 오게 했다. 안합이 그를 만나고서는 들어와 뵙고 말했다. "직의 말은 곧 쓰러질 것입니다." 그러나 공은 입을 다물고 응답하지 않았다. 조금 있다가 과연 말이 쓰러지고서 돌아오자, 공이 말했다. "그대가 어떻게 그것을 알았는가?" "그 말의 힘이 다했는데도 여전히 (달리도록) 재촉하고 있었습니다. 그래서 쓰러질 것이라 했습니다."

[난자풀이]

東野稷(동야직) : 東野는 성, 稷은 이름. 옛날 말을 잘 몰던 사람인 듯하다. 御(어): 말을 모는 솜씨. 文(문): 무늬. 錢大昕은 文을 造父로 보아야 한다고 했다. 鉤百(구백): 모든 길을 한 바퀴 빙 돌다. 鉤는 둥근 갈고랑이에서 유래하여 빙 도는 것을 말하고, 百은 모든 길을 의미한다. 顔闔(안합): 노나라의 현인. 見(현): 아랫사람이 윗사람을 뵙다. 알현하다. 이때의 음은 '현'이 된다. 密(밀): 입을 다물다.

[해설]

　개인이 가지고 있는 능력과 재주가 아무리 뛰어나다 하더라도 남과 한마음으로 통하지 않는다면 한계가 있다. 아무리 완벽한 연기를 하는 배우라 하더라도, 만약 관객의 마음과 하나가 되지 못한 상태에서 열심히 연기만 한다면, 그 배우는 훌륭한 배우가 아니다. 아무리 의술이 뛰어난 의사라 하더라도, 환자의 마음과 하나로 통하지 못하고, 자기 방식의 치료에만 몰두한다면, 그 의사는 훌륭한 의사가 아니다. 말을 모는 기사도 말의 마음과 하나가 되지 못하고 말 모는 기술만 발휘한다면 훌륭한 기사가 아니다.


工倕旋而蓋規矩　指與物化而不以心稽　故其靈臺一而不桎　忘足　屨之適也　忘要　帶之適也　知忘是非　心之適也　不內變　不外從　事會之適也　始乎適而未嘗不適者　忘適之適也

[국역]

　공수가 선을 그으면 대체로 그림쇠나 곱자로 그은 것과 같았다. 손가락이 저절로 움직이는 물건처럼 움직여서 마음으로 헤아리지 않았다. 그러므로 그의 마음은 한결같고 아무데도 얽매이지 않았다. 발에 신경이 쓰이지 않는 것은 신이 알맞기 때문이고, 허리에 신경이 쓰이지 않는 것은 허리띠가 알맞기 때문이며, 옳고 그른 것에 신경이 쓰이지 않는 것은 마음이 흡족하기 때문이다. 마음이 속에서 동요되지 않고 바깥일에 끌려가지 않는 것은 일 처리가 제대로 되었기 때문이다. 알맞은 데서 시작하여 알맞지 않음이 없는 것은 알맞다는 것조차 잊어버린 데서 나타나는 알맞음이다.

[난자풀이]

工倕(공수) : 요임금 때의 유명한 목수.　旋(선) : 돌다. 회전하다. 돌리다. 여기서는 손으로 선을 긋거나 원을 그리는 것을 말한다.　蓋(개) : 대체로.　規矩(규구) : 둥근 선을 그리는 그림쇠와 직각을 그리는 곱자.　物(물) : 저절로 움직이는 자연물.　化(화) : 자연물처럼 바뀌다.　靈臺(영대) : 영혼이 깃드는 집. 마음보따리.　桎(질) : 차꼬. 족쇄. 얽매이다. 속박 당하다.　要(요) : 腰(요)와 통용. 허리.　知忘(지망) : 의식세계에서 잊어버리다.　事會(사회) : 일을 처리하다. 일을 처리하는 것은 일이 되도록 사람의 마음을 모으는 것이므로 여기서는 '일을 처리하다'로 해석했다.

[해설]

　어떤 일을 한다고 하자. 처음에는 먼저 그 일을 하기 위해 그 일에 대한 지식을 터득해야 한다. 그리고는 그 지식에 따라 몸을 움직여 가야 한다. 초기에는 몸이 익숙해지지 않아서 일이 제대로 되지 않는다. 그러면서 계속 일을 하다가 보면 차츰 숙달이 된다. 숙달이 된다는 것은 몸이 저절로 움직일 수 있게 되는 것을 말한다. 그러다가 완전히 숙달되면 몸 스스로가 저절로 움직이게 된다. 그럴 때는 몸이 저절로 움직이기 때문에 몸이 움직이는 것을 머리로 파악하지 못한다. 이러한 경지가 완전의 경지이다.
　몸으로 하는 일이 완전의 경지에 도달하면 거의가 이와 같다.


有孫休者 踵門而詫子扁慶子曰 休居鄕不見謂不修 臨難不見謂不勇 然而田原不遇歲 事君不遇世 賓於鄕里 逐於州部 則胡罪乎天哉 休惡遇此命也 扁子曰 子獨不聞夫至人之自行邪 忘其肝膽 遺其耳目 芒然彷徨乎塵垢之外 逍遙乎無事之業 是謂爲而不恃 長而不宰 今汝飾知以驚愚 修身以明汙 昭昭乎若揭日月而行也 汝得全而形軀 具而九竅 無中道夭於聾盲跛蹇而比於人數 亦幸矣 又何暇乎天之怨哉 子往矣 孫子出 扁子入 坐有間 仰天

而歎 弟子問曰 先生何爲歎乎 扁子曰 向者休來 吾告之
以至人之德 吾恐其驚而遂至於惑也 弟子曰 不然 孫子
之所言是邪 先生之所言非邪 非固不能惑是 孫子所言非
邪 先生所言是邪 彼固惑而來矣 又奚罪焉 扁子曰 不然
昔者有鳥止於魯郊 魯君說之 爲具太牢而饗之 奏九韶以
樂之 鳥乃始憂悲眩視 不敢飮食 此之謂以己養養鳥也
若夫以鳥養養鳥者 宜棲之深林 浮之江湖 食之以委蛇
則平陸而已矣 今休款啓寡聞之民也 吾告以至人之德 譬
之若載鼷以車馬 樂鴳以鐘鼓也 彼又惡能無驚乎哉

[국역]
　　손휴라는 자가 있었는데, 자편경자의 집 대문에 다다라 물었다. "저는 시골에 살며 수양하지 않았다는 말을 듣지 않았고, 어려운 일을 당했을 때 용감하지 않다는 말도 듣지 않았습니다. 그런데 들에서 일을 해도 풍년을 만나지 못하고, 임금을 섬겨도 좋은 대우를 받지 못하며, 고향 마을에서는 배척당하고 고을의 읍내에서는 추방당합니다. 대체 하늘에 무슨 죄를 지었습니까? 제가 어째서 이런 운명을 겪는 것입니까?" 편자가 대답했다. "그대는 지극한 경지에 있는 사람의 스스로의 처신에 대해서 들은 적이 없는가? 자신의 간과 쓸개에 대해서도 무관심하고 눈과 귀에도 끌려가지 않은 채, 멍하니 세속 밖에서 거닐고 일삼음이 없는 일을 하면서 노

닌다. 이를 일컬어 위해주기만 할 뿐 대가를 바라지 않고 길러주기만 할 뿐 이끌지 않는 것이라고 한다. 지금 그대는 지식을 가장하여 어리석은 사람들을 놀라게 하고, 제 몸을 수양하여 남의 더러운 것을 밝혀내니, 환하게 해와 달을 매달아 놓고 행동하는 것 같구나. 그대는 그대의 몸을 온전하게 지니고 그대의 아홉 구멍을 갖추고 있으면서, 중도에 귀머거리·장님·절름발이가 되어 요절하지 않고 사람들 수에 끼어 있으니 또한 다행이군 그래. 그러니 또 어느 겨를에 하늘을 원망하겠는가! 그대는 그만 가게." 손휴가 나가자, 편자는 들어와 앉았다. 얼마 있다가 하늘을 우러러 탄식을 했다. 제자가 물었다. "선생님은 어째서 탄식을 하십니까?" 편자가 대답했다. "아까 손휴가 왔을 때, 나는 그에게 지극한 경지에 있는 사람의 덕을 말해 주었는데, 그가 놀라서 헷갈리게 되지 않았는지 걱정이 돼서 그렇다." 제자가 말했다. "그렇지가 않습니다. 손휴의 말이 옳고 선생님의 말씀이 잘못이라면, 잘못된 것이 올바른 것을 헷갈리게 할 수는 없는 법입니다. 또 손휴의 말이 잘못이고 선생님의 말씀이 옳다면 그는 애초부터 헷갈린 상태에서 왔을 테니 또 무슨 죄가 되겠습니까?" 편자가 말했다. "그렇지 않네. 옛날 어떤 새가 노나라 교외에 앉아 있었는데, 노나라의 임금이 그 새를 좋아하여 소·돼지·양의 고기를 갖추어 대접하고, 구소라는 음악을 연주하여 그 새를 즐겁게 해주었지. 그런데 그 새는 처음부터 걱정하고 슬퍼하며 눈이 어지러워 먹거나 마시려 하지 않았지. 이것을 일컬어, '자기를 보양하는 방법으로 새를 보양한 것'이라 한다. 만약 새를 기르는 방법으로 새를 기르려면 마땅히 깊은 숲에 살게 하고 강이나 호수에 떠 있게 하며 들의 뱀을 먹게 해야 할 것이다. 그렇게 하면 새는 땅 위에서 태평스럽게 노닐 것이다. 지금 손휴는 시원찮고 견문이 좁은 사람인데, 내가 지극한 경지에 있는 사람의 덕을 말해주었으니, 이는 비유하자면 생쥐를 수레나 말에 태우고 메추라기를 종소리나 북소리로 즐겁게 해주려 한 것과 같은 것이네. 그가 어찌 놀라지 않았겠는가?"

[난자풀이]

孫休(손휴): 노나라 사람이라는 설도 있고, 가상의 인물이란 설도 있다. 孫은 성, 休는 이름. 踵(종): 발꿈치. 踵門은 '문에 발꿈치를 대고'라는 뜻이니, '집에 찾아왔다'는 뜻이다. 詫(타): 고하다. 알리다. 풍을 치다. 子扁慶子(자편경자): 子는 존칭, 扁은 성, 慶子는 字. 아마도 가상의 인물일 것이다. 見(견): 뒤의 동사를 피동형으로 만드는 글자이다. 歲(세): 풍년. 世(세): 임금에게 대우받는 좋은 세상을 말한다. 賓(빈): 擯(빈)과 통용. 물리치다. 自行(자행): 스스로에게 처하는 행실. 자기처신. 塵垢(진구): 티끌과 때. 곧 '세속'을 말한다. 汙(오): 汚(오)와 같은 자. 더럽다. 而(이): 너. 자네. 比(비): 줄 서 있다. 끼어 있다. 天之怨(천지원): 하늘을 원망하다. 天과 怨이 도치되었다. 太牢(태뇌): 소·양·돼지의 세 가지 희생을 갖춘 제수. 또는 요리. 대성찬.  平陸(평륙) : 땅 위에서 평화롭게 지냄.  委蛇(위사) : 뱀.  款啓(관계) : 문을 두드리고 여는 것. 남의 일에 관여하고 간섭하는 시원찮은 사람.  鼷(혜) : 새앙쥐.  鶉(안) : 메추라기.

[해설]

다른 사람과 어울릴 때 다른 사람의 마음과 하나가 되지 못한 채 자기의 입장에서만 접근하면 부드러운 관계가 성립되지 않는다. 가장 부드러운 관계는 상대의 수준에서 상대를 완전히 인정해 주는 것이다. 그것이 和다. 상대의 수준이 될 수 있는 사람은 완전한 경지에 올라간 사람만이 가능하다. 100에는 1에서 100까지의 수가 다 들어있다. 따라서 100이 된 사람은 1에서 100까지의 어느 수도 될 수 있다.

# 20. 山木

산속의 큰 나무 이야기로 시작되기 때문에 山木이란 편명이 붙었다. 어려운 세상에서 몸을 온전하게 보존하는 방법에 대해 논한 편이다. 내편의 인간세와 상통한다.

莊子行於山中　見大木　枝葉盛茂　伐木者止其旁而不取也
問其故　曰　無所可用　莊子曰　此木以不材得終其天年
夫子出於山　舍於故人之家　故人喜　命豎子殺雁而烹之
豎子請曰　其一能鳴　其一不能鳴　請奚殺　主人曰　殺不能
鳴者　明日　弟子問於莊子曰　昨日山中之木　以不材得終
其天年　今主人之雁　以不材死　先生將何處　莊子笑曰
周將處乎材與不材之間　材與不材之間　似之而非也　故未
免乎累　若夫乘道德而浮遊則不然　無譽無訾　一龍一蛇
與時俱化　而無肯專爲　一上一下　以和爲量　浮遊乎萬物
之祖　物物而不物於物　則胡可得而累邪　此神農黃帝之法
則也　若夫萬物之情　人倫之傳　則不然　合則離　成則毀
廉則挫　尊則議　有爲則虧　賢則謀　不肖則欺　胡可得而必
乎哉　悲夫　弟子志之　其唯道德之鄕乎

[국역]

　장자가 산속을 가다가 가지와 잎이 무성한 큰 나무를 보
았다. 나무꾼이 그 곁에 머물러 있으면서도 베지 않으므로
그 까닭을 물었더니 "쓸모가 없습니다." 하고 대답했다. 장자
가 말했다. "이 나무는 재목이 안 되므로 그 천수를 다할 수
있었다." 장자가 산을 나와 옛 친구의 집에 묵었다. 친구가
기뻐하며 심부름하는 아이에게 거위를 잡아 삶으라고 일렀
다. 아이가 "한 마리는 잘 울고 한 마리는 울지 못합니다.

어느 쪽을 잡을까요?" 하고 묻자, 주인은 "울지 못하는 것을 잡아라."고 했다. 다음날 제자가 장자에게 물었다. "어제 산 속의 나무는 재목이 안 되므로 그 천수를 다할 수가 있었는데, 지금 주인의 거위는 재주가 없어서 죽었습니다. 선생님께서는 앞으로 어느 쪽에 처하시겠습니까?" 장자가 웃으면서 대답했다. "나는 앞으로 그 재주 있음과 없음의 사이에 처하고 싶다. 그러나 재주 있음과 없음의 사이라는 것도 근사하지만 참된 도가 아니므로 아직 화에서 완전히 벗어나지 못한다. 만약 자연의 움직임에 의거하여 유유히 노닌다면 그렇지 않다. 기리는 것도 없고 헐뜯는 것도 없다. 용이 되기도 하고 뱀이 되기도 하며, 때와 상황에 맞게 바뀔 뿐 어느 한 군데에 집착하지 않는다. 올라가기도 하고 내려가기도 하면서 남에게 맞추어주는 것으로 자기의 도량으로 삼는다. 유유히 만물의 본질에서 노닐어 만물을 만물로 용납하지만 만물에 의해 만물의 하나로 취급되지 않는다. 그러니 어찌 화를 입을 수 있겠는가! 이것이 신농씨와 황제의 법칙이다. 대저 만물의 모습이나 사람들이 이어가는 삶의 방식은 그렇지 않다. 만나면 헤어지고, 이루어지면 파괴되며, 모가 나면 깎이고, 신분이 높아지면 비방을 받으며, 무슨 일을 하기만 하면 문제가 생기고, 현명하면 모함을 받으며, 어리석으면 속임을 당하니 어찌 반드시 화를 면할 수 있겠는가! 슬프다. 제자들이여 이를 기억하라. 오직 자연으로 움직이는 본래세계 뿐이로구나!"

[난자풀이]

故人(고인) : 친구.  豎子(수자) : 원래 '더벅머리를 한 아이'라는 뜻이었는데, 뜻이 바뀌어 '심부름하는 아이'라는 뜻으로 쓰이게 되었다.  鴈(안) : 거위. 기러기.  道德(도덕) : 자연의 길과 자연의 힘.  和(화) : 남에게 맞추어주는 것.  物物(물물) : 만물을 만물로 용납하다.  必(필) : 반드시 화를 면하다.  志(지) : 기록하다. 기억하다.

[해설]

　나름대로의 인생관이나 가치관, 또는 삶의 방식 등을 가지고 그것을 수단으로 살아가는 사람은 결국 그것 때문에 얽매이게 되고 그것 때문에 화를 입게 된다. 그런 것은 모두 고정관념에 불과하다. 고정관념은 고정되어 있는 것이기 때문에 고정관념을 수단으로 해서 살면 무한히 복잡하게 바뀌는 이 세상에 자유자재하게 대처하지 못한다. 그래서 화를 입는다.

　또 나름대로 만든 고정관념은 참된 것이 아니라 인간의 의식 속에 그려놓은 가짜다. 그러므로 고정관념으로 살아가는 사람은 참된 삶을 사는 것이 아니다.

　그러므로 고정관념을 가지고 사는 사람은 참된 삶을 살지도 못하면서 늘 화를 입게 되므로 참으로 불쌍한 사람이다.

　얼음의 본질이 모두 하나로 통하는 물이듯이, 만물의 본질도 모두 하나로 통하는 그 무엇이다. 자연이라 부르기도 하

고, 혼돈이라 부르기도 하며, 도라 부르기도 하고 하늘이라
부르기도 한다. 그러므로 본질의 차원에서 존재하는 사람은
개체가 아니다. 물은 변함이 없지만 얼음은 얼었다 녹았다
하듯이, 개체적 존재는 생겼다 없어졌다 한다. 서로 뒤엉켜
싸우기도 하고 헐뜯기도 한다. 그러나 본질의 차원에서 사는
사람은 그러한 일이 없다. 그러한 사람의 삶은 참된 삶이면
서 동시에 화를 입을 일이 없다. 그러한 사람은 본질의 차원
에서 만물을 다 용납한다. 그러면서도 그러한 사람은 다른
것에 의해 영향 받는 일이 없다. 그는 이미 개체가 아니므로
남들이 그에게 개체로 취급을 하더라도 거기에 영향을 받지
않는 것이다. 그러한 사람의 삶이 참된 삶이다.


市南宜僚見魯侯　魯侯有憂色　市南子曰　君有憂色　何也
魯侯曰　吾學先王之道　修先君之業　吾敬鬼尊賢　親而行
之　無須臾離居　然不免於患　吾是以憂　市南子曰　君之除
患之術淺矣　夫豊狐文豹　棲於山林　伏於巖穴　靜也　夜行
晝居　戒也　雖飢渴隱約　猶且胥疏於江湖之上而求食焉
定也　然且不免於罔羅機辟之患　是何罪之有哉　其皮爲之
災也　今魯國獨非君之皮邪　吾願君刳形去皮　洒心去欲
而遊於無人之野　南越有邑焉　名爲建德之國　其民愚而朴
少私而寡欲　知作而不知藏　與而不求其報　不知義之所適

不知禮之所將　猖狂妄行　乃蹈乎大方　其生可樂　其死可葬　吾願君去國捐俗　與道相輔而行　君曰　彼其道遠而險　又有江山　我無舟車　奈何　市南子曰　君無形倨　無留居　以爲君車　君曰　彼其道幽遠而無人　吾誰與爲鄰　吾無糧我無食　安得而至焉　市南子曰　少君之費　寡君之欲　雖無糧而乃足　君其涉於江而浮於海　望之而不見其崖　愈往而不知其所窮　送君者皆自崖而反　君自此遠矣　故有人者累見有於人者憂　故堯非有人　非見有於人也　吾願去君之累除君之憂　而獨與道遊於大莫之國　方舟而濟於河　有虛船來觸舟　雖有惼心之人不怒　有一人在其上　則呼張歙之一呼而不聞　再呼而不聞　於是三呼邪　則必以惡聲隨之向也不怒而今也怒　向也虛而今也實　人能虛己以遊世　其孰能害之

[국역]
　시남의료가 노나라 임금을 만났는데, 노나라 임금은 근심스런 안색을 하고 있었다. 시남자가 말했다. "임금께선 근심스런 안색을 하고 계시니 무슨 까닭입니까?" 노나라 임금이 대답했다. "나는 선왕의 도를 배우고 선군의 업을 닦았다. 나는 귀신에게 경건히 대하고 어진 이를 존중하며 그들과 한마음이 되어 그들처럼 행하면서 잠시도 그들과 동떨어진 적이 없었는데, 그래도 화를 면치 못하고 있소. 나는 이 때

문에 근심하고 있소." 시남자가 말했다. "임금께서 화를 없애려는 방법은 얄팍합니다. 저 살찐 여우나 무늬가 아름다운 표범이 산의 숲 속에 살며 바위틈에 엎드려 있는 것은 고요함을 취하는 것이고, 밤중에 행동하고 낮에 가만히 있는 것은 조심하는 것이며, 비록 굶주리고 목이 말라 고생하면서도 오히려 강이나 호숫가에서 인적이 드문 곳을 살펴 먹이를 찾는 것은 안정을 취하는 방법입니다. 그런데도 그물이나 덫에 걸리는 화를 면치 못하는 것은 무슨 죄가 있어서이겠습니까! 그 껍질 때문에 생긴 재앙입니다. 그런데 지금 노나라는 임금님의 껍질이 아닙니까? 저는 원합니다. 임금님께서 몸을 제거하고 껍질을 버리며 마음을 씻어 내고 욕망을 버린 채 사람이 없는 들판에서 노니소서. 남월에 고을이 있는데 건덕이라는 이름의 나라입니다. 그곳의 백성들은 우매하고 소박하며 사심이나 욕망이 적습니다. 일할 줄은 알지만 감출 줄은 모릅니다. 남에게 어울려주면서도 그 보답을 바라지 않고, 의로움을 따르는 것을 알지 못하며, 예절을 행하는 것을 모릅니다. 미치광이처럼 함부로 행동하는 듯하지만 오히려 그것이 대도를 실천하는 큰 방법입니다. 살아있는 모습은 즐겁기만 하고 죽으면 매장하기만 합니다. 저는 원합니다. 임금께서는 나라를 버리고 풍속을 버리며 도와 서로 보완하면서 행하십시오." 임금이 말했다. "그 나라란 길이 멀고 험하며 또 강과 산이 있소. 내게는 배도 수레도 없으니 어쩌면 좋겠소?" 시남자가 대답했다. "임금님께서 몸의 거만함을 없애고 머물러 있고자 하는 욕심을 버리는 것으로 임금의 수레로 삼으십시오." 임금이 말했다. "그 나라는 길이 아득히 먼데 아는 사람이 없으니, 나는 누구와 길동무를 할 수 있겠소? 내겐 양식도 없고, 먹을 것도 없으니, 어떻게 거기에 이를 수 있겠소?" 시남자가 대답했다. "임금님의 경비를 줄이고 욕망을 줄이면 비록 양식이 없어도 충분할 것입니다. 임금님께서 아마도 양자강을 건너고 바다에 떠서, 바라보아도 육지가 보이지 않고 가면 갈수록 끝나는 곳을 알 수 없을 정도가 되면, 임금님을 전송하던 사람들이 모두 바닷가에서 돌아가 버릴 것입니다. 임금님께선 이때부터 수준이 높아질 수 있습니다. 그러므로 남을 지배하는 자는 번거롭고, 남에게 지배받는 자는 근심스럽습니다. 그래서 요임금은 남을 지배하는 것도 아니었고, 남에게 지배받는 것도 아니었습니다. 저는 바랍니다. 임금님의 번거로움을 버리시고 임금님의 근심을 없애시어 홀로 도와 함께 매우 아득한 나라에서 노니십시오. 네모로 된 작은 배를 타고 황하를 건너는데 빈 배가 와서 부딪칠 경우에는 아무리 속이 좁은 사람이라도 화를 내지 않을 것입니다. 그러나 한 사람이라도 그 배 위에 있다면 힘껏 소리치며 겁을 줄 것입니다. 한 번 소리쳐도 듣지 않고 두 번 소리쳐도 듣지 않아 세 번째 소리를 치게 되면 반드시 욕설이 따를 것입니다. 아까는 화를 내지 않았는데 이번에는 화를 낸 까닭은 아까는 비어 있었고 지금은 사람이 타고 있었기 때문입니다. 사람이 자기를 비우고서 세상을 산다면 그 누가 해칠 수 있겠습니까?"

[난자풀이]

市南宜僚(시남의료) : 市南에 살던 熊宜僚를 지칭함. 『좌전』에 哀公 16년에 「시남에 웅의료라는 사람이 살았다」는 말이 있다. 司馬彪의 설에 따르면, 熊은 성이고, 宜僚는 이름이며, 楚나라 사람이다. 文(문) : 무늬. 隱約(은약) : 고생하다. 胥疏(서소) : 인적이 드문 곳을 살피다. 胥疏江湖之上은 胥疏於江湖之上이어야 할 것이지만 於가 생략되었다. 機辟(기벽) : 짐승을 잡는 덫. 刳形(고형) : 몸을 도려낸다. 여기서는 실제로 몸을 도려내는 것을 말하는 것이 아니라 자기 몸을 '자기'라고 하는 생각을 지우는 것을 말한다. 洒心(쇄심) : 마음을 씻어내다. 大方(대방) : 큰 방도. 대도. 崖(애) : 바닷가 언덕. 바다에서 보면 그것이 육지이므로 바다에서 보는 경우에는 '육지'로 번역했다. 또 육지에서 보면 그곳은 바닷가이므로 육지에 있는 사람들의 입장에서 '바닷가'로 번역했다. 見有(견유) : 소유를 당하다. 지배를 당하다. 方舟(방주) : 네모난 조그만 배. 呼張(호장) : 힘껏 소리치다. 소리치는 것을 힘껏 하다. 歙(흡) : 움츠리게 하다. 위축되게 하다. 겁을 주다. 惡聲(악성) : 나쁜 소리. 욕설.

[해설]

  사람의 온갖 고통은 '나'라는 것을 만들고, '나의 것'을 추구하는 데서 비롯된다. '나'를 만들면, 남을 의식해야 하고 '나의 것'을 추구하면 남들과 다투어야 한다.

그러므로 고통에서 벗어나는 근본 방법은 '나'라는 개념에서 벗어나야 하고, '나의 것'이란 소유개념에서 벗어나야 한다. '나'와 '나의 것'은 남과 어울릴 때 더욱 강화된다. 그러므로 이를 벗어나는 한 방법은 아무도 없는 곳에 있어보는 것이다. 아무 것도 없는 곳에 있을 때 원래 '나'도 없고, '나의 것'도 없다는 것을 깨닫기가 쉽다.

'나'와 '나의 것'이 원래 없는 것이라는 것을 깨달을 때 비로소 모든 고통에서 벗어날 수 있다.

'나'가 없으면 남을 의식하지 않는다. '나'가 없으면 남이 해치지 못한다. '나'가 없으면 생로병사의 현상도 없다. 어떠한 고통도 없고, 어떠한 근심도 없다.


北宮奢爲衛靈公賦斂以爲鍾　爲壇乎郭門之外　三月而成上下之縣　王子慶忌見而問焉曰　子何術之設　奢曰　一之閒　無敢設也　奢聞之　旣彫旣琢　復歸於朴　侗乎其無識　儻乎其怠疑　萃乎芒乎　其送往而迎來　來者勿禁　往者勿止　從其彊梁　隨其曲傳　因其自窮　故朝夕賦斂而毫毛不挫　而況有大塗者乎

[국역]

　북궁사가 위나라의 영공을 위해 (나무를) 펴기도 하고 오므리기도 하면서 종 만드는 일에 종사했다. 성곽 문밖에 단을 만들고는 석 달이 지나 위아래 두 단의 종 걸이를 완성했다. 왕자인 경기가 보고 물었다. "그대는 무슨 방법으로 만들었는가?" 북궁사가 대답했다. "저는 한결같이 한가로웠습니다. 감히 어떤 방법도 쓰지 않았습니다. 저는 들었습니다. '깎아내고 쪼아 내어도 다시 순박한 본래모습으로 돌아가는 것'이라고. 마음이 텅 비어 꾀를 부린 일이 없었고, 멍하여 있는지 없는지도 모를 지경이었습니다. 잠잠하고 고요한 상태에서 가는 것은 보내주고 오는 것은 맞이했습니다. 오는 것은 막지 않고 가는 것도 막지 않았습니다. 그 강하고 딱딱한 것을 그대로 따랐고, 구부러지고 부드러운 것을 또 그대로 따랐으며, 자체가 초라한 것은 또 그대로 맞추어주었습니다. 그러므로 아침저녁으로 폈다 오므렸다 해도 터럭만큼도 꺾어지지 않았습니다. 하물며 대도를 가지고 한다면 어떠하겠습니까!"


[난자풀이]

北宮奢(북궁사) : 위나라의 대부. 北宮에 살았으므로 北宮奢란 이름이 붙었다. 奢는 그의 이름. 賦斂(부렴) : 나무를 펴기도 하고 오므리기도 함. 일반적으로 賦斂은 세금을 거두어들이는 것을 말하지만, 문맥이 맞지 않으므로 賦에 '편다'는 뜻이 있고, 斂에 '오므린다'는 뜻이 있으므로 그 뜻을 취했다. 爲鍾(위종): 종을 만들다. 여기서는 종만을 만드는 것이 아니라 종을 거는 종 걸이를 만드는 것도 포함되므로, '종 만드는 일에 종사하다.'로 번역했다. 이때의 종은 악기용 편종을 말한다. 편종은 상하 두 단으로 된 종 걸이에 각각 여덟 개의 종을 매단다. 壇(단): 단. 종 걸이를 만들기 위해 설치한 단. 縣(현): 懸과 통용. '매단다'는 뜻이다. 여기서는 종을 매다는 '종 걸이'를 말한다. 慶忌(경기):『呂氏春秋』忠廉篇에는, 吳王 僚의 아들 慶忌가 衛에 망명하고 있었던 사실이 나온다.(赤塚忠의 설명) 一之閒(일지한): 한결같이 한가하다. 之는 앞뒤 단어의 도치를 나타내므로 閒一로 놓고 해석하면 된다. '한가하기가 한결같았다'란 뜻이다. 侗(동): 글자의 모양으로 보면, 사람이 하나가 된 상태를 나타내므로 '나'란 생각이 없이 '마음이 텅 비어 있는 것'을 말한다. 儻(당): 글자의 모양으로 보면 사람이 여럿이 무리를 지어 있는 모습이므로, 역시 '나'란 생각이 없이 '멍하니 무아의 상태로 있는 것'을 말한다. 怠疑(태의): 무아의 상태. 怠는 '나'란 뜻의 台(이)와 마음이 합한 것이므로 '나'라는 관념, 또는 '나'라는 개념을 가진 마음이므로 怠疑는 '나'라는 것이 있는지 없는지 의아한 상태. 즉, 무아의 상태. 萃(췌): 글자의 모양에서 보면, 풀이 생명을 마친 상태이므로, 여름에 무성하던 풀이 다 말라버린 뒤의 잠잠한 상태로 이해할 수 있다. 芒(망): 글자의 모양으로 보면 역시 풀이 없어진 상태이므로 아무 것도 없이 조용한 상태로 이해할 수 있다.

送往而迎來(송왕이영래) : 가는 것은 보내주고 오는 것은 맞아 준다. '나'란 생각이 없으면 늘 남과 하나 된 입장에서 남의 움직임에 맞추어줄 수 있다. 가는 것에는 가도록 맞추어주고 오는 것은 오도록 맞추어주는 것이다. 예술품을 만들 때 재료의 성질에 따라 잘 맞추어주는 것을 뜻한다.　彊梁(강량) : 굳세고 강함.　曲傅(곡부) : 구부러지고 부드러운 것. 傅는 '스승', '가까이 잘 부착된다.' 등의 뜻이 있으므로 상대에게 잘 어울려준다는 뜻이 된다. 그런 것은 부드러운 것이므로 여기서는 '부드럽다'로 번역했다.　自窮(자궁) : 자체가 초라하다.

[해설]
　　예술품을 만드는 기본 원칙을 설명한 부분이다.
　　우수한 예술품은 사람의 손으로 만든 것이지만 사람의 손으로 만든 것 같지 않은 자연스러움이 있어야 하는 것이다. 한국의 전통가옥을 보자. 산허리에 지어놓은 집을 보면 주위의 산과 어울려 그대로 자연이다. 조금도 어색한 분위기가 없다. 또 집안으로 들어가 집의 구석구석을 돌아보면 기둥이나 돌 하나하나도 사람의 손으로 깎아 만든 것이지만 사람의 손으로 만든 것 같지가 않다. 구부러진 나무는 구부러진 그대로 걸려 있고 울퉁불퉁한 돌도 울퉁불퉁한 그대로 놓여 있다. 한국의 집을 짓는 목수는 미리 설계도를 그리지 않는다고 한다. 먼저 재목을 보고 그 재목의 모양과 성질을 살릴 수 있는 곳에 갖다 맞춘다. 그렇기 때문에 사람이 깎고 다듬었지만 조금도 본래의 모양을 훼손하지 않았다.

고려청자나 조선백자의 제작도 이러한 원리에 따른다. 사람의 손으로 만들었지만, 불로 구울 때 불의 온도에 따라 자연스럽게 이지러진다. 그 이지러진 모습이 자연이다.

북궁사가 종 걸이를 만드는 것도 이러한 예술정신이었다. 예술품을 만들 때 먼저 '내가 어떤 모양으로 만들겠다.'는 계산이 있으면 그것은 이미 자연이 아니다. 아무 생각 없이 마음을 완전히 비운 상태가 되어야 재료 그 자체의 완전한 가치를 찾아낼 수 있다. 그러한 상태에서 재료가 가진 100%의 성질 그대로를 다 발휘하게 만든 것이 북궁사가 만든 종 걸이였다. 그러므로 북궁사가 만든 종 걸이는 사람이 깎아 만든 것이지만 사람이 만든 것 같지 않을 정도로 자연스러웠던 것이다.


孔子圍於陳蔡之間 七日不火食 太公任往弔之曰 子幾死乎 曰 然 子惡死乎 曰 然 任曰 予嘗言不死之道 東海有鳥焉 其名曰意怠 其爲鳥也 翂翂翐翐 而似無能 引援而飛 迫脅而棲 進不敢爲前 退不敢爲後 食不敢先嘗 必取其緒 是故其行列不斥 而外人卒不得解 是以免於患 直木先伐 甘井先竭 子其意者飾知以驚愚 修身以明汙 昭昭乎如揭日月而行 故不免也 昔吾聞之大成之人 曰自

伐者無功 功成者墮 名成者虧 孰能去功與名而還與衆人
道流而不明居 德行而不名處 純純常常 乃比於狂 削迹
捐勢 不爲功名 是故無責於人 人亦無責焉 至人不聞 子
何喜哉 孔子曰 善哉 辭其交遊 去其弟子 逃於大澤 依
裘褐 食杼栗 入獸不亂群 入鳥不亂行 鳥獸不惡 而況人乎

[국역]

  공자가 진·채 두 나라 사이에서 포위되어 이레 동안이나 익힌 음식을 먹지 못했다. 대공임이 그에게 가서 위문하며 말했다. "선생은 거의 죽게 되었군요." 공자가 대답했다. "그렇소." "선생은 죽음을 싫어하시오?" "그렇소." 임이 말했다. "내가 시험삼아 죽지 않는 방법에 대해 말해 보리다. 동해에 새가 있는데 이름을 의태라 하오. 그 새는 푸덕거리는 모습이 마치 날지 못하는 것 같지요. 그래서 다른 새의 도움을 얻어서 날고, 다른 새와 옆구리를 맞대고 서식하며, 앞으로 나아갈 때도 감히 앞장서지 못하고, 물러설 때도 감히 뒤쳐지지 못하지요. 먹을 때도 감히 먼저 먹지 못하고 반드시 남이 먹고 남은 것을 먹지요. 그래서 그 행렬에서도 배척당하지 않고 외부의 사람들도 그에게 해를 입힐 수 없었지요. 그래서 재난에서 벗어난 것입니다. 곧은 나무는 먼저 벌목되고 달콤한 우물물은 먼저 마르는 법입니다. 선생은, 내가 생각해 보니, 자기의 지식을 꾸며서 어리석은 사람을 놀라게 하고, 몸을 닦아 남의 잘못된 행동을 밝히며, 환하게 해와 달을 매달아

놓은 것처럼 행동하니, 그 때문에 화를 면하지 못합니다. 옛날에 나는 크게 완성된 분에게서 다음과 같은 내용을 들은 바가 있습니다. '자기를 자랑하는 자는 공이 없고, 공을 이룬 자는 몸을 망치며, 명성을 이룬 자는 이지러진다.'고. 누가 과연 공명을 버리고 도리어 대중들과 어울릴 수 있겠소? 자기의 도가 널리 세상에 퍼져도 자기의 도임을 밝히거나 자처하지 않고, 자기의 방식이 세상에 행해져도 자기의 이름을 내세우거나 자처하지 않으며, 순수하고 한결같으면서 광인의 무리에 끼어, 삶의 흔적을 지우고 세력을 버리며 공명을 추구하지 않는다면 그 때문에 남에게 요구하는 일도 없고, 남도 또한 그에게 요구하는 일이 없을 것이오. 그래서 지극한 경지에 있는 사람은 소문나는 일이 없지요. 그런데 선생은 무엇을 기뻐하는 것인가요?" 공자는 "좋은 말씀이오." 하고 대답하고는 사람들과 교제하는 것을 끊고, 제자들을 떠나보냈다. 그러고는 늪지대에 숨어 남루한 옷을 입고 도토리나 밤을 먹으며 살았다. 그리하여 짐승들 속에 들어가도 무리가 흩어지지 않고, 새떼 속에 들어가도 행렬이 흩어지지 않게 되었다. 새나 짐승도 싫어하지 않는데 하물며 사람이야 말할 나위가 있겠는가!

[난자풀이]

孔子圍於陳蔡之間(공자위어진채지간): 노나라 哀公 6년, 공자가 초나라의 昭王에게 초대되어, 초로 가던 도중 陳·蔡 두

나라 사이에서 양호로 오인되어 포위당한 적이 있었다. 太公任(태공임) : 大公任으로 되어 있는 판본도 있다. 太公이 관직이고 任이 이름이라는 설도 있고, 太公이 성이고 任이 이름이라는 설도 있지만, 어느 쪽이 맞는지 둘 다 맞지 않는 것인지 확실하지 않다. 가공의 인물일 수도 있다. 翂翂狌狌(분분질질) : 푸덕거리며 천천히 나는 모양. 迫脅(박협) : 옆구리가 닿다. 緒(서) : 나머지. 잔여. 大成之人(대성지인) : 크게 완성한 사람. 여기서는 노자를 지칭한다. 得(득) : 터득한 능력. 德과도 통용된다. 居(거) : 자처하다. 比(비) : 줄 서다. 끼어 있다. 責(책) : 요구하다. 裘(구) : 갖옷. 가죽옷. 褐(갈) : 베옷.

[해설]

 '나는 똑똑하다'는 말은 '당신들은 똑똑하지 않다'는 말이다. 그러므로 '나는 똑똑하다'고 생각하는 사람이 있다면 그는 남을 무시하는 죄를 짓는 사람이다. 이러한 논리에서 보면, '나는 훌륭하다' '나는 착하다' '나는 용감하다' '나는 아름답다' 등으로 생각하는 사람은 죄를 짓는 사람이다. 그러한 사람을 남들은 미워한다. 그렇기 때문에 그러한 사람들은 화를 입는다.


孔子問子桑雽曰 吾再逐於魯 伐樹於宋 削迹於衛 窮於商周 圍於陳蔡之間 吾犯此數患 親交益疏 徒友益散 何與 子桑雽曰 子獨不聞假人之亡與 林回棄千金之璧

負赤子而趨 或曰爲其布與 赤子之布寡矣 爲其累與 赤子之累多矣 棄千金之璧 負赤子而趨 何也 林回曰 彼以利合 此以天屬也 夫以利合者 迫窮禍患害相棄也 以天屬者 迫窮禍患害相收也 夫相收之與相棄亦遠矣 且君子之交淡若水 小人之交甘若醴 君子淡以親 小人甘以絶 彼無故以合者 則無故以離 孔子曰 敬聞命矣 徐行翔佯而歸 絶學捐書 弟子無挹於前 其愛益加進 異日 桑雽又曰 舜之將死 眞泠禹曰 汝戒之哉 形莫若緣 情莫若率 緣則不離 率則不勞 不離不勞 則不求文以待形 不求文以待形 固不待物

[국역]

　공자가 자상호에게 물었다. "나는 두 번이나 노나라에서 쫓겨났고, 송나라에서는 나무를 잘라 나를 죽이려 했으며, 위나라에서 추방된 일이 있고, 송(宋)나라와 주(周)나라에서는 궁지에 몰린 적이 있으며, 진(陳)나라와 채(蔡)나라 사이에서는 포위당한 일이 있습니다. 나는 이 여러 환란을 당했기 때문에 친하게 사귀던 사람들이 멀어지고, 제자들은 흩어졌습니다. 도대체 무슨 까닭입니까?" 자상호가 대답했다. "선생께서는 假(가) 땅의 사람이 도망한 이야기를 못 들었습니까? 임회라는 사람은 천금짜리 옥돌을 버리고 아기를 업고 도망갔습니다. 그걸 본 어떤 사람이 말했습니다. '값어치 때문인가? 아기의 값이 더 적을 텐데. 번거로움 때문인가? 아기의 번거로움이 더 많을 텐데. 그런데도 천금짜리 옥돌을 버리고 아기를 얹고 달아난 것은 무엇 때문인가요?' 그러자 임회는, '그 옥돌은 이익으로 나와 맺어졌지만, 이 아기는 천륜으로 연결되어 있습니다. 이익으로 맺어진 관계는 곤란한 일·재난·환란·해로운 일 등이 닥치면 서로 버리게 되지만, 천륜으로 연결된 관계는 곤란한 일·재난·환란·해로운 일 등이 닥치면 서로 보호하지요.'라고 대답했습니다. 서로 보호하는 것과 서로 버리는 것의 차이는 큽니다. 또한 군자의 교제는 물같이 담담하지만 소인의 교제는 단술처럼 달콤합니다. 군자의 사귐은 담담하면서도 친하지만, 소인의 사귐은 달콤하면서도 곧잘 헤어집니다. 까닭 없이 맺어진 것은 까닭 없이 헤어지게 되는 것입니다." 이 말을 들은 공자는, "삼가 가르침을 받들겠습니다." 하고 말하고는 느릿느릿 걸어서 유유히 집으로 돌아갔다. 그때부터 학문을 중단하고 책을 내다 버렸다. 그러자 제자들은 앞에서 읍은 하지 않았으나 사랑은 더욱 깊어져 갔다. 훗날 자상호는 또 다음과 같이 말했다. "순임금이 곧 죽게 되었을 때 진솔하게 우를 깨우치기를, '그대는 조심하라. 육체는 자연의 변화에 맡기는 것이 제일이고, 마음은 본성에 따르는 것보다 더 나은 것이 없다'고 했습니다. 자연의 변화에 맡기면 자연에서 벗어나지 않고, 본성에 따라서 살면 힘들지 않습니다. 자연에서 벗어나지 않고 힘들지 않으면 몸을 의식하여 겉치레를 만들지 않습니다.

몸을 의식하여 겉치레를 만들지 않는다면 결코 남을 의식하지 않습니다."

[난자풀이]

子桑雽(자상호) : 大宗師에 나온 子桑戶임.　伐樹於宋(벌수어송) : 哀公 2년, 공자가 衛를 떠나 曹를 거쳐 宋으로 가면서 나무 밑에서 제자들과 예를 논하고 있었을 때, 宋의 司馬桓魋가 공자를 죽이려고, 나무를 공자 쪽으로 쓰러뜨린 일이 있었다. 削迹於衛(삭적어위) : 위나라를 떠난 일을 말한다.　窮於商周(궁어상주) : 宋은 商의 후손들이 살고 있는 나라였기 때문에, 商은 宋을 말한다. 공자가 宋나라와 周나라에서 우대 받지 못하고 곤궁했던 것을 말함.　假(가) : 나라 이름. 殷의 오자라는 설(孫詒讓)도 있다.　布(포) : 베. 돈. 화폐.　翔佯(상양) : 유유히 거니는 모양.　眞泠(진령) : 진솔하게 깨우치다.　緣(연) : 인연에 따르다. 자연의 움직임에 맡기는 것을 말한다.　率(솔) : 본성을 따르는 것.　文(문) : 무늬. 겉치레.　待(대) : 기다린다. 스스로 독립적으로 판단하거나 존재하지 못하고 남에게 의지하는 것을 말한다. 그러므로 여기서는 '의식 한다'로 번역했다.

[해설]

　인위적으로 추구하는 것은 가상의 것이다. 가상의 것은 본질적인 의미가 없다. 소꿉장난 같은 것이다. 가치가 있는 것은 오직 본질적인 것. 자연이 그것이다. 많은 사람들은 본질적인 것은 놓아두고 인위적인 것을 추구하느라 분주하다. 마치 소꿉장난하는 아이들처럼.


莊子衣大布而補之 正緳係履而過魏王 魏王曰 何先生之憊邪 莊子曰 貧也 非憊也 士有道德不能行 憊也 衣弊履穿 貧也 非憊也 此所謂非遭時也 王獨不見夫騰猿乎 其得柟梓豫章也 攬蔓其枝而王長其間 雖羿蓬蒙不能眄睨也 及其得柘棘枳枸之間也 危行側視 振動悼慄 此筋骨非有加急而不柔也 處勢不便 未足以逞其能也 今處昏上亂相之間 而欲無憊 奚可得邪 此比干之見剖心徵也夫


[국역]

　장자가 거친 베옷을 입었는데, 누덕누덕 기웠다. 그리고 끈으로 신발을 동여맨 채 위나라 왕 앞을 지나가자, 위나라 왕이 말했다. "선생이 이렇게 고달프게 된 것은 무슨 까닭인가요?" 장자는 대답했다. "가난한 것이지 고달픈 것이 아니요. 선비가 도덕을 가지고 있으면서 행하지 못하는 것이 고달픈 것입니다. 옷이 낡고 신발에 구멍이 난 것은 가난한 것이지 고달픈 것이 아니랍니다. 이는 말하자면 때를 만나지 못했다는 것이지요. 왕께선 나무에 오르는 원숭이를 보지 못했습니까? 원숭이는 녹나무나 가래나무에 올라가 그 가지를 잡고 그 사이에서 의기양양할 때는 예(羿)나 봉몽(逢蒙) 같은 명사수도 겨냥할 수가 없습니다. 그런데 그 원숭이가 산뽕나무나 가시나무 또는 탱자나무에 올라갔을 때에는 위험을 느껴서 제대로 다니지도 못하고 이리저리 살펴보며 두려워 부들부들 떱니다. 그 까닭은 근육이나 뼈가 위급함을 만나 유연하지 못하기 때문이 아니라, 처해 있는 상태가 불편해서 그 능력을 마음대로 발휘하지 못하기 때문입니다. 지금 어리석은 군주나 어지러운 재상들 틈에 있으니 고달프지 않으려 해도 어찌 가능하겠습니까? 그 때문에 비간도 심장을 해부 당했습니다. (이를 보아도) 분명합니다."

[난자풀이]
大布(대포) : 거친 베.   縶(혈) : 허리띠. 삼끈. 노끈. 正縶은 분명한 허리띠. 분명한 삼끈.   騰猿(등원) : 나무에 오르는 원숭이. 枏(남) : 柟의 속자. 녹나무. 굴거리나무.   梓(재) : 가래나무.   豫(예) : 櫲(여)와 통용. 녹나무.   章(장) : 樟(장)과 통용. 녹나무. 攬(람) : 잡다.   蔓(만) : 덩굴.   王長(왕장) : 왕성하고 잘 해내다. 逢蒙(봉몽) : 옛날 활의 명수로 소문난 사람.   眄(면) : 곁눈질하다.   睨(예) : 흘겨보다.   柘(자) : 산뽕나무.   枸(구) : 호깨나무. 가시가 있음.   悼(도) : 떨다.   徵(징) : 증거. 확증.

[해설]
　속된 사람들은 몸치장에 주력한다. 몸이 자기의 전부인 줄

알기 때문이다. 그런 사람들은 몸치장을 하지 못하게 되면 슬퍼한다. 그러나 진리를 아는 사람은 그렇지 않다. 몸은 바닷가에 널려 있는 작은 모래알과 다를 바 없다. 그래서 그는 몸치장을 대충하고 만다. 어려운 상황에서는 더욱 그렇다.


孔子窮於陳蔡之間 七日不火食 左據槁木 石擊槁枝 而歌猋氏之風 有其具而無其數 有其聲而無宮角 木聲與人聲 犁然有當於人之心 顏回端拱還目而窺之 仲尼恐其廣己而造大也 愛己而造哀也 曰回 無受天損易 無受人益難 無始而非卒也 人與天一也 夫今之歌者其誰乎 回曰 敢問無受天損易 仲尼曰 飢渴寒暑 窮桎不行 天地之行也 運物之泄也 言與之偕逝之謂也 爲人臣者 不敢去之 執臣之道猶若是 而況乎所以待天乎 何謂無受人益難 仲尼曰 始用四達 爵祿並至而不窮 物之所利 乃非己也 吾命其在外者也 君子不爲盜 賢人不爲竊 吾若取之何哉 故曰 鳥莫知於鷾鴯 目之所不宜處 不給視 雖落其實 棄之而走 其畏人也 而襲諸人間 社稷存焉爾 何謂無始而非卒 仲尼曰 化其萬物而不知其禪之者 焉知其所終 焉知其所始 正而待之而已耳 何謂人與天一邪 仲尼曰 有人天也 有天 亦天也 人之不能有天性也 聖人晏然體逝而終矣

[국역]

　공자는 진(陳)나라와·채(蔡)나라 사이에서 곤경에 빠져 이레 동안이나 익힌 음식을 못 먹었다. 왼손으로 마른나무를 붙잡고 오른 손으로 마른 나뭇가지를 두들기며 신농씨의 노래를 불렀다. 두드리고는 있어도 장단이 안 맞고 소리는 내고 있어도 가락이 안 맞았다. 그런데도 나무소리와 사람소리가 잘 어울려 사람의 마음에 와 닿는 것이 있었다. 안회는 (애처롭기도 하고 감동적이기도 해서) 단정하게 공수(拱手)한 채 눈길을 피하며 곁눈으로 보고 있었다. 공자는 안회가 공자를 과대하게 평가하여 위대하다고 생각하거나, 공자를 사랑하여 슬픈 마음을 자아낼까 염려하여 말했다. "안회야, 하늘이 준 재난에 상처받지 않기는 쉬우나 사람이 주는 부귀영달의 자리를 받아들이지 않기는 어렵다. 시작만 하고 마치지 않는 것은 없다. 사람이 하늘이고 하늘이 사람이다. 지금 노래하고 있는 자는 누구인가?" 안회가 말했다. "하늘이 준 재난에 상처받지 않기는 쉽다는 말은 무슨 뜻입니까?" 공자가 대답했다. "굶주림과 목마름, 추위와 더위, 곤란하고 막혀서 오도 가도 못하게 되는 것 등은 천지가 하는 일로서 만물을 움직이면서 일으키는 일이니, 천지의 움직임에 따르기만 하면 된다는 것을 말하는 것이다. 신하된 자는 임금의 일에서 벗어나지 못한다. 신하의 일을 하는 도리도 이러한데 하물며 하늘을 받드는 일에서야 어떠하겠는가!" "사람이 주는 부귀영화의 자리를 받아들이지 않기는 어렵다는 말은 무슨 뜻입니까?" 공자가 대답했다. "처음 사방으로 통달하여 벼슬과 녹봉이 아울러 이르면 그칠 줄 모르고 추구한다. 남들이 이롭게 여기는 것은 자기 고유의 것이 아니다. 나는 그것을 자기 밖에 있는 것이라고 이름 붙인다. 군자는 도둑질하지 않고 현인은 훔치지 않는다. 내가 만약 그런 것을 가진다면 어떻게 되겠는가? 그러므로 다음과 같은 말이 있다. '새 중에서 제비보다 지혜로운 것은 없다. 있을 만하지 않은 곳을 보면 찬찬히 둘러보지도 않는다. 비록 입에 문 먹이를 떨어뜨려도 버린 채 도망쳐 버리는 것은 사람을 두려워하기 때문이다. 그러면서도 사람들 사이에 들어가 사는 것은 삶의 터전이 그곳에 있기 때문이라'고 하는 것이다." "시작만 하고 마치지 않는 것은 없다고 한 것은 무슨 말씀이십니까?" 공자가 대답했다. "만물을 변화시키고 있지만 언제 어떻게 하는지를 알 수가 없다. 어찌 마치는 바를 알며, 어찌 시작하는 바를 알겠는가? 다만 자기의 본분을 바르게 지키면서 기다릴 뿐이다." "사람이 하늘이고 하늘이 사람이라는 것은 무슨 말씀이십니까?" 공자가 대답했다. "사람이 사는 것도 하늘이 하는 일이고, 하늘이 움직이는 것도 하늘이 하는 일이다. 그런데 사람이 하늘의 모습을 간직하지 못하는 것은 자기의 성질 때문이다. 성인은 편안히 하늘의 움직임과 한 몸이 되어 마치는 것이다."

[난자풀이]

猋氏(염씨): 猋는 원래 개가 빨리 달리는 모양을 의미하는 것으로 음이 '표'인데, 여기서는 焱(염)으로 되어야 할 것이 잘못된 것으로 보인다. 焱氏는 신농씨다. 風(풍): 노래. 주로 민요를 풍이라 한다. 有其具(유기구): 연주하는 모양을 갖추었다. 즉, 여기서는 나뭇가지를 두드리고 있는 것을 말한다. 宮角(궁각): 궁상각치우의 오음을 말함. 宮商角徵羽(궁상각치우)는 서양 음악의 도래미파솔라시도와 같은 음계를 말한다. 犁然(리연): 얼룩소의 무늬처럼 잘 어울리는 모양. 天損(천손): 하늘이 주는 재앙. 人益(인익): 사람이 주는 것. 부귀영달 등이 이에 해당한다. 泄(설): 일으키는 것. 창의적인 행위. 원래 누설한다는 뜻인데, 하늘의 비밀을 누설하는 것이 모두 창의적인 것이 되므로 여기서는 창의적인 행위를 하는 것을 말한다. 物之所利(물지소리): 남들이 이롭게 여기는 것. 物은 자기를 제외한 모든 존재를 말한다. 鷾鴯(의이): 제비. 實(실): 입에 물고 있던 먹이. 社稷(사직): 국가. 국가는 삶의 터전이므로, '삶의 터전'으로 번역했다. 禪(선): 물려주다. 넘겨주다. 하늘이 사람들을 부리는 것이 아니라, 하늘의 능력을 사람에게 그대로 물려주었기 때문에 禪이라는 말을 쓴 것이다. 하늘이 사람을 부리는 일은 사람으로 하여금 일일이 어떤 행위를 하도록 명령하는 것이 아니라, 자기의 능력을 물려주어 스스로 알아서 행동하도록 한 것이다. 그러므로 하늘이 하는 일은 물려주는 일 뿐이다. 그러므로 사람은 하늘의 뜻을 일일이 따르는 것이 아니라 하늘의 능력을 그대로 물려받았으므로 하늘에서 물려받은 자기 본래의 능력을 발휘하기만 하면 된다. 하늘의 능력을 그대로 물려받았다는 것은 사람이 하늘의 종속물이 아니라 하늘 그 자체라는 것을 의미한다. 體逝(체서): 하늘의 움직임과 한 몸이 되어서 가는 것.

[해설]

 불구로 태어나는 것이나 가난한 집에 태어나는 것 등은 모두 하늘이 주는 재난이다. 자연의 입장에서 보면 그런 것은 다 자연일 뿐이다. 온전하게 태어나는 것이나 부귀하게 태어나는 것이나 차이가 없다. 그러므로 자연의 모습을 간직하고 있는 사람은 그런 것을 개의치 않는다.

 그러나 인간이 만든 벼슬이나 녹봉은 자연이 아니다. 소꿉장난을 하는 것처럼 인간이 인위적으로 만든 것이다. 그러나 인간이 인간 세상에 살면서 한번 인위적인 부귀영달에 맛을 들이면 욕심이 끝없이 커지기 때문에 거기서 벗어나기 어렵다. 부귀영달은 인간이 만든 소꿉장난 같은 것이므로 본래 자기 고유의 것이 아니지만, 사람들은 부귀한 사람들을 이롭게 여기면서 그들을 따른다. 그들을 따르는 것은 그들의 인간성 자체를 따르는 것이 아니라, 그들이 가지고 있는 벼슬이나 녹봉 등의 허울일 뿐이다. 벼슬이나 녹봉은 본래 자기 고유의 것이 아닌데도 사람들은 마치 그런 것을 자기 고유의 것으로 착각한다. 자기 고유의 것이 아닌데 자기 고유의 것으로 여기는 것은 훔치는 것이다. 벼슬이나 녹봉을 가지고 있는 사람이 그것을 자기의 것으로 여기지 않으면서 가지고 있으면 괜찮지만, 자기 고유의 것인 것처럼 여긴다면 그것은 훔치는 것이다. 그래서 군자는 그런 것을 훔치지 않는다고 했다.

그런데 만약 공자가 그런 것을 일체 추구하지 않는다면, 인간 세상을 떠나는 것이 좋을 것으로 생각하지만, 그러나 인간세상은 공자의 삶의 터전이기 때문에 떠날 수 없다. 이는 사람을 무서워하면서도 사람들과 가까이 살 수 밖에 없는 제비와 같다. 인간 세상에 살면서 세상 사람들이 추구하는 것을 추구하지 않고 살기는 참으로 어렵다.

사람이 이 세상에 온 것은 할 일을 하러 온 것이기 때문에 할 일을 다 마치고 가야 한다. 할 일 없이 온 경우도 없고, 할 일을 마치지 않고 가도 되는 경우도 없다. 그런데 할 일이 무엇인지, 언제 시작되고 언제 마쳐야 하는지 등등을 구체적으로 알기는 매우 어렵다. 욕심을 다 비우고 순수한 본래마음으로 돌아가 하늘의 마음과 하나가 될 때 비로소 느껴지는 것이다.

사람은 원래 하늘의 뜻을 가지고 하늘의 뜻으로 태어났다. 그러므로 사람은 원래 하늘의 뜻대로 하늘과 하나가 되어 살았다. 그러다가 욕심이 생겨 하늘의 뜻을 상실하면서 온갖 부작용이 생겨났다. 공자가 여기서 말한 性은 하늘에서 타고 난 본성을 뜻하는 것이 아니라, 사람의 욕심에서 나오는 각각의 성질을 의미한다.


莊周遊乎雕陵之樊 覩一異鵲自南方來者 翼廣七尺 目大
運寸 感周之顙而集於栗林 莊周曰 此何鳥哉 翼殷不逝
目大不覩 蹇裳躩步 執彈而留之 覩一蟬 方得美蔭而忘
其身 螳蜋執翳而搏之 見得而忘其形 異鵲從而利之 見
利而忘其眞 莊周怵然曰 噫 物固相累 二類相召也 捐彈
而反走 虞人逐而誶之 莊周反入 三月不庭 藺且從而問
之 夫子何爲頃間甚不庭乎 莊周曰 吾守形而忘身 觀於
濁水而迷於淸淵 且吾聞諸夫子曰 入其俗 從其俗 今吾
遊於雕陵而忘吾身 異鵲惑吾顙 遊於栗林而忘眞 栗林虞
人以吾爲戮 吾所以不庭也


[국역]

　장자가 조릉이라는 밤나무 밭 울타리 안을 거닐다가 우연히 남쪽에서 날아오는 이상한 까치 한 마리를 보았다. 날개가 넓어 폭이 일곱 자나 되고, 눈은 커서 직경이 한 치나 되는 것이 장자의 이마를 스치고 지나가 밤나무 숲에 앉았다. 이를 본 장자가 말했다. "이게 무슨 새일까? 날개가 크지만 제대로 날아가지 못하고 눈이 크지만 제대로 보지 못하네." 그리고는 아랫도리를 걷어 올리고 빠른 걸음으로 다가가 활을 잡고 그 새를 쏘려 했다. 그러다가 우연히 매미 한 마리가 시원한 나무그늘에서 제 몸을 잊은 듯이 울고 있는 것이 눈에 뜨였다. 또 그 곁에 사마귀가 그 매미를 잡으려고 나뭇잎 그늘에 숨어 있으면서 오직 잡는 것만 생각하고 자기 몸을 잊고 있었고, 또 이상한 이 까치는 그 사마귀를 잡으려고 쫓아가 오직 잡는 것만 생각하고 자기 몸을 잊고 있었다. 이를 본 장자는 깜짝 놀라서 말했다. "아아! 모든 것은 먹이사슬에 서로 묶여 있구나. 먹는 것이 먹히는 것이 되고, 먹히는 것이 먹는 것이 되는구나!" 하고 말한 뒤 활을 내버리고 돌아서 달려 나왔다. 그러자 밤 밭지기가 쫓아와 (밤을 훔친 줄 알고) 욕을 했으므로, 장자는 도로 들어가 해명을 했으나 왠지 집에 돌아온 후로 석 달 동안이나 편안하지 않았다. 그러자 제자인 인저(藺且)가 놓치지 않고 그 까닭을 물었다. "선생님께서는 무엇 때문에 요즈음 몹시 심기가 불편하십니까?" 그러자 장자가 말했다. "나는 나의 허울을 지키려 하다가 나의 본 모습을 잊었다. 이는 흙탕물을 보다가 심연의 맑은 물을 잊은 것이다. 나는 선생에게서 들었다. '고을에 들어가면 그 고을의 풍속을 따르라'고. 나는 이번에 조릉을 거닐다가 나의 본 모습을 잊었고, 이상한 까치는 나의 이마를 스치고 밤나무 숲에 날아가 자신의 본 모습을 잊었으며, 밤나무 밭지기는 나를 나쁜 사람으로 여겼다. 나는 이 때문에 편하지 않은 것이다."

[난자풀이]

雕陵(조릉) : 뒤 문장을 보면 '밤 밭으로 된 언덕임'을 알 수 있다.　睹(도) : 의도적으로 보는 것이 아니라 우연히 보는 것을 말한다. '보이다', '눈에 띄다' 등의 뜻이 되기도 한다.　廣(광) : 가로의 길이.　運(운) : 세로의 길이.　感(감) : 스치다. 닿다.　集(집) : 모이다. 편안하다. 여기서는 나무숲에서 '편안해졌다'는 뜻이므로 '앉았다'는 뜻이 된다.　褰(건) : 襄과 통용. 옷자락을 걷어 올리다.　裳(상) : 아랫도리.　蹠(곽) : 바삐 가다.　彈(탄) : 탄환. 탄환을 쏘는 활.　留(류) : 머무르다. 마음이 머무르는 것은 시도하는 것을 말한다. 여기서는 쏘려고 시도하는 것을 말한다.　翳(예) : 일산. 햇빛 가리개. 몸 가리개. 執翳는 사마귀가 잎에 몸을 숨기고 있는 것이 몸 가리개를 잡고 있는 것처럼 묘사된 것이다.　利(리) : 수확하다.　物(물) : 모든 존재.　累(루) : 묶다. 동여매다.　二類(이류) : 여기서는 먹히는 것과 먹는 것의 두 종류를 말한다.　虞人(우인) : 산이나 동산 등을 지키는 사람.　誶(수) : 욕하다.　反入(반입) : 도로 덜어가다. 해명하러 들어가는 것을 말한다.　庭(정) : 마당. 뜰. 안마당은 편안한 곳이기 때문에 여기서는 '편안하다'로 번역했다.　從(종) : 따르다. 놓치지 않고 어떤 행위를 하는 것을 말한다.　頃間(경간) : 요즈음.　形(형) : 나타난 모습. 외형. 허울.　身(신) : 자신의 본래 모습.　戮(육) : 죽이다. 벌. 형벌. 벌 받은 사람. 나쁜 사람.

[해설]

　매미는 그늘 밑에 울기 바빠서 사마귀에게 잡히는 줄 모르고, 사마귀는 매미 잡는 것에 몰두하느라 까치에게 잡히는 줄 모르며, 까치는 사마귀 잡는 것에 몰두하느라 장자에게 잡히는 줄을 모른다.

　이를 보고 장자는 놀랐다. 자기도 까치 잡는 것에 몰두하느라 자기의 중요한 본질을 잊고 있다는 것을 알았기 때문이다.

　사람들은 욕심을 채우기에 급급하여 자기의 귀중한 것을 잊어버린다. 돈은 몸을 살리기 위해서 필요한 것인데, 그 돈을 벌기 위해 몸을 상한다. 본말이 전도된 것이다. 경쟁하고 있는 현실만 바라보면 경쟁이 본질적인 것처럼 보이기 때문에 경쟁이 없는 본래 세계를 알기 어렵다. 마치 흙탕물만 바라보면 깊은 곳에 맑은 물이 흐른다는 것을 알지 못하는 것과 같다.

　'나'라는 개념은 본질이 아니다. 인간의 의식이 만들어낸 허울이다. '나'를 만들면 '너'가 만들어져 경쟁을 하게 된다. 일단 경쟁에 빠져들면 자기의 욕심 채우기에 몰두하느라 먹이의 사슬에 얽매여 벗어나지 못한다. 슬픈 일이다. 이를 알게 된 장자는 놀랐다. 빨리 잊어버린 본질을 찾지 않으면 안 되었다. 자기의 본질을 잊고 허울에 끌려 다니는 속박된 자기의 현실에서 벗어나지 않으면 안 되었다. 그래서 달려 나왔다. 지금까지의 자기의 삶에 회의가 들었고 반성이 되었다. 잘못된 자기의 삶을 알고 반성하는 데서 본질을 찾는 일이 시작된다. 본질을 찾아 본질에 따라 사는 것이 진리다.

　자기의 본질을 찾으면 '나'라는 것에서 벗어나고, 그렇게 되면 일체의 속박에서 벗어난다. '나'라는 것에서 벗어나면 언제나 다른 것과 하나가 될 수 있다. 어느 고을에 들어가더라도 그 고을의 풍속에 맞출 수 있는 것이다. 장자는 스승에게 이 말을 들었으면서도 그 뜻을 알지 못했고 실천하지 못했다. 까치 잡는 데 몰두하느라 자기의 본질을 잊었다. 그러다가 밤 밭지기에게 몰려 나쁜 사람이 되기도 했다. 이 경험이 장자로 하여금 진리를 찾는 큰 계기를 만든 것이다.

陽子之宋　宿於逆旅　逆旅人有妾二人　其一人美　其一人惡　惡者貴而美者賤　陽子問其故　逆旅小子對曰　其美者自美　吾不知其美也　其惡者自惡　吾不知其惡也　陽子曰　弟子記之　行賢而去自賢之行　安往而不愛哉

[국역]

　양자가 송나라에 가서 여관에 머물렀다. 그때 보니까 그 여관 주인에게 첩이 둘 있었는데, 한 사람은 미인이었고 한 사람은 박색이었다. 그런데 그 박색의 첩은 귀여움을 받고 있었고 미인인 첩은 천대받고 있었다. 이를 본 양자가 그 까닭을 물었더니 여관의 심부름꾼이 다음과 같이 대답했다. "저 미인은 스스로 미인이라고 뽐내기 때문에 나는 그가 아름답게 여겨지지 않습니다. 그러나 저 못생긴 부인은 스스로 못생겼다고 생각하여 겸손하기 때문에 나는 그가 정말 못생긴 것으로 생각되지 않습니다." 이 말을 들은 양자는 말했다. "제자들아 이것을 기억하라. 어진 행동을 하면서도 자기가 어진 행동을 한다는 생각을 버리면 어디를 가더라도 사랑받지 않겠는가?"

[난자풀이]
陽子(양자) : 아마도 陽朱(양주)일 것이다.  逆旅(역여) : 여행자를 맞이하는 곳. 여관.

[해설]
  우리는 흔히 '미인단명'이라거나 '미인박명'이란 말을 접한다. 왜 이러한 말이 나왔을까? 미인은 어려서부터 많은 사람들의 주목을 받고 관심을 받아왔기 때문에 남에게 관심을 베푸는 것보다는 남에게 관심을 받는 것에 익숙하고, 남에게 봉사하기보다는 봉사를 받는 것에 익숙하다. 결혼을 하기 전의 사람은 결혼 상대자를 구할 적에 미인을 좋아하지만 결혼을 하여 가족이 되고 나면 그것이 그다지 중요하지 않다. 그것은 부모의 미모를 그다지 중시하지 않는 것과 마찬가지다. 그런데도 미인은 계속 봉사 받기를 바라기 때문에 미움

을 받게 되어 불행하게 되는 경우가 많다. 중요한 것은 미모가 아니라 마음이다. 그런데도 사람들은 마음을 다스리기보다는 미모를 가꾸는 일에 힘을 쏟고 있으니 무엇 때문인가?

# 21. 田子方

田子方篇에서는 세속적 삶의 너머에 있는 순수한 진리의 삶이 집중적으로 논의되고 있다.

田子方侍坐於魏文侯　數稱谿工　文侯曰　谿工　子之師邪　子方曰　非也　無擇之里人也　稱道數當　故無擇稱之　文侯曰　然則子無師邪　子方曰有　曰子之師雖邪　子方曰　東郭順子　文侯曰　然則夫子何故未嘗稱之　子方曰　其爲人也眞　人貌而天虛　緣而葆眞　淸而容物　物無道正　容以悟之　使人之意也消　無擇何足以稱之　子方出　文侯儻然　終日不言　召前立臣而語之曰　遠矣　全德之君子　始吾以聖知之言仁義之行爲至矣　吾聞子方之師　吾形解而不欲動　口鉗而不欲言　吾所學者眞土梗耳　夫魏眞爲我累耳

[국역]

　전자방이 위나라의 임금 문후를 모시고 앉아 있으면서 자주 계공의 현명함을 거론하였다. 그랬더니 문후가 물었다. "계공은 그대의 스승인가?" 자방이 말했다. "아닙니다. 제 고향 사람입니다. 道를 말하면 곧잘 이치에 맞으므로 무택 사람들이 그를 칭송합니다." 문후가 말했다. "그렇다면 그대에게는 스승이 없는가?" 자방이 말했다. "있습니다." "그대의 스승은 누구인가?" "동곽순자입니다." 문후가 말했다. "그렇다면 선생은 어째서 일찍이 그분에 대해 거론하지 않는가?" 자방이 말했다. "그분의 사람됨은 참됩니다. 사람의 모습을 하고 있으면서 하늘처럼 마음이 텅 비어 있고, 남으로 인해 움직이면서도 참 모습을 잃지 않고 있으며, 청렴하면서도 남을 다 포용합니다. 남들이 길을 바르게 가지 않더라도 포용함으로써 그들을 깨우쳐 그들의 사악한 마음이 사라지게 합니다. 그러니 무택 사람들이 어떻게 그를 평가할 수 있겠습니까?" 자방이 밖으로 나가자, 문후는 멍하게 정신을 잃고 종일토록 아무 말도 하지 않았다. 이윽고 앞에 서 있는 신하를 불러 말했다. "심원하구나! 덕을 온전히 갖춘 군자는. 처음에 나는 성스럽고 지혜로운 말씀이나 인의를 실천하는 행실을 최고로 여겼었다. 그러나 오늘 나는 자방의 스승에 대한 말을 듣고 내 몸이 풀어져 움직이기 싫고 입이 꽉 다물어져 말하기도 싫다. 내가 배우고 있는 것은 참으로 흙 부스러기나 나무가시 정도이구나. 위나라의 임금 자리는 나에게는 나를 얽매는 애물이로다."

[난자풀이]

田子方(전자방) : 성은 田, 이름은 無擇, 字는 子方. 『사기』 魏世家에 의하면, 魏文侯의 신하였다.  魏文侯(위문후) : 魏斯. 晉나라의 대부였던 魏斯, 韓虔, 趙가 晉나라를 분해하여, 魏, 韓, 趙라는 세 제후국으로 독립했다. 이 시기를 기점으로 춘추시대와 전국시대로 구분된다.  谿工(계공) : 위나라의 현인으로 설명되고 있으나 실재한 인물인지 알 수 없다. 이름으로 보면, 산에 사는 신선이 아니라 시내가 흐르는 골짜기에서 교묘한 능력을 가지고 살아가는 사람이란 뜻을 내포한다.  數(삭) : 자주. '헤아리다'는 뜻으로 쓰일 때는 음이 '수'이지만, '자주'라는 뜻으로 쓰일 때는 음이 '삭'이다.　東郭順子(동곽순자) : 이름을 보면, 동쪽 외곽지역에서 순리대로 사는 사람이란 뜻을 내포한다. 馬叙倫은 『순자』 『묵자』 등에 나오는 南郭惠子라고 한다.　緣(연) : 주어진 환경에 따라서 행동하는 것을 말한다. 葆眞(보진) : 참 모습을 보존한다. 葆는 밖으로 뚜렷하게 드러내지 않고, 더부룩하게 내부에 보존하고 있는 것을 말한다. 物(물) : 다른 것. 남. 자기를 제외한 모든 존재를 일컫는다. 意(의) : 생각. 뜻. 여기서는 인간의 욕심에서 나온 어떤 의지를 말한다.　儻然(당연) : 멍한 모습.　鉗(겸) : 箝과 통용. 재갈. 재갈물리다.　土梗(토경) : 흙 부스러기와 나무 가시. 하찮은 것을 말한다. 토경을 흙으로 만든 사람이란 뜻의 토우로 보는 설이 있어 많은 번역가들 이를 따르고 있으나, 문맥으로 보아 아무래도 어색하다.　累(루) : 얽어매다. 속박하다.

[해설]

　물론 위문후와 전자방을 등장시켜 엮어 가는 우화이다.
　참된 사람은 '나'라는 개념을 가지고 있지 않은 사람이다. 그러한 사람은 사람의 모습을 하고 있으면서도 일체의 욕심이 없기 때문에 언제나 마음이 텅 비어 있다. 그런 사람은 자기의 고유한 모양이 없이 담겨지는 그릇의 모양에 맞추어 자기의 모양을 만드는 물과 같다. 그래서 자기의 고유한 삶의 방식을 가지지 않고 놓여진 상황에 따라서 움직인다. 그렇게 할 수 있는 것은 자기가 없기 때문이 아니라 자기의 참 모습을 지니고 있기 때문에 가능하다. '나'라는 개념이 없는데서 자기의 참모습은 나타난다.

참된 사람은 소유욕이 없다. 그래서 언제나 맑고 깨끗하다. 그렇다고 해서 청렴하지 못한 남들을 꾸짖지도 않는다. 청렴하지 못한 사람이 청렴하지 못한 사람을 꾸짖는 법이고, 욕심쟁이가 욕심쟁이를 욕하는 법이다. '나'라는 개념이 없는 사람은 남의 마음이 될 수 있고, 남의 입장이 될 수 있다. 그래서 남을 이해하고 용납할 수 있고, 그래서 남을 감화시킬 수 있다.

남의 잘못을 꾸짖는 사람은 남의 잘못을 바로잡을 수 없다. 바로잡는 것은 언제나 그 사람 자신의 몫이다. 사람들은 남에게 꾸지람을 들으면 반성하기보다 오히려 반격을 한다. 오직 사랑을 받고 인정을 받을 때 스스로 반성하고 스스로 바로잡는다.

참된 사람은 '나'라는 개념이 없기 때문에 남들은 그가 어떤 사람인지 파악하기 어렵다.

세상의 어떤 지혜로운 말씀이나 도덕적인 행위도 '나'의 삶을 위한 것이라면, 그것은 최상의 수준이 아니다. '나'라는 개념이 없는 차원이 되어야 최상이 된다. 따라서 최상의 진리는 '나'를 없애는 것에서 찾아진다. 위나라의 문후는 언제나 '나'의 욕심을 채우는 방법을 배웠다. 그리고 '나'의 욕심을 채우는 것이 진리인 줄 알았다. 그러다가 동곽순자에 관한 이야기를 듣고 멍하게 정신을 잃었다. 지금까지 잘못 살아왔음을 알았다. 자기가 가장 중요하다고 생각했던 임금 자리가 자기를 얽어매는 가장 애물단지인 것을 알았다. 그것은 '나'를 제거하는 데 큰 장애물이다.


溫伯雪子適齊 舍於魯 魯人有請見之者 溫伯雪子曰 不可 吾聞中國之君子 明乎禮義而陋於知人心 吾不欲見也 至於齊 反舍於魯 是人也又請見 溫伯雪子曰 往也蘄見我 今也又蘄見我 是必有以振我也 出而見客 入而歎 明日見客 又入而歎 其僕曰 每見之客也 必入而歎 何耶 曰吾固告子矣 中國之民 明乎禮義而陋乎知人心 昔之見我者 進退一成規一成矩 從容一若龍一若虎 其諫我也似子 其道我也似父 是以歎也 仲尼見之而不言 子路曰 吾子欲見溫伯雪子久矣 見之而不言 何邪 仲尼曰 若夫人者 目擊而道存矣 亦不可以容聲矣


[국역]
　온백설자가 제나라로 가는 길에 노나라에 머물렀을 때, 노나라 사람 중에 뵙기를 청한 자가 있었다. 그러자 온백설자는 말했다. "안돼. 내가 듣기에 '중앙에 있는 군자는 예의에는 밝으나 남의 마음을 아는 데 서툴다'고 하더군 그래. 그래서 나는 만나고 싶지 않아." 제나라에 갔다가 돌아오는 길

에 또 노나라에 묵으니, 지난번 그 사람이 또 만나기를 청했다. 온백설자는 말했다. "전번에도 나를 만나고 싶어했고 지금 또 나를 만나고 싶어하니, 이는 반드시 나를 떨쳐 일으킬 그 무엇이 있을 거다." 그러고는 나가서 그 손님을 만나고 들어와 감탄을 하고, 다음날 다시 그 손님을 만나고 들어와 또 감탄을 했다. 그것을 본 그의 종이 물었다. "손님을 만날 때마다 반드시 방에 들어와 탄식을 하시는 건 어째서입니까?" 그러자 온백설자가 말했다. "내가 분명히 자네에게 말했었지. '중앙에 있는 사람들은 예의에는 밝으나 남의 마음을 아는 데는 서툴다'고 말이다. 그러나 어제 나를 만난 자는 나아가고 물러남이 하나하나 자로 잰 듯하고 차분한 움직임이 용 같기도 했다가 범 같기도 했다. 나에게 따질 때는 아들처럼 보였고 나를 인도할 때는 아버지처럼 보였다. 그래서 탄식을 한 것이다." 공자가 그를 만나고는 아무 말도 하지 않았다. 그러자 자로가 말했다. "선생님께서 온백설자를 만나고 싶어하신 지 오래되었는데, 그를 만나시고는 아무 말도 하지 않으시니 어째서입니까?" 이에 공자가 말했다. "그와 같은 분은 언뜻 보기만 해도 도가 있으니, 이러쿵저러쿵 말로 표현할 수가 없다."

[난자풀이]
溫伯雪子(온백설자) : 구체적으로 어디에 살던 누구인지는 알 수 없다. 이름으로 보면, 따뜻하고 눈처럼 깨끗한 사람이란 뜻

이며, 남쪽 변방에 살던 사람으로 설정되어 있다. 中國(중국): 중앙 지역. 서울. 一成規一成矩(일성규일성구): 한번은 원을 그리는 자로 그은 것에 일치하고 한번은 각을 그리는 자로 그은 것에 일치한다. 진퇴가 한 치의 오차도 없다는 것을 말한다. 從容(종용): 차분히 움직이다. 一若龍一若虎(일약용일약호): 한번은 용 같기도 하고 한번은 범 같기도 하다. 容聲(용성): 말을 하다.

[해설]

　세속에 사는 사람들은 '나'를 비우지 못하고 '나'를 챙기는 삶을 살기 때문에 진리에서 멀어지게 마련이다. 그러나 '나'를 챙기는 삶을 산다 하더라도 '나'의 욕심을 챙기지 않고 '나'의 참모습을 챙기면 진리에 도달할 수 있다. 공자가 그러한 사람이다. 공자는 '나'를 챙겨서 '나'를 넘어간 사람이다. 그는 '나'라는 고정된 모습에 사로잡혀 있지 않다. 상황에 따라 움직이고 자유자재로 행동한다.
　은자로 사는 사람 중에는 도에서 벗어나지 않고 사는 사람이 있다. 마치 성경에 나오는 아담과 하와 같은 사람이다. 그러한 사람은 도를 추구할 필요가 없다. 여기서 말하는 온백설자가 그러한 사람이다. 그러한 사람은 도 자체이다.

顔淵問於仲尼曰　夫子步亦步　夫子趨亦趨　夫子馳亦馳

夫子奔逸絶塵 而回瞠若乎後矣 夫子曰 回 何謂邪 曰夫
子步亦步也 夫子言亦言也 夫子趨亦趨也 夫子辯亦辯也
夫子馳亦馳也 夫子言道 回亦言道也 及奔逸絶塵而回瞠
若乎後者 夫子不言而信 不比而周 無器而民滔乎前 而
不知所以然而已矣 仲尼曰 惡 可不察與 夫哀莫大於心
死 而人死亦次之 日出東方而入於西極 萬物莫不比方
有目有趾者 待是而後成功 是出則存 是入則亡 萬物亦
然 有待也而死 有待也而生 吾一受其成形 而不化以待
盡 效物而動 日夜無隙 而不知其所終 薰然其成形 知命
不能規乎其前 丘以是日徂 吾終身與汝交一臂而失之 可
不哀與 女殆著乎吾所以著也 彼已盡矣 而女求之以爲有
是求馬於唐肆也 吾服女也甚忘 女服吾也亦甚忘 雖然
女奚患焉 雖忘乎故吾 吾有不忘者存

[국역]

　　안회가 공자에게 물었다. "스승님이 걸으시면 저도 또한
걷고 스승님이 빠른 걸음으로 가시면 저도 또한 빠른 걸음
으로 가며, 스승님이 달리시면 저 또한 달립니다. 하지만 스
승님이 빨리 달려서 먼지도 일어나지 않을 때는 저는 뒤에
쳐져서 눈만 휘둥그레 뜨고 있을 뿐입니다." 공자가 말했다.
"안회야, 그게 무슨 말이냐?" "스승님이 걸으시면 저도 또한
걷는다는 것은 스승님이 말씀하시는 것을 저 또한 그대로

말할 수 있다는 뜻입니다. 스승님이 빠른 걸음으로 가시면 저 또한 빠른 걸음으로 간다는 것은 스승님이 변론하시는 것을 저 또한 변론할 수 있다는 뜻입니다. 스승님이 달리시면 저 또한 달린다는 것은 스승님이 도를 말씀하시는 것처럼 저 또한 도를 말할 수 있다는 뜻입니다. 그리고 스승님이 빨리 달려서 먼지도 일어나지 않을 때는 저는 뒤에 쳐져서 눈만 휘둥그레 뜨고 있다는 것은 스승님께서 아무 말씀을 하지 않으셔도 남들이 믿어주고, 일일이 살펴주지 않아도 남들과 두루 통하며, 지위나 명예가 없어도 사람들이 그 앞에 모여드는데 그렇게 되는 까닭을 알지 못할 뿐이라는 뜻입니다." 공자가 말했다. "아, 잘 살피지 않을 수 있겠는가. 대저 슬픔 중에서 마음이 죽는 것보다 더 큰 슬픔은 없다. 몸이 죽는 것은 그 다음이다. 해는 동쪽에서 떠서 서쪽 끝에서 지는데, 모든 것은 그것을 따르고 본받는다. 눈이 있고 발이 있는 것은 이 해를 기다려 일을 한다. 해가 뜨면 세상일을 하고 해가 지면 세상일도 쉰다. 만물 또한 그러하다. 무엇인가에 따라서 죽고 무엇인가에 따라서 산다. 우리가 한번 사람의 모습을 받아 태어났으니, 망가뜨리지 말고 스스로 다할 때까지 기다려야 하는데도, 남들을 따라 경쟁적으로 움직여 밤낮으로 한가할 틈이 없으니, 언제 죽을지 모르게 되어버렸다. 다행하게도 사람의 모습을 이루었으니, 명을 알아서 지키기만 해야지, 그 앞에서 따져서는 안 된다. 나는 그래서 날마다 흐르는 대로 흘러갈 뿐이다. 내가 평생 동안 너와 한

팔을 붙잡고 붙들려 해도 잃을 수밖에 없으니, 슬프지 않을 수 있겠는가. 너는 거의 내가 (도를) 드러내려고 한 행위 그 자체만 드러내고 있다. 그건 이미 사라진 것인데 너는 그것을 구하면서 있는 것으로 여기고 있다. 이는 빈 마구간에 말을 구하러 가는 것이다. 내가 네게 감복하는 것도 빨리 잊어야 하는 것이고, 네가 내게 감복하는 것도 빨리 잊어야 하는 것이다. 비록 그러나 너는 무엇을 걱정하는가. 비록 옛날의 나에 대해서 잊어버렸다 해도 나에게는 잊혀지지 않는 것이 남아 있는 걸."

[난자풀이]
步(보) : 여기서는 말을 타고 걷는 것을 말한다. 瞠若(당약) : 눈이 휘둥그레지다. 比(비) : 따르다. 인정하다. 器(기) : 그릇. 기구. 수단. 여기서는 삶의 수단인 명예와 지위를 말한다. 惡(오) : 감탄사로 쓰일 때는 음이 '오'이다. 比方(비방) : 따르고 본받는다. 吾(오) : 여기서는 공자 자신의 처지를 말하는 것이 아니다. 공자가 사람들의 입장에서 '우리들'이라고 한 것이다. 不化(불화) : 망가뜨리지 않는다. 죽이지 않는다. 齊物論에는 不亡으로 되어 있다. 不能規(불능규) : 이리저리 따지지 않아야 한다. 이리저리 따지지 않게 해야 한다. 所以著(소이저) : 드러내는 수단. 도구. 여기서는 도를 드러내기 위한 수단으로서의 공자의 삶의 형식을 말한다. 唐肆(당사) : 빈 마구간. 唐은 빈 것을 말하고 肆는 마구간을 말한다.

[해설]

　안회와 공자의 대화는 말을 타고 가는 것에 비유하고 있다. 말을 타고 천천히 걷는 것은 말을 하는 것으로 설명했고, 말을 타고 빠른 걸음으로 가는 것은 변론을 하는 것으로 설명했으며, 말을 타고 빨리 달리는 것은 도를 말하는 것으로 설명했다. 그러나 말을 달리는 것이 마치 하늘을 나는 것 같아서 먼지도 일어나지 않는 것은 일체의 속박이나 형식에서 벗어나 도의 세계 자체에 머무는 것을 말한다.
　물질적 차원에서 사는 삶은 물질의 법칙에 얽매어서 사는 삶이다. 그러한 삶은 '나'와 '남'이 구분된 상태에서 관계의 법칙에 지배를 받는다. 내가 남을 사랑하면 남도 나를 사랑한다. 내가 남을 믿어주면 남도 나를 믿어준다. 가는 말이 고우면 오는 말도 곱다. 모든 소통은 언어라는 수단을 빌어야 한다. 그러나 물질적 차원을 넘어 도의 차원에서 사는 사람은 그렇지 않다. '나'와 '남'의 구별이 없다. 그러므로 더 이상 관계의 법칙에 지배받지 않는다. 이미 하나가 되어 있으므로 말을 하지 않아도 믿어준다.
　슬픔 중에서 큰 것은 몸이 죽는 것인데, 그보다 더 큰 슬픔은 마음이 죽는 것이다. 몸보다 마음이 더 중요한 것이다. 만물이 태양에 의지해서 살듯이 몸은 마음에 의지해서 산다. 그러나 마음의 세계는 보이지 않기 때문에 사람들이 알기 어렵다.
　우리가 한번 사람의 모습을 받아 태어났으면 우리의 몸은 마음에 따라 순리대로 살아야 한다. 그런데 몸만을 알게 되면 남과 경쟁하고 투쟁하게 된다. 한번 투쟁하는 삶이 되면 밤낮으로 투쟁하여 결국 몸도 망가뜨리고 만다. 마치 무리한 운전사가 운전하는 차는 언제 망가질지 모르는 것과 같은 것이다. 사람의 모습을 하고 태어났으면 명에 맡기고 순리대로 움직이면 될 것인데 사람들은 남과의 경쟁을 하느라 이리 따지고 저리 따진다. 공자는 이러한 것의 잘못을 알았다. 그래서 일체의 육체적 집착을 버리고 남과의 경쟁에서 벗어나 흐르는 물처럼 흘러가는 삶을 살았다.

육체적 삶을 사는 사람은 육체적 삶을 아무리 붙잡으려 해도 순간적으로 사라지고 만다. 참으로 슬픈 일이다.

공자의 삶은 남 보기에는 육체적 삶을 사는 것 같지만 그 삶은 道를 드러내기 위한 삶이었다. 그것을 알았다면 공자의 삶을 보고 공자처럼 도를 드러내는 삶을 살아야 할 것이다. 그러나 안연은 공자의 육체적 삶의 모습 그것만 흉내 내려 한 것이다. 그러한 삶에는 집착하지 말아야 한다. 그러한 삶의 방식은 바로 사라지고 만다. 그러므로 그러한 삶의 방식은 기억도 하지 말아야 한다. 그러한 것을 기억한다면 그 기억은 거짓이다. 이미 없는 것을 있는 것으로 착각한 상태에서의 기억일 뿐이다. 그러므로 육체적 삶의 방식을 기억하여 그것을 따르려 하면 그 기억 때문에 道가 사라지고 만다. 그래서 아무리 감동적인 것이라 하더라도 그것은 기억하지 않아야 한다. 오직 모든 삶의 형식은 道가 드러난 자연스러운 것이어야 한다.

 삶의 드러난 형식을 다 잊을 때 삶의 본질인 도가 모습을 드러낸다. 장자는 공자와 안연과의 대화를 예로 들어 이러한 이치를 설명하고 있다. 육체적 삶의 모습을 기억하지 말고 그 삶에 담겨있는 도를 알아야 한다는 것이다. 진리는 육체적 삶의 흔적을 모두 지울 때 비로소 그 모습을 드러낸다.

孔子見老聃 老聃新沐 方將被髮而乾 慹然似非人 孔子便而待之 少焉見曰 丘也眩與 其信然與 向者先生形體 掘若槁木 似遺物離人而立於獨也 老聃曰 吾遊心於物之初 孔子曰 何謂邪 曰心困焉而不能知 口辟焉而不能言 嘗爲汝議乎其將 至陰肅肅 至陽赫赫 肅肅出乎天 赫赫發乎地 兩者交通成和而物生焉 或爲之紀而莫見其形 消息滿虛 一晦一明 日改月化 日有所爲 而莫見其功 生有所乎萌 死有所乎歸 始終相反乎無端 而莫知乎其所窮 非是也 且孰爲之宗

[국역]
 공자가 노담을 만나러 갔는데, 노담은 막 머리를 감은 터라 머리카락을 풀어헤친 채 말리고 있었다. 우두커니 있는 모습이 사람이 아닌 것 같았다. 공자는 불편하지 않게 하기

위해 기다렸다가, 좀 지난 뒤에 뵙고 말했다. "제가 잘못 본 것일까요? 진짜 그런 건가요? 아까 선생님의 몸은 꼼짝도 않는 모습이 마치 말라죽은 나무 같았습니다. 외물을 분별함이 없고 사람의 차원에서도 벗어나 모두가 하나인 세계에서 계시는 것 같았습니다." 노담이 말했다. "나는 태초의 상태에 머물러 있었소." 공자가 말했다. "무슨 말씀인지요?" "마음을 아무리 써도 그것을 알게 할 수가 없고, 입을 열어 설명해도 그것을 말하게 할 수 없는 것이지만, 시험삼아 그대를 위해 그 핵심을 논해 보겠소. 지극한 음기(陰氣)는 고요하고 차가우며 지극한 양기(陽氣)는 밝고 따뜻합니다. 고요하고 차가운 것은 하늘에서 나오고, 밝고 따뜻한 것은 땅에서 나옵니다. 두 기운이 서로 통하여 조화를 이루면 만물이 생성됩니다. 무엇인가가 역사하고 있지만 그 형체는 볼 수가 없어요. 그 기운은 줄어들기도 하고 불어나기도 하며, 가득 차기도 하고 텅 비기도 하며, 어두워지기도 하고 밝아지기도 합니다. 날마다 바뀌고 달마다 바뀌어 언제나 쉬지 않고 작용을 하지만 그 작용하는 내용을 볼 수는 없는 것이지요. 산다는 것은 싹터 나오는 것이고 죽는다는 것은 돌아가는 것이지요. 시작되고 끝나는 것이 무단히 반복되므로 그 끝이 어디인지를 알 수 없어요. 이것이 아니고 무엇이 만물의 근원이 되겠소?"

[난자풀이]

新沐(신목) : 막 머리를 감고 난 상태를 말한다. 被髮(피발) : 披髮과 통용되어 머리를 풀어헤친 것을 말한다. 乾(간) : 말리다. 말린다는 뜻일 때는 음이 '간'이다. 慹然(집연) : 우두커니 있는 모습. 便(편) : 편의. 여기서는 불편하지 않게 하는 것을 말한다. 眩(현) : 잘못 보는 것. 掘(굴) : 崛과 통용되어 우뚝한 산이 꼼짝 않고 있듯이 꼿꼿하게 꼼짝 않고 있는 것. 遺物(유물) : 모든 것을 모든 것으로 인식하지 않는 것. 모든 것을 모든 것으로 인식하는 것은 인간의 의식이 그렇게 만드는 것이다. 인간의 의식은 원래 있었던 것이 아니라 인간이 만든 것이다. 그러므로 그 의식을 지워버리면 모든 것은 모든 것으로 인식되는 것이 아니라 아무 분별이 없어진다. 이를 장자는 遺物이라 표현했다. 離人(리인) : 사람의 차원에서 떠나다. 사람이 스스로 사람이라는 의식을 할 때 사람이다. 사람이라는 의식을 하지 않으면 사람이 아니다. 이를 장자는 離人이라 표현했다. 獨(독) : 인간의 의식의 작용을 잠재우면 모든 것의 분별이 사라진다. 모든 분별이 사라진 세계에서는 만물이 하나다. 이를 萬物一體라고도 한다. 이를 장자는 獨으로 표현했다. 物之初(물지초) : 만물의 처음 모습. 만물의 본질. 不能知(불능지) : 여기서는 '남으로 하여금 그것을 알게 하다'는 뜻으로 쓰였다. 不能은 사역형으로 쓰일 때가 있다. 不能言(불능언) : 남으로 하여금 그것에 대해 말하게 하다. 將(장) : 핵심. 중심. 장군은 군졸들의 중심이기 때문에 중심 또는 핵심이란 뜻이 된다.　肅肅(숙숙) : 고요하고 차갑다.　赫赫(혁혁) : 밝고 따뜻하다.　日有所爲(일유소위) : 언제나 작용하는 바가 있다. 日은 매일이란 뜻보다 '언제나'라는 뜻이다.　無端(무단) : 쇠로 된 고리처럼 시작하는 부분과 끝나는 부분이 따로 없이 시작이 끝이고 끝이 시작인 것.　宗(종) : 으뜸. 근원.

[해설]

　만물의 본질은 음기와 양기가 교차하는 세계이다. 음기는 고요하고 차가우며 양기는 밝고 따뜻하다. 고요하고 차가운 음기는 하늘에서 나오고, 밝고 따뜻한 양기는 땅에서 나온다. 이는 양에서 음이 나오고 음에서 양이 나오는 것을 설명한 것이다. 밤에 낮이 시작되고 낮에 밤이 시작되며, 여름에 추운 겨울이 나오고, 겨울에 따뜻한 여름이 나오는 것과 같은 이치다.

　음양의 두 기운은 줄어들기도 하고 불어나기도 하며, 가득 차기도 하고 텅 비기도 하며, 어두워지기도 하고 밝아지기도 한다. 또 음기와 양기는 늘 엉키고 반발하고 결합하는 작용을 끊임없이 한다. 그 결과 만물이 만들어지기도 하고 만물이 파괴되기도 한다. 음양의 움직임은 조금도 쉬지 않고 계속된다. 음양의 작용을 부리는 자가 있는 것 같기도 하지만 그 부리는 모습은 감각하기 어렵다.

　음양의 기운이 엉기면 만물이 되는데, 사람들은 이를 산다고 하는 것이고, 엉긴 것이 해체되면 엉기기 전의 상태로 돌아가는데 사람들은 이를 죽는다고 하는 것이다. 이는 마치 물에서 얼음이 얼었다 녹았다 하는 것과 같다. 얼음이 녹았다 얼었다 하는 것이 끝없이 반복되듯이 음양의 기운이 엉겼다 풀렸다 하는 과정도 끝없이 반복된다.

음양 두 기운으로 존재하는 본질은 감각기관을 가동해서 알 수 있는 것이 아니다. 감각기관의 문을 닫고 침잠하여 느낌으로 감지하는 것이다. 이는 오늘날 명상의 방법을 통해서 가능하다.

본질을 알지 못하고 사는 것은 뿌리를 모르고 사는 줄기나 잎과 같은 것이고, 물인 줄을 모르고 존재하는 얼음과 같은 것이다. 삶이 왜곡되고 말 것이며, 삶이 허무해지고 말 것이다.


孔子曰 請問遊是 老聃曰 夫得是 至美至樂也 得至美而遊乎至樂 謂之至人 孔子曰 願聞其方 曰草食之獸不疾易藪 水生之蟲不疾易水 行小變而不失其大常也 喜怒哀樂不入於胷次 夫天下也者 萬物之所一也 得其所一而同焉 則四肢百體將爲塵垢 而死生終始將爲晝夜 而莫之能滑 而況得喪禍福之所介乎 棄隷者若棄泥塗 知身貴於隷也 貴在於我而不失於變 且萬化而未始有極也 夫孰足以患心已 爲道者解乎此

[국역]

　공자가 물었다. "그러한 경지에서 노닐면 어떠합니까?" 노담이 대답했다. "이러한 경지에 들어가면 지극히 아름답고 지극히 즐겁소. 지극한 아름다움을 얻어서 지극히 즐거운 세계에서 노니는 자를 지인(至人)이라 하지요." 공자는 말했다. "그러한 경지에 들어가는 방법을 말해 주실 수는 없으십니까?" "풀을 먹는 짐승은 풀밭이 바뀌는걸 꺼리지 않고 물에 사는 벌레는 물이 바뀌는 것을 싫어하지 않지요. 조금 바뀌더라도 변함없이 살아갈 수 있기 때문에 희로애락의 감정이 마음에 끼어들지 않습니다. 하늘 아래 있는 이 우주는 만물이 모두 공통의 뿌리로 삼고 있는 것이지요. 그 공통의 뿌리를 얻어서 그 뿌리의 입장에서 모두 하나가 된다면 자기의 팔다리나 몸의 각 부분은 티끌이나 먼지와 다를 게 없으며, 삶과 죽음, 끝과 시작은 밤과 낮이 바뀌는 것처럼 느껴지게 됩니다. 그렇게 되면 아무 것도 마음을 어지럽게 하지 못합니다. 그러하니 길흉화복이 끼어들 곳이 있겠습니까? (사람들은 자기의 목숨을 위해서라면) 노예 버리기를 진흙 버리듯 할 수 있는 것은 자기의 몸이 노예보다 귀하다는 것을 알기 때문이겠지요. 그러므로 가장 귀한 道가 나에게 있어서 어떠한 변화에도 잃어버리지 않는다면 또한 일만 번을 죽고 죽어 끝없이 계속된다 하더라도 무엇이 마음에 고통을 줄 수 있겠습니까? 오직 道를 닦는 자만이 이 문제를 풀 수 있을 것입니다."

[난자풀이]

藪(수) : 늪지대. 풀밭.   胥次(흉차) : 마음.   滑(골) : 어지럽히다. '미끄럽다'는 뜻으로 쓰일 때는 음이 '활'이다.   化(화) : 죽는 것. 亻은 살아서 서 있는 사람을 뜻하고, 匕는 죽어서 넘어져 있는 사람을 뜻한다. 그러므로 化는 산 사람이 죽는 것을 말한다. 산 사람이 죽는 것은 질적 변화를 일으키는 것이므로 질적인 변화를 化라 한다.

[해설]

 인간은 의식을 가지고 남과 나를 구별하며 살아가는데 인간의 모든 희로애락은 이로부터 나온다. 그런데 의식은 원래부터 있었던 것이 아니고 인간이 만들어 넣은 것이다. 그러므로 의식에서 나타나는 모든 작용은 본질이 아니다. 물론 인간들의 희로애락도 본질적인 것이 아니라 헛것이다. 그러므로 의식을 뛰어넘어 나를 나로 의식했던 차원에서 벗어나면 세속적인 의미의 희로애락은 없어지지만 참 세계에서 나타나는 진정한 즐거움과 아름다움이 얻어진다. 노자는 그것을 황홀이라 했다.

 풀을 먹는 짐승은 풀밭이 바뀌는걸 꺼리지 않고 물에 사는 벌레는 물이 바뀌는 것을 싫어하지 않는다. 그것이 바뀌어도 살아가는 데 지장이 없기 때문이다. 나의 몸도 사실은 내가 사는 풀밭이고 내가 사는 물이다. 마치 내가 타고 다니는 자동차와 같은 것이다. 풀밭이 바뀌어도 싫어하지 않듯이, 내가 타던 자동차를 폐차하고 새 차로 바꾸어 타도 싫어하지 않듯이, 나의 몸이 죽는 것도 싫어할 것이 없다. 그러나 사람들은 그 사실을 모르기 때문에 몸이 죽는 것을 견디지 못하는 것이다.

물에 떠 있는 여러 얼음 조각들의 공통의 본질은 그 물이듯이, 하늘 아래 존재하는 하나의 기운이 만물의 공통의 본질이다. 그 본질을 알아서 본질의 입장에서 본다면, 얼음이 얼고 녹는 것이 아무 차이가 없듯이, 죽고 사는 것이 차이가 없다. 얼음 조각 하나가 부서져 떨어져 나간다 하더라도 물의 입장에서는 아무 차이가 없는 것처럼, 이 몸의 팔다리가 떨어져 나가거나 망가져 죽는다 해도 아무런 차이가 없다.

만물의 공통의 뿌리의 입장이 되면 자기의 몸은 더 이상 자기의 몸이 아니다. 마치 한강에 있는 모래알 하나와도 다를 바 없다. 그렇게 되면 몸을 함부로 대하는 것으로 착각하기 쉬우나 절대로 그렇지 않다. 몸에 대한 집착이 없어질 뿐이다. 몸에 대해 집착이 없어질 때 몸은 비로소 자연의 모습으로 돌아가 최선의 상태를 유지할 수 있다.

얼음이 물이라는 것을 알고 물의 차원에 머물러 있다면 아무리 얼었다 녹았다 되풀이해도 거리낌이 없을 것이다. 사람의 삶도 그렇다. 아무리 죽고 살고를 되풀이해도 전혀 거리낄 것이 없다.

孔子曰　夫子德配天地　而猶假至言以修心　古之君子
孰能脫焉　老聃曰　不然　夫水之於汋也　無爲而才自然矣
至人之於德也　不修而物不能離焉　若天之自高　地之自厚
日月之自明　夫何修焉　孔子出　以告顔回　曰丘之於道也
其猶醯雞與　微夫子之發吾覆也　吾不知天地之大全也

[국역]

　공자가 말했다. "선생께서는 덕이 천지와 하나가 되었으면서도 여전히 지극한 깨우침에 따라 마음을 닦고 계십니다. 옛 군자라 하더라도 누가 이에서 벗어날 수 있겠습니까!" 노담이 말했다. "그렇지 않습니다. 물이 물소리를 내는 것은 애써 노력하지 않고 재능이 저절로 그렇게 되는 것입니다. 지극한 경지에 있는 사람의 삶도 이와 마찬가지입니다. 일부러 덕을 닦으려 하지 않아도 저절로 만물과 하나가 됩니다. 하늘이 저절로 높고 땅이 저절로 두터우며 해와 달이 저절로 밝은 것과 같습니다. 저절로 그러할 뿐이니 어찌 일부러 道를 닦으려 하겠습니까?" 공자가 밖으로 나가서 안회에게 말했다. "내가 진리에 대해 추구하는 것이 마치 식초 따위에 덤벼드는 초파리와 같은 것이었다. 그분이 나의 덮인 것을 열어주지 않았다면 나는 끝내 천지가 매우 온전하다는 것을 알지 못했을 것이다."

[난자풀이]

猶(유) : 오히려. 그래도. 여전히.  假(가) : 빌리다. 빌린다는 것은 거기에 의지한다는 것이다. 그래서 여기서는 '따라서'로 번역했다.  脫(탈) : 벗어나다.  汋(작) : 물 흐르는 소리.  醯鷄(혜계) : 식초・술・간장 따위에 잘 덤벼드는 초파리.

[해설]

대단히 훌륭한 노자도 끊임없이 마음을 닦고 있는 것을 보면 마음을 닦지 않아도 되는 사람은 없는 것일까?

아담과 하와는 본래모습을 잃지 않은 사람이다. 그는 진리의 세계에 머물러 있는 사람들이다. 그들은 진리를 찾을 필요가 없다. 『장자』에 나오는 옛날의 군자가 바로 그런 사람들이다. 아무 의도함이 없이 움직이기만 하면 그것이 그대로 진리인 것이다. 그러나 진리의 세계에서 추방된 사람들은 그렇지 않다. 그들은 먼저 진리를 찾아야 한다.

천지자연은 원래 완전한 모습이고, 이 세상은 천국이다. 그러나 욕심에 어두워 진리를 잃은 사람에게는 천지가 반대로 보인다. 그들은 천지를 개조하기 위해 덤빈다. 그것은 마치 된장에 덤벼드는 초파리 같이 초라하고 한심한 것이다.


莊子見魯哀公 哀公曰 魯多儒士 少爲先生方者 莊子曰
魯少儒 哀公曰 擧魯國而儒服 何謂少乎 莊子曰 周聞之

儒者冠圜冠者 知天時 履句屨者 知地形 緩佩玦者 事至而斷 君子有其道者 未必爲其服也 爲其服者 未必知其道也 公固以爲不然 何不號於國中 曰無此道而爲此服者 其罪死 於是哀公號之 五日而魯國無敢儒服者 獨有一丈夫 儒服而立乎公門 公卽召而問以國事 千轉萬變而不窮 莊子曰 以魯國而儒者一人耳 可謂多乎

[국역]
　장자가 노나라 애공을 만났더니, 애공이 말했다. "노나라에는 유학하는 선비가 많은데 선생의 방술을 터득한 자는 적은 것 같소." 장자가 말했다. "노나라에는 유자가 적습니다." 애공이 말했다. "온 노나라 사람이 유복을 입고 있는데 어째서 적다고 하오?" 장자가 말했다. "저는 '유자가 둥근 갓을 쓰는 것은 천시를 안다는 것을 의미하고, 각진 신을 신는 것은 지형을 안다는 것을 의미하며, 실을 늘어뜨려 결이라는 구슬을 허리에 차는 것은 일을 맞아 결단성이 있음을 뜻한다.'고 들었습니다. 군자가 그 도를 가졌다고 해서 반드시 그런 옷을 입는 것은 아니며, 그런 옷을 입었다고 해서 반드시 그 도를 알고 있는 것은 아닙니다. 공께서 굳이 그렇지 않다고 생각하신다면, 어찌 온 나라 안에 '그 도가 없으면서 그 옷을 입는 자는 사형에 처한다.'고 포고령을 내려 보지 않으십니까?" 그리하여 애공이 포고령을 내렸다. 닷새가 지나니까 노나라에는 감히 유복을 입는 자가 없었다. 단지 한 사람

이 유복을 입고 궁궐 문 앞에 서 있었다. 애공이 바로 불러들여 국사를 물었더니 변화무쌍하여 막히는 데가 없었다. 장자가 말했다. "노나라를 통틀어도 유자는 한 사람뿐입니다. 많다고 할 수 있겠습니까?"

[난자풀이]
魯哀公(노애공) : 노나라의 마지막 임금. 기원전 494년에서 468년까지 재위했다.　擧(거) : 든다. 나라를 든다는 뜻은 나라의 전체를 말하므로 '전체'라는 뜻이 된다.　緩(완) : 끈을 늘어뜨리다.　千轉萬變(천전만변) : 천 번을 구르고 만 번을 변화시키다. 변화무쌍한 것을 말한다.

[해설]
　예나 지금이나 이 세상에는 사이비가 많다. 사이비를 알아보지 못하여 그들의 꼬임에 넘어가면 인생을 그르치게 되는 경우가 많다. 사이비를 알아보는 최고의 방법은 자신이 진리를 터득하면 된다. 그러나 그렇지 못한 상태에서 빨리 알아보는 방법은 먼저 경전을 읽어서 경전에 있는 내용과 대조해보면 된다. 경전에 있는 내용과 일치하지 않는 사람들은 대개 사이비로 보면 된다. 그런데 경전을 읽어도 잘못 읽는다면 또한 심각한 문제가 될 수 있다. 각별히 주의해야 할 것이다.

百里奚爵祿不入於心 故飯牛而牛肥 使秦穆公忘其賤 與之政也 有虞氏死生不入於心 故足以動人

[국역]
　백리해는 벼슬이나 녹봉이 마음에 없었다. 그래서 소를 먹이면 소가 살찌니 그것을 보고 진나라의 목공은 그의 천한 신분을 잊고 그에게 정치를 맡겼다. 유우씨는 죽음과 삶을 마음에 두지 않았으므로 남을 감동시킬 수가 있었다.

[난자풀이]
百里奚(백리해) : 진목공을 보좌한 현신.　秦穆公(진목공) : 춘추시대 秦나라의 명군. 재위는 기원전 658년에서 621년까지.
有虞氏(유우씨) : 순임금. 순임금의 성이 虞이기 때문에 순임금을 有虞氏라 한다. 순임금은 아버지와 동생이 여러 차례 그를 죽이려고 했다. 그러나 순임금은 그런 것을 염두에 두지 않아 결국 아버지와 동생을 감화시켰다.

[해설]
　벼슬이나 녹봉은 그것을 붙잡기 위해 달려가면 달아나 버린다. 그것을 초월하여 자기의 본래모습을 지키고 있을 때 따라오는 법이다. 그러나 그런 것이 자기에게 따라오게 하기 위해서 본래모습을 지킨다면 그것 또한 순수하지 못하기 때문에 잘못되고 만다.

벼슬이나 녹봉뿐만이 아니라 모든 것이 그렇다. 사랑이나 명예도 마찬가지다.


宋元君將畵圖　衆史皆至　受揖而立　舐筆和墨　在外者半 有一史後至者　儃儃然不趨　受揖不立　因之舍　公使人視 之　則解衣槃礴臝　君曰　可矣　是眞畵者也


[국역]
　송나라의 원군이 그림을 그리게 하니 많은 화공이 다 모였다. 명령을 받자 절하고 일어나 서서 붓을 핥고 먹을 가는데 (방에 들어가지 못하고) 밖에 있는 자가 반이나 되었다. 늦게 도착한 한 화공이 있었는데, 느긋하여 서둘지 않았다. 명령을 받자 절하고는 멈춰 서지도 않은 채 그 길로 숙소로 가 버렸다. 원군이 사람을 시켜 살펴보게 했더니 옷을 벗고 두 다리를 내뻗은 채 벌거숭이가 되어 쉬고 있었다. 원군은 "됐다. 그야말로 참된 화공이다." 하고 말했다.


[난자풀이]
宋元君(송원군) : 춘추시대 후기의 송나라의 임금. 재위는 기원전 531에서 517년.　史(사) : 여기서는 화가라는 뜻으로 쓰였다. 儃儃然(천천연) : 느긋한 모양. 여유로운 모양.　槃(반) : 즐기다. 머뭇거리다.　礴臝(박라) : 다리를 뻗고 벌거숭이가 되다.

[해설]

　상을 받기 위해 그림을 그리는 화가는 최고 수준의 화가가 아니다. 외부의 어떤 것에도 영향을 받지 않고 자기의 본래 모습을 지키면서 그림을 그리는 화가가 최고 수준의 화가다.
　화가뿐만이 아니다. 다른 직업에 종사하는 사람의 경우도 모두 그렇다. 어떤 목적을 달성하기 위해 종사하는 일은 참된 일이 아니다.


文王觀於臧　見一丈人釣　而其釣莫釣　非持其釣　有釣者也　常釣也　文王欲擧而授之政　而恐大臣父兄之弗安也　欲終而釋之　而不忍百姓之無天也　於是旦而屬之大夫曰　昔者寡人夢見良人　黑色而髯　乘駁馬而偏朱蹄　號曰　寓而政於臧丈人　庶幾乎民有瘳乎　諸大夫蹵然曰　先君王也　文王曰　然則卜之　諸大夫曰　先君之命　王其無它　又何卜焉　遂迎臧丈人　而授之政　典法無更　偏令無出　三年　文王觀於國　則列士壞植散羣　長官者不成德　斔斛不敢入於四竟　列士壞植散羣　則尙同也　長官者不成德　則同務也　斔斛不敢入於四竟　則諸侯無二心也　文王於是焉以爲大師　北面而問曰　政可以及天下乎　臧丈人昧然而不應　泛然而辭　朝令而夜遁　終身無聞　顔淵問於仲尼曰　文王其猶未邪　又何以夢爲乎　仲尼曰　黙　汝無言　夫文王盡之也

而又何論刺焉 彼直以循斯須也

[국역]

　문왕이 장(臧)이라는 땅에서 민정을 살피다가 낚시질을 하고 있는 한 노인을 보았다. 그런데 그 낚시하는 모양을 보니 물고기를 낚고 있는 것도 아니고 또 낚시에 뜻이 있는 것도 아니면서 그냥 낚시만 하고 있는 것이었는데, (그것도 한두 번만 하는 것이 아니라) 늘 하고 있는 것이었다. 문왕이 그를 등용하여 그에게 정치를 맡기려 하니 대신과 종친들이 불안해할까 두려웠고, 그대로 놓아두려니 백성들에게 하늘 같은 사람이 없어지는 것이 견딜 수 없었다. 그리하여 다음날 아침에 대부들에게 부탁하여 말했다. "어제 과인이 꿈을 꾸었는데, 살빛이 검고 구레나룻 수염을 기른 훌륭한 사람이 한쪽 발굽이 붉은 색을 한 얼룩말을 타고 있는 것을 보았소. 그는 '장이라는 땅의 꿋꿋한 사람에게 그대의 정치를 맡기면 백성들의 어려움이 해결될 걸세' 하고 큰 소리로 말해 주었소." 이 말을 들은 여러 대부들은 숙연해져서 말했다. "그분은 선왕이십니다." 문왕이 다시 말했다. "그렇다면 점을 쳐 봅시다." 그러자 여러 대부들이 말했다. "선왕의 명령이니 왕께서는 달리 의심할 것이 없습니다. 또 무엇 때문에 점을 치겠습니까?" 그리하여 드디어 장 땅의 노인을 맞이하여 그에게 정치를 맡겼다. 그는 법전을 바꾸는 것도 없고 명령 하나도 내리지 않았다. 그런데 3년이 지나 문왕이 나라를 둘러보았더니 여러 선비들이 내 사람 네 사람의 경계를 허물어 패거리가 흩어졌고, 관리의 우두머리들은 자기의 공을 내세우는 일이 없어졌으며, 양이나 눈금이 다른 도량형이 나라 안에 들어오지 않았다. 선비들이 내 사람 네 사람의 경계를 허물어 패거리가 흩어진 것은 하나 되는 것을 좋아하기 때문이고, 관리의 우두머리들이 자기의 공을 내세우지 않게 된 것은 모두가 함께 일하는 것으로 여기기 때문이며, 또 양이나 눈금이 다른 도량형이 나라 안에 들어오지 않는 것은 제후들이 잔꾀를 부리지 않게 되었기 때문이다. 그리하여 문왕은 그를 태사로 삼아 신하의 예를 갖추고 물었다. "이 정치를 온 천하에 퍼지게 해 주실 수 있겠습니까?" 장 땅의 노인은 멍하니 아무 대답도 하지 않다가 우물우물 사양했다. 아침에 명령을 받았는데 밤이 되자 달아나 영영 소식이 없었다. 안연이 공자에게 물었다. "문왕은 아직 덜 된 것이지요? 어째서 꿈을 빌리는 것입니까?" 이어 공자는 대답했다. "가만있어. 아무 말도 하지 말라. 문왕은 최선을 다한 것이다. 그러니 더 이상 어떻게 따지고 헐뜯겠는가! 그는 다만 순간적인 방편을 따른 것일 뿐이다."

[난자풀이]
觀(관) : 관광. 유람. 옛날 제왕들이 관광을 하는 것은 실은 민정을 살펴서 부족한 것을 도와주기 위한 것이었기 때문에 여기서는 민정을 살피는 것으로 번역했다. 臧(장) : 땅이름. 서

쪽에 있는 기산 근처에 있는 땅으로 생각된다. 丈人(장인) : 건장한 사람. 노인. 어른. 여기서는 太公望인 呂尚을 지칭한다. 屬(촉) : 부탁하다. 모으다. '잇다'는 뜻일 때는 음이 '속'이지만, '모으다' '부탁하다' 등의 뜻일 때는 음이 '촉'이다. 髥(염) : 구레나룻. 瘳(추) : 병이 낫다. 壞植(괴식) : 내 사람 네 사람의 경계를 허물다. 植은 내 사람, 또는 나를 추종하는 세력 등을 심는 것을 말한다. 散羣(산군) : 패거리를 분산시키다. 成德(성덕) : 자기의 공으로 내세우다. 鍾斛(유곡) : 용량의 단위. 鍾는 예순 너 말이 들어가는 용기이고, 斛은 열 말이 들어가는 용기임. 상인들이 용량을 속이기 위해서 다른 나라에서 쓰이는 용량이 다른 용기를 가져오는 경우가 있었던 것으로 보인다. 北面(북면) : 신하의 예를 갖추는 것. 신하는 북으로 향해 앉고, 임금은 남으로 향해 앉기 때문에 북면하는 것은 신하의 예를 갖추는 것이다. 何以夢爲(하이몽위) : 以夢爲何이어야 할 것이지만, 何가 의문사이므로 앞으로 나온 것이다. 斯須(사수) : 잠깐. 순간.

[해설]

오늘날 사람들은 사람들의 욕심을 채워주는 정치를 훌륭한 정치로 착각하는 경향이 있는 것 같다. 그러나 그것은 훌륭한 정치가 아니다. 참으로 훌륭한 정치는 사람들로 하여금 진리로 돌아가게 하는 것이다. 진리로 돌아간 사람은 일체의 욕심이 없다.

욕심은 가지고 있는 사람은 욕심이 자꾸 나오기 때문에 고정된 윤리를 따르지 않으면 안 된다. 그러나 욕심이 없는 사람은 고정된 윤리의식을 가지고 있지 않다. 그때그때의 느낌에 따라 행동한다. 그렇게 하는 것이 權이다. 거짓말을 하지 않아야 된다는 것도 고정된 윤리의식이다. 욕심이 없는 사람에게는 거짓말이라는 개념이 없다.


列禦寇爲伯昏無人射 引之盈貫 措杯水其肘上 發之 適矢復沓 方矢復寓 當是時 猶象人也 伯昏無人曰 是射之射 非不射之射也 嘗與汝登高山 履危石 臨百仞之淵 若能射乎 於是無人遂登高山 履危石 臨百仞之淵 背逡巡 足二分垂在外 揖禦寇而進之 禦寇伏地 汗流至踵 伯昏無人曰 夫至人者 上闚靑天 下潛黃泉 揮斥八極 神氣不變 今汝怵然有恂目之志 爾於中也 殆矣夫

[국역]
　열자가 백혼무인에게 활솜씨를 보였다. 활시위를 힘껏 당겼을 때 그의 팔꿈치 위에 물을 가득 담은 잔을 올려놓아도 물이 쏟아지지 않을 정도로 고요하였다. 화살을 쏘는데, 날아간 화살은 계속 같은 곳에 꽂혔고 쏘는 화살은 계속 활시위에 메워졌다. 그럴 때에도 (그 몸은 흐트러짐이 없어서)

마치 나무로 만든 인형 같았다. 이를 본 백혼무인이 말했다. "이는 활을 쏜다는 의식을 가지고 쏘는 것이지 활을 쏜다는 의식이 없는 무아의 경지에서 쏘는 것이 아닐세. 어디 시험 삼아 그대와 함께 높은 산에 올라가 뾰쪽한 바위 위에 서서 백 길이나 되는 낭떠러지에 다다라서도 자네는 잘 쏠 수 있겠는가?" 그러고서 백혼무인은 높은 산에 올라가 뾰쪽한 바위 위에 서서 백 길이나 되는 낭떠러지에 다가가 등을 돌려 뒷걸음질을 쳐서 발의 3분의 2를 공중에 드리운 채 열자에게 읍을 하며 오라고 했다. 열자는 (두려워서) 땅에 엎드렸는데, 땀이 줄줄 흘러 발꿈치에까지 흘러내렸다. 이를 본 백혼무인이 말했다. "덕이 지극한 사람은 위로는 푸른 하늘을 살피고 아래로는 황천의 바닥까지 들여다보며 우주를 휘젓고 다녀도 정신이나 기운이 변하지 않는데, 방금 자네는 두려워 눈이 아찔할 정도의 마음이 되었군 그래. 자네가 화살을 명중시키는 것은 위태로운 일이네."

[난자풀이]

**列禦寇**(열어구) : 열자.  **伯昏無人**(백혼무인) : 德充符篇에 이미 나왔음.  **盈貫**(영관) : "『사기』 伍子胥傳에 貫弓執矢로 되어 있다"는 설에 따르면, 활시위를 힘껏 당기는 것을 말한다. **肘**(주) : 팔꿈치. **適矢**(적시) : 날아간 화살. **復沓**(복답) : 반복해서 같은 곳에 합쳐졌다. 같은 곳에 꽂혔다. 沓은 합쳐지는 것을 말한다. **方矢**(방시) : 방금 쏘는 화살. **復寓**(복우) : 반복해서 활시위에 메워졌다. 寓는 화살을 활시위에 메우는 것을 말한다. 象人(상인) : 인형. 淵(연) : 못. 깊다. 여기서는 깊은 낭떠러지를 말한다. 若(약) : 너. 자네. 逡巡(준순) : 뒷걸음질 치다. 二分(이분) : 3분의 2. 恂目(순목) : 두려워서 눈이 아찔하다. 눈을 깜박거리다.

[해설]
　최고의 경지는 의식에서 이루어지는 차원이 아니다. 의식을 넘어 본연의 세계에서 이루어지는 것이다.


肩吾問於孫叔敖曰　子三爲令尹而不榮華　三去之而無憂色　吾始也疑子　今視子之鼻間栩栩然　子之用心　獨奈何　孫叔敖曰　吾何以過人哉　吾以其來不可却也　其去不可止也　吾以爲得失之非我也　而無憂色而已矣　我何以過人哉　且不知其在彼乎　其在我乎　其在彼邪　亡乎我　在我邪　亡乎彼　方將躊躇　方將四顧　何暇至乎人貴人賤哉　仲尼聞之曰　古之眞人　知者不得說　美人不得濫　盜人不得刦　伏戲黃帝不得友　死生亦大矣　而無變乎己　況爵祿乎　若然者　其神經乎大山而無介　入乎淵泉而不濡　處卑細而不憊　充滿天地　旣以與人　己愈有

[국역]

　견오가 손숙오에게 물었다. "당신은 세 번이나 초나라의 재상이 되었으나 영화롭게 여기지도 않았고, 또 세 번이나 파면을 당했는데도 슬퍼하는 빛이 없었다. 그래서 처음에 나는 당신을 내숭쟁이로 의심을 했었는데, 지금 보니 당신의 숨결이 매우 고요하고 느긋합니다. 당신의 마음가짐은 어떠합니까?" 손숙오가 대답했다. "내가 어찌 남보다 나은 것이 있겠소? 다만 나는 오는 것은 막을 수 없고 가는 것은 멈출 수 없다고 생각하고 있소. 나는 이해득실은 본래의 나와는 관계가 없는 것이라고 생각하고 있소. 그 때문에 슬퍼하는 빛이 없었던 것이지요. 내가 남보다 나은 것이 뭐가 있겠소? 나는 (사람들이 나를 존경하는 까닭이) 재상이라는 그 직책에 있는 것인지, 나의 인품에 있는 것인지 알 수가 없소. 재상이라는 그 직책에 있는 것이라면 나에게 있는 것이 아니고, 나에게 있는 것이라면 그 직책에 있는 것이 아니지요. 나는 이리저리 소요하며 유유자적하게 사방을 둘러보는 여유를 가지고 싶으니 어떻게 남들이 귀하게 여기거나 천하게 여기는 것에 마음을 뺏길 겨를이 있겠소?" 이 말을 전해들은 공자는 다음과 같이 말했다. "옛날의 진인(眞人)은 지혜로운 자도 그를 설득할 수 없었고 아름다운 여인도 그를 유혹할 수 없었으며 도둑도 그를 겁줄 수 없었고 복희씨나 황제도 그와 벗할 수 없었다. 인생에 있어서 살고 죽는 것은 큰 사건이지만 그에게는 차이가 없었으니, 하물며 벼슬 같은 것이 어떻게 그를 동요시킬 수 있겠는가! 그러한 사람은 큰 산을 지나가도 마음이 걸리지 않고 깊은 못에 들어가도 젖지 않으며 낮은 지위에 처해 있어도 고달프지 않다. 그의 마음은 천지에 가득 차 있어서 사람들에게 계속 주어도 더욱 채워진다."

[난자풀이]

孫叔敖(손숙오) : 춘추시대 때 초나라의 영윤이었던 子文의 이름. 令尹(영윤) : 지금의 총리에 해당하는 춘추시대 때 초나라의 벼슬. 鼻間(비간) : 코언저리. 코는 숨 쉬는 곳이므로 코언저리를 보는 것은 숨결을 보는 것이다. 栩栩然(허허연) : 한가롭고 느긋한 모양. 躊躇(주저) : 머뭇거리다. 소요하다. 說(세) : 달래다. '말한다'는 뜻일 때는 음이 '설'이지만, '달랜다' '설득한다' 등의 뜻일 때는 음이 '세'이다. 刦(겁) : 겁탈하다. 으르다. 介(개) : 끼이다. 개입하다. 憊(비) : 고달프다.

[해설]

내가 높은 직책을 가지고 있다면 많은 사람이 나를 존경하고 따른다. 그런데 이 경우 나의 직책 때문인가 아니면 나의 인격 때문인가? 직책 때문에 존경을 받게 되었다면 내가 존경받는 것이 아니므로 직책을 얻었다 해서 기뻐할 것이 없다. 또 나라는 사람의 인격 때문에 존경받는 것이라면 직책과는 상관이 없으므로 직책을 잃는다 해도 아무 걱정이 없다.

 '나'라는 의식을 지워버리면 나는 우주가 되고 하늘이 된다.


楚王與凡君坐 少焉 楚王左右曰 凡亡者三 凡君曰 凡之亡也 不足以喪吾存 夫凡之亡不足以喪吾存 則楚之存不足以存存 由是觀之 則凡未始亡而楚未始存也

[국역]

 초왕이 범나라의 임금과 마주앉아 있었다. 좀 있다가 초왕 좌우의 사람이 "범나라가 망했습니다." 하고 말하는 것이 세 번이었다. 이에 범나라의 임금이 말했다. "범나라가 망해도 내가 사는데 해로울 것이 없소. 범나라가 망해도 내가 사는데 해로울 것이 없다면, 마찬가지로 초나라가 망하지 않고 있다 해도 내가 사는데 도움이 될 것이 없소. 이렇게 생각해 본다면 범나라는 애당초 멸망한 것이 아니고 초나라는 애당초 망하지 않은 것이 아니오."

[난자풀이]

 凡(범) : 河南省 輝縣에 있었던 나라.  存存(존존) : 앞의 喪吾存의 반대말. 그러므로 여기서도 存吾存으로 되었어야 할 것이다. 喪吾存이 내가 사는데 해를 끼치는 것이라면 存吾存은 내가 사는데 도움이 되는 것이다.

[해설]

  얼음 덩어리는 녹아서 물이 된다. 그러나 얼음 덩어리로 있을 순간에도 본질은 여전히 물이다. 얼음이 만약 자기가 본질적으로 물이라는 것을 알고 물의 차원에서 존재한다면 어는 것도 없고 녹는 것도 없다. 이러한 입장에서 본다면 나는 태어나는 것도 없고 죽는 것도 없다. 마찬가지로 나라가 흥하는 일도 없고 망하는 일도 없다. 본질에 있어서는 아무런 변화도 없고 차이도 없다.

## 22. 知北遊

진리는 의식으로 포착하는 것이 아니다. 의식을 지울 때 모습을 드러낸다. 知北遊편에서는 이러한 사실을 집중적으로 논의하고 있다.

知北遊於玄水之上 登隱弅之丘 而適遭無爲謂焉 知謂無爲謂曰 予欲有問乎若 何思何慮則知道 何處何服則安道 何從何道則得道 三問而無爲謂不答也 非不答 不知答也 知不得問 反於白水之南 登狐闋之上 而睹狂屈焉 知以之言也 問乎狂屈 狂屈曰 唉 予知之 將語若 中欲言而忘其所欲言

[국역]

　지(知)라는 사람이 북쪽에 있는 현수 가에서 노닐다가 은분이라는 언덕에 올랐을 때 마침 무위위(無爲謂)라는 사람을 만났다. 知가 무위위에게 말했다. "저는 당신에게 묻고 싶은 것이 있습니다. 무엇을 생각하고 무엇을 헤아려야 道를 알 수 있으며, 어떤 곳에 있으면서 어떤 행동을 해야 道에 편히 머물 수 있으며, 무엇을 따르고 무슨 방법을 써야 道를 얻을 수 있습니까?" 세 번을 물었으나 무위위는 대답을 하지 않았다. 대답을 하지 않은 것이 아니라 답을 알지 못했다. 知는 더 이상 묻지 못하고 백수의 남쪽으로 돌아와 호결이라는 언덕에 올라가서 광굴(狂屈)을 만났다. 知는 같은 내용을 광굴에게 물었다. 그랬더니 광굴이 말했다. "응! 나는 그걸 알아요. 자네에게 바로 말해주겠네." 그리고는 마음속에서 말을 하려 하다가 말을 하려 한다는 사실을 잊었다.

[난자풀이]

知(지) : 여기서는 인명으로 쓰였다. 의식에 갇혀 살아가는 사람이란 의미를 내포한다. 弅(분) : 언덕이 조금 솟아 있는 모양. 높은 모양. 無爲謂(무위위) : 인명. 무어라 일컬을 수 없는 사람이란 뜻으로 보면 의식을 넘어서서 사는 사람이란 뜻을 내포하고 있다. 闋(결) : 문을 닫다. 다하다. 끝나다. 狂屈(광굴) : 인명. 미치광이 같고 굴곡된 것 같은 사람이란 뜻으로 보면, 세속적인 사람의 의식에 맞지 않는 삶을 사는 사람이란 뜻을 내포한다. 之言(지언) : 그 말. 唉(애) : 그래. 오냐. 한탄하며 대답하는 소리.

[해설]

무위위는 의식에 사로잡히지 않은 사람이고 광굴은 거의 약간 사로잡혀 있는 사람이지만, 세속의 사람과는 전혀 다른 사람이다. 그들은 진리의 모습을 지니고 있는 사람들이다.


知不得問 反於帝宮 見黃帝而問焉 黃帝曰 無思無慮始知道 無處無服始安道 無從無道始得道 知問黃帝曰 我與若知之 彼與彼不知也 其孰是邪 黃帝曰 彼無爲謂眞是也 狂屈似之 我與汝終不近也 夫知者不言 言者不知 故聖人行不言之敎 道不可致 德不可至 仁可爲也 義可虧也 禮相僞也 故曰 失道而後德 失德而後仁 失仁而後

義 失義而後禮 禮者 道之華而亂之首也 故曰 爲道者日
損 損之又損之 以至於無 爲無爲而無不爲也 今已爲物
也 欲復歸根 不亦難乎 其易也 其唯大人乎 生也死之徒
死也生之始 孰知其紀 人之生 氣之聚也 聚則爲生 散則
爲死 若死生爲徒 吾又何患 故萬物一也 是其所美者爲
神奇 其所惡者爲臭腐 臭腐 復化爲神奇 神奇復化爲臭
腐 故曰 通天下一氣耳 聖人故貴一

[국역]
  知는 더 이상 물을 수가 없어서 황제(黃帝)가 있는 궁궐로 돌아와 황제를 보고 물었다. 그랬더니 황제는 다음과 같이 대답했다. "생각하지도 말고 헤아리지도 않아야 비로소 道를 알 수 있고, 어떤 곳에도 있지 말고 어떤 행동도 하지 않아야 비로소 道에서 편히 머물 수 있으며, 아무 것도 따르지 않고 아무 방법도 쓰지 않아야 道를 얻을 수 있다네." 知가 황제에게 물었다. "이제 저와 당신은 道를 알았습니다. 그런데 저 무위위와 광굴은 道를 몰랐습니다. 그렇다면 이 둘 중에서 누가 옳은 것입니까?" 황제가 말했다. "무위위야말로 참으로 아는 사람이다. 광굴은 진리에 가까이 간 사람이고 나와 자네는 아직 멀었다네. 아는 사람은 말을 하지 않고 말을 하는 자는 알지 못한 것일세. 그러므로 성인은 말로 하지 않는 교육을 행한다네. 道는 이룰 수 있는 것이 아니고, 덕

은 도달할 수 있는 것이 아니라네. 仁은 해야 되는 것이고 義는 상처를 내야 하는 것이며, 禮는 서로를 속이게 만드는 것이라네. 그러므로 '道를 잃은 뒤에 德이 생기고 덕을 잃은 뒤에 仁이 생기며 仁을 잃은 뒤에 義가 생기며 義를 잃은 뒤에 禮가 생긴다. 禮는 道의 껍데기이며 혼란의 시발점이라'고 하였으며, 또 '道를 닦는 것은 (인간의 의식이나 지식을) 날마다 덜어내는 것이다. 덜어내고 또 덜어내어 무위의 경지에 이르는 것이니, (무위의 경지에 이르면) 하지 않으면서 하지 않음이 없게 된다.'고 했다. 그런데 지금 만물 중의 하나가 되어 있으면서 만물이 공통으로 가지고 있는 하나의 뿌리로 돌아가려 한다면 어렵지 않겠는가? 쉽게 해낼 수 있는 사람이 있다면 그는 오직 大人일 것이다. 삶은 죽음의 친구이고 죽음은 삶의 시작이다. 누가 그 이치를 알겠는가! 사람의 삶은 천지의 기운이 모인 것이다. 기운이 모인 상태를 삶의 상태라 하고 기운이 흩어진 상태를 죽은 상태라 한다. 삶과 죽음이 서로 친구라면 나는 또 무엇을 걱정하겠는가! 그러므로 만물은 (본질적으로 하나의 기운을 바탕으로 하여 성립되었으므로) 하나이다. 그런데도 사람들은 신비하고 기이한 것은 아름답다고 하고 냄새나고 썩은 것은 추악하다고 한다. 냄새나고 썩은 것이 다시 바뀌어서 신비하고 기이한 것으로 되고, 신비하고 기이한 것이 바뀌어서 다시 냄새나고 썩은 것이 된다. 그러므로 '천하를 통틀어서 말하면 하나의 기운뿐이라'고 할 수 있다. 성인은 그래서 하나의 세계를 귀하게 여긴다."

[난자풀이]
虧(휴) : 이지러지다. 일그러지다. 義는 잘못된 사람들을 공격하는 것이므로 일그러뜨리는 면이 있다.

[해설]
　본래모습은 인간의 의식에 의해서 파괴되었으므로 궁극적으로는 의식의 작용을 중지할 때 모습을 드러낸다. 그러므로 본래모습으로 돌아가기 위해서는 의식의 작용을 중단하는 노력을 해야 한다. 그 하나의 방법이 생각하지 말고 헤아리지도 말고 어떤 의지적인 행동도 하지 않는 것이다.
　본래모습을 道라 하고 道를 실천하고 있었던 사람들의 능력을 德이라 한다. 道와 德이 있었을 때는 그것만으로 족했다. 그러나 본래모습이 파괴되자 사람들은 남과 경쟁하게 되었다. 그래서 남과 경쟁하지 않고 서로 사랑해야 한다고 하는 仁의 사상이 나왔고 仁의 사상이 제대로 실현되지 않으므로 그것을 보충하기 위해서 義와 禮가 나왔다. 그런데 이러한 덕목들이 나오자 사람들은 이러한 덕목들을 제대로 이해하지 못하고 그 덕목들을 실천하지 않으면 안 된다고 하는 강박관념을 가지게 되었으므로 오히려 사람들을 구속하는 요소가 되고 말았다. 마치 학문의 내용을 제대로 이해하기 위해 실시하는 것이 시험인데 시험을 잘 치러야 한다는 강박관념 때문에 시험을 위한 학문을 하게 됨으로써 학문이 사람을 괴롭히게 된 것과 같은 경우이다. 그렇게 되면 차라리 그러한 학문이 없는 것이 나은 것처럼 仁義禮智가 나타나지 않는 것이 낫다.

  본래의 모습으로 돌아가기 위해서는 지금까지 쌓아온 의식이나 지식을 덜어내어야 한다. 덜어내고 또 덜어내어 아무것도 남아있지 않을 때까지 덜어내어야 한다. 이렇게 하는 것이 道를 터득하는 비법이다.

  이 내용들은 『노자』 38장에 나오는 내용들이다.

  천지 사이에 하나의 기운이 모이면 형체가 되고 흩어지면 도로 기운이 된다. 그리고 형체로 되어 있을 때도 본래의 기운을 그대로 간직하고 있다. 이는 마치 물에서 얼음이 얼었다 녹았다 하는 것과 같다. 얼음이 얼어 모양을 갖추어도 여전히 본질은 물이다. 이를 모르는 얼음이라면 녹는 것을 죽는 것으로 생각하여 슬퍼할 것이지만, 본질이 물이라는 것을 알고 물의 차원에서 존재하고 있다면 그 얼음에게는 녹는 것이나 녹지 않고 있는 것이나 차이가 없다. 사람의 생사도 이와 같다.

知謂黃帝曰 吾問無爲謂 無爲謂不應我 非不我應 不知應我也 吾問狂屈 狂屈中欲告我而不我告 非不我告 中欲告而忘之也 今予問乎若 若知之 奚故不近 黃帝曰 彼

其眞是也 以其不知也 此其似之也 以其忘之也 予與若
終不近也 以其知之也 狂屈聞之 以黃帝爲知言

[국역]

　지가 황제에게 말했다. "내가 무위위에게 물었더니 무위위는 내게 대답하지 않았는데, 그건 내게 대답하지 않은 것이 아니라 대답할 것을 알지 못한 것입니다. 내가 광굴에게 물었더니 광굴은 마음속에서 내게 말하려다 나에게 말하지 않았습니다. 나에게 말하지 않은 것이 아니라 마음속에서 말하려다 (말하려 한다는 사실을) 잊어버린 것입니다. 그런데 지금 내가 당신에게 물었더니 당신은 잘 알고 있었습니다. 그런데 어째서 가깝지 않다고 하십니까?" 황제가 대답했다. "그 무위위야말로 참으로 옳은 사람이니, 도를 알지 못하기 때문이요. 또 그 광굴은 가까운 사람이니, 도를 잊었기 때문이지. 자네와 내가 끝내 도에 가깝지 못하다고 하는 까닭은 도를 머리로 알기 때문이지." 광굴이 이 말을 듣고, 황제를 말을 잘 아는 자로 여겼다.


天地有大美而不言 四時有明法而不議 萬物有成理而不說
聖人者 原天地之美而達萬物之理 是故至人無爲 大聖不作
觀於天地之謂也 今彼神明至精 與彼百化 物已死生方圓

莫知其根也　扁然而萬物　自古以固存　六合爲巨　未離其內　秋毫爲小　待之成體　天下莫不沈浮　終身不故　陰陽四時運行　各得其序　惛然若亡而存　油然不形而神　萬物畜而不知　此之謂本根　可以觀於天矣

[국역]

　　천지는 (만물을 낳고 기르는) 큰 미덕이 있으면서도 그것을 말하지 않고, 사시는 (봄·여름·가을·겨울을 순환시키는) 확실한 법을 가지고 있으면서도 그것을 거론하지 않으며, 만물은 각기 성장하는 이치를 가지고 있으면서도 그것을 설하지 않는다. 성인은 천지의 미덕에 근원을 두고 만물의 이치에 통달해 있다. 그래서 지극한 경지에 도달한 사람은 인위적인 행위를 하지 않고, 큰 성인은 인위적인 지음이 없는 것이니, 천지에서 살폈음을 의미하는 것이다. 지금 저 신통하고 분명하며 지극히 정밀한 도는 저 천지의 기운과 더불어 온갖 변화를 일으킨다. 그 결과 일단 만물의 형체가 이미 만들어지면, 죽고 생겨나고 네모지거나 둥글게 되는데, 그렇게 되는 근원을 알지 못하고 답답하게 만물이기만 하여 예로부터 본래 그렇게 존재한 것처럼 되고 만다. 우주가 크다 해도 도 안에서 벗어나지 못하고 가을의 짐승 털끝이 가늘다 해도 도 없이는 형체를 이룰 수 없다. 천하는 가라앉았다 떠올랐다 하면서 날로 새로워지고, 음양과 사시는 운행하면서 각각 그 순서를 잃지 않는다. 가물가물하여 없는 것 같으면서 있고, 아른아른하여 가시적인 모습으로 드러나지 않으면서도 신통하다. 만물이 거기서 길러지면서도 알지 못한다. 이것을 본질이라 한다. 이 본질을 알아야 하늘의 이치를 살필 수 있다.

[난자풀이]
扁然(편연) : 낮고 얕은 모양. 답답한 모양.　六合(육합) : 사방과 상하. 우주.　故(고) : 옛 것. 지나간 것. 낡은 것.　油然(유연) : 아지랑이 등이 뚜렷한 형체가 없이 아른거리는 모양.

[해설]
　하늘과 땅은 만물을 낳고 기르면서도 공을 내세우지 않고, 사시가 순환하여 만물을 살리면서도 자랑하지 않는다. 만물이 각각 살아가는 이치를 가지고 있어 사람에게 삶의 이치를 보여주면서도 아무 말이 없다. 모두 의식을 가지고 그렇게 하는 것이 아니라 저절로 그렇게 하는 것이다. 오직 사람만이 의식에 지배되어 자기를 내세우기 바쁘다. 그러나 성인만은 그렇지 않다. 무심히 자연의 이치에 따라 살아갈 뿐이다.
　우주의 조물주는 우주의 기운을 가지고 온갖 변화를 일으킨다. 그 결과 만물의 형체가 만들어진다. 그러나 형체가 만들어진 만물도 본질적으로는 여전히 우주의 기운에서 벗어나지 않는다. 이는 마치 얼음이 얼어 형태가 만들어져도 여전히 본질적으로 물인 것과 같다.

그런데 이미 형체로 만들어진 만물은 그 형체의 차원에서만 보면 생겨나고 죽고 네모지거나 둥글게 되는 모양에서 벗어날 수 없다. 그러므로 본질을 잊어버리고 형체만을 전부인 것처럼 안다면 생로병사에서 벗어날 수 없고 자기의 생긴 꼴에서 벗어날 수 없다. 그리고 그렇게 살아가는 모습이 예부터 그러했던 것처럼 착각하고 만다.

그러나 본질을 잊어버리지 않는다면 문제는 달라진다. 얼음이 물인 것을 안다면 형체에 얽매이지 않듯이 모든 존재가 우주의 기운 그 자체임을 안다면 일체의 속박에서 벗어날 수 있다. 그러나 그 본질이라는 것이 형체로 드러나는 것이 아니기 때문에 감각할 수 없다. 그 때문에 만물은 각각 자신의 본질을 알기 어렵다. 의식을 가지고 알려고 하면 할수록 본질은 점점 더 멀어진다. 오직 의식을 지우고 지워서 무의 상태로 돌아갈 때 본질은 모습을 드러낸다.


齧缺問道乎被衣 被衣曰 若正汝形 一汝視 天和將至 攝汝知 一汝度 神將來舍 德將爲汝美 道將爲汝居 汝瞳焉如新生之犢 而無求其故 言未卒 齧缺睡寐 被衣大說 行歌而去之曰 形若槁骸 心若死灰 眞其實知 不以故自持 媒媒晦晦 無心而不可與謀 彼何人哉

[국역]

　설결이 피의에게 도를 묻자 피의가 대답했다. "너의 몸을 바르게 하고 너의 눈길을 한곳에 집중하면 하늘의 온화한 기운이 곧 이를 것이다. 너의 알음알이를 억제하고 너의 생각들을 한곳에 집중시키면 신령이 바로 와서 깃들 것이다. 그렇게 되면 덕이 너를 위해 아름다움을 드러내고 도가 너를 위해 머물러 있을 것이다. 너는 갓 태어난 송아지처럼 해맑은 눈동자로 무심하게 바라보아야지 까닭을 구해서는 안 된다." 그의 말이 채 끝나기도 전에 설결은 잠에 빠진 것처럼 몰입을 했다. 이를 본 피의는 매우 기뻤다. 그리하여 다음과 같이 노래를 부르며 떠나갔다. "몸은 마른 해골 같고 마음은 꺼진 재 같네. 이제 진짜 앎을 참으로 터득하여 삶의 이유나 까닭을 하나도 가지고 있지 않네. 어리석은 듯 순박하여 무심의 경지에 들었으니 더불어 세상일을 도모할 수가 없네. 이제 저 사람은 어떤 사람인가?"

[난자풀이]

齧缺(설결) : 제물론편에 이미 나온 인물.　被衣(피의) : 설결의 스승.　若(약) : 조건문으로 '만약 ~일 것 같으면'이란 뜻이다. 대부분의 주석서에는 '너'로 번역했지만, 문맥상 조건문으로 보는 것이 부드럽다.　攝(섭) : 잡다. 쥐다. 당기다. 여기서는 '억제하다'로 해석했다.　度(탁) : 헤아리다. 여기서는 '생각하다'로 번역했다.　神(신) : 신령. 성령. 영성.　瞳(동) : 눈동자. 보다. 犢(독) : 송아지.  睡寐(수매) : 잠에 빠지다. 잠에 빠진 듯 몰입하다. 三昧境에 들다. 여기서는 명상을 하여 깊이 몰입한 것을 잠에 빠진 것처럼 표현했다.  實知(실지) : 가짜로 아는 것이 아니라 진짜로 아는 것.  媒媒晦晦(매매회회) : 순박하여 어리석은 듯한 모양. 媒媒를 많은 주석가들은 昧昧로 보아 어두운 모양으로 풀이했다.

[해설]

설결이 피의에게 도를 물은 것은 도를 닦는 방법에 대해서 물은 것이다. 피의가 답한 내용은 오늘날의 명상법에 해당한다. 명상을 할 때 몸을 똑바로 하고 앉아 눈길을 한곳에 집중시킨다. 그렇게 하여 정신을 통일하면 몸에 흐르는 원래의 기운이 되살아난다. 그것을 피의는 하늘의 온화한 기운으로 표현했다. 그리고 명상법에서 중요한 것은 고정관념을 지우고 생각을 없애는 것이다. 생각을 없애려고 하면 오히려 끝없는 생각들이 떠오르기 때문에 생각을 없애는 하나의 방법은 생각을 하나에 집중시키는 것이다. 그렇게 하면 몸에 흐르는 본래의 마음이 되돌아온다. 본래의 마음은 天心이다. 그 마음이 우주에 가득한 마음이고 모든 존재가 공통적으로 가지고 있는 마음이다. 그것을 피의는 神으로 표현했다.

몸에 흐르는 기운이 본래의 기운으로 돌아가고 마음이 본래의 마음으로 돌아가면 본래 가지고 있었던 덕과 도가 되돌아온다. 그렇게 되면 몸이 맑아지고 아름다워진다. 갓 태어난 송아지의 눈동자처럼 눈동자가 투명해진다. 그리고 사물을 바라볼 때도 그냥 그대로 바라본다.

　사람들은 온갖 고정관념을 가지고 있다. 그리고 그 고정관념에 사로잡혀 사물을 본다. 그러므로 사물을 대할 때마다 고정관념에서 온갖 번뇌 망상이 끓어오른다. 그러나 고정관념이 사라지고 나면 일체의 망상이 사라진다. 매우 집요한 고정관념 중의 하나는 '나'라는 고정관념이다. '나'라는 고정관념이 사라지면 몸이 자연물로 돌아간다.

　고정관념으로 바라보는 사물은 사물 그 자체가 아니다. 사람은 산을 보고 산이라 하고 물을 보고 물이라 한다. 이 또한 고정관념이다. 산을 보아도 산으로 보이지 않고 우두커니 그냥 보아야 진짜 산의 모습이 보이고, 물을 보아도 물로 보지 않고 우두커니 그냥 보아야 진짜 물의 모습이 보인다. 이를 여기서는 實知라 했다. 고정관념이 없이 사는 사람은 그냥 살 뿐이다. 사는 이유나 까닭이 있을 리 없다. 그런 사람은 더 이상 사람이 아니다..

舜問乎丞曰　道可得而有乎　曰汝身非汝有也　汝何得有夫道　舜曰　吾身非吾有也　孰有之哉　曰是天地之委形也　生非汝有　是天地之委和也　性命非汝有　是天地之委順也　孫子非汝有　是天地之委蛻也　故行不知所往　處不知所持　食不知所味　天地之彊陽氣也　又胡可得而有邪

[국역]

　순임금이 승(丞)이라는 사람에게 물었다. "道를 얻어서 가질 수 있을까요?" "당신의 몸도 당신 것이 아닌데 당신이 어떻게 그 道를 얻어서 가질 수 있다는 말입니까?" 이 말을 듣고 얼떨떨해진 순임금은 한참 있다가 마음을 진정하고 다시 물었다. "내 몸이 나의 것이 아니라면 누구의 것입니까?" "그것은 천지에게 빌린 물건 덩어리이지요. 산다는 것도 당신의 것이 아니라 천지에게 빌려 조화를 이루고 있는 것이고, 당신의 본성이나 본마음도 당신의 것이 아니라 천지에게 빌려 천지의 흐름을 따르는 것이며, 자손도 당신의 것이 아니라 천지의 기운을 빌려 허물벗기를 한 것이지요. 따라서 어디론가 가고 있으면서도 어디로 가는지 모르고, 무언가를 처리하고 있으면서도 무엇 때문에 하는지 모르며, 음식을 먹으면서도 그 맛이 어째서 있는지를 알지 못하지요. 모든 것은 천지 사이에 퍼져 있는 꿋꿋하고 맑은 기운에서 비롯되는 것이지요. 그러니 어떻게 그것을 얻어서 가질 수 있겠습니까?"

[난자풀이]

丞(승) : 보좌관의 역할을 하던 옛 직명.　委(위) : 맡기다.　蛻(태) : 허물. 허물을 벗다. '세'로 발음되기도 한다.　彊陽(강양) : 굳세고 맑은 것.

[해설]

　물이 얼었다 녹았다 하는 것처럼 천지의 기운은 모였다 흩어졌다 하는 것이다. 천지의 기운이 모이면 눈에 보이는 물체가 되고 흩어지면 눈에 보이지 않는 원래의 기운으로 돌아간다. 사람의 몸도 마찬가지다. 몸이란 천지의 기운이 잠시 모인 것이다. 일단 몸이 되면 그 몸에 천지의 마음이 들어가고 천지의 삶의 방식이 들어간다. 그러므로 몸의 움직임이니 마음의 작용도 근본적으로는 천지의 기운이고 천지의 마음이다. 자기 고유의 것은 아무것도 없다.

　몸이란 모음이다. 작은 물체가 다른 물체를 자꾸 모아들여서 오늘날의 형체가 된 것이다. 70%의 물과 쇠고기 닭고기 돼지고기 등을 모았고 쌀과 야채와 과일을 모아서 만든 것이다. 그리고 다른 물질을 모아서 몸을 만드는 것도 내가 하는 것이 아니라 자연의 이치가 하는 것이다. 심장을 뛰게 하고 숨을 쉬고 밥을 먹고 잠을 자는 것도 엄밀히 말하면 내가 하는 것이 아니다. 모두 자연이 하는 일이다. 내 몸만 그런 것이 아니라 남도 모두 그러하며 사람만 그러한 것이 아니라 동물도 식물도 모두 그러하며 심지어는 무생물도 모두 그러하다. 모든 물질은 그러한 방식으로 유지되도록 입력된 컴퓨터와 같은 물건이다. 이렇게 생각하고 보니까 지금까지 나의 것이라고 생각해 왔던 나의 몸도 나의 것이 아니라 자연의 이치대로 유지되고 있는 자연물임을 알 수 있다.

　내 몸만 나의 것이 아닌 것이 아니라 나의 감정이나 마음도 나의 것이 아니다. 배가 고프면 먹고 싶어지고 피곤하면 쉬고 싶어지며 남자는 여자를 좋아하고 여자는 남자를 좋아한다. 이러한 인간의 감정은 본래 자기의 감정이 아니다. 조물주가 인간의 몸에 그렇게 반응하도록 감정을 넣어 놓았기 때문이다. 그러므로 모든 남자는 다 여자를 좋아하게 되어 있고 모든 여자는 남자를 좋아하게 되어 있다. 어떤 남자가 '나는 여자를 좋아한다.'고 말을 한다면 그것은 틀린 말이다. 내가 좋아하는 것이 아니라 그것은 자연이기 때문에 나의 감정이 아니다. 또 '내가 자녀를 낳는다.'고 한다면 그것도 틀린 말이다. 남자와 여자가 결합하면 자연히 아이가 만들어지게 되어 있는 것이므로 자녀를 낳는 것은 자연이다. 자기가 만들고 자기가 낳는 것이라면 손가락을 열 개로 만들 수도 있어야 하고 발가락을 세 개로 만들 수도 있어야 할 것이며 키를 크게도 작게도 만들 수 있어야 할 것이고 미인으로 만들 수도 추악한 사람으로 만들 수도 있어야 할 것이며, 재주 있고 착한 사람으로 만들 수도 있어야 하고 둔하고 악한 사람으로 만들 수도 있어야 할 것이다. 그러나 자녀는 내가 만드는 것이 아니다. 그것은 만물의 생명을 이어가는 자연의 작용에 불과하다. 이러한 사실을 알고 자기의 삶을 자연으로 이해한다면 개인적인 모든 한계에서 벗어날 수 있을 것이다.

　진리란 얻는 것이 아니다. 얻는다는 말은 '나'라는 의식이 있을 때 성립한다. 내가 있어야 내가 얻을 수 있다. 그런데 진리란 '나'라는 의식을 버리는 것이기 때문에 얻을 수 있는 것이 아니다. 다만 진리로 돌아갈 수는 있다.


孔子問於老聃曰 今日晏閒 敢問至道 老聃曰 汝齊戒 疏
瀹而心 澡雪而精神 掊擊而知 夫道窅然難言哉 將爲汝
言其崖略 夫昭昭生於冥冥 有倫生於無形 精神生於道
形本生於精 而萬物以形相生 故九竅者胎生 八竅者卵生
其來無迹 其往無崖 無門無房 四達之皇皇也 邀於此者
四肢彊 思慮恂達 耳目聰明 其用心不勞 其應物無方
天不得不高 地不得不廣 日月不得不行 萬物不得不昌
此其道與 且夫博之不必知 辯之不必慧 聖人以斷之矣
若夫益之而不加益 損之而不加損者 聖人之所保也 淵淵
乎其若海 巍巍乎其終則復始也 運量萬物而不匱 則君子
之道 彼其外與 萬物皆往資焉而不匱 此其道與


[국역]

　공자가 노담에게 물었다. "오늘은 편안하고 한가하므로 감히 지극한 도에 대해 묻겠습니다." 노담이 대답했다. "그대는 재계하고, 그대의 마음을 말끔히 씻어 내며, 그대의 정신을 맑고 깨끗하게 하고, 그대의 알음알이를 깨부숴야 하오. 대저 도란 가물가물하여 말로 하기가 어렵소. 그러나 이제 그대를 위해 그 대강이나마 말해 보겠소. 대저 밝게 드러나 있는 것은 보이지 않는 어두운 데에서 생기고, 형체가 있는 모든 종류는 형체가 없는 데에서 생기며, 정신은 도에서 생기고, 몸은 본래 정기에서 생기지요. 만물이 일단 생겨나면 같은 몸을 낳아가지요. 때문에 아홉 구멍을 가진 것은 태에서 생기고 여덟 구멍을 가진 것은 알에서 생기지만, 생겨나오는 데도 자취가 없고 죽어 가는 데도 끝이 없소. 문도 없고 머물 방도 없으며 사방으로 틔어서 무한히 크고 넓지요. 이것을 제대로 맞이하는 자는 사지가 굳세고, 생각이 미덥고 활달하며, 눈과 귀가 밝아서, 마음을 써도 지치지 않고, 사물을 대하는 것도 모가 나지 않소. 하늘도 얻지 못하면 높을 수 없고, 땅도 얻지 못하면 넓을 수 없으며, 해와 달도 얻지 못하면 운행할 수 없고, 만물도 얻지 못하면 번창할 수가 없는 것, 그것이 도라는 것이지요. 또한 그것을 널리 안다고 해서 반드시 참으로 아는 것이라고 할 수는 없고, 그것에 대에 잘 설명을 한다 해서 반드시 지혜롭다고 할 수는 없지요. 성인은 그래서 그런 것들을 끊어버렸소. 더해도 불어나지 않고 덜어내도 줄어지지 않는 본질, 그것이 성인이 붙잡고 있는 것이지요. 깊고 깊어 바다와 같고, 산 같이 우뚝하기도 한데, 끝이 나면 다시 시작이 되지요. 만물을 헤아리고 운행시키면서 끝이 없이 이어지는 것이 바로 군자의 도이지요. 그것은 밖에 있는 것일까요? 만물이 모두 가서 삶의 밑천으로 삼으면서 끝없이 이어지는 것, 이것이 도라는 거요."

[난자풀이]

晏閒(안한) : 편안하고 한가롭다.   齊(제) : 齋와 통용되어 '재계한다'는 뜻이 된다.   疏(소) : 트이다. 소통시키다. 치우다.   瀹(약) : 씻다.   而(이) : 너.   澡(조) : 씻다. 헹구다.   雪(설) : 눈. 씻다. 깨끗하게 하다.   掊擊(부격) : 치고 공격하다. 쳐부수다. 깨부수다.   窅(요) : 가물가물한 모양.   崖略(애략) : 대략. 개략.   倫(륜) : 類와 같은 뜻. 종류를 나눌 수 있는 모든 존재. 만물.   匱(궤) : 다하다. 끝나다.

[해설]

　존재의 본질을 이해하기 위해서는 바다의 물에서 얼음이 어는 것을 생각해보면 쉽게 짐작할 수 있다. 물을 눈에 보이는 물체로 생각하지 않는 본질이라고 생각해 보자. 물에서 얼음이 얼었다 녹았다 한다. 눈에 보이는 것은 형체가 있는 얼음뿐이다. 그러나 그 얼음도 본질적으로 보면 여전히 물이다. 물은 얼음이 아무리 얼었다 녹았다 해도 변함이 없다. 얼음은 유한하지만 물은 무한하다. 사람들은 눈에 보이는 얼음만 존재하는 것으로 알지만 그것은 본질이 아니다. 본질은 물이다. 만물도 이와 같다. 눈에 보이는 만물은 천지의 기운이 엉긴 것이다. 만물이 한번 만물로 생기고 나면 같은 모양을 재생산한다. 그렇기 때문에 만물은 계속해서 생겨나고 끝도 없이 사라져 간다. 그러나 본질인 천지의 기에서는 아무 변화가 없다.

도란 바로 이 본질의 세계를 말한다. 도를 모르고 형체가 있는 것만이 존재하는 것이라고 생각한다면 모든 존재는 유한한 존재가 되고 만다. 오직 본질을 알아 본질의 입장에서 존재할 때 무한한 존재가 된다.

본질의 세계는 무한한 힘이 있다. 만물을 낳고 기르는 힘이 있고 천지일월을 운행하는 힘이 있다. 이는 우주의 생명의 힘이다. 사람이 만약 본질을 알고 도를 알아서 도의 입장에서 산다면 그는 무한한 힘을 가진다. 그는 지치지도 않고 힘들지도 않는다.

얼음이 자기가 물이라는 것을 자각할 때 얼음의 본질이 되는 것처럼, 사람도 자신의 본질이 천지의 기운이라는 것을 이해할 때 본질적 삶을 살아갈 수 있다. 도를 안다는 것은 바로 이 본질을 아는 것을 말한다. 이 본질은 의식을 가지고 알 수 있는 것이 아니다. 의식을 지울 때 느낌으로 다가온다. 물이라고 하는 본질이 얼음 밖에 있는 것이 아니라 얼음 내부에 이미 갖추고 있듯이, 도도 사람 밖에 있는 것이 아니라 자기 자신 속에 이미 존재한다.

이 본질을 아는 방법에는 여러 가지가 있지만, 그 중에서 명상법이 매우 중요하다.


中國有人焉 非陰非陽 處於天地之間 直且爲人 將反於宗
自本觀之 生者 暗醷物也 雖有壽夭 相去幾何 須臾之說

也 奚足以爲堯桀之是非 果蓏有理 人倫雖難 所以相齒 聖人遭之而不違 過之而不守 調而應之 德也 偶而應之 道也 帝之所興 王之所起也

[국역]
   나라의 중앙지역에 어떤 사람이 있었다. 그는 여자의 모습을 한 것도 아니고, 남자의 모습을 한 것도 아니었다. 그냥 하늘과 땅 사이에 거처하고 있으면서, 다만 사람의 모습으로 있을 뿐이었는데, 곧장 본래의 세계로 돌아가려 하고 있었다. 본질에서 본다면 살아있는 것은 (본래모습이 아니라) 목이 잠기거나 맛이 시어버린 어떤 것과 같은 것이다. 그러니 비록 오래 사는 것이나 요절하는 것이 그 차이가 얼마이겠는가? 잠시 그렇게 된 것일 뿐임을 말하는 것이다. 그러니 어찌 요임금과 걸임금에 대해서 시비를 가릴 가치가 있겠는가? 나무 열매나 풀 열매도 살아가는 이치가 있으니, 사람 사는 이치가 비록 어렵다 하나 (별개의 것이 아니라) 서로 맞물려 있는 것이다. 그러므로 성인은 (복잡하게 생각하지 않기 때문에) 어떤 일에 부닥치면 어기지 않고, 지나간 일에 집착하지 않는다. 모든 것과 조화되어 응해주는 것이 덕이고, 무심히 응해주는 것이 도이다. 제왕이 업적을 이루는 것도 이 때문이다.

[난자풀이]

中國(중국) : 나라의 중앙지방. 서울.   非陰非陽(비음비양) : 여자도 아니고 남자도 아님.   宗(종) : 으뜸. 본질.   喑(음 또는 암) : 벙어리. 입을 다물다.   喑醷物(음의물) : 목이 잠기거나 맛이 시어진 물건. 본래모습을 잃고 변질된 상태를 말한다.   蓏(라) : 토마토와 같은 풀에서 나는 열매.   齒(치) : 맞물려 있다. 윗니와 아랫니가 서로 맞물려 있듯이 모든 도가 하나로 연결되어 있다.   偶而應之(우이응지) : 아무 생각이나 조건 없이 우연인 것처럼 상대에게 맞추어 준다.   帝(제) : 오제. 황제.

[해설]

　대부분의 사람들은 남자로 살아가거나 여자로 살아가지만, 남자나 여자는 사람의 의식으로 구분한 것일 뿐, 참이 아니다. 그러므로 대부분의 사람들은 참의 모습으로 살아가는 것이 아니다. 여기에 등장하는 어떤 사람은 그러한 사람이 아니다. 그는 자기가 남자라는 의식도 여자라는 의식도 하지 않는다.
　사람들은 또 자기가 사람이라는 의식을 가지고 살아간다. 그래서 사람으로서 지켜야 할 것을 지키며 사람이 사는 집에서 살고 사람이 먹는 음식을 먹으며 사람이 입는 옷을 입고 산다. 그러나 사람이 자기가 사람이라고 의식하는 것도 사실은 고정관념일 뿐 참이 아니다. 그러한 사람들은 삶이 고정되고 만다. 그는 사람이 사는 집에 살지 않으면 안 되고, 사람이 입는 옷을 입지 않으면 안 되며, 사람이 먹는 것을 먹지 않으면 안 된다. 이러한 삶은 본래적 삶이 아니다. 여기에 소개된 어떤 사람은 사람이 사는 집에 사는 것이 아니라 하늘과 땅 사이에 처해 있을 뿐이다. 사람이 보기에는 그가 사람으로 보이지만, 사실은 사람의 굴레에 얽매여 있지 않다. 그는 자연의 본래모습으로 돌아가 있는 사람이다. 바로 혼돈인 것이다.

본질에서 본다면 사람이 살아있는 것은 본래모습이 아니다. 물의 상태에서 보면 얼음이 본래모습이 아닌 것과 같다. 물에서 보면 얼음은 본래모습을 상실한 채 잠시 얼어 있는 것일 뿐이다. 이를 알고 보면 얼음의 모양이 예쁘다 추하다 따위의 평가나, 덕이 있다 없다 따위의 평가는 별로 의미가 없다. 또한 좀 오랜 뒤에 녹는 것이나 바로 녹는 것이나 차이가 없다.

이러한 이치를 잘못 이해하면 사람이 아무렇게나 살아도 된다고 생각하기 쉽지만, 그러나 그것은 착각이다. 아무렇게나 살아도 된다는 생각 그 자체가 이미 의식에서 나온 것이고, 욕심에서 나온 것이다. 그러므로 성인은 아무렇게나 살지 않는다. 아무렇게나 살면 안 되기 때문에 아무렇게나 살지 않는 것이 아니라 아무렇게나 살아도 된다는 생각이 없기 때문에 아무렇게나 살지 않는다.

나무 열매나 풀 열매도 아무렇게나 살아가지 않는다. 순리대로 열심히 살아간다. 그렇기 때문에 나무 한 그루의 삶이라 하더라도 사람의 삶과 맞물려 있다. 오른손과 왼손이 서로 반대의 방향으로 있지만, 역할이 서로 맞물려 있어 조화를 이루는 것처럼, 식물의 삶과 동물의 삶도 서로 맞물려 있어 조화를 이룬다. 식물이 탄산가스를 흡수하고 산소를 내뿜으면, 동물은 그 산소를 흡수하고 탄산가스를 내뿜는다. 이 세상에 다른 것과 관계가 없이 혼자 독립적으로 존재하는 것은 하나도 없다. 전체가 하나의 생명으로 통해 있기 때문에 모두가 서로 맞물려 조화를 이루고 있다. 그러므로 성인은 독립된 개체로 살지 않는다. 주위의 여건과 관계에 맞추어 조화를 이루며 살아간다. 그래서 성인의 삶은 복잡하지 않다. 주어진 여건에 순응하며 무심히 살아간다.

본래의 마음 그대로 따르는 것이 도이고 그래서 다른 것과 조화를 이룰 수 있는 것이 덕이다. 무심히 남과 조화를 이루는 삶이 진리의 삶이고 그러한 삶이 인류의 사람을 인도하는 위대한 업적이 된다.


人生天地之間 若白駒之過郤 忽然而已 注然勃然 莫不出焉 油然漻然 莫不入焉 已化而生 又化而死 生物哀之 人類悲之 解其天弢 墮其天袠 紛乎宛乎 魂魄將往 乃身從之 乃大歸乎 不形之形 形之不形 是人之所同知也 非將至之所務也 此衆人之所同論也 彼至則不論 論則不至 明見無值 辯不若默 道不可聞 聞不若塞 此之謂大得

[국역]

　사람이 이 천지 사이에 사는 시간이란 마치 하얀 망아지가 벽의 틈새를 지나가는 것처럼 순간이다. 물이 솟아나듯 불쑥 나왔다가 연기가 흩어지듯 스르르 사라져 들어간다. 한번 변화를 일으켜 생겨났다가 또 한번 변화를 일으켜 죽어간다. 생물들은 이를 애달파하고 사람들은 이를 슬퍼한다. 하늘 활집을 풀고 하늘 주머니를 끄르는 데 정신이 없기도 하고 순순히 따르기도 하는구나. 혼백이 떠나갈 때 몸도 따라가는 것이니, 그것이 바로 크게 돌아가는 것이다. 몸으로 나타나지 않던 것이 몸으로 나타나고, 몸으로 나타난 것이 몸으로 나타나지 않게 되는 것이다. 이는 사람들이 다 같이 알고 있는 것이니, 진리에 도달할 사람이 힘쓸 바가 아니다. 이는 중인들이 다 같이 거론하고 있는 것이지만, 그가 진리에 도달했다면 거론하지 않는다. 거론한다면 진리에 이르지 못한 것이다. 도를 분명하게 눈으로 보려 하면 만날 수가 없다. 그러므로 말로 표현하기보다는 침묵하는 것이 낫다. 도는 들을 수가 없다. 그러므로 들으려고 하기보다는 귀를 막는 것이 낫다. 이렇게 하여 얻는 것을 크게 얻는 것이라 한다."

[난자풀이]
白駒(백구) : 흰 망아지. 또는 흰색의 천리마. 천리를 달리는 백마.　郤(극) : 틈.　注然勃然(주연발연) : 물이 솟아오르듯 불

쑥 솟아나는 모양. 油然漻然(유연류연) : 연기가 흩어지듯 사라지는 모양. 化(화) : 질적인 변화. 天弢(천도) : 하늘 활집. 하늘이 사용하는 활집. 사람의 몸을 활집에 비유하여 표현한 것이다. 사람의 몸은 하늘의 마음을 담아두는 그릇과 같다는 의미에서 하늘 활집이라고 했다. 天袠(천질) : 하늘 보따리. 하늘 주머니. 사람의 몸은 하늘의 마음을 담아두는 보따리로 비유하여 하늘 보따리라는 말을 썼다. 紛乎(분호) : 정신이 없이 어지러운 모양. 宛乎(완호) : 순하게 따르는 모양. 魂魄(혼백) : 넋. 不形之形(불형지형) : 형체로 나타나지 않은 것이 형체로 나타나는 것. 將至(장지) : 도에 이를 자. 진리에 도달할 자. 値(치) : 만나다. 塞(색) : 막히다. 귀를 막다.

[해설]

　사람의 생사는 물방울이 생겼다 꺼졌다 하는 것과 같다. 물방울이 생기기 전에도 물이고 꺼진 뒤에도 여전히 물이다. 그런 의미에서는 생과 사는 아무 차이가 없다. 그런데 사람들은 잠시 생긴 물방울 같은 인생에 집착을 한다.

　몸은 마음을 담는 주머니다. 죽는다는 것은 주머니를 끄르는 것이다. 그런데 사람들은 그 주머니가 자기의 전부인 줄 알고 거기에 집착한다. 주머니를 끄르는 시간이 되면 정신을 잃고 체념을 하고 조용히 따르기도 한다.

　사람들은 아무 것도 없던 것에서 몸이 태어나 삶이 시작되고 또 삶이 다하면 다시 죽어서 아무 것도 없는 것으로 돌아간다고 생각한다. 그러나 이는 참이 아니다. 도를 아는 자는 이렇게 생각하지 않는다. 삶도 없고 죽음도 없다. 생사가 없는 진리의 세계는 눈으로 보고 귀로 들을 수 있는 세계가 아니다. 눈을 감고 귀를 막은 상태고 명상을 하여 도달하는 세계이다.


東郭子問於莊子曰 所謂道 惡乎在 莊子曰 無所不在 東郭子曰 期而後可 莊子曰 在螻蟻 曰何其下邪 曰在稊稗 曰何其愈下邪 曰在瓦甓 曰何其愈甚邪 曰在屎溺 東郭子不應 莊子曰 夫子之問也 固不及質 正獲之問於監市履狶也 每下愈況 汝唯莫必 無乎逃物 至道若是 大言亦然 周徧咸三者 異名同實 其指一也 嘗相與游乎無何有之宮 同合而論無所終窮乎 嘗相與無爲乎 澹而靜乎 漠而淸乎 調而閒乎 寥已吾志 無往焉而不知其所至 去而來 不知其所止 吾已往來焉 而不知其所終 彷徨乎馮閎 大知入焉 而不知其所窮 物物者與物無際 而物有際者 所謂物際者也 不際之際 際之不際者也 謂盈虛衰殺 彼爲盈虛非盈虛 彼爲衰殺非衰殺 彼爲本末非本末 彼爲積散非積散也

[국역]

　동곽자가 장자에게 물었다. "이른바 도란 어디에 있습니까?" 장자가 말했다. "있지 않은 곳이 없소." 동곽자가 말했다. "구체적으로 지적해 주시면 좋겠습니다." 장자가 말했다. "땅강아지나 개미에게 있소." "어째서 그렇게 저급합니까?" "돌피나 피에 있소." "어째서 더욱 저급합니까?" "기와나 벽돌에 있소." "어째서 그토록 심하게 낮아질 수 있습니까?" "똥이나 오줌에 있소." 동곽자는 아무 대꾸도 하지 않았다. 장자가 말했다. "그대의 질문은 애당초 본질에 미치지를 못했소. 장터를 관리하는 확이라는 사람이 시장 감독에게 돼지를 발로 차서 감별하는 법을 물어 봐도 언제나 아래쪽으로 내려갈수록 더욱 확실하지요. 그대는 오직 도는 반드시 이런 것이라고 기필해서는 안 되오. 도는 어떤 것에서도 벗어나 있는 것이 없소. 지극한 도란 이와 같은 것이고 (진리를 말하는) 큰 말씀 또한 그러한 것이지요. '두루'라는 뜻의 周나 偏, '다'라는 뜻의 咸, 이 세 글자는 말은 다르지만 내용은 같소. 그 취지가 같기 때문이지요. 시험삼아 그대와 함께 무하유의 궁전에서 소요하고 만물과 하나가 되어 끝이 없는 세계를 논해 볼까요? 시험삼아 그대와 함께 무위를 해 볼까요? 담담하고 고요한가요? 조용하면서도 말짱한가요? 조화로우면서도 한가한가요? 내 마음을 텅 비워서 마음 가는 곳이 없어지면 그 도달하는 곳을 알지 못합니다. 마음이 가기도 하고 오기도 하지만 그 머무르는 곳을 알지 못합니다. 나는 이미 왔다 갔다 했어도 그 종착점을 알지 못합니다. 끝없이 넓고 큰 세계에서 유유히 노닐어 보실까요? 아무리 큰 지식으로 들여다보아도 그 끝을 알 수가 없지요. 사물을 사물의 입장에서 대하는 자는 사물과 떨어져 있지 않습니다. 사물에 구별이 있는 것은 (사물에 구별이 있는 것이 아니라) 이른바 (내가) 사물을 구별하는 것입니다. 구별되지 않는 것을 구별하는 것은 구별해야 되는 것을 구별하지 못하는 것입니다. 가득 차거나 텅 비고 쇠약해지거나 감소되는 모습에 대해 말해 봅시다. 저 사람들이 가득차거나 텅 빈다고 하더라도 가득차거나 텅 비는 것이 아니고, 저 사람들이 쇠약해지거나 감소한다고 하더라도 쇠약해지거나 감소하는 것이 아니며, 저 사람들이 본말이라 설명하는 것도 본말이 아니고, 저 사람들이 쌓이거나 흩어진다고 하더라도 쌓이고 흩어지는 것이 아닙니다."

[난자풀이]
東郭子(동곽자) : 전자방편에 나오는 東郭順子로 보인다. 期(기) : 만나다. 정하다. 확실하게 하다. 螻(루) : 땅강아지. 蟻(의) : 개미. 稊(제) : 돌피. 稗(패) : 피. 溺(뇨) : 오줌. 물에 빠진다는 뜻일 때는 음이 '익' 또는 '닉'. 正穫(정확) : 시장의 관리인. 正은 관리인이라는 직책이고 穫은 그의 이름. 監市(감시) : 시장의 감독관. 履狶(리희) : 돼지를 발로 찬다는 뜻. 돼지가 건강한지 어떤지를 감별하기 위해서는 발로 돼지를 차

보아서 반응을 보는데, 이때 머리나 가슴 쪽을 차는 것보다 엉덩이 쪽을 차는 것이 더 효과적이다. 돼지는 엉덩이 쪽이 가슴이나 머리보다 발달한 짐승이기 때문에 엉덩이를 맞으면 예민하게 반응한다. 이와 마찬가지로 도에 대해 설명할 때도 저급한 쪽으로 설명해야 도에 대한 선입견을 깨는 데도 효과가 좋고, 도를 제대로 이해시키는 데도 효과가 좋다. 每下愈況(매하유황) : 아래쪽으로 내려갈수록 더욱 효과가 확실하다. 況은 확실한 것을 말한다. 馮(빙) : '업신여기다' '의지하다' 등의 뜻인데, 업신여기는 것은 스스로가 큰 경우이므로 여기서는 '크다'는 뜻이 된다. 閎(굉) : 하늘 문. 하늘 문은 크고 넓기 때문에 '크다' '넓다' 등의 뜻이 된다. 그러므로 馮閎은 '무한히 크고 넓다'는 뜻이 된다. 物物(물물) : 다른 물체의 상태가 되어 다른 물체에 접하는 것. 즉 以物對物이란 뜻이다. 與物無際(여물무제) : 다른 물체와 경계가 없다. 다른 것과 하나가 된다. 物際者(물제자) : 사물을 구별하는 것. 만물은 각각 구별되어 있는 것이 아니다. 오직 사람이 의식을 가지고 만물을 구별한다.

[해설]

　道란 무엇인가? 이 세상의 본래모습은 혼돈의 상태로 존재하지만 그러나 그 혼돈 가운데에서도 일정한 길이 있는 것처럼 보인다. 예를 들면 봄이 지나면 여름이 오고 여름이 지나면 가을이 오며 가을이 지나면 겨울이 오는 것과 같다.

봄에서 여름으로 진행될 때 온도가 차츰 상승하지만 그러나 그 온도의 상승과정은 일정하게 규칙적으로 상승하는 것은 아니다. 조금 따뜻해졌는가 하면 도로 추워지기도 한다. 그러다가 다시 따뜻해지기도 하여 극히 불규칙적이면서도 결국은 온도가 상승하여 여름이 된다. 이는 불규칙 속에서의 규칙이 있는 것처럼 보인다. 이 규칙적으로 보이는 일정한 길을 지칭하여 道라고 이름붙인 것이다. 이 道는 혼돈의 작용으로 이해할 수도 있고 神의 작용으로 이해할 수도 있다.

도는 존재의 본질이다. 모든 존재와 함께 존재한다. 시궁창에도 존재하고 똥오줌에도 존재한다. 사람들은 도를 고상한 것으로 생각하고 하느님을 성스럽다고 생각한다. 그래서 저 하늘 위의 천국에 존재한다고 생각하기 쉽다. 그래서 장자는 이러한 고장관념을 깨기 위해 똥오줌까지 등장시켜 설명을 했다.

"시험삼아 그대와 함께 무하유의 궁전에서 소요하고 만물과 하나가 되어 끝이 없는 세계를 논해 볼까요?"라고 시작하는 문장은 장자가 동곽자를 명상으로 인도하는 과정이다. 명상으로 인도하면서 "무위를 해 볼까요?"라고 한 것은 의식을 잠재우도록 인도하는 것이다. 그리고 "담담하고 고요한가요?"라고 시작하는 문장은 장자가 명상으로 몰입해 있는 동곽자에게 말로 인도하는 내용들이다.

자기의 마음이 없어지면 본래의 마음이 자리 잡는다. 본래의 마음은 하늘의 마음이고 우주의 마음이다. 우주에 가득하여 끝이 없다. 욕심은 욕심의 대상에게 가서 멈추지만 우주의 마음은 목적이 없기 때문에 가서 멈추는 곳이 없다.

　사물은 본래 혼돈의 모습이다. 아무 구별이 없다. 오직 사물을 사물로 구별하는 것은 인간의 의식이다. 구별되지 않는 것을 구별하는 것은 오직 인간의 의식이다. 인간이 의식에 얽매이면 반대로 구별해야 되는 것을 구별하지 못한다. 인간은 참과 참이 아닌 것은 구별해야 한다. 그러나 의식에 얽매어 있는 사람은 참이 아닌 것을 참으로 인식한다. 사람들이 가득차거나 텅 빈다고 하는 것이나 쇠약해지거나 감소한다고 하는 것은 다 의식에서 구별하는 것에 불과한 것이다. 참으로 그러한 것이 아니다. 혼돈의 세계에서는 그러한 구별이 있을 수 없다.


妸荷甘與神農同學於老龍吉　神農隱几闔戶晝瞑　妸荷甘日中㕥戶而入曰　老龍死矣　神農隱几擁杖而起　曝然放杖而笑曰　天知予僻陋慢訑　故棄予而死已矣　夫子無所發予之狂言而死矣夫　弇堈弔聞之曰　夫體道者　天下之君子所繫焉　今於道　秋毫之端　萬分未得處一焉　而猶知藏其狂言而死　又況夫體道者乎　視之無形　聽之無聲　於人之論者謂之冥冥　所以論道　而非道也

[국역]

　아하감은 신농과 함께 노용길에게서 배웠다. 신농이 안석에 기댄 채 문을 닫고 낮 명상을 하고 있는데, 아하감이 한낮에 문을 열고 들어와 말했다. "노용이 돌아가셨소." 신농은 안석에 기대 지팡이를 잡고 일어났다가 홀 지팡이를 내던지고 허탈하게 웃으면서 말했다. "하늘께서 내가 후지고 속이 좁으며 게으르고 거짓되다는 것을 아시므로 나를 버리고 돌아가신 거야. 선생은 나를 계발시켜 줄 광언 한 마디 없이 돌아가셨네." 엄강조가 이 이야기를 듣고 말했다. "대저 도를 체득한 자에게는 천하의 군자가 귀의하는 바이다. 그런데 지금 도에 대해 가을 털끝의 만분의 일만큼도 모르면서 광언을 가슴속에 감추고 죽었다는 사실은 알고 있으니, 하물며 저 도를 터득한 자야 어떻겠는가! 보아도 그 모습이 나타나지 않고 들어도 소리가 없다. 사람들의 논의에 대해 심오하다고들 하지만 도를 논하는 것이기는 해도 도 그 자체는 아니다."

[난자풀이]

妸荷甘(아하감) : 가상의 인물. 妸가 성이고 荷甘은 이름이나 자일 것이다.　神農(신농) : 三皇 중의 한 사람인 신농씨를 지칭하는 것이 아니라 후세의 인물일 것이다.　老龍吉(노용길) : 아하감 등의 스승. 도를 터득한 사람으로 설정된 가상의 인물일 것이다.　夌(차) : 오만하다. 열리다. 열다.　嚗(박) : 지팡이

던지는 소리. 획. 天(천) : 여기서는 스승 노룡길을 지칭함.
慢(만) : 게으르다. 訑(이) : 속이다. 狂言(광언) : 진리에 관한
말. 진리는 말로 할 수 없으므로 진리에 관한 말을 반어법적
으로 '미치광이 말'로 표현했다. 弇(엄) : 덮다. 씌우다. 堈(강)
: 언덕. 독. 항아리. 弇堈弔(엄강조) : 사람 이름. 가상의 인물.
冥冥(명명) : 심오한 말.

[해설]

　도는 말로 표현할 수 있는 것이 아니다. 말은 도를 표현하
는 수단이긴 하지만 도 자체를 표현할 수는 없다. 그러므로
도를 인간의 의식으로 파악하려 하면 안 된다. 의식의 작용
을 중단할 때 느낌으로 다가온다.


於是泰淸問乎無窮曰　子知道乎　無窮曰　吾不知　又問乎
無爲　無爲曰　吾知道　曰子之知道　亦有數乎　曰有　曰其
數若何　無爲曰　吾知道之可以貴　可以賤　可以約　可以散
此吾所以知道之數也　泰淸以之言也問乎無始曰　若是則
無窮之弗知與無爲之知　孰是而孰非乎　無始曰　不知深矣
知之淺矣　弗知內矣　知之外矣　於是泰淸中而歎曰　弗知
乃知乎　知乃不知乎　孰知不知之知　無始曰　道不可聞　聞
而非也　道不可見　見而非也　道不可言　言而非也　知形形

之不形乎 道不當名 無始曰 有問道而應之者 不知道也
雖問道者 亦未聞道 道無問 問無應 無問問之 是問窮也
無應應之 是無內也 以無內待問窮 若是者 外不觀乎宇宙
內不知乎大初 是以不過乎崑崙 不遊乎太虛

[국역]

　　어시태청이 무궁에게 "당신은 도를 아시오?" 하고 물었더니, 무궁은 "나는 모르오." 하고 대답했다. 그래서 다시 무위에게 물었더니, 무위가 대답했다. "나는 도를 아오." "당신이 도를 아니, 또한 꼬집어 말할 수 있는 것이 있습니까?" "있소." "그 꼬집어 말할 수 있는 것이란 어떤 거요?" 무위가 말했다. "나는 도가 사람을 귀하게도 만들고 천하게도 만들며, 모아서 몸이 되게도 하며 흩어져 사라지게도 한다는 것을 아오. 이것이 내가 꼬집어 말할 수 있는 도의 전부이오." 태청은 이 말을 가지고 무시에게 물었다. "이와 같으니, 무궁이 도를 알지 못하는 것과 무위가 도를 아는 것 중에 어느 것이 옳고 어느 것이 틀렸습니까?" 무시가 말했다. "모르는 쪽이 깊고 아는 쪽이 얕으며, 모르는 쪽이 알짜이고 아는 쪽이 껍데기이며…" 어시태청이 말 도중에 탄식하며 말했다. "모르는 것이 아는 것인가! 아는 것이 모르는 것인가! 누가 모르는 것이 아는 것임을 알 수 있을까!" 무시가 말했다. "도는 들을 수가 없는 것, 들었다면 도가 아니네. 도는 볼 수가 없는 것, 보았다면 도가 아니네. 도는 말할 수가 없는 것, 말했다면 도가 아니네. 모든 물체를 물체로 드러나게 하면서도 자신은 모습을 드러내지 않는다는 것을 알 수가 있네. 그래서 도는 마땅히 이름붙일 수가 없네." 무시가 말했다. "도를 물었을 때 응답하는 자는 도를 모르지. 도를 묻는 자 또한 아직 도를 알지 못한 것이지. 도는 물을 수가 없고 물어도 대답할 수 없는 것이지. 물을 수가 없는데 묻는다면 이는 잘못된 물음이지. 대답할 수 없는 것인데 대답하는 것은 알맹이가 없는 것이지. 알맹이가 없는 것을 가지고 잘못된 질문에 응대하는 자, 그러한 자는 밖으로 우주를 보지 못하고 안으로 태초를 알지 못하지. 그래서 곤륜산을 넘어가지 못하고 태초에서 노닐지 못하지."

[난자풀이]
於是泰淸(어시태청) : 가상의 인물. '이래서 되고 저래서 안 되고 등등을 일일이 따지는 사람으로서 자신은 매우 맑고 깨끗하게 살아가는 사람이라고 생각하는 사람'이라는 뜻을 함유한다. 많은 주석가들은 於是를 '그래서' 라는 뜻으로 해석했으나 문맥으로 보아 납득이 가지 않는다. '어시'를 성으로 보고 '태청'을 이름으로 보는 것이 순조롭다.　無窮(무궁) : 가상의 인물.　無爲(무위) : 가상의 인물.　數(수) : 세다. 헤아리다. 조목조목 따져서 말하다. 꼬집어 말하다. 들어 말하다.

[해설]

　도를 안다고 의식하는 것은 도 그 자체가 아니다. 도는 의식하지 않은 상태에서 느낌으로 접할 수 있는 것일 뿐이다. 이러한 내용으로 무시가 말을 했다. "모르는 쪽이 깊고 아는 쪽이 얕으며…" 듣고 있던 어시태청은 도에 대한 느낌이 왔다. 그래서 말 도중에 탄식하며 말을 했다. "모르는 것이 아는 것인가!…" 어시태청의 말이 끝나자 무시는 혼잣말처럼 중얼거렸다. "도는 들을 수가 없는 것, 들었다면 도가 아니네.…" 독백을 마친 무시는 한참 있었다. 그리고는 다시 미진한 부분에 대해 덧붙였다. "도를 물었을 때 응답하는 자는 도를 모르지. 도를 묻는 자 또한 아직 도를 알지 못한 것이지.…"

　진리에 도달한 사람은 자신의 몸은 무한히 커서 우주와 하나가 되고, 자신의 마음은 일체의 감정이나 의식이 생기기 이전의 잠잠한 본래모습으로 돌아간다.


光曜問乎無有曰　夫子有乎　其無有乎　光曜不得問　而孰視其狀貌　窅然空然　終日視之而不見　聽之而不聞　搏之而不得也　光曜曰　至矣　其孰能至此乎　予能有無矣　而未能無無也　及爲無有矣　何從至此哉

[국역]

　광요가 무유에게 물었다. "그대에게는 무언가가 있는 건가요, 없는 건가요?" (무유가 아무 대답을 하지 않으므로) 광요는 더 물을 수가 없었다. 그래서 그 모습을 골똘히 쳐다보았다. 아득한 듯하고 텅 빈 듯했다. (그에게 무언가가 있을 것으로 생각하여) 온종일 그를 쳐다보아도 무언가가 보이지 않고 귀를 기울여도 들리지 않으며, 잡아도 잡히지 않았다. 광요는 말했다. "지극한 경지로구나. 그 누가 이러한 경지에 이를 수 있겠는가! 나는 무의 경지에 이를 수 있지만 무도 없는 경지에 이를 수는 없다. 무유처럼 되는 경지에 이르고 싶지만, 무엇을 좇아서 그런 경지에 이르겠는가!"

[난자풀이]

光曜(광요) : 가상의 인물. '빛을 내어 자기 과시를 사는 사람'이라는 뜻을 내포한다.　無有(무유) : 가상의 인물.　有(유) : 가지고 있다. 소유하다.　夫子有乎는 '그대는 무언가를 가지고 있는가?'라는 뜻이다.　孰(숙) : 熟과 통용. 골똘히.　窅(요) : 움푹 들어가다. 아득하다. 깊고 멀다.

[해설]

　의식 속에 가지고 있던 모든 것을 지우면 고요하고 잠잠한 세계가 나타난다. 그러나 고요하고 잠잠한 세계도 의식 속에서 존재한다. 그 고요하고 잠잠한 세계마저 없어졌을 때 완전히 의식을 떠난다. 그러한 세계가 본래 세계다.


大馬之捶鉤者　年八十矣　而不失豪芒　大馬曰　子巧與
有道與　曰臣有守也　臣之年二十而好捶鉤　於物無視也
非鉤無察也　是用之者　假不用者也　以長得其用　而況乎
無不用者乎　物孰不資焉


[국역]
　대사마 밑에서 갈고리를 두들겨 만드는 자가 있었는데, 나이가 80이나 되었어도 털끝 만큼도 실수하지 않았다. 대사마가 말했다. "그대는 교묘하구나. 무슨 방법이 있는가?" "저는 원칙이 있습니다. 저는 스무 살 때부터 갈고리 만드는 일을 좋아했습니다. 다른 것은 쳐다보지도 않고 갈고리가 아니면 살피지도 않았습니다." 이것은 기술을 한 군데만 써서 쓰지 않음으로써 얻어지는 힘을 빌린 것이다. 그래서 오래도록 그 쓸 수 있는 힘을 얻었다. 하물며 마음을 전혀 쓰지 않아서 쓰지 않음이 없는 자야 어떠하겠는가! 어느 것인들 그에게 힘이 되어 주지 않겠는가!


[난자풀이]
　大馬(대마) : 大司馬라는 관직.　　捶(추) : 종아리를 치다. 채찍질

하다. 망치. 망치질하다. 鉤(구) : 갈고리. 띠쇠. 창. 낫. 豪(호) : 毫와 통용. 털. 芒(망) : 티끌. 守(수) : 지키다. 여기서는 지키고 있는 원칙을 말한다. 無不用者(무불용자) : 앞에 無用이 생략되었다. 無用而無不用者는 씀이 없어서 쓰지 않음이 없는 것을 말한다. 資(자) : 힘이 되다. 바탕이 되다. 자본이 되다.

[해설]

마음속에는 욕심이 있고 본심이 있다. 본심은 하늘의 마음이고 우주의 마음이다. 무한한 힘을 가진 위대한 것이다. 그런데 마음이 욕심에 차면 그 본심은 밀려난다. 그러므로 본심을 간직하는 방법은 욕심을 일으키지 않는 것이고, 욕심을 일으키지 않는 방법은 잡생각을 중단하는 것이다.

눈을 감고 앉아 잡념을 잠재우려 하면 오히려 온갖 잡념이 일어난다. 이때 잡념이 일어나지 않게 하는 하나의 방법은 하나만 골똘히 생각하는 것이다. 하나만 골똘히 생각하여 다른 잡념이 일어나지 않으면 욕심이 사라진다. 하나도 생각함이 없이 고요한 상태를 유지할 때의 효과는 더 말할 나위가 없다.

욕심이 사라지면 본심이 나타난다. 본심이 나타나면 초인적인 힘이 발휘된다. 이를 표현한 말이 無用而無不用이다. 無用은 욕심을 쓰지 않는다는 말이고 無不用은 본심이 작용하여 모든 것에 두루 통용된다는 말이다.

冉求問於仲尼曰 未有天地可知邪 仲尼曰 可 古猶今也 冉求失問而退 明日復見曰 昔者吾問未有天地可知乎 夫子曰 可 古猶今也 昔日吾昭然 今日吾昧然 敢問何謂也 仲尼曰 昔之昭然也 神者先受之 今之昧然也 且又爲不神者求邪 無古無今 無始無終 未有子孫而有子孫 可乎 冉求未對 仲尼曰 已矣 未應矣 不以生生死 不以死死生 死生有待邪 皆有所一體 有先天地生者物邪 物物者非物 物出不得先物也 猶其有物也 猶其有物也無已 聖人之愛人也 終無已者 亦乃取於是者也

[국역]

　염구가 공자에게 물었다. "천지가 생기기 전을 알 수 있습니까?" 공자가 대답했다. "있다. 옛날이 지금과 같다." 염구는 더 묻지 못하고 물러났다. 그러다가 다음날 다시 뵙고 말했다. "어제 제가 '천지가 생기기 전을 알 수 있습니까?' 하고 물었을 때 선생님은 '알 수 있다. 옛날이 지금과 같다' 하고 대답하셨습니다. 어제는 제가 선명하게 알았습니다만 오늘 저는 흐릿해졌습니다. 무엇을 뜻하는지 감히 묻겠습니다." 공자가 대답했다. "어제 선명히 알았던 것은 신통한 본심이 느낌으로 먼저 받아들였기 때문이다. 그런데 오늘 흐릿해진 것은 또한 신통하지 않게 된 것, 즉 욕심이 까닭을 찾으려 했기 때문이다. 옛날도 없고 지금도 없으며 처음도 없고 끝도 없는 것이니, 자손이 있기 이전이 자손이 있고 난 이후이니라. 알아듣겠는가?" 염구가 대답하기 전에 공자가 다시 말했다. "그만 두자. 대답하지 말라. 살아있는 입장에서 죽은 것을 사는 기준으로 파악하지 말아야 하고, 죽어 있는 입장에서 살아있는 것을 죽은 것의 기준으로 파악하지 말아야 한다. 죽는 것과 사는 것은 상대적인 것인가? 다 한 몸으로 이어지는 바가 있는 것이다. 천지에 앞서 생겨난 것, 그것은 형체를 가진 물체일까? 형체를 가진 물체를 형체를 가진 물체로 있게 하는 것은 형체를 가진 물체가 아니다. (일반적으로) 형체를 가진 물체가 생겨나오는 것은 형체를 가진 어떤 물체가 있기 이전일 수는 없다. 오히려 형체를 가진 어떤 물체가 있고 나서이다. 형체를 가진 어떤 물체가 있게 되면 그 뒤로는 (자동기계처럼) 그치지 않고 계속된다. 성인이 사람을 사랑하는 것이 결국 그치지 않고 계속되는 것은 또한 이러한 방식에서 취한 것이다."

[난자풀이]
神者(신자) : 신통한 것. 사람의 본심은 천심이고 우주적 생명력이다. 느낌으로 모든 것에 대처하는 신통한 힘을 가졌다. 그래서 장자는 이를 신통한 것으로 표현했다. 爲不神者(위불신자) : 신통하지 않게 되는 것. 사람이 욕심에 가리어지면 신통한 본심의 작용이 차단된다. 그래서 장자는 욕심에 가리어진 상태를 신통하지 않게 되는 것이라 표현했다. 物(물) : 형체를

가진 물체.

[해설]

　죽는 것과 사는 것은 하나의 줄기에서 동서로 뻗어나는 두 가지와 같다. 가지의 입장에서만 보면 두 가지는 방향이 전혀 다르다. 하나는 동쪽으로 뻗고 하나는 서쪽으로 뻗는다. 그래서 동쪽으로 뻗는 가지가 동쪽으로 뻗는 것을 기준으로 보면 서쪽으로 뻗는 가지는 잘못된 것이다. 그래서 용납할 수 없다. 또 반대로 서쪽으로 뻗는 가지가 서쪽으로 뻗는 것을 기준으로 보면 동쪽으로 뻗는 가지는 용납할 수 없다. 그러므로 가지의 차원에서 보면 이 두 가지는 서로 용납할 수 없는 반대되는 것이다. 그러나 그 두 가지는 하나로 이어지는 줄기가 있다. 그 줄기에서 보면 다른 것이 아니라 한 몸이다. 죽음과 삶도 이와 같다. 삶의 입장에서 죽음을 보거나 죽음의 입장에서 삶을 보면 죽음과 삶은 정반대다. 살아있는 사람의 입장에서 죽음을 보면 죽음이 가장 나쁜 것이다. 마찬가지로 죽어있는 사람의 기준에서 사는 것을 보면 사는 것이 가장 싫은 것일 것이다. 그러나 죽음도 자연현상이고 삶도 자연현상이다. 죽음은 기가 흩어지는 것일 뿐이고 삶은 기가 모이는 것일 뿐이다. 기의 입장에서 보면 아무런 차이가 없다. 삶과 죽음이 차이가 없을 뿐만이 아니다. 옛날과 지금이 차이가 없고, 시작과 끝이 차이가 없다. 자손이 있기 이전이나 자손이 있고 난 뒤나 차이가 없다. 이는 순수한 느낌으로 받아들이는 것이지, 머리로 계산해서 알아지는 것이 아니다.

　태초의 모습은, 얼음이 얼기 전의 상태가 물인 것처럼, 기가 모이기 전의 흩어져 있는 상태인데, 이를 장자는 태허라 이름 붙였다. 이 태허는 천지가 생기기 이전의 상태이다. 태허의 상태에서 흩어져 있던 기가 모여 뭉쳐지면 형태를 가진 물체가 된다. 한번 형태를 가진 물체가 생겨나면 자동적으로 그러한 형태의 물체는 자꾸 재생산 된다. 그러므로 일반적으로 물체가 생겨나오는 것은 처음에 생겨난 물체가 자동적으로 재생산 되는 과정이다.

　물의 흐름도 이와 같다. 없던 물이 갑자기 흐르지는 않는다. 먼저 물이 있어 흘러온 뒤에 다시 밀려서 흘러가는 것이다. 그러나 최초의 물은 지하에서 솟아나온다. 한번 물이 솟아나오면 자동적으로 계속 밀려서 내려간다. 사람의 삶도 이와 같다. 할아버지에서 아버지로, 아버지에서 다시 나로, 그리고 나에서 다시 나의 자녀로 밀려가는 과정이 삶이다. 삶이 밀려서 내려가듯이 사랑도 밀려서 내려간다. 하늘에서 내려온 사랑이 계속 밀려서 내려가는 것이다. 이에서 보면 내가 사는 것이 아니고, 내가 사랑하는 것이 아니다. 자동기계처럼 그저 밀려서 가는 것일 뿐이다.


顔淵問乎仲尼曰　回嘗聞諸夫子　曰無有所將　無有所迎

回敢問其遊 仲尼曰 古之人 外化而內不化 今之人 內化而外不化 與物化者 一不化者也 安化安不化 安與之相靡 必與之莫多 狶韋氏之囿 黃帝之圃 有虞氏之宮 湯武之室 君子之人 若儒墨者師 故以是非相鳌也 而況今之人乎 聖人處物不傷物 不傷物者 物亦不能傷也 唯無所傷者 爲能與人相將迎 山林與 皐壤與 使我欣欣然而樂與 樂未畢也 哀又繼之 哀樂之來 吾不能禦 其去弗能止 悲夫 世人直爲物逆旅耳 夫知遇而不知所不遇 知能能而不能所不能 無知無能者 固人之所不免也 夫務免乎人之所不免者 豈不亦悲哉 至言去言 至爲去爲 齊知之所知則淺矣

[국역]

　　안연이 공자에게 물었다. "저는 전에 선생님으로부터 '가는 것을 보내지 않고 오는 것을 맞이하지 않는다.'는 말씀을 들었습니다. 제가 어떻게 하면 그런 경지에서 노닐 수 있겠습니까?" 공자가 대답했다. "옛 사람은 몸의 움직임은 상황에 따라 늘 바뀌지만 마음속에서는 바뀌는 것이 없었다. 그런데 지금 사람은 마음속은 늘 바뀌지만 몸의 움직임은 바뀌지 않는다. 몸의 움직임이 상황에 따라 늘 바뀌는 것은 마음속에서는 하나도 바뀌지 않는 것이다. 어떻게 바뀌고 어떻게 바뀌지 않아야 하는가? 어떻게 남들과 어울려 서로 휩쓸릴 수 있는 것인가? 반드시 남들과 더불어 움직이지 않기도 하고 움직이기도 해야 하는 것이다. 희위씨는 동산에서 살았고 황제는 밭에서 살았으며 순임금은 집에서 살았고 탕왕이나 무왕은 궁실에서 살았다. 유가·묵가의 선생과 같은 군자는 그래서 제가 옳고 남이 잘못이라고 시비하면서 서로 밀치게 되었으니, 하물며 오늘날 사람들이야 더 말할 것이 있겠는가! 성인은 남과 어울릴 때 남에게 상처를 입히지 않는다. 남에게 상처를 입히지 않는 자는 남들 또한 그에게 상처 입힐 수 없다. 오직 상처 입는 바가 없는 자만이 남들과 어울려 서로 보낼 수도 있고 맞이할 수도 있다. 산의 숲이나 언덕의 흙더미들도 우리를 싱글벙글거리며 즐거워하도록 해주지만 그 즐거움이 채 끝나기 전에 슬픔이 뒤따른다. 슬픈 일이나 즐거운 일이 다가오는 것을 막을 수도 없고 떠나가는 것을 멈추게 할 수도 없다. 슬픈 일이다! 세상 사람은 다만 남의 여관일 뿐이다. 접하는 것에 대해서는 알 수가 있지만 접하지 않는 것에 대해서는 알 수가 없다. 능력이 닿는 것은 할 수 있지만 능력이 닿지 않는 것은 해낼 수가 없다. 알 수 없고 해낼 수 없는 것이 있다는 것, 그것은 사람인 이상 누구나 면할 수 없는 것이다. 그런데도 사람이 면할 수 없는 것을 면하려고 애를 쓰니 어찌 불쌍하지 아니한가! 지극한 진리의 말은 말의 차원을 벗어나고 지극한 진리의 행위는 행위의 차원을 벗어난다. 그러므로 알 수 있는 것을 다 알려고 하는 것은 천박하다."

[난자풀이]

將(장) : 보내다. 전송하다.　外(외) : 밖으로 드러난 부분. 육체적 삶.　與之莫多(여지막다) : 남과 더불어 하지 않기도 하고 많이 하기도 한다. 莫은 하지 않는 것이고 多는 많이 하는 것이다. 多를 迻(이)와 통용되는 것으로 보면 '옮긴다'는 '움직인다'는 뜻이 된다. 『논어』에 「無莫也 無適也 義之與比」라는 말이 나온다. 여기서의 莫 또한 '하지 않는다'는 뜻이고, 適은 '적극적으로 한다'는 뜻이다.　鏊(제) : 밀치다. 헐뜯다.　逆旅(역여) : 손님을 맞이하는 곳. 여관.　遇(우) : 만나다. 접하다.　知能能(지능능) : 知가 없어야 할 것인데, 잘못 들어간 것임.　齊(제) : 다. 모든.

[해설]

　얼음의 차원에서 보면 녹았다 얼었다 하지만 물의 차원에서 보면 어는 것도 없고 녹는 것도 없다. 태허의 차원에서 보면 만물이 생겨나는 것도 없고 사라져 가는 것도 없다. 따라서 전송할 것도 없고 맞이할 것도 없다. 그러므로 태허의 차원에서 사는 사람의 마음은 아무런 변화가 없다. 언제나 고요하고 잔잔하다. 그의 몸은 그의 몸이 아니다. 떠다니는 구름 같기도 하고 흐르는 물 같기도 하다. 둑이 있으면 정지했다가 둑을 넘어서 가고 완만한 곳에서는 천천히 가며 폭포에서는 힘차게 떨어지는 것처럼, 언제나 여건에 맞게 움직인다. 남이 나에게 사장님이라 부르면 사장의 모습이 되고,

남이 나에게 선생이라 부르면 선생의 모습이 되며, 남이 나에게 아저씨라 부르면 아저씨의 모습이 된다. 그리고 늙을 때는 늙고 죽을 때는 죽는다.

그러나 태허에 머물지 못하는 사람은 몸이 곧 자기인 줄 안다. 그러한 사람은 몸에 얽매인다. 그의 마음은 몸을 챙기는 욕심이 차지한다. 그 욕심은 욕심을 채울 수 있는 곳으로 수시로 옮겨 다닌다. 그리고 그의 몸은 고정관념에 사로잡힌다. '나는 사장이다'라고 생각하는 사람은 남이 아저씨라고 부르면 화를 낸다. 그의 몸은 늘 뻣뻣하다.

어떻게 바뀌고 어떻게 바뀌지 않아야 하는가? 마음은 잔잔하게 변화를 일으키지 않아야 하지만, 몸은 언제나 여건에 따라 유연하게 대처해야 한다. 그것은 마음이 태허의 모습이 될 때 가능하다. 그러한 사람은 언제나 남들과 어울려 남과 하나가 될 수 있다. 언제나 남과 더불어 움직이고 남과 더불어 움직이지 않는다. 희위씨는 동산에서 살았고 황제는 밭에서 살았으며 순임금은 집에서 살았고 탕왕이나 무왕은 궁실에서 살았다. 동산에서 살 여건이 되면 동산에서 살고 밭에서 살 여건이 되면 밭에서 살며, 집에서 살 여건이 되면 집에서 살고 궁실에서 살 여건이 되면 궁실에서 산다. 거기에 무슨 시비가 있을 수 없다. 그런데 군자라고 뽐내는 사람들은 고정관념을 가지고 자기가 옳고 남이 잘못이라고 시비를 한다. 그런 사람은 군자인 체하는 사람들이지 참다운 군자는 아니다.

성인은 남과 어울릴 때 언제나 남에게 맞추어주기 때문에 남에게 상처를 입히지 않는다. 남에게 상처를 입히지 않는 자는 '나'라는 것이 없기 때문에 남들에게 상처 입을 것이 없다. 따라서 그에게 상처 입힐 수 있는 사람은 아무도 없다. 오직 상처 입는 바가 없는 자는 언제나 남들과 어울려 조화를 이룬다. 보낼 때는 보내고 맞이할 때는 맞이한다. 늙을 때는 늙고 죽을 때는 죽는다. 그렇지 못한 사람은 보낼 때는 슬퍼서 제대로 보내지 못하고 맞이할 때는 기뻐서 제대로 맞이하지 못한다. 늙고 죽는 것도 슬퍼서 제대로 맞이하지 못한다. 산의 푸른 숲을 보고 즐거워하다가도 낙엽이 지면 바로 슬퍼한다. 그러한 사람의 삶은 늘 슬픔과 기쁨이 교차하는 과정이 되고 만다. 그러한 사람의 마음은 욕심들로 가득 차 있다. 욕심은 변하는 마음이다. 그에게는 불변하는 마음이 없다. 그는 언제나 남들이 잠시 머물다 가는 여관 같은 신세다.

사람이 욕심을 채우기 위해서는 많은 정보를 가져야 하고 많은 것을 알아야 한다. 그래서 사람들은 많은 것을 알기 위해 혈안이 된다. 지식을 자꾸 쌓아가다가 일생을 허송하고 만다. 불쌍한 일이다. 그러한 지식은 아무리 많이 쌓아도 진리로 향하는 것이 아니다. 그러한 지식은 정도의 차이는 있지만 어차피 인생잡사에 관한 천박한 것일 뿐이다.